住房城乡建设部土建类学科专业"十三五"规划教材

高等学校工程管理专业规划教材

建设法规教程

（第二版）

清华大学　朱宏亮　主　编

张　伟

卜炜玮　副主编

中国建筑工业出版社

图书在版编目(CIP)数据

建设法规教程/朱宏亮主编. —2 版. —北京：中国建筑工业出版社，2018.12（2024.8重印）

住房城乡建设部土建类学科专业"十三五"规划教材. 高等学校工程管理专业规划教材

ISBN 978-7-112-22832-4

Ⅰ.①建…　Ⅱ.①朱…　Ⅲ.①建筑法-中国-高等学校-教材　Ⅳ.①D922.297

中国版本图书馆 CIP 数据核字(2018)第 236649 号

本书对我国建设领域内现行的工程建设程序、从业资格管理、工程建设标准、城乡规划和土地管理、工程勘察设计、工程承发包、工程质量管理、工程安全管理、城市房地产开发和交易、城市房屋拆迁与物业管理、市政工程建设和城市公用事业管理、风景名胜区管理等方面的法律规定作了全面、系统的介绍，并从法理角度进行了一定解释。本书对世界上一些国家和地区的建设法律制度也作了相关介绍。

本书内容全面、新颖，具有较强的系统性和实用性。章节安排符合人们对工程建设法律规定的认识规律，语言通俗易懂，便于自学，适合作为高等院校建筑类专业建设法规课程的教材，也可作为建设系统机关工作人员、企事业单位管理人员、技术人员学习了解建设法律法规的参考书。

为更好地支持相应课程的教学，我们向采用本书作为教材的教师提供教学课件，有需要者可与出版社联系，邮箱：cabpkejian@126.com。

责任编辑：张　晶
责任校对：刘梦然

住房城乡建设部土建类学科专业"十三五"规划教材
高等学校工程管理专业规划教材
建设法规教程
（第二版）

清华大学　朱宏亮　主　编
张　伟
卜炜玮　副主编

*

中国建筑工业出版社出版、发行（北京海淀三里河路9号）
各地新华书店、建筑书店经销
北京红光制版公司制版
建工社（河北）印刷有限公司印刷

*

开本：787×1092 毫米　1/16　印张：21¾　字数：540 千字
2019 年 2 月第二版　2024 年 8 月第二十一次印刷
定价：**45.00** 元（赠教师课件）
ISBN 978-7-112-22832-4
（32930）

序 言

　　高等学校工程管理和工程造价学科专业指导委员会（以下简称专指委），是受教育部委托，由住房城乡建设部组建和管理的专家组织，其主要工作职责是在教育部、住房城乡建设部、高等学校土建学科教学指导委员会的领导下，负责高等学校工程管理和工程造价类学科专业的建设与发展、人才培养、教育教学、课程与教材建设等方面的研究、指导、咨询和服务工作。在住房城乡建设部的领导下，专指委根据不同时期建设领域人才培养的目标要求，组织和富有成效地实施了工程管理和工程造价类学科专业的教材建设工作。经过多年的努力，建设完成了一批既满足高等院校工程管理和工程造价专业教育教学标准和人才培养目标要求，又有效反映相关专业领域理论研究和实践发展最新成果的优秀教材。

　　根据住房城乡建设部人事司《关于申报高等教育、职业教育土建类学科专业"十三五"规划教材的通知》（建人专函〔2016〕3号），专指委于2016年1月起在全国高等学校范围内进行了工程管理和工程造价专业普通高等教育"十三五"规划教材的选题申报工作，并按照高等学校土建学科教学指导委员会制定的《土建类专业"十三五"规划教材评审标准及办法》以及"科学、合理、公开、公正"的原则，组织专业相关专家对申报选题教材进行了严谨细致地审查、评选和推荐。这些教材选题涵盖了工程管理和工程造价专业主要的专业基础课和核心课程。2016年12月，住房城乡建设部发布《关于印发高等教育职业教育土建类学科专业"十三五"规划教材选题的通知》（建人函〔2016〕293号），审批通过了25种（含48册）教材入选住房城乡建设部土建类学科专业"十三五"规划教材。

　　这批入选规划教材的主要特点是创新性、实践性和应用性强，内容新颖，密切结合建设领域发展实际，符合当代大学生学习习惯。教材的内容、结构和编排满足高等学校工程管理和工程造价专业相关课程的教学要求。我们希望这批教材的出版，有助于进一步提高国内高等学校工程管理和工程造价本科专业的教育教学质量和人才培养成效，促进工程管理和工程造价本科专业的教育教学改革与创新。

高等学校工程管理和工程造价学科专业指导委员会

2017年8月

第 二 版 前 言

《建设法规教程》自 2009 年出版以来，得到读者的喜爱和社会的肯定，为帮助在校师生及工程建设领域从业人员熟悉、了解我国工程建设活动中的法律规定起到了一定作用，令人颇感欣慰。

近年来，尤其是我国经济进入新常态以来，为适应经济形势的变化和改革开放的深入发展，相关立法机构加快了法律法规的制定和修订工作。与工程建设领域密切相关的《中华人民共和国建筑法》《中华人民共和国城乡规划法》《中华人民共和国安全生产法》三部法律及《中华人民共和国土地管理法实施条例》《建设工程勘察设计管理条例》《城市房地产开发经营管理条例》《物业管理条例》等行政法规先后进行了修订。同时还相继颁行了《中华人民共和国招标投标法实施条例》《国有土地上房屋征收与补偿条例》《不动产登记暂行条例》等多部行政法规。新颁行及修订的部门规章则有数十部之多。为帮助广大读者更为全面、更加准确地掌握和理解最新的法律法规内容，我们对全书进行了认真修订，以保证教材内容的新颖性和准确性。教材修订工作都由本书的原作者完成，其中的第 6 章、第 11 章由云南大学卜炜玮副教授修订，第 12 章由华中科技大学张伟副教授修订。

书中不足之处，欢迎广大读者指正。

2018 年 8 月

第 一 版 前 言

随着我国市场经济体制的逐步建立与完善,我国经济得到飞速发展。与此同时,我国工程建设的规模越来越大,投资越来越多,对经济增长、社会安定的作用越来越明显,而竞争也越来越激烈。尤其在加入 WTO 后,在我国建筑企业大量走出国门、进入国际建筑市场的同时,我国国内市场也向世界开放,真正出现了国内市场国际化、国内外建筑市场竞争都日趋白热化的局面。为确保社会公共利益以及建筑市场的公平竞争,各国及各地区都颁行了工程建设领域的法律法规,用以规范工程建设主体的行为。自 20 世纪 80 年代开始,我国工程建设法律制度也迅速建立起来,并正在不断完善过程中,这为维护我国建筑市场秩序、保证建筑工程质量和建筑行业健康发展提供了有力的保障。每一个工程建设活动的参与者,为使自己在激烈的竞争中获得更多的自由和主动,成为竞争中的优胜者,都必须对建设法规的相关规定有充分的了解。

1996~2002 年,在建设部人事教育司和政策法规司的组织、领导下,先后出版了两本《建设法规教程》,为广大在校师生、建设系统的机关工作人员、企事业单位的管理人员及技术人员提供了很好的学习、了解建设法规相关内容的教材。但自 2002 年以来,我国又先后颁布施行了《中华人民共和国安全生产法》、《中华人民共和国建设工程安全生产管理条例》、《土地调查条例》、《房屋登记办法》等法律法规,原《中华人民共和国城市规划法》、《中华人民共和国土地管理法》、《中华人民共和国城市房地产管理法》等一系列法律法规也进行了相关修订。因此,原书中的有些内容已与现行的法律法规不尽相符。另外,由于工程建设的复杂性,在颁行建设法律时往往一部法可能要规定多个工程建设方面的问题,而工程建设中的一个问题又可能在多部法中都有规定。原书编写时是以一部部法为基础进行的,使得读者在了解某个工程建设相关问题的法律规定时要从多个章节中寻找,多有不便。

为克服上述问题,我们对《建设法规教程》重新进行了编写,除增加新的法律法规相关内容外,还对原书的体系进行了改动:对于内容相对独立的法律规定,仍单独成章介绍;而内容较多且又有所重叠的法律规定,则以工程建设中的具体问题为纲,将各法律法规中的相关规定集中编写,以方便读者学习。另外,全书的章节也尽量按工程建设时遇到问题的先后顺序加以安排,以更符合读者的学习习惯和需求。此外,本书还增加了我国工程建设程序法律规定的内容,以便读者对工程建设全过程的相关规定有更全面的了解。本书对世界上一些国家和地区的建设领域相关法律制度也作了简要介绍,以满足读者对国外建设法律制度了解的需要。

全书共十四章,撰稿分工如下:

朱宏亮(清华大学),第六、十一、十二章;

何红锋(南开大学),第一、四、五、十三章;

张伟(华中科技大学),第二、三、七、十、十四章;

刘华（西安建筑科技大学），第八、九章。

全书由朱宏亮修改定稿，清华大学谢娜博士对资料收集、书稿的文字整理做了许多工作。

由于编者水平有限，书中肯定存在不足之处，欢迎广大读者指正。

2009 年 8 月

目　　录

第 1 章　建 设 法 规 概 述

1.1　建 设 法 规 概 念

1.1.1　建设法规的定义

建设法规是调整国家行政管理机关、法人、法人以外的其他组织、公民在建设活动中产生的社会关系的法律规范的总称。从部门法的分类看，建设法规是经济法的组成部分。建设法规是以市场经济中建设活动产生的社会关系为基础，规范国家行政管理机关对建设活动的监管、市场主体之间经济活动的法律法规。"建设"一词在我国的使用范围很广，汉语词典的解释是"（国家或集体）设立新事业或增加新设施"，既可以是有形的设施建设，如工程建设，也可以是无形的事业，如精神文明建设。但在本书中使用的"建设"一词，只限于有形的工程建设，包括与工程建设有关的规划、设计、咨询，以及工程的养护、管理等。从涉及的行业来说，包括了城市建设、乡村建设、工程建设、建筑业、房地产业、市政公用事业等，从涉及的工程类别来说，则包括了房屋建筑工程、市政工程、水利工程、公路工程、港口与航道工程等。

1.1.2　建设法规的调整对象

建设法规调整的是国家行政管理机关、法人、法人以外的其他组织、公民在建设活动中产生的社会关系，具体包括以下几个方面：

1. 建设行政监督管理关系

建设行政监督管理关系是指国家行政机关或者其正式授权的有关机构对建设活动的组织、监督、协调等形成的关系。建设活动事关国计民生，与国家、社会的发展，公民的工作、生活以及生命财产的安全等，都有直接的关系。因此，国家必然要对建设活动进行监督和管理，古今中外，概莫能外。在公元前 18 世纪，古巴比伦奴隶制国家颁布的《汉谟拉比法典》，因建筑师造的房屋不坚固而倒塌压死人的，要依法严惩。在我国，2000 多年前的秦代，秦简《擅兴律》规定："修城、筑堤必须上报尚书省，不准擅自兴造。"到了近、现代，国家对建设活动的监督管理更多、更严格。一些国家的建筑法规中规定："政府有关部门在特定时间内对建筑工地进行检查，检查的时间为：开工、基础完工、承重结构和高耸构筑物完工后、项目竣工后。"

我国也一直很重视对建设活动的监督管理。在国务院和地方各级人民政府都设有专门的建设行政管理部门，对建设活动的各个阶段进行监督管理，包括立项、计划、资金筹集、勘察、设计、施工、验收等。国务院和地方各级人民政府的其他行政管理部门，也承担了一些对建设活动进行监督管理的任务。具体包括两个方面的工作：第一，是规划、组织、指导、协调、服务等；第二，是检查、监督、控制。行政机关在这些监督管理中形成的社会关系就是建设行政监督管理关系。

2. 建设民事法律关系

建设民事法律关系，是建设活动中由民事法律规范所调整的社会关系。建设民事法律关系也具有民事法律关系的共有特点，即：第一，建设民事法律关系是主体之间的民事权利和民事义务关系。民法调整一定的财产关系和人身关系，赋予当事人以民事权利和民事义务，在民事法律关系产生以后，民事法律规范所确定的抽象的民事权利和民事义务便落实为约束当事人行为的具体的民事权利和民事义务。以民事权利和民事义务为内容，正是民事关系与其他法律关系的重要区别。第二，民事关系是平等主体之间的关系。民法调整平等主体之间的财产关系和人身关系，这就决定了参加民事关系的主体地位平等，他们相互独立、互不隶属。同时，由于主体地位平等，决定了其权利义务一般也是对等的，一方在享受权利的同时，也要承担相应的义务。第三，民事关系主要是财产关系。民法以财产关系为其主要调整对象，因此，民事关系也主要表现为财产关系。虽然民事关系也有人身关系，但在数量上只占一小部分。第四，民事关系的保障措施具有补偿性和财产性。民法调整对象的平等性和财产性，也表现在民事关系的保障手段上，即民事责任以财产补偿为主要内容，惩罚性和非财产性责任不是主要的民事责任形式。民事关系是所有建设法律关系的基础。在建设活动中，各类民事主体，如建设单位、施工单位、勘察设计单位、监理单位等，都是通过合同建立起相互的关系，合同关系就是一种民事关系。

当然，建设活动中的民事关系也必须符合法律、法规的规定。

3. 建设关系主体内部管理关系

建设关系主体内部管理关系，是指建设关系主体进行内部管理时产生的社会关系。建设法规不仅对建设关系主体的外部行为进行监督管理，对有些内部管理行为也要进行监督管理。如《建设工程质量管理条例》第三十条规定："施工单位必须建立、健全施工质量的检验制度，严格工序管理，做好隐蔽工程的质量检查和记录。隐蔽工程在隐蔽前，施工单位应当通知建设单位和建设工程质量监督机构。"这是对施工企业内部管理关系的严格要求。建设法规对建设关系主体内部管理关系的监督管理主要是涉及建设工程的质量、安全以及劳动关系。

1.1.3　建设法律关系的概念和特征

1. 建设法律关系的概念

法律关系是一定的社会关系在相应的法律规范的调整下形成的权利义务关系。法律关系的实质是法律关系主体之间存在特定的权利义务关系。

建设法律关系是指由建设法规调整的，在工程建设和工程建设的管理过程中所产生的权利、义务关系。

2. 建设法律关系的特征

（1）综合性

在工程建设活动中，适用的法律规范具有多样性，因此产生的法律关系也是复杂的，具有明显的综合性。建设行政主管机关在对建设活动进行管理时要产生建设行政法律关系，如国家建设行政主管部门行使组织、管理、监督的职权，就会产生建设行政法律关系，这种法律关系是以建设行政主管部门行使国家行政管理权力、有关民事主体对指令的服从为特征。平等的民事主体在建设活动中会产生建设民事法律关系，如建设单位和承包单位通过订立合同产生工程承包合同关系，建设单位与建设材料和设备的供应商通过订立合同产生买卖合同关系等。在建设活动和建设的管理中如果触犯了刑律，还会产生建设刑事法律关系。

(2) 计划性

建设法律关系是以受国家计划制约的建设管理、建设过程中形成的权利和义务为内容的。国家制定的建设项目计划是指令性的，是有关各方进行工程建设的基础。建设单位及承包单位都必须严格遵守国家的建设计划，国家对一个建设项目从资金落实到勘察设计、施工、安装等都有严格的计划管理。

1.1.4　建设法律关系的构成要素

建设法律关系是由建设法律关系主体、建设法律关系客体和建设法律关系内容三要素构成的。这三要素构成了建设法律关系，缺少其中任何一个要素都不能构成建设法律关系。

1. 建设法律关系主体

建设法律关系主体，是参加建设活动或者建设管理活动，受有关法律法规规范和调整，享有相应权利、承担相应义务的当事人。建设法律关系主体包括国家机关、社会组织、公民个人。

(1) 国家机关

能够成为建设法律关系主体的国家机关，包括国家权力机关和行政机关。国家机关一般是由于进行建设管理活动而成为建设法律关系主体的。对建设活动进行管理的主要是行政机关。作为建设法律关系主体的行政机关，包括国家建设行政主管部门、国家计划主管部门、国家建设监督机关、国家各业务的主管部门等。国家权力机关则由于对国家建设计划和国家预决算进行审查和批准，制定和颁布建设法律法规，因而成为建设法律关系的主体。

(2) 社会组织

国家的建设活动主要是由社会组织完成的，因而社会组织是最广泛、最主要的建设法律关系主体。参加建设法律关系的社会组织一般应当是法人，但有时法人以外的非法人组织也可以成为建设法律关系的主体。可以作为建设法律关系主体的社会组织包括建设单位、勘察设计单位、施工单位、监理单位等。

法人是具有民事权利能力和民事行为能力，依法独立享有民事权利和承担民事义务的组织。法人是与自然人相对应的概念，是法律赋予社会组织具有人格的一项制度。这一制度为保障社会组织的权利、便于社会组织独立承担责任提供了基础。法人应当具备的条件包括：第一，依法成立。法人不能自然产生，它的产生必须经过法定的程序。法人的设立目的和方式必须符合法律的规定，设立法人必须经过政府主管机关的批准或者核准登记。第二，有必要的财产或者经费。有必要的财产或者经费是法人进行民事活动的物质基础，它要求法人的财产或者经费必须与法人的经营范围或者设立目的相适应，否则不能被批准设立或者核准登记。第三，有自己的名称、组织机构和场所。法人的名称是法人相互区别的标志和法人进行活动时使用的代号。法人的组织机构是指对内管理法人事务、对外代表法人进行民事活动的机构。法人的场所则是法人进行业务活动的所在地，也是确定法律管辖的依据。第四，能够独立承担民事责任。法人必须能够以自己的财产或者经费承担在民事活动中的债务，在民事活动中给其他主体造成损失时能够承担赔偿责任。

非法人组织是不具有法人资格，但是能够依法以自己的名义从事民事活动的组织。包括：①依法登记领取营业执照的私营独资企业、合伙组织；②依法登记领取营业执照的合伙型联营企业；③依法登记领取我国营业执照的中外合作经营企业、外资企业；④经民政部门核准登记领取社会团体登记证的社会团体；⑤法人依法设立并领取营业执照的分支机构；⑥中国人民银行、各专业银行设在各地的分支机构；⑦中国人民保险公司设在各地的分支机构；⑧经核准登记领取营业执照的乡镇、街道、村办企业；⑨符合规定条件的其他组织。在民事诉讼中，法人非依法设立的分支机构，或者虽依法设立，但没有领取营业执照的分支机构，以设立该分支机构的法人为当事人。

（3）自然人

建设活动不仅包括社会组织的建设活动，也应包括自然人个人的建设活动。自然人个人的建设活动也应接受国家的管理，从而成为建设法律关系的主体。随着自然人个人建设活动的增加，对自然人个人的建设管理也将逐步完善。另外，在建设关系主体内部，自然人个人以劳动者的身份与单位建立劳动关系，此时，自然人个人也是建设法律关系的主体。

2. 建设法律关系的客体

建设法律关系客体，是指参加建设法律关系的主体享有的权利和承担的义务所共同指向的对象。建设法律关系的客体主要包括物、行为、智力成果。

（1）物

法律意义上的物是指可为人们控制，并具有经济价值的生产资料和消费资料。如建筑材料、建筑设备、建筑物等都可能成为建设法律关系的客体。

（2）行为

法律意义上的行为是指人的有意识的活动。在建设法律关系中，行为多表现为完成一定的工作，如勘察设计、施工安装等，这些行为都可以成为建设法律关系的客体。

（3）智力成果

智力成果是通过人的智力活动所创造出的精神成果，包括知识产权、技术秘密及在特定情况下的公知技术。如专利权、工程设计等，都有可能成为建设法律关系的客体。

3. 建设法律关系的内容

建设法律关系的内容是指建设权利和建设义务。建设法律关系的内容是建设单位的具体要求，决定了建设法律关系的性质，它是连接主体的纽带。

（1）建设权利

建设权利是指建设法律关系主体在法定范围内，根据国家建设管理要求和自己业务活动需要有权进行的各种建设活动。权利主体可要求其他主体作出一定的行为和不为一定的行为，以实现自己的有关权利。

（2）建设义务

建设义务是指建设法律关系主体必须按法律规定或约定承担应负的责任。建设义务和建设权利是相互对应的，相应主体应自觉履行相对应的义务。

1.1.5　建设法律事实

1. 建设法律事实的概念

建设法律关系并不是由建设法律规范本身产生的，建设法律关系只有在具有一定的情况和条件下才能产生、变更和消灭。能够引起建设法律关系产生、变更和消灭的客观现象和事实，就是建设法律事实。建设法律事实包括行为和事件。

建设法律关系是不会自然而然地产生的，也不能仅凭法律规范规定就可在当事人之间发生具体的建设法律关系。只有一定的法律事实存在，才能在当事人之间发生一定的建设法律关系，或使原来的建设法律关系发生变更或消灭。

2. 行为

行为是指法律关系主体有意识的活动，是能够引起法律关系发生变更和消灭的行为，它包括作为和不作为两种表现形式。

行为还可分为合法行为和违法行为。凡符合国家法律规定或为国家法律所认可的行为是合法行为，如：在建设活动中，当事人订立合法有效的合同，会产生建设工程合同关系；建设行政管理部门依法对建设活动进行的管理活动，会产生建设行政管理关系。凡违反国家法律规定的行为是违法行为，如：建设工程合同当事人违约，会导致建设工程合同关系的变更或者消灭。

此外，行政行为和发生法律效力的法院判决、裁定以及仲裁机关发生法律效力的裁决等，也是一种法律事实，也能引起法律关系的发生、变更、消灭。

3. 事件

事件是指不以建设法律关系主体的主观意志为转移而发生的，能够引起建设法律关系产生、变更、消灭的客观现象。这些客观事件的出现与否，是当事人无法预见和控制的。

事件可分为自然事件和社会事件两种。自然事件是指由于自然现象所引起的客观事实，如地震、台风等。社会事件是指由于社会上发生了不以个人意志为转移的、难以预料的重大事变所形成的客观事实，如战争、罢工、禁运等。无论自然事件还是社会事件，它们的发生都能引起一定的法律后果。即导致建设法律关系的产生或者迫使已经存在的建设法律关系发生变化。

1.2 建 设 法 规 体 系

1.2.1 建设法规的内容

法律体系也称法的体系或部门法律体系，通常指由一个国家现行的各个部门法构成的有机联系的统一整体。在我国法律体系中，根据所调整的社会关系性质不同，可以划分为不同的部门法，如宪法、行政法、刑法、民商法、经济法、诉讼法等。在部门法的组成上，建设法规属于经济法的重要部分。建设法规具有综合性的特点，虽然是经济法的组成部分，但同时还包括了行政法、民商法的内容。实际上，不但建设法规如此，经济法的其他组成部分也都有这样的特点。这是由经济法的调整对象决定的，因为经济法调整的就是国家在干预、监督市场经济中的经济活动时所产生的社会关系。

建设法规同时又具有一定的独立性和完整性，具有自己的完整体系。建设法规体系，是指把已经制定和需要制定的建设法律、建设行政法规、建设部门规章和地方建设法规有机结合起来，形成一个相互联系、相互补充、相互协调的完整统一的体系。

1.2.2 建设法规的渊源

法律的渊源是指法律创制方式和外部表现形式。它包括四层含义：①法律规范创制机关的性质及级别；②法律规范的外部表现形式；③法律规范的效力等级；④法律规范的地域效力。法的渊源取决于法的本质。在世界历史上存在过的法律渊源主要有：习惯法、宗教法、判例、规范性法律文件、国际惯例、国际条约等。但在我国，习惯法、宗教法、判例不是法的渊源。

我国建设法规的渊源是制定法形式，具体的建设法规渊源可分为以下几类：

1. 宪法

宪法是集中反映统治阶级的意志和利益，规定国家制度、社会制度的基本原则，具有最高法律效力的根本大法，其主要功能是制约和平衡国家权力，保障公民权利。宪法是我国的根本大法，是由全国人民代表大会依据特别程序制定的，在我国法律体系中具有最高的法律地位和法律效力，是我国最高的法律渊源。宪法主要由两个方面的基本规范组成：一是《中华人民共和国宪法》（简称《宪法》）；二是其他附属的宪法性文件，主要包括：国家机关组织法、选举法、民族区域自治法、特别行政区基本法、国籍法、国旗法、国徽法、保护公民权利法及其他宪法性法律文件。

同时，宪法也是建设法规的最高渊源，是国家进行建设管理、监督的权力基础。如《宪法》第八十九条规定："国务院行使下列职权：……（六）领导和管理经济工作和城乡建设。"第一百零七条规定："县级以上地方各级人民政府依照法律规定的权限，管理本行政区域内的……城乡建设事业……行政工作，发布决定和命令，任免、培训、考核和奖惩行政工作人员。"

2. 法律

法律是指由全国人民代表大会和全国人民代表大会常务委员会制定颁布的规范性法律文件，即狭义的法律，其法律效力仅次于宪法。法律分为基本法律和一般法律（非基本法律、专门法）两类。基本法律是由全国人民代表大会制定的调整国家和社会生活中带有普遍性的社会关系的规范性法律文件的统称，如刑法、民法、诉讼法以及有关国家机构的组织法等法律。一般法律是由全国人民代表大会常务委员会制定的调整国家和社会生活中某种具体社会关系或其中某一方面内容的规范性文件的统称。依照《中华人民共和国立法法》简称《立法法》的规定，下列事项只能制定法律：①国家主权的事项；②各级人民代表大会、人民政府、人民法院和人民检察院的产生、组织和职权；③民族区域自治制度、特别行政区制度、基层群众自治制度；④犯罪和刑罚；⑤对公民政治权利的剥夺、限制人身自由的强制措施和处罚；⑥对非国有财产的征收；⑦民事基本制度；⑧基本经济制度以及财政、税收、海关、金融和外贸的基本制度；⑨诉讼和仲裁制度；⑩必须由全国人民代表大会及其常务委员会制定法律的其他事项。

法律是建设法规中的核心，既包括专门的建设领域的法律，也包括与建设活动相关的其他法律。前者有《中华人民共和国城乡规划法》《中华人民共和国建筑法》《中华人民共和国城市房地产管理法》等，后者有《中华人民共和国民法总则》《中华人民共和国合同法》《中华人民共和国行政许可法》等。

3. 行政法规

行政法规是国家最高行政机关国务院根据宪法和法律就有关执行法律和履行行政管理职权的问题，以及依据全国人大的特别授权所制定的规范性文件的总称。其法律地位和法律效力仅次于宪法和法律，但高于地方性法规和法规性文件。依照《立法法》的规定，国务院根据宪法和法律，制定行政法规。行政法规可以就下列事项作出规定：①为执行法律的规定需要制定行政法规的事项；②宪法规定的国务院行政管理职权的事项。应当由全国人民代表大会及其常务委员会制定法律的事项，国务院根据全国人民代表大会及其常务委员会的授权决定先制定的行政法规，经过实践检验，制定法律的条件成熟时，国务院应当及时提请全国人民代表大会及其常务委员会制定法律。

目前的建设行政法规包括《建设工程质量管理条例》《建设工程安全生产管理条例》《城市房地产开发经营管理条例》等，是建设法规中的中坚。

4. 地方性法规、自治条例和单行条例

省、自治区、直辖市的人民代表大会及其常务委员会根据本行政区域的具体情况和实际需要，在不同宪法、法律、行政法规相抵触的前提下，可以制定地方性法规。较大的市的人民代表大会及其常务委员会根据本市的具体情况和实际需要，在不同宪法、法律、行政法规和本省、自治区的地方性法规相抵触的前提下，可以制定地方性法规，报省、自治区的人民代表大会常务委员会批准后施行。较大的市是指省、自治区的人民政府所在地的市，经济特区所在地的市和经国务院批准的较大的市。地方性法规可以就下列事项作出规定：①为执行法律、行政法规的规定，需要根据本行政区域的实际情况作具体规定的事项；②属于地方性事务需要制定地方性法规的事项。

经济特区所在地的省、市的人民代表大会及其常务委员会根据全国人民代表大会的授权决定，制定法规，在经济特区范围内实施。民族自治地方的人民代表大会有权依照当地民族的政治、经济和文化的特点，制定自治条例和单行条例。自治区的自治条例和单行条例，报全国人民代表大会常务委员会批准后生效。自治州、自治县的自治条例和单行条例，报省、自治区、直辖市的人民代表大会常务委员会批准后生效。

目前，各地方都制定了大量的规范建设活动的地方性法规、自治条例和单行条例，如《北京市建筑市场管理条例》《天津市建筑市场管理条例》《新疆维吾尔自治区建筑市场管理条例》等。

5. 部门规章

国务院各部、委员会、中国人民银行、审计署和具有行政管理职能的直属机构，以及省、自治区、直辖市人民政府和较大的市的人民政府所制定的规范性文件称规章。部门规章规定的事项应当属于执行法律或者国务院的行政法规、决定、命令的事项，它的名称可以是"规定"、"办法"和"实施细则"等。目前，大量的建设法规都是以部门规章的方式发布的，如住房城乡建设部发布的《房屋建筑和市政基础设施工程施工招标投标管理办法》《建设工程勘察质量管理办法》《中华人民共和国注册建筑师条例实施细则》，国家发展和改革委员会发布的《招标公告发布暂行办法》《工程建设项目招标范围和规模标准规定》等。

涉及两个以上国务院部门职权范围的事项，应当提请国务院制定行政法规或者由国务院有关部门联合制定规章。目前，在建设法规中，也有许多是以国务院有关部门联合制定规章的方式发布的，如：2001年7月5日国家计委、国家经贸委、建设部、铁道部、交通部、信息产业部、水利部联合发布《评标委员会和评标方法暂行规定》（2013年3月11日修正）。

6. 地方规章

省、自治区、直辖市和较大的市的人民政府，可以根据法律、行政法规和本省、自治区、直辖市的地方性法规，制定地方规章。地方政府规章可以就下列事项作出规定：①为执行法律、行政法规、地方性法规的规定需要制定规章的事项；②属于本行政区域的具体行政管理事项。目前，省、自治区、直辖市和较大的市的人民政府都十分重视地方法规的建设，制定了大量地方规章。如：重庆市人民政府发布的《重庆市建设工程造价管理规定》、安徽省人民政府发布的《安徽省建设工程造价管理办法》、宁夏回族自治区人民政府发布的《宁夏回族自治区建设工程造价管理规定》、宁波市人民政府发布的《宁波市建设工程造价管理办法》等。

7. 国际条约

国际条约指我国与外国缔结、参加、签订、加入、承认的双边、多边的条约、协定和其他具有条约性质的文件（国际条约的名称，除条约外还有公约、协议、协定、议定书、宪章、盟约、换文和联合宣言等）。这些文件的内容除我国在缔结时宣布持保留意见不受其约束的以外，都与国内法具有一样的约束力，所以也是我国法的渊源。例如，我国加入WTO后，WTO中与工程建设有关的协定也对我国的建设活动产生约束力。

1.2.3　建设法规的构成

建设法规调整的是工程建设、城市建设、村镇建设、建筑业、房地产业、市政公用事业等领域的社会关系。建设法律体系由相关建设法律、建设行政法规、建设地方性法规和相关部门规章构成。其中，建设法律计划颁行八部，即城乡规划法、工程设计法、建筑法、市政公用事业法、城市房地产法、住宅法、村镇建设法、风景名胜区法。目前，《城乡规划法》、《建筑法》、《城市房地产管理法》已经发布施行，其他五部法律还在酝酿之中。

1. 城乡规划法

（1）立法目的

加强城乡规划管理，协调城乡空间布局，改善人居环境，促进城乡经济社会全面协调可持续发展。1989年12月26日，第七届全国人民代表大会常务委员会第十一次会议通过了《中华人民共和国城市规划法》；2007年10月28日，第十届全国人民代表大会常务委员会第三十次会议通过了《中华人民共和国城乡规划法》（以下简称《城乡规划法》），并于2008年1月1日起生效，同时，《中华人民共和国城市规划法》废止。

（2）调整范围

调整城乡规划活动及其产生的社会关系。城乡规划包括城镇体系规划、城市规划、镇规划、乡规划和村庄规划。城市规划、镇规划分为总体规划和详细规划。详细规划分为控制性详细规划和修建性详细规划。

2. 工程设计法

（1）立法目的

全国七届人大三次会议代表提出制定《工程设计法》的提案，其目的是为了加强工程设计的管理，提高工程设计水平，适应我国社会主义现代化建设的需要。

（2）调整范围

调整工程设计的资质管理、质量管理、技术管理，以及制定设计文件全过程活动及其社会关系。

3. 建筑法

(1) 立法目的

为了加强对建筑活动的监督管理，维护建筑市场秩序，保证建筑工程的质量和安全，促进建筑业健康发展。《中华人民共和国建筑法》（以下简称《建筑法》）已于 1997 年 11 月 1 日第八届全国人民代表大会常务委员会第二十八次会议通过，1998 年 3 月 1 日起生效，2011 年 4 月 22 日第十一届全国人民代表大会常务委员会第二十次会议对该法作出修改修正。

(2) 调整范围

调整建筑企业的资质管理、经营管理、工程承包管理和建筑市场管理等活动及其社会关系。《建筑法》对建筑许可、建筑工程发包与承包、建筑工程监理、建筑安全生产管理、建筑工程质量管理等内容作出了全面的规定。

4. 市政公用事业法

(1) 立法目的

为了加强市政公用事业的统一管理，保证城市建设和管理工作的顺利进行，发挥城市多功能的作用，以适应现代化建设的需要。

(2) 调整范围

调整城市的市政设施、公用事业、市容环境卫生、园林绿化等建设、管理活动及其社会关系。

5. 城市房地产法

(1) 立法目的

加强对城市房地产的管理，维护房地产市场秩序，保障房地产权利人的合法权益，促进房地产业的健康发展。《中华人民共和国城市房地产管理法》（以下简称《城市房地产管理法》）已于 1994 年 7 月 5 日第八届全国人民代表大会常务委员会第八次会议通过，2007 年 8 月 30 日第十届全国人民代表大会常务委员会第二十九次会议、2009 年 8 月 27 日第十一届全国人民代表大会常务委员会第十次会议两次对该法作出修改。

(2) 调整范围

调整城市房地产业和各项房地产经营活动及其社会关系。在城市规划区国有土地范围内取得房地产开发用地的土地使用权，从事房地产开发、房地产交易，实施房地产管理，应当遵守该法。该法所称房屋，是指土地上的房屋等建筑物及构筑物。该法所称房地产开发，是指在依据本法取得国有土地使用权的土地上进行基础设施、房屋建设的行为。该法所称房地产交易，包括房地产转让、房地产抵押和房屋租赁。

6. 住宅法

(1) 立法目的

为了保障公民享有住房的权利，保护住宅所有者和使用者的合法权益，促进住宅建设发展，不断改善公民的住房条件和提高居住水平。

(2) 调整范围

调整城乡住宅的所有权、建设、资金与融通、优惠、买卖与租赁、管理与维修等活动及其社会关系。

7. 村镇建设法

（1）立法目的

加强村镇建设管理，不断改善村镇的环境，促进城乡经济、社会协调发展，推动社会主义新村镇的建设。

（2）调整范围

调整村庄、集镇的规划、综合开发、设计、施工、公用基础设施、住宅和环境管理等项活动及其社会关系。

8. 风景名胜区法

（1）立法目的

为了加强风景名胜区的管理、保护、利用和开发风景名胜资源，1985年6月，国务院发布了《风景名胜区管理暂行条例》，2006年9月，国务院发布了《风景名胜区条例》，同时，《风景名胜区管理暂行条例》废止。

（2）调整范围

调整人们在保护、利用、开发和管理风景名胜资源各项活动中产生的各种社会关系。

1.3　建设法规立法原则及实施

建设法规立法的基本原则，是指建设法规立法时所必须遵循的基本准则或要求。

1.3.1　建设法规的立法原则

1. 法制统一的原则

法制统一原则是现代社会法治国家共同提倡和遵守的一个重要原则，其含义包括：第一，一切法律、法规、规范性法律文件以及非规范性法律文件的制定，必须符合宪法的规定或者不违背宪法的规定。凡是违背宪法者，即不具有法律效力。第二，在所有法律渊源中，下位法的制定必须有宪法或上位法作为依据，下位法不得同上位法抵触。第三，在不同类法律渊源中（如法律和行政法规），在同一类法律渊源中（如在行政法规之间）和同一个法律文件中（如在行政诉讼法中），以及规范性法律文件中都不得相互抵触。第四，各个法律部门之间的规范性法律文件不得冲突、抵触或重复，应该相互协调和补充。

建设法律体系是国家法律体系的重要组成部分。同时，建设法律体系又相对自成体系，具有相对独立性。这就要求建设法律体系必须服从国家法律体系的总要求，建设方面的法律必须与宪法和相关的法律保持一致，行政法规、部门规章和地方性法规、规章不得与宪法、法律以及上一层次的法规相抵触。

2. 协调配套的原则

建设事业是一个大的系统工程，工程建设、城市建设、村镇建设、建筑业、房地产业、市政公用事业既互相联系，又各有特点。同时，它又是整个社会系统工程的一个子系统，与相关的行业、领域关联密切，调整范围相当广泛、复杂。因此，应当科学规划建设法律体系的框架结构和立法项目，使之完整、协调、配套。

建设法律体系中的法律、行政法规和部门规章，应能覆盖建设事业的各个行业、领域以及建设行政管理的全过程，使建设活动的各个方面都有法可依、有章可循，使建设行政管理的每一个环节都纳入法制轨道。在建设法律体系内部，纵向不同层次的法规之间，应当相互衔接，不能抵触；横向同层次的法规之间，应当协调配套，不能互相矛盾、重复或者留有"空白"。此外，建设法律体系作为国家法律体系的一个子系统，还应当考虑与其他法律体系的相互衔接。

3. 实用有效的原则

一切从实际出发，这是历史唯物主义的一个基本原理，也是建设法规立法的一项重要原则。世界上许多国家一般都是先由议会制定法律，然后再据以制定法规和规章。我国则不尽相同。从这一实际情况出发，建设法规体系在某些立法项目上可以先制定部门规章或者行政法规，待条件成熟后再上升为高一层次的行政法规或法律。此外，建设立法还要从我国目前正处于社会主义初级阶段的国情出发，从建设行政管理的实际需要出发，根据建设事业和社会主义法制建设的发展规律，既考虑每个建设立法项目的必要性，又要考虑立法后实施的可行性，做到制定一个法规，就成功一个法规。

4. 科学借鉴的原则

建设法规立法，既要总结国内建设立法的经验与教训，广泛学习各地和其他部门的先进经验，还应科学借鉴国外的成功做法。随着对外开放政策的进一步施行，我国与国外的交往和合作日益增多。科学、合理地借鉴国外对我国有用的立法经验，包括法律体系、立法项目、立法技术等，是十分必要和有益的。这既可以避免走弯路，又可以使我国在国际交往中有较多的共同规范，有利于推动我国的建设事业走向世界。

5. 遵循市场经济规律的原则

"国家实行社会主义市场经济"，这一原则已经被我国宪法所确认。市场经济，是指市场对资源配置起基础性作用的经济体制。市场经济有其自身的规律：第一，市场经济是货币经济。在市场制度条件下，一切经济活动都直接或间接地表现为商品交换活动，即以货币为媒介进行各种交换。生产者和消费者的决策，生产与消费、供给与需求之间关系的协调，社会资源配置和收入分配，都是建立在商品交换原则的基础上。第二，市场经济是自主经济。市场经济下产权明确、利益独立的多元化主体，决定市场主体企业和消费者必须拥有完全的自主权，从而可以自觉面对市场，及时对市场信号作出灵敏的反应，自主地进入或退出市场。第三，市场经济是竞争经济。在市场制度下，市场竞争是市场主体之间经济实力的较量，是经济利益的争夺。竞争主要表现为产品价格、质量和市场占有率。第四，市场经济是法制经济。市场经济利益主体的多元化和决策分散化，利益的竞争关系，以及制约市场运作的因素的复杂性，决定了整个经济运行需要有一个比较健全的法制基础，由法律来引导、规范、保障和约束经济主体的市场行为，使市场的运转有秩序有规则，成为有序的市场。第五，市场经济是开放性经济。利益主体的多元化和社会分工的深化，以及社会生产和增长，必然要求市场容量的扩大，要求突破地区、部门直至国界的限制，形成全国性的统一市场，参与国际分工和国际经济接轨。

建设法规的立法要反映市场经济的这些基本规律，具体表现为：应当建立完善的、全国统一的建设市场；完善市场主体的监督体系；鼓励市场主体之间的良性竞争；政府行政机关对建设市场的干预主要通过宏观调控措施完成。

1.3.2 建设法规的实施

建设法规的实施是指建设法规规范在社会生活中的具体应用和实现。其实质就是将建设法规规范中设定的权利与义务关系转化为现实生活中的权利与义务关系，进而将体现在法律规范中的国家意志转化为建设法律关系主体的行为。这个转化过程，就是法的实施过程。任何法律，一经制定，就有一个付诸实施的问题。有法不依，等于无法，建设法规也是如此。因此，从某种意义上可以说，制定法律规范重要，实施法律规范更重要。法律的实施方式主要有两种：一种是国家机关及其工作人员在自己的职权范围内依据法律来解决具体问题，推动工作的开展，包括执法与司法；另一种是国家机关以及包括国家机关工作人员在内的全体公民自觉遵守法律规范，用法律规范来规范自己的活动和行为。这两种方式是法律实施的有机组成部分，对于法律的实施都是不可缺少的。

1. 建设法规的遵守

建设法规的遵守，是指公民、社会组织和国家机关以法律为自己的行为准则，依照法律行使权利，履行义务的活动。建设法规的遵守并不仅仅是消极的、被动的，而是行使权利和履行义务两个方面的结合。法律法规的遵守，要求一切组织和个人都必须严格守法，具体的要求为：公民应当自觉守法；国家公职人员特别是各级领导和执法人员要做守法的模范；一切国家机关、武装力量、各政党和社会团体、各企业事业单位都要遵守宪法和法律。

2. 建设法规的执行

广义的执法，或法的执行，是指所有国家行政机关、司法机关及其公职人员依照法定职权和程序实施法律的活动，包括行政执法和司法。建设法规的执行也是如此。建设法规的执行是以国家的名义对社会进行全面管理，具有国家权威性。建设法规的执行主体，是国家行政机关及其公职人员。建设法规的执行具有国家强制性，行政机关执行法律的过程同时是行使执法权的过程。建设法规的执行具有主动性和单方面性。

(1) 建设行政执法

建设行政执法是指国家建设行政机关（或者授权机构）及其公职人员依法行使管理职权、履行职责、实施法律的活动。建设行政执法必须遵守以下原则：第一，依法行政的原则。这是指国家建设行政机关（或者授权机构）及其公职人员必须根据法定权限、法定程序和法治精神进行管理，越权无效。第二，讲求效能的原则。这是指国家建设行政机关（或者授权机构）及其公职人员应当在依法行政的前提下，讲求效率，主动有效地行使其权能，以取得最大的行政执法效益。建设行政执法包括建设行政决定、建设行政检查和建设行政处罚。

(2) 建设司法

建设司法是指人民法院和人民检察院依照法定的职权与程序适用法律处理建设诉讼案件的专门活动。此外，仲裁机构是国家设立的裁决经济、贸易及财产纠纷的机构。其活动具有一定的司法性和准司法性质，如果是对建设纠纷的仲裁，也应列入建设司法的范围。

【案例1-1】新华日报社诉南京华厦实业有限公司相邻权纠纷案

原告：新华日报社

被告：南京华厦实业有限公司

原告新华日报社因与被告南京华厦实业有限公司（以下简称"华厦公司"）相邻关系侵权损害赔偿纠纷一案，向江苏省高级人民法院提起诉讼。

原告新华日报社诉称，被告在建设与原告相距20米的华荣大厦过程中进行基础工程施工期间，因施工大量抽排地下水，使原告印刷厂地面下沉，厂房墙体多处开裂，厂内3

台进口印刷机和 4 台国产印刷机的基础移位，印刷机受到严重损伤，造成经济损失 1399 万元，请求法院判令被告赔偿并承担有关诉讼费用。

被告华夏公司辩称，原告损失是华荣大厦基础工程施工单位造成的，应由施工单位赔偿；原告超过了诉讼时效起诉已丧失胜诉权；原告的请求应交由行政部门处理。要求驳回原告的诉讼请求。

江苏省高级人民法院经审理查明，被告华夏公司投资建设的华荣大厦与原告新华日报社相邻。1991 年 1 月 15 日，南京市房地产开发总公司与香港某投资有限公司合资的南京市华夏房产开发建设有限公司（后更名为"华夏公司"）正式成立。同年 4 月，该公司投资建设的华荣大厦的基础工程根据被告及有关单位论证通过的施工方案开始施工，一个月后发现施工现场附近地面下沉即停止施工。同年 6 月 15 日，被告及有关单位又论证通过了施工修改方案后，基础工程继续施工。10 月中旬，新华日报社发现其印刷厂厂房墙壁、地面开裂，3 台德国进口的胶印机出现异常，报纸印刷质量明显下降，印刷机严重受损，厂房墙体损害并危及人员安全。对此，南京市人民政府派员召集有关单位、专家商讨，采取补救措施后，新华日报社印刷厂地面沉降才得到有效控制，但厂房、印刷机受损方面的处理并未涉及。经新华日报社委托的南京市土木建筑学会、国家印刷机械质量监督检验中心及某省地震局等单位鉴定认为，新华日报社印刷厂厂房和厂内印刷机受损的直接原因是华荣大厦基础工程施工大量抽排地下水造成的。1992 年 7 月 30 日，新华日报社向南京市人民政府报告，要求华夏公司赔偿损失，但未得到解决，遂直接向华夏公司索赔，经交涉未果。1994 年 6 月 30 日，新华日报社向法院起诉，要求华夏公司赔偿财物损失。

【审裁结果】

1. 一审判决理由和判决结果

江苏省高级人民法院审理查明：①新华日报社已损失为：请国内外专家调校修理印刷机费用 179504 元；在专家修理调校印刷机期间请他人代印部分报纸费用差额 31893 元；德国专家来该市修理印刷机食宿费 6796.4 元；南京市土木建筑学会鉴定费 3000 元；国家印刷机械质量监督检验中心鉴定费、评估费、交通费、食宿费共计 11.81 万元；其他有关单位咨询、鉴定费 4.76 万元。②新华日报社必将继续受损失的为：修理进口印刷机必须进口的零部件购置费 765 万元，购置该零部件需交关税及增值税 244 万元；拆除印刷机需拆除费、运输费、保管费、安装费、调校费等计 190 万元；维修加固厂房和重做印刷机基础所需工程费 1506686.38 元。原告上述已损失和即将损失总计人民币 13883580.28 元。

以上事实，有双方当事人陈述、有关证人证言、鉴定结论、工程预算书票据等证据证实。经当庭质证，被告对原告委托的有关部门作出的鉴定结论和评估预算等亦未要求重新鉴定。

江苏省高级人民法院认为，被告华夏公司建设的华荣大厦与原告新华日报社印刷厂厂房相邻。华夏公司在建设华荣大厦时，未充分考虑邻近建筑物的安全，于施工期间大量抽排地下水，并于初期发现问题后又未能及时采取必要的防护措施，使新华日报社印刷厂地面发生沉降，损坏了印刷厂房屋基础，致该厂房及屋内印刷机械受损。事实清楚，证据充分，足以认定。华夏公司违背《中华人民共和国民法通则》第八十三条关于"不动产的相邻各方，应当按照有利生产，方便生活，团结互助，公平合理的精神，正确处理截水、排水、通行、通风、采光等方面的相邻关系"的规定建设房屋，给新华日报社造成了巨大损失，应负全部赔偿责任。所建华荣大厦系华厦公司的所有权，新华日报社的印刷厂房和印刷机的损害，系华厦公司基础工程施工抽排地下水造成；至于华厦公司与施工单位还有纠纷，系另一法律关系，本案不予审理。因此，其主张"应由施工单位赔偿"的理由不予采纳。新华日报社的权益被侵害后，于 1992 年 7 月 30 日即向南京市人民政府报告，并一直要求华厦公司予以赔偿，未获解决，直到 1994 年 6 月 30 日向法院提起诉讼，符合《中华人民共和国民法通则》第一百三十五条关于"向人民法院请求保护民事权利的诉讼时效期间为 2 年"的规定，并未超过法定的诉讼时效，华厦公司关于新华日报社"超过了诉讼时效起诉，已丧失胜诉权"的主张，不能成立。新华日报社其余损失因自动放弃，故不予认定。据此，该院于 1994 年 11 月 28 日判决如下：华厦公司于本判决生效后 30 日内，赔偿新华日报社各项损失计人民币 13883580.28 元。本案诉讼费 79428 元，诉讼保全费 70520 元，合计人民币 149948 元由华厦公司负担。

2. 二审抗辩主张和事实认定

华厦公司不服一审判决，向最高人民法院提出上诉，其理由是：被上诉人胶印车间的设计使用不合理，胶印机基础下未做砂石垫层、胶印机运转后无沉降观测记录，因此不能证明不均匀沉降只是华荣大厦施工抽水所致，请求撤销一审判决，在分清双方当事人责任程度、合理计算被上诉人损失的前提下，改判由双方分担民事责任。

新华日报社答辩认为，原审认定的事实完全符合实际，该社厂房和机器受损原因完全是华荣大厦施工中长期、大量抽排地下水造成的，请求维持原判，驳回上诉人的上诉请求。

最高人民法院认为，上诉人华厦公司在被上诉人新华日报社厂房相邻处建设华荣大厦，本应充分考虑相邻建筑物的安全，但该公司违反《中华人民共和国民法通则》关于处理相邻关系的原则，未做维护工程，即开始敞开式开挖，大量抽排地下水。当初期发现问题后虽采取了补救措施，亦未能完全阻止不均匀沉降，致使新华日报社印刷厂和设备基础地面发生沉降，厂房及胶印机严重受损，故其应对此负全部责任。关于上诉人所持上诉理由，法院审理期间，即根据上诉人的申请，委托了某省技术监督建设工程质量检验站（以下简称质检站）就华荣大厦施工中抽取地下水对新华日报社印刷车间厂房及进口胶印机基础有哪些影响等问题进行了鉴定。质检站鉴定认为：华荣大厦施工大量抽排地下水是造成新华日报社胶印车间下沉开裂和胶印机不能正常运行、遭受损伤的直接原因。鉴定针对上诉人提出的新华日报社厂房基础和设备基础的设计和使用均存在问题的主张作出了"该厂房基础和设备基础的结构形式对沉降反应敏感，对环境变化适应性差，但事故发生前三年来的使用尚没有发现问题，在华荣大厦基坑施工期间如不抽水不致突然发生这个事故"的结论。故原审法院认定事实清楚，适用法律正确，其上诉理由不能成立。据此，最高人民法院于 1996 年 5 月 13 日依照《中华人民共和国民事诉讼法》第一百五十三条第一款（一）项之规定，判决如下：

驳回上诉，维持原判。

二审诉讼费 79248 元，鉴定费 232751.7 元，均由上诉人华厦公司承担。

【分析】

本案既涉及民事关系、也涉及行政关系，从建设法律关系看，具有典型意义。到了现在，适用的法律已经有所变化。

1. 关于适格被告问题

本案首先涉及的是法律关系中的主体问题。诉讼中对谁是适格被告产生了激烈争论。即华荣大厦工程的施工单位珠海特区中新建筑公司是否是本案的单一被告、或共同被告、或追加的第三人问题。本案在一审中，华厦公司极力强调其不是本案的合格的当事人，而真正的被告应是负责承建的施工单位中新建筑公司。其理由是：新华日报社印刷厂地面沉降，造成 3 台德国进口的卷筒纸胶印机严重受损、厂房墙体损坏并危及人员安全的直接责任者是施工单位，是由大楼建造挖掘地层的施工而引起的，故此，新华日报社的损失应由承建的施工单位中新建筑公司承担，与本公司无关。华厦公司提出的在本案应列中新建筑公司为单一被告的理由被一审法院否决并已判决由其承担责任后，在二审中又极力提出追加中新建筑公司为本案的第三人，二审法院对此亦未予采纳。

华厦公司提出的上述理由是不能成立的，理由有以下几点：第一，本案涉及的法律关系是不动产的相邻关系。按照《民法通则》第八十三条的规定："不动产的相邻各方，应当按照有利生产，方便生活，团结互助，公平合理的精神，正确处理截水、排水、通行、通风、采光等方面的相邻关系。"2017 年 10 月 1 日开始生效的《民法总则》没有对相邻关系作出具体规定，《物权法》第八十四条规定："不动产的相邻权利人应当按照有利生产、方便生活、团结互助、公平合理的原则，正确处理相邻关系。"而与新华日报社相邻的是对华荣大厦享有所有权的华厦公司。第二，华荣大厦的建造是由华厦公司这个法人独立投资的，中新建筑公司只是受华厦公司的委托，负责承建施工，即中新建筑公司是为华厦公司进行工作的，如果没有特殊约定，即使中新建筑公司在施工中有过错也应当先由华厦公司对新华日报社承担责任，再由中新建筑公司对华厦公司承担责任。第三，从客观事实上讲，中新建筑公司是按华厦公司的大楼设计和施工方案进行施工的，在施工中没有改变该设计和施工方案。因此，在大楼基础工程的施工中，采取敞开式挖掘地层深土，大量抽排地下水，致使新华日报社的厂房地面发生沉降，损坏了该厂房及屋内印刷机械，应由华厦公司承担此民事赔偿责任。至于中新建筑公司在施工中的有关操作问题，可由华厦公司根据"承建施工合同"另案起诉。第四，华荣大厦的施工是否会对相邻各方造成损失，应当由华厦公司进行技术和经济论证。

2. 关于是否超过诉讼时效的问题

虽然新华日报社的权益是在 1991 年被侵害的，当然也是其知道或者应当知道自己的权益被侵害的时间，即诉讼时效起算的时间；但是新华日报社的权益被侵害后，于 1992 年 7 月 30 日即向南京市人民政府报告，并一直要求华厦公司予以赔偿，未获解决，直到 1994 年 6 月 30 日向法院提起诉讼，这样诉讼时效就发生了中断，故未超过两年的诉讼时效期限。因此，新华日报社仍然享有胜诉权。如果适用 2017 年 10 月 1 日开始生效的《民法总则》，则诉讼时效为 3 年。

3. 关于混合过错问题

关于混合过错问题，即新华日报社印刷厂及印刷机械遭损，是华厦公司在建造华荣大厦中的单方过错造成的，还是由包括新华日报社印刷厂本身在建造时自身基础工程不坚固而混合过错造成的。华厦公司在上诉中强调：新华日报社胶印车间的设计使用不合理、胶印机基础下未做砂石垫层、胶印机运转后无沉降观测记录等，以证明不均匀沉降不仅仅是华荣大厦施工抽水所致，要求二审法院分清双方当事人的责任程度，双方分担民事责任。

华厦公司这种"混合过错"的理由也是不能成立的。在一、二审法院审理中查明，新华日报社印刷厂印刷机械在华厦公司建造华荣大厦前已正常使用了三年以上未出现任何问题，设计、使用不存在不合理之处。至于胶印机基础下是否未做砂石垫层，华厦公司亦无法举出证据。二审法院根据华厦公司的申请，委托了江苏省技术监督建筑工程质量检验站就华荣大厦施工中抽取地下水对新华日报社印刷厂车间厂房及进口胶印机基础有哪些影响等问题进行了鉴定，鉴定认为：华荣大厦施工大量抽排地下水是造成新华日报社胶印车间下沉开裂和胶印机不能正常运行、遭受损伤的直接原因。因此，二审法院亦认定为单一过错而不是混合过错。本案被告华厦公司违背"保护先建筑原则"，在开挖地层取土、抽地下水之前，四周没有打护栏桩，因而一、二审判决其赔偿原告的损失，是正确的。

4. 关于民事诉讼与行政赔偿的关系

在诉讼中一定要分清法律关系。华荣大厦是经过政府规划管理部门和施工管理部门批准的工程项目，这是华厦公司请求本纠纷应当交由行政机关处理的依据。有些观点认为在这样的情况下，否决行政管理部门的批件是提起行政诉讼的前提条件。笔者不同意这一看法，理由如下：第一，在我国目前的客观条件下，尚无条件要求必须在完全不损害其他相邻各方利益的情况下进行工程建设，我国的城市规划标准也不是在这一基础上进行的。因此，在有些情况下，符合城市规划的工程项目会损害第三人的利益。此时，行政管理部门的许可只是解决可以进行工程建设的问题，而与受损害一方的民事赔偿问题只能通过民事纠纷的解决程序解决，如果不能通过其他渠道解决，则可以通过诉讼程序解决。第二，行政管理部门的审查仅仅是程序上的，并无能力进行技术上的实质审查。以本纠纷为例，建设单位完全有可能通过采取其他的技术手段避免损害新华日报社的权益。华厦公司有义务、有责任找到这一技术方案，如果没有采取适当的技术手段，则应当对被损害一方承担赔偿责任。

【案例 1-2】 对不可抗力认定的分歧

某施工单位与某房地产开发公司签订了一份建设工程施工合同，合同约定了大风或暴雨等恶劣天气属于不可抗力，工期可以顺延。合同签订后，承包人按照合同约定的开工时间进场施工，工程竣工后，由于发包人拖欠承包人工程款，承包人起诉发包人要求发包人支付工程款，发包人提起反诉要求承包人承担工期违约金。法院经审理后查明，施工合同约定的竣工日期为 2005 年 5 月 30 日，实际竣工日期为 2005 年 11 月 30 日，比约定的竣工日期逾期 180 多天。按照当事人的约定，工期每逾期一天承包人应向发包人支付 2 万元的违约金。在庭审过程中，承发包双方当事人就工期是否可以顺延发生了激烈的争论。承包人在反诉中抗辩说，工期延期是因为施工期间发生了大风或暴雨等恶劣天气，按照合同约定，工期应该予以顺延，承包人不应承担工期逾期违约金。发包人则认为，施工期间虽然发生了大风或暴雨天气，但由于大风或暴雨的等级及持续时间均不足以影响施工，不属于合同约定的不可抗力的范畴，因此工期不予顺延。法院审理后认为，当事人已经在合同中约定大风或暴雨等恶劣天气属于不可抗力，工期可以顺延。发包人虽然主张大风或暴雨的等级及持续时间均不足以影响施工，但没有相应证据。因此，应根据合同约定，工期予以顺延。

【分析】

本案中的不可抗力就是本章介绍的建设法律事实中的事件。事件可分为自然事件和社会事件两种。自然事件是指由于自然现象所引起的客观事实，如地震、台风等。双方当事人在合同中约定，大风或暴雨等恶劣天气属于不可抗力。当事人的这种约定，意味着大风或暴雨等恶劣天气属于自然事件。但是，事件的出现与否，是当事人无法预见和控制的。因此，天气必须恶劣到一定程度才可能被认定为事件，对于当事人能够或者已经预见的恶劣天气，就不应当认定为事件。由于发生纠纷后，双方均承认在施工期间发生了大风或暴雨等恶劣天气，因此，合同工期应当予以顺延。至于发包人提出的大风或暴雨的等级及持续时间均不足以影响施工的抗辩，由于合同中未对大风或暴雨的等级进行约定，发包人又不能对自己的抗辩提供有力的证据，只能承担举证不能的法律后果。

从上述案例可以看出，在约定大风或暴雨等作为不可抗力时，应进一步约定暴雨的降雨量或大风的等级及持续时间，这样，何种类型、等级的大风、暴雨天气属于不可抗力就比较容易界定。

思 考 题

1. 何谓建设法律关系，其构成要素是什么？
2. 建设法规有哪些表现形式，建设法规是如何构成的？
3. 建设行政法律和建设民事法律各有什么特征？
4. 简述建设法律关系的特征。
5. 建设法规的实施方式有哪几种，其具体内容是什么？

第 2 章　工程建设程序法规

2.1　概　述

2.1.1　相关概念

1. 工程建设概念

工程建设，是指土木工程、建筑工程、线路管道和设备安装工程及装修工程等工程项目的新建、扩建和改建，是形成固定资产的基本生产过程及其与之相关联的其他建设工作的总称。

工程建设这一名词是工程和建设的组合，因此对工程建设这一概念的界定应在准确理解工程、建设含义的基础上。工程、建设概念的内涵都很广。工程可看作将自然科学原理应用到工农业生产部门中而形成的各学科的总称，如土木建筑工程、水利工程、冶金工程、机电工程、化学工程、海洋工程、生物工程等。这些学科是应用数学、物理学、化学、生物学等基础科学的原理，结合在科学实验及生产实践中所积累的技术经验而发展出来的。建设则可泛指政治、经济各方面的兴建工程，如建设国家、建设家乡、建设港口等。本书中的工程、建设是指具体基本建设项目中的生产活动。依据《建设工程质量管理条例》《建设工程安全生产管理条例》的规定，工程，是指土木工程、建筑工程、线路管道和设备安装工程及装修工程；建设，则是指建设工程的新建、扩建、改建、拆除等有关活动。

土木工程包括矿山、铁路、公路、市政道路、港口、码头、隧道、桥梁、堤坝、飞机场、运动场等工程。建筑工程是指房屋建筑工程，即有顶盖、梁柱、墙壁、基础以及能够形成内部空间，满足人们生产、生活、公共活动的工程实体，包括公共建筑、住宅、厂房、剧院、旅馆、商店、学校、医院等工程。土木工程与房屋建筑工程的主要区别在于是否具有顶盖、梁柱或墙壁❶。线路管道和设备安装工程，包括电力、通信线路、石油、燃气、给水、排水、供热等管道系统和各类机械设备、装置的安装工程。装修工程，是指对建筑物内、外进行的以美化、舒适化、增加使用功能为目的的工程建设活动。

新建，是指从基础开始建造的建设项目。扩建，是指在原有基础上加以扩充的项目，如房屋建筑在原有基础上加层加高。改建，是指不增加建筑物或建设项目体量，在原有基础上，为提高生产效率、改进产品质量，或改变产品方向，或改善建筑物使用功能、改变使用目的等，对原有工程进行改造的建设项目。拆除，是指拆除原有建筑物和构筑物的活动，也是建设活动的一种，也应遵守相关的法律规定。

工程建设概念不仅将房屋建筑、水利、公路、铁路、港口、码头、隧道、桥梁等不同

---

❶　参考《台湾地区建筑法》《香港建筑物条例》等的划分。

的工程类型纳入进来，也覆盖了工程项目的勘察、设计、施工、设备安装、装饰装修等不同阶段。工程建设概念的内涵覆盖了建设工程的全项目周期，包括了工程的策划、报批、勘察、设计、施工、竣工验收、试运行、后评价，以及相关的征地、拆迁、市政等建设活动。工程建设概念是经过不断探讨、研究和扩展的，其内涵从 1997 年《建筑法》立法时指代房屋建筑工程的勘察、设计、施工阶段，扩展到了现有建设法规体系的建设工程的全项目周期。这为工程建设程序的系统性、完备性奠定了基础。

2. 工程建设程序概念

工程建设程序，是指一项建设工程从设想、提出到决策，经过设计、施工，直至投产或交付使用的整个过程中，应当遵循的内在规律。

按照建设工程的内在规律，投资建设一项工程应当经过投资决策、前期准备、建设实施和交付使用等不同的阶段，每个阶段又包括若干具体的工作内容。各阶段以及阶段内的各项工作之间存在着不能随意颠倒的严格的先后顺序关系。科学的建设程序应当在坚持"先勘察、后设计、再施工"的原则基础上，突出优化决策、竞争择优的原则。

从事建设工程活动必须严格执行建设程序，这是每一位建设工作者的职责，更是建设工程监理人员的重要职责。

3. 坚持建设程序的意义

(1) 依法管理工程建设，保证正常建设秩序

建设工程涉及国计民生，并且投资大、工期长、内容复杂，是一个庞大的系统。在建设过程中，客观上存在着具有一定内在联系的不同阶段和不同内容，必须按照一定的步骤进行。为了使工程建设有序地进行，有必要将各个阶段的划分和工作的秩序用法规或规章的形式加以规范，以便人们遵守。实践证明，坚持了建设程序，建设工程就能顺利进行、健康发展。反之，不按建设程序办事，建设工程就会受到极大的影响。因此，坚持建设程序，是依法管理工程建设的需要，是建立正常建设秩序的需要。

(2) 科学决策，保证投资效果

建设程序明确规定，建设前期应当做好项目建议书和可行性研究工作。在这两个阶段，由具有资格的专业技术人员对项目是否必要、条件是否可行进行研究和论证，并对投资效益进行分析，对项目的选址、规模等进行方案比较，提出技术上可行、经济上合理的可行性研究报告，为项目决策提供依据，而项目审批又从综合平衡方面进行把关。如此，可最大限度地避免决策失误并力求决策优化，从而保证投资效果。

(3) 顺利实施建设工程，保证工程质量

建设工程强调先勘察、后设计、再施工的原则。根据真实、准确的勘察成果进行设计，根据深度、内容合格的设计进行施工，在做好准备的前提下合理地组织施工活动，使整个建设活动能够有条不紊地进行，这是工程质量得以保证的基本前提。事实证明，坚持建设程序，就能顺利实施建设工程并保证工程质量。

2.1.2　工程建设程序的立法现状

当前，我国工程建设的各阶段都有相关的程序性立法。关于工程建设程序的法律规定分散于二十余部法律法规中，其中，由人大颁布的法律和由国务院颁布的行政法规占少数，而由以国家发改委（原国家计委）和住房城乡建设部为首的中央部门规章数量较多，规定也较为详细，为工程建设活动开展提供了有效的依据和准则。

在工程建设程序法律法规中，《建筑法》《城乡规划法》等国家法律、《国务院关于投资体制改革的决定》《关于基本建设程序的若干规定》《工程建设项目实施阶段程序管理暂行规定》的有关内容是应该重点掌握的。

1. 法律

《中华人民共和国建筑法》简称（《建筑法》）由第 8 届全国人大常委会第 28 次会议于 1997 年 11 月 1 日通过，后经修订，由第 11 届全国人大常委会第 20 次会议于 2011 年 4 月 22 日重新颁布。作为建筑业的基本法，《建筑法》对建筑工程施工阶段的建设程序进行了规定，明确了建筑工程的用地批准、规划许可、拆迁、招投标、设计、施工许可、施工等建设程序。

《中华人民共和国城乡规划法》简称（《城乡规划法》）于 2007 年 12 月 28 日颁布，并于 2015 年 4 月 24 日修订，它对与工程建设相关的城乡规划编制、建设工程选址和布局、建设用地规划许可证等内容进行了规定。

《中华人民共和国土地管理法》简称（《土地管理法》）于 1986 年 6 月 25 日颁布，并于 1988、1998、2004 年经过三次修订。它对与工程建设相关的土地利用总体规划、建设用地许可、征地补偿、土地出让、土地划拨、土地使用等内容进行了规定。

《中华人民共和国城市房地产管理法》简称《城市房地产管理法》）于 1994 年 7 月 5 日颁布，并于 2007 年修订。它对与房地产开发项目建设程序相关的土地使用权出让、土地使用权划拨、设计、施工、竣工验收等内容进行了规定。

《中华人民共和国招标投标法》简称（《招标投标法》）于 1999 年 8 月 30 日颁布。它对工程建设过程中的勘察、设计、施工、监理、材料供应等单位招标投标的程序进行了规定，具体包括发布招标公告、资格预审、发布招标文件、投标、评标、选定中标人、签订合同等。

《中华人民共和国环境影响评价法》简称（《环境影响评价法》）于 2002 年 10 月颁布，它适应了我国经济建设和社会发展对日趋重要的环境保护的需要。该法对建设项目环境影响评价的概念、主管部门、评价方式、审批程序、后评价与跟踪等作出了规定。随着该法颁布，环境影响评价成为工程建设项目中一个必不可少的环节。

2. 行政法规

《建设工程勘察设计管理条例》由国务院于 2000 年 9 月 25 日颁布，它对工程建设勘察设计活动应遵循的程序进行了规定，具体包括勘察设计发包、先勘察后设计、勘察设计文件编制、勘察设计文件实施等。

《国务院关于投资体制改革的决定》由国务院于 2004 年 7 月 16 日颁布。该决定更合理地划分了工程建设项目的审批权限。对政府投资项目，采用直接投资和资本金注入方式的，从投资决策角度只审批项目建议书和可行性研究报告；采用投资补助、转贷和贷款贴息等方式的，只审批资金申请报告。对私人投资项目实行核准或备案。这一审批程序的简化，将提高工程建设的投资效率，促进经济和社会事业发展。

《国有土地上房屋征收与补偿条例》由国务院于 2011 年 1 月 21 日颁布。该条例取代了原《城市房屋拆迁管理条例》，对国有土地上房屋征收的决定、程序、补偿方式、补偿标准等进行了规定，有利于规范国有土地上房屋征收与补偿活动，维护公共利益，保障被征收房屋所有权人的合法权益。

3. 部门规章

《关于基本建设程序的若干规定》由原国家计委于 1978 年颁布，是国家对于基本建设活动程序最早的规定。它将基本建设程序划分为八个阶段，即计划任务书、建设地点选择、设计文件、建设准备、计划安排、施工、生产准备、竣工验收与交付生产。这一划分奠定了我国工程项目全过程建设程序的基础。

《关于编制建设前期工作计划的通知》由原国家计委于 1982 年颁布。它侧重明确了建设项目的勘测、科研、试验、可行性研究，设计任务书和初步设计三方面的程序及基本要求，并规定了前期工作计划编制和审批的管理办法。

《关于建设项目进行可行性研究的试行管理办法》由原国家计委于 1983 年颁布。它对项目建议书、可行性研究报告的编制程序、编制内容、预审、复审、批准等内容进行了规定。

《关于简化基本建设项目审批手续的通知》由原国家计委于 1984 年颁布。它将基本建设大中型项目原有的五道审批手续（项目建议书、可行性研究报告、设计任务书、初步设计和开工报告）简化为两道手续（项目建议书、设计任务书），而将可行性研究报告内容合并到设计任务书中。这满足了当时简化基本建设审批程序的需要，但调整幅度过大，不利于政府管理。经过反复调整，基本建设程序基本延续了项目建议书、可行性研究报告、初步设计、建筑施工许可的审批机制。

《关于大中型和限额以上固定资产投资项目建议书审批问题的通知》由原国家计委于 1988 年颁布。它对大中型和限额以上固定资产投资项目建议书的编制内容、报批程序、主管部门等予以了规定。

《工程建设项目报建管理办法》由建设部于 1994 年颁布。它对工程建设报建内容、报建程序、报建管理进行了规定，其中报建内容包括工程名称、建设地点、投资规模、资金来源、当年投资额、工程规模、开工日期、竣工日期、发包方式和工程筹建情况。

《工程建设项目实施阶段程序管理暂行规定》由建设部于 1995 年颁布。它将工程建设实施阶段划分为施工准备阶段、施工阶段和竣工阶段。施工准备阶段分为工程建设项目报建、委托建设监理、招标投标、施工合同签订；施工阶段分为建设工程施工许可证领取、施工；竣工阶段分为竣工验收及期内保修。该规定主要针对建设工程的施工阶段，对相关建设程序作了较为具体的规定。

《房屋建筑工程和市政基础设施工程竣工验收备案管理暂行办法》由建设部于 2000 年颁布，并由住房城乡建设部于 2009 年修订。它明确了房屋建筑工程和市政基础设施工程竣工验收备案的程序为：提交工程竣工验收备案表和验收报告等文件，备案机关验证文件，工程质量监督机构提交工程质量监督报告，正式办理备案手续。

《房屋建筑和市政基础设施工程竣工验收规定》由住房城乡建设部于 2013 年 12 月 2日颁布。它对竣工验收条件及程序、竣工验收报告及附件、工程质量监督等内容予以了规定。

《房屋建筑和市政基础设施工程施工图设计文件审查管理办法》由建设部于 2004 年 8月 23 日颁布，后经修改，由住房城乡建设部于 2013 年 4 月 27 日重新颁布。它对房屋建筑工程、市政基础设施工程施工图设计文件审查的机构、程序、内容、要求等予以了规定。

　　《建设工程价款结算暂行办法》由建设部于 2004 年颁布，是专为规范工程款支付，防范拖欠工程款问题而制定的。它对工程合同款约定、合同款调整、工程预付款结算、工程进度款支付、工程竣工结算、争议处理等的程序和内容进行了详细规定。

　　《关于建设项目经济评价工作的若干规定》由国家发改委于 2006 年颁布。它对建设项目财务评价和国民经济评价的原则、深度、依据、方法等内容予以了规定。

　　《建筑工程施工许可管理办法》由建设部于 1999 年发布，2001 年修正，最新由住房城乡建设部于 2014 年 10 月 25 日组织重新制定和颁布。它对房屋建筑工程和市政基础设施工程施工许可的管理部门、申请条件、申请办理程序、施工许可证使用等内容予以了规定。

　　《中央政府投资项目后评价管理办法》由国家发改委于 2014 年 9 月 21 日颁布。它规定了中央投资的建设项目在项目竣工验收并投入使用或运营一定时间后，运用规范、科学、系统的评价方法与指标，将项目建成后所达到的实际效果与项目的可行性研究报告、初步设计（含概算）文件及其审批文件的主要内容进行对比分析，找出差距及原因，总结经验教训，提出相应对策建议，并反馈到项目参与各方，形成良性项目决策机制。

2.2　工程建设程序阶段的划分

　　新中国成立以来，我国的工程建设程序经过了一个不断完善的过程。目前，我国的建设程序与计划经济时期相比较，已经发生了重要变化。其中，关键性的变化，一是在投资决策阶段实行了项目决策咨询评估制度，二是实行了工程招标投标制度，三是实行了建设工程监理制度，四是实行了项目法人责任制度。建设程序中的这些变化，使我国工程建设程序进一步适应了市场经济的要求，并且与国际惯例趋于一致。

　　目前，我国工程建设程序可分为四个阶段，每个阶段又包含若干环节，如图 2-1 所示。

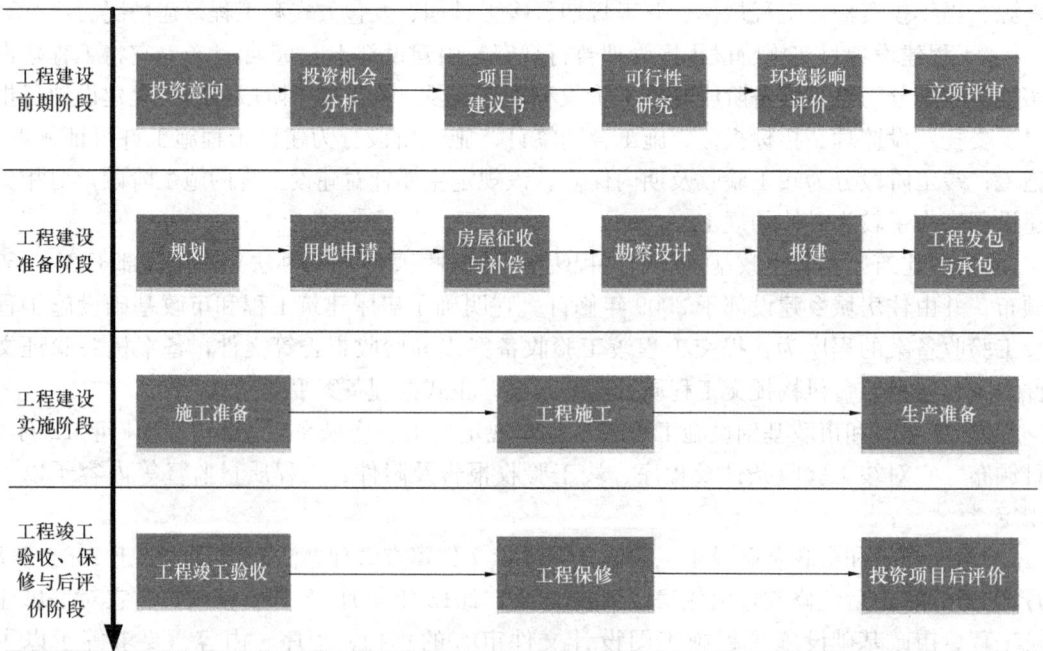

图 2-1　工程建设程序的阶段划分

各阶段、各环节的工作应按规定顺序进行。当然，工程项目的性质不同，规模不一，同一阶段内各环节的工作会有一些交叉，有些环节还可省略，在具体执行时，可根据本行业、本项目的特点，在遵守工程建设程序的大前提下，灵活开展各项工作。

2.3 工程建设前期阶段及准备阶段的内容

2.3.1 工程建设前期阶段

1. 投资意向

投资意向是投资主体发现社会存在合适的投资机会所产生的投资愿望。它是工程建设活动的起点。

不同投资者的投资意向是不同的。一般来说，政府机关、公共组织、社会团体等的投资意向往往是一些具有社会效益、经济效益偏弱的公共、集体使用或基础设施项目，如水库、市政设施、办公楼等，具有一定的公共使用功能，可服务于社会生产、人们生活和经济发展；而私人投资者的投资意向大都是一些经济效益好的项目，如房地产开发项目、工业项目、电站等，其主要目的是获得利润。

2. 投资机会分析

投资机会分析是投资主体对若干可选择的投资机会进行考察和分析，从中优选具有发展前景、贡献较大、投资效益高、可行性大的"投资机会"，作为形成项目构思的设想，是项目生成的萌芽。起初可以丰富多彩、广泛地设想，随后应从经济、技术、自然情况、社会条件、环境影响等方面分析其可行性。

例如，对工业项目的机会研究，应从以下方面研究、优选"投资机会"：

(1) 在加工和制造方面，具有潜力的自然资源的新发现。

(2) 可作为工业原材料的农产品生产格局与趋势。

(3) 由于人口或购买力增长，具有需求增长潜力的产品及类似新产品的预期。

(4) 具有发展前景的新技术的采用可能性。

(5) 现有经济系统潜在的不平衡，如原材料工业与加工制造业的不平衡。

(6) 现有各工业行业前向或后向扩展与完善的可能性。

(7) 现有工业生产能力扩大的可能性、多种经营的可能性和生产技术改造的可能性。

(8) 进口情况以及替代进口的可能性。

(9) 投资环境，包括宏观经济政策、产业政策等。

(10) 生产要素的成本和可得性。

(11) 出口的可能性。

机会研究证明效果不佳的项目，就不再进行下一步工作。

3. 项目建议书

项目建议书是拟建项目单位向国家提出的要求建设某一项目的建议文件，是对工程项目建设的轮廓设想。项目建议书的主要作用是推荐一个拟建项目，论述其建设的必要性、建设条件的可行性和获利的可能性，供国家决策机构选择并确定是否进行下一步工作。

项目建议书的内容视项目的不同有繁有简，但一般应包括以下几方面的内容：

（1）项目提出的必要性和依据。

（2）产品方案、拟建规模和建设地点的初步设想。

（3）资源情况、建设条件、协作关系和设备引进国别、厂商的初步分析。

（4）投资估算、资金筹措及还贷方案设想。

（5）项目进度安排。

（6）经济效益和社会效益的初步估计。

（7）环境影响的初步评价。

对于政府投资项目，项目建议书要求编制完成后，应根据建设规模和限额划分分别报有关部门审批。项目建议书批准后，可以进行详细的可行性研究报告，但并不表示项目非上不可，批准的项目建议书不是项目的最终决策。

根据《国务院关于投资体制改革的决定》，对于企业不使用政府资金投资建设的项目，政府不再进行投资决策性质的审批，项目实行核准制或登记备案制，企业不需要编制项目建议书而可直接编制项目可行性研究报告。

4. 可行性研究

可行性研究是指在项目决策之前，通过调查、研究、分析与项目有关的工程、技术、经济等方面的条件和情况，对可能的多种方案进行比较论证，同时对项目建成后的经济效益进行预测和评价的一种投资决策分析研究方法和科学分析活动。

（1）作用。可行性研究的主要作用是为建设项目投资决策提供依据，同时也为建设项目设计、银行贷款、申请开工建设、建设项目实施、项目评估、科学实验、设备制造等提供依据。

（2）内容。可行性研究是从项目建设和生产经营全过程分析项目的可行性，应完成以下工作内容：①市场研究，以解决项目建设的必要性问题；②工艺技术方案的研究，以解决项目建设的技术可行性问题；③财务和经济分析，以解决项目建设的经济合理性问题。

5. 环境影响评价

环境影响评价，是指对规划和建设项目实施后可能造成的环境影响进行分析、预测和评估，提出预防或者减轻不良环境影响的对策和措施，进行跟踪监测的方法与制度。

依据《环境影响评价法》规定，国家根据建设项目对环境的影响程度，对建设项目的环境影响评价实行分类管理。建设单位应当按照下列规定组织编制环境影响报告书、环境影响报告表或者填报环境影响评价文件：

（1）可能造成重大环境影响的，应当编制环境影响报告书，对产生的环境影响进行全面评价；

（2）可能造成轻度环境影响的，应当编制环境影响报告表，对产生的环境影响进行分析或者专项评价；

（3）对环境影响很小、不需要进行环境影响评价的，应当填报环境影响登记表。

建设项目的环境影响报告书应当包括下列内容：①建设项目概况；②建设项目周围环境现状；③建设项目对环境可能造成影响的分析、预测和评估；④建设项目环境保护措施及其技术、经济论证；⑤建设项目对环境影响的经济损益分析；⑥对建设项目实施环境监测的建议；⑦环境影响评价的结论。

建设项目的环境影响评价文件，由建设单位按照国务院的规定报有审批权的环境保护行政主管部门审批；建设项目有行业主管部门的，其环境影响报告书或者环境影响报告表应当经行业主管部门预审后，报有审批权的环境保护行政主管部门审批。

建设项目的环境影响评价文件未经法律规定的审批部门审查或者审查后未予批准的，该项目审批部门不得批准其建设，建设单位不得开工建设。

6. 立项评审

根据《国务院关于投资体制改革的决定》，政府投资项目和私人投资项目分别实行审批制、核准制和备案制。凡是未通过立项评审的项目，不得进行下一步工作。

(1) 政府投资项目。对采用直接投资和资本金注入方式的，从投资决策角度只审批项目建议书和可行性研究报告，除特殊情况外不再审批开工报告，同时还要严格审批其初步设计和概算；采用投资补助、转贷和贷款贴息等方式的，只审批资金申请报告。

政府投资项目一般都要经过符合资质要求的咨询中介机构的评估论证，特别重大的项目还应实行专家评议制度。国家将逐步实行政府投资项目公示制度，以广泛听取各方面的意见和建议。

(2) 私人投资项目。对于企业不使用政府投资建设的项目，一律不再实行审批制，区别不同情况实行核准制和备案制。

企业投资建设《政府核准的投资项目目录》（以下简称《目录》）中的项目，仅需向政府提交项目申请报告，不再经过批准项目建议书、可行性研究报告和开工报告的程序。政府对企业提交的项目申请报告，主要从维护经济安全、合理开发利用资源、保护生态环境、优化重大布局、保障公共利益、防止出现垄断等方面进行核准。对于外商投资项目，政府还要从市场准入、资本项目管理等方面进行核准。

对于《目录》以外的企业投资项目，实行备案制，除国家另有规定外，由企业按照属地原则向地方政府投资主管部门备案。备案制的具体实施办法由省级人民政府自行制定。国务院投资主管部门要对备案工作加强指导和监督，防止以备案的名义变相审批。

为扩大大型企业集团的投资决策权，对于基本建立现代企业制度的特大型企业集团投资建设《目录》内的项目，可以按项目单独申报核准，也可编制中长期发展建设规划，规划经国务院或国务院投资主管部门批准后，规划中属于《目录》内的项目不再另行申报核准，只需办理备案手续。企业集团要及时向国务院有关部门报告规划执行和项目建设情况。

2.3.2 工程建设准备阶段

1. 规划（规划许可证）

在规划区内建设的工程，必须符合城市规划或村庄、集镇规划的要求，其工程选址和布局，必须取得城市规划行政主管部门或村、镇规划主管部门的同意、批准。在城市规划区内建设的，要依法先后领取城市规划行政主管部门核发的"选址意见书"、"建设用地规划许可证"、"建设工程规划许可证"方能进行征地、设计、施工等相关建设活动。

2. 用地申请（土地使用权证）

我国《土地管理法》规定：农村和城市郊区的土地（法律规定属国家所有者除外）属于农民集体所有，其余的土地都归国家所有。任何单位和个人进行建设，需要使用土地的，必须依法申请使用国有土地；但是，兴办乡镇企业和村民建设住宅经依法批准使用本集体经济组织农民集体所有的土地的，或者乡（镇）村公共设施和公益事业建设经依法批准使用农民集体所有的土地的除外。

建设占用土地，涉及农用地转为建设用地的，应当办理农用地转用审批手续。国家征用农田等土地时，应按照被征用土地的原用途给予补偿。例如，征用耕地的补偿费用包括土地补偿费、安置补助费以及地上附着物和青苗的补偿费，具体标准在《土地管理法》中有规定。

建设单位使用国有土地，应当以出让等有偿使用方式取得，按照国务院规定的标准和办法，缴纳土地使用权出让金等土地有偿使用费和其他费用后，方可使用土地。

但是下列建设用地，经县级以上人民政府依法批准，可以以划拨方式取得：

（1）国家机关用地和军事用地；

（2）城市基础设施用地和公益事业用地；

（3）国家重点扶持的能源、交通、水利等基础设施用地；

（4）法律、行政法规规定的其他用地。

由国家划拨取得土地使用权的，虽不用向国家支付出让金，但在城市要承担拆迁费用，在农村和郊区要承担土地原使用者的补偿费和安置补助费，其标准由各省、直辖市、自治区规定。

经批准的建设项目需要使用国有建设用地的，建设单位应当持法律、行政法规规定的有关文件，向有批准权的县级以上人民政府土地行政主管部门提出建设用地申请，经土地行政主管部门审查，报本级人民政府批准，领取"土地使用权证"后，方可使用土地。

3. 房屋征收与补偿

依据《国有土地上房屋征收与补偿条例》规定，为了保障国家安全、促进国民经济和社会发展等公共利益的需要，有下列情形之一，确需要征收房屋的，由市、县级人民政府作出房屋征收决定：

（1）国防和外交的需要；

（2）由政府组织实施的能源、交通、水利等基础设施建设的需要；

（3）由政府组织实施的科技、教育、文化、卫生、体育、环境和资源保护、防灾减灾、文物保护、社会福利、市政公用等公共事业的需要；

（4）由政府组织实施的保障性安居工程建设的需要；

（5）由政府依照《城乡规划法》有关规定组织实施的对危房集中、基础设施落后等地段进行旧城区改建的需要；

（6）法律、行政法规规定的其他公共利益的需要。

房屋征收部门拟订征收补偿方案，报市、县级人民政府。市、县级人民政府应当组织有关部门对征收补偿方案进行论证并予以公布，征求公众意见，作出房屋征收决定后应对被征收人给予以下补偿：

（1）被征收房屋价值的补偿；

（2）因征收房屋造成的搬迁、临时安置的补偿；

（3）因征收房屋造成的停产停业损失的补偿。

房屋征收部门与被征收人应就补偿方式、补偿金额和支付期限、用于产权调换房屋的地点和面积、搬迁费、临时安置费或者周转用房、停产停业损失、搬迁期限、过渡方式和过渡期限等事项，订立补偿协议。被征收人可以选择货币补偿，也可以选择房屋产权调换。因征收房屋造成搬迁的，房屋征收部门应当向被征收人支付搬迁费；选择房屋产权调换的，产权调换房屋交付前，房屋征收部门应当向被征收人支付临时安置费或者提供周转用房。

实施房屋征收应当先补偿、后搬迁。任何单位和个人不得采取暴力、威胁或者违反规定中断供水、供热、供气、供电和道路通行等非法方式迫使被征收人搬迁。禁止建设单位参与搬迁活动。

4. 勘察设计

（1）工程勘察

工程勘察是为工程项目在设计前查明建设场地的地形、地貌、地层、岩性、地质构造、水文地质条件和各种自然地质现象而进行的测量、测绘、测试、地质调查以及综合性的评价和研究工作，以便为工程项目的策划、选址、设计和施工提供基本的、科学的、可靠的依据，是工程项目建设安全、顺利、成功、效益的重要保证。

工程勘察的主要工作内容包括现场实地测量，现场定位测量，建筑物沉降、倾斜、裂缝观测，选址勘察、设计勘察、施工勘察等。

（2）初步设计

设计是对拟建工程在技术和经济上进行全面的安排，是工程建设计划的具体化，是组织施工的依据。设计质量直接关系到建设工程的质量，是建设工程的决定性环节。

一般工程设计分为两个阶段，即初步设计和施工图设计。有些工程，根据需要可在两阶段之间增加技术设计。

初步设计是根据批准的可行性研究报告和设计基础资料，对工程进行系统研究，概略计算，作出总体安排，拿出具体实施方案。其目的是在指定的时间、空间等限制条件下，在总投资控制的额度内和质量要求下，作出技术上可行、经济上合理的设计和规定，并编制工程总概算。

初步设计不得随意改变批准的可行性研究报告所确定的建设规模、产品方案、工程标准、建设地址和总投资等基本条件。如果初步设计提出的总概算超过可行性研究报告总投资的10%以上，或者其他主要指标需要变更时，应重新向原审批单位报批。

（3）施工图设计

在初步设计或技术设计基础上进行施工图设计，使设计达到施工安装的要求。施工图设计应结合实际情况，完整、准确地表达出建筑物的外形、内部空间的分割、结构体系以及建筑系统的组成和周围环境的协调。

《建设工程质量管理条例》规定，建设单位应将施工图设计文件报县级以上人民政府建设行政主管部门或其他有关部门审查，未经审查批准的施工图设计文件不得使用。依据《房屋建筑和市政基础设施工程施工图设计文件审查管理办法》，施工图设计文件由建设主管部门认定的施工图审查机构按照有关法律、法规，对施工图涉及公共利益、公众安全和工程建设强制性标准的内容进行的审查，主要审查内容包括：

1）是否符合工程建设强制性标准；

2）地基基础和主体结构的安全性；

3）勘察设计企业和注册执业人员以及相关人员是否按规定在施工图上加盖相应的图章和签字；

　　4）其他法律、法规、规章规定必须审查的内容。

　　5. 报建

　　建设单位在工程项目可行性研究报告或其他立项文件被批准后，须向当地建设行政主管部门或其授权机构进行报建，交验工程项目立项的批准文件，包括银行出具的资信证明以及批准的建设用地等其他有关文件。

　　工程建设项目的报建内容主要包括：①工程名称；②建设地点；③投资规模；④资金来源；⑤当年投资额；⑥工程规模；⑦开工、竣工日期；⑧发包方式；⑨工程筹建情况。

　　工程建设项目的报建程序为：

　　(1) 建设单位到建设行政主管部门或其授权机构领取《工程建设项目报建表》；

　　(2) 按报建表的内容及要求认真填写；

　　(3) 向建设行政主管部门或其授权机构报送《工程建设项目报建表》，并按要求进行招标准备。

　　6. 工程发包与承包

　　建设单位或其代理机构在上述准备工作完成后，需对拟建工程进行发包，以择优选定工程勘察设计单位、施工总承包商、监理单位、指定专业分包商。工程发包有直接发包和招标投标两种方式。为鼓励公平竞争，建立公正的竞争秩序，国家提倡招标投标方式，并通过立法，明确了必须实行招标投标的工程建设项目范围，具体内容参见第 7 章。

2.4　工程建设实施阶段及保修阶段的内容

2.4.1　工程建设实施阶段

　　1. 施工准备

　　在工程项目正式开始施工之前，建设单位、施工单位应做好以下方面的准备工作。

　　(1) 建设单位取得施工许可证

　　依据《建筑法》，建筑工程开工前，建设单位应当按照国家有关规定向工程所在地县级以上人民政府建设行政主管部门申请领取施工许可证；但是，国务院建设行政主管部门确定的限额以下的小型工程除外。按照国务院规定的权限和程序批准开工报告的建筑工程，不再领取施工许可证。

　　建设单位应当自领取施工许可证之日起三个月内开工。因故不能按期开工的，应当向发证机关申请延期；延期以两次为限，每次不超过三个月。既不开工又不申请延期或者超过延期时限的，施工许可证自行废止。

　　依据《建筑工程施工许可管理办法》，建设单位申请领取施工许可证，应当具备下列条件，并提交相应的证明文件：

　　1）依法应当办理用地批准手续的，已经办理该建筑工程用地批准手续。

　　2）在城市、镇规划区的建筑工程，已经取得建设工程规划许可证。

　　3）施工场地已经基本具备施工条件，需要征收房屋的，其进度符合施工要求。

　　4）已经确定施工企业。按照规定应当招标的工程没有招标，应当公开招标的工程没有公开招标，或者肢解发包工程，以及将工程发包给不具备相应资质条件的企业的，所确定的施工企业无效。

5）有满足施工需要的技术资料，施工图设计文件已按规定审查合格。

6）有保证工程质量和安全的具体措施。施工企业编制的施工组织设计中有根据建筑工程特点制定的相应质量、安全技术措施。建立工程质量安全责任制并落实到人。专业性较强的工程项目编制了专项质量、安全施工组织设计，并按照规定办理了工程质量、安全监督手续。

7）按照规定应当委托监理的工程已委托监理。

8）建设资金已经落实。建设工期不足一年的，到位资金原则上不得少于工程合同价的50%；建设工期超过一年的，到位资金原则上不得少于工程合同价的30%。建设单位应当提供本单位截至申请之日无拖欠工程款情形的承诺书或者能够表明其无拖欠工程款情形的其他材料，以及银行出具的到位资金证明，有条件的可以实行银行付款保函或者其他第三方担保。

9）法律、行政法规规定的其他条件。

（2）施工单位的施工准备工作

工程施工涉及的因素很多，过程也十分复杂，所以施工单位在接到施工图后，必须做好细致的施工准备工作，以确保工程项目顺利完成。具体包括：征地、拆迁和场地平整，三通一平，熟悉、审查图纸，编制施工组织设计，向下属单位进行计划、技术、质量、安全、经济责任的交底，下达施工任务书，组织材料、设备订货等。

2. 工程施工

工程施工是指施工队伍具体地配置各种施工要素，将工程设计转化为建筑产品的过程，也是投入劳动量最大、所费时间较长的工作。其管理水平的高低、工作质量的好坏对建设项目的质量和所产生的效益起着十分重要的作用。

工程施工管理具体包括施工调度、施工安全、文明施工、环境保护等几方面的内容。

施工调度是进行施工管理，掌握施工情况，及时处理施工中存在的问题，严格控制工程的施工质量、进度和成本的重要环节。施工单位的各级管理机构均应配备专职调度人员，建立和健全各级调度机构。

施工安全是指在施工活动中，对职工身体健康与安全、机械设备使用的安全及物资的安全等应有的保障制度和所采取的措施。根据《建设工程施工现场管理规定》，施工单位必须执行国家有关安全生产和劳动保护的法规，建立安全生产责任制，加强规范化管理，进行安全交底、安全教育和安全宣传，严格执行安全技术方案，定期检修、维修各种安全设施，做好施工现场的安全保卫工作，建立和执行防火管理制度，切实保障工程施工的安全。

文明施工是指施工单位应推行现代管理方法，科学组织施工，保证施工活动整洁、有序、合理地进行。具体内容有按施工总平面布置图设置各种临时设施，施工现场设置明显标牌，主要管理人员佩戴身份标志，机械操作人员持证上岗，用电设施的安装使用和现场水源、道路的设施符合规范要求等。

环境保护是指施工单位必须遵守国家有关环境保护的法律、法规，采取措施控制各种粉尘、废气、噪声等对环境的污染和危害。如不能控制在规定的范围内，应事先报请有关部门批准。

3. 生产准备

工程投产前，建设单位应当做好各项生产准备工作。生产准备阶段是由建设阶段转入生产经营阶段的重要衔接阶段。在本阶段，建设单位应当做好相关工作的计划、组织、指挥、协调和控制工作。

生产准备阶段主要工作有：

(1) 组建管理机构，制定有关制度和规定；

(2) 招聘并培训生产管理人员，组织有关人员参加设备安装、调试、工程验收；

(3) 签订供货及运输协议；

(4) 进行工具、器具、备品、备件等的制造和订货；

(5) 其他需要做好的有关工作。

2.4.2 工程竣工验收与保修阶段

1. 工程竣工验收

建设工程按设计文件规定的内容和标准全部完成，并按规定将工程内外全部清理完毕后，达到竣工验收条件，建设单位即可组织竣工验收，勘察、设计、施工、监理等有关单位应参加竣工验收。竣工验收是考核建设成果、检验设计和施工质量的关键步骤，是由投资成果转入生产或使用的标志。竣工验收合格后，建设工程方可交付使用。

根据《建筑法》和《建设工程质量管理条例》等相关法规，交付竣工验收的工程必须具备下列条件：

(1) 完成建设工程设计和合同约定的各项内容；

(2) 有完整的技术档案和施工管理资料；

(3) 有工程使用的主要建筑材料、建筑构配件和设备的进场试验报告；

(4) 有勘察、设计、施工、工程监理等单位分别签署的质量合格文件；

(5) 有施工单位签署的工程保修书。

竣工验收的依据是已批准的可行性研究报告，初步设计或扩大初步设计、施工图和设备技术说明书以及现行施工技术验收的规范和主管部门（公司）有关审批、修改、调整的文件等。

竣工验收后，建设单位应及时向建设行政主管部门或其他有关部门备案并移交建设项目档案。

2. 工程保修

建设工程实行质量保修制度。建设工程承包单位在向建设单位提交工程竣工验收报告时，应当向建设单位出具质量保修书。质量保修书中应当明确建设工程的保修范围、保修期限和保修责任等。

在正常使用条件下，建设工程的最低保修期限为：

(1) 基础设施工程、房屋建筑的地基基础工程和主体结构工程，为设计文件规定的该工程的合理使用年限；

(2) 屋面防水工程，有防水要求的卫生间、房间和外墙面的防渗漏，为 5 年；

(3) 供热与供冷系统，为 2 个供暖期、供冷期；

(4) 电气管线、给水排水管道、设备安装和装修工程，为 2 年。

其他项目的保修期限由发包方与承包方约定。

建设工程的保修期，自竣工验收合格之日起计算。

建设工程在保修范围和保修期限内发生质量问题的，施工单位应当履行保修义务，并对造成的损失承担赔偿责任。保修完成后，由建设单位或者房屋建筑所有人组织验收。涉及结构安全的，应当报当地建设行政主管部门备案。

3. 投资项目后评价

项目后评价，是指在项目竣工验收并投入使用或运营一定时间后，运用规范、科学、系统的评价方法与指标，将项目建成后所达到的实际效果与项目的可行性研究报告、初步设计（含概算）文件及其审批文件的主要内容进行对比分析，找出差距及原因，总结经验教训，提出相应对策建议，并反馈到项目参与各方，形成良性项目决策机制。

根据需要，可以针对项目建设（或运行）的某一问题进行专题评价，可以对同类的多个项目进行综合性、政策性、规划性评价。

项目后评价应当遵循独立、客观、科学、公正的原则，保持顺畅的信息沟通和反馈，为建立和完善政府投资监管体系服务。

列入后评价年度计划的项目主要从以下项目中选择：

（1）对行业和地区发展、产业结构调整有重大指导和示范意义的项目；

（2）对节约资源、保护生态环境、促进社会发展、维护国家安全有重大影响的项目；

（3）对优化资源配置、调整投资方向、优化重大布局有重要借鉴作用的项目；

（4）采用新技术、新工艺、新设备、新材料、新型投融资和运营模式，以及其他具有特殊示范意义的项目；

（5）跨地区、跨流域、工期长、投资大、建设条件复杂，以及项目建设过程中发生重大方案调整的项目；

（6）征地拆迁、移民安置规模较大，可能对贫困地区、贫困人口及其他弱势群体影响较大的项目，特别是在项目实施过程中发生过社会稳定事件的；

（7）使用中央预算内投资数额较大且比例较高的项目；

（8）重大社会民生项目；

（9）社会舆论普遍关注的项目。

承担项目后评价任务的工程咨询机构，应当按照国家发展与改革委员会的委托要求和投资管理相关规定，根据业内应遵循的评价方法、工作流程、质量保证要求和执业行为规范，独立开展项目后评价工作，在规定时限内完成项目后评价任务，提出合格的项目后评价报告。

通过项目后评价工作，认真总结同类项目的经验教训，后评价成果应作为规划制定、项目审批、资金安排、项目管理的重要参考依据。对于通过项目后评价发现的问题，有关部门、地方和项目单位应认真分析原因，提出改进意见，并切实改正完善。

思 考 题

1. 什么是工程建设程序，坚持工程建设程序的意义是什么？
2. 如何理解工程建设的概念？
3. 我国工程建设程序分为哪几个阶段？
4. 工程建设前期包括哪几个环节，各环节的主要工作内容是什么？

5. 我国关于建设项目环境影响评价文件有哪几种类型，其中环境影响评价报告的主要内容是什么？

6. 申请建设工程施工许可证的条件是什么？

7. 工程建设准备阶段分为哪几个环节，各环节的主要内容是什么？

8. 国务院《关于投资体制改革的决定》对建设项目的决策审批制度是如何规定的？

9. 工程建设实施阶段的主要环节和内容是什么？

10. 交付竣工验收的工程应具备哪些条件，竣工验收的依据是什么？

第3章 工程建设执业资格法规

3.1 概　述

3.1.1 工程建设执业资格制度的概念

工程建设执业资格制度，是指事先依法取得相应资质或资格的单位和个人，才允许其在所规定的范围内从事一定建筑活动的制度。工程建设执业资格制度包括单位执业资质制度和个人执业资格制度两部分。对此，我国《建筑法》分别有明确规定：

从事建筑活动的建筑施工企业、勘察单位、设计单位和工程监理单位，按照其拥有的注册资本、专业技术人员、技术装备和已完成的建筑工程业绩等资质条件，划分为不同的资质等级，经资质审查合格，取得相应等级的资质证书后，方可在其资质等级许可的范围内从事建筑活动。

从事建筑活动的专业技术人员，应当依法取得相应的执业资格证书，并在执业资格证书许可的范围内从事建筑活动。

3.1.2 工程建设执业资格制度的必要性

1. 有助于保证工程建设主体的管理能力和水平

随着技术进步和经济发展，社会对建设工程的规模、技术水准、使用性能、质量标准等的要求都越来越高，使得工程建设过程日趋复杂，已不再是一般的包工队伍能完成，而是要由掌握一定工程建设专业知识和具有一定工程建设实践经验的技术人员及其所组建的单位来承担。正因为如此，世界上绝大多数国家都对从事建设活动的主体资格作了严格限定，我国也不例外。

2. 有助于规范工程建设主体行为和市场秩序

工程建设执业资格制度的建立，可以对工程建设单位和个人执业形成良好的制约。首先，单位和个人在申请执业资格时，便要经受有关业绩、履约记录、完成工作质量等方面的考察，只有能力、信誉都合格的单位和个人才能获得执业资格。其次，已经获得执业资格的单位和个人的履约行为也会被记录到档案，加上一些执业资格的年审制度，促使各主体合法、合格地承担业务。

3. 有助于追究工程建设主体的责任

只有获得执业资格的单位和个人，才能获得具有相应权利的印章；而只有具备资格的单位或个人签字或盖章，工程建设程序才具备法律效力。因此，一旦建设工程勘察、设计、施工、监理、造价咨询等任何一个环节出了问题，都能迅速、准确地找出应该承担法律责任的单位和个人，尽快解决问题，避免损失。

3.1.3 工程建设执业资格的立法现状

1. 基本现状

随着市场经济发展和管理理念的进步,经济、社会各领域的管理都越来越重视"以人为本",工程建设行业也不例外。《建筑法》作为建设行业的基本法律,有专门的条款对工程建设执业资格管理制度作了规定,确立了其作为建设市场管理的一项基本制度的重要地位。

随着我国建设行业的从业主体专业划分日趋细致和完整,建立和健全工程建设执业资格管理制度显得更加重要,而相关立法工作也一直没有停止。自从 1995 年国务院首次颁布《中华人民共和国注册建筑师条例》以来,住房城乡建设部、国家发改委等主管部委先后颁布了约 30 部关于工程建设执业资格的部门规章,这还不包括期间颁布的、现已废止的暂行规定。这些法规除了《注册建筑师条例》为行政法规之外,其余都是部门规章。其中,国家发改委作为重大建设项目决策、监督的部门,颁布了关于注册咨询工程师、工程咨询单位的资格管理规章;住房城乡建设部作为城乡建设行业主管部门,主持颁布了其余的部门规章。

2. 工程建设从业单位资质管理法规

2005 年 3 月,国家发改委发布了《工程咨询单位资格认定办法》。它对工程咨询单位的定义、资质等级及要求、专业类别、服务范围、资格认定和管理的主管部门及程序等作了规定。2007 年 4 月,国家安全生产监督管理总局发布了《安全生产检测检验机构管理规定》,后于 2015 年修订,其规定也适用于建筑施工领域。

从 2000 年至今,住房城乡建设部一直致力于完善工程建设执业资格的部门立法,所发布的主要法规如表 3-1 所示。其中有部分规章经过重新制定和发布,也有部分规章只是作了局部修改,本章以其最新版本的内容为准。

住房城乡建设部关于工程建设单位资质等级的规章 表 3-1

发布部门	发布年份	规章名称
建设部(或住房城乡建设部)	1993,2000	《房地产开发企业资质管理规定》(2015 修改)
	2001	《城市房地产中介服务管理规定》(已废止)
	2001,2012	《城乡规划编制单位资质管理规定》(2017 修改)
	2001,2007,2015	《建筑业企业资质管理规定》(2017 修改)
	2001,2014	《施工总承包企业资质等级标准》
	2001,2014	《专业承包企业资质等级标准》
	2001,2014	《建筑业劳务分包企业资质标准》
	2004,2007	《物业服务企业资质管理办法》
	2005,2013	《房地产估价机构管理办法》
	2005	《建设工程质量检测管理办法》(2015 修改)
	2006	《工程造价咨询企业管理办法》(2017 修改)
	2005	《房地产估价机构管理办法》(2013 修改)
	2007	《工程监理企业资质管理规定》(2017 修改)
	2007	《建设工程勘察设计资质管理规定》(2017 修改)
	2007	《工程建设项目招标代理机构资格认定办法》(2017 修改)

发布部门	发布年份	规章名称
建设部（或住房城乡 建设部）、对外经济 贸易合作部	2002	《外商投资建设工程设计企业管理规定》
	2002	《外商投资建筑业企业管理规定》
	2003	《外商投资城市规划服务企业管理规定》
建设部（或住房城乡 建设部）、商务部	2007	《外商投资建设工程服务企业管理规定》

3. 工程建设从业人员资格管理法规

工程建设从业人员资质管理方面，当前仅有一部国务院行政法规——《中华人民共和国注册建筑师条例》。它于 1995 年发布，为后续的从业资格管理法规提供了良好的参照。

人社部和国家发改委于 2015 年 6 月，发布了《工程咨询（投资）专业技术人员职业资格制度暂行规定》和《咨询工程师（投资）职业资格考试实施办法》，对咨询工程师（投资）和高级咨询工程师（投资）两个级别的工程咨询（投资）专业技术人员的定义、考试、职业能力、权利和义务等予以了规定。

详细规定。国家安全生产监督管理总局于 2004 年出台了《注册安全工程师管理规定》，后于 2007 年重新制定和发布，各类规定也适用于建筑施工行业。

为了加强对工程建设中的关键技术岗位管理，保障特种作业人员生命安全，维护社会公共利益，国家标准局于 1985 年发布了《特种作业人员安全技术考核管理规则》GB 5306—1985，于 1999 年由原国家经贸委组织修改为《特种作业人员安全技术培训考核管理办法》后又于 2010 年由国家安全生产监督管理总局（现应急管理部）修改为《特种作业人员安全技术培训考核管理规定》并重新发布，再于 2013 年修改。2015 年，国家安全生产监督管理总局再次对《特种作业人员安全技术培训考核管理规定》进行修改，并将名称改回为《特种作业人员安全技术培训考核管理办法》，并重新发布。该《办法》主要对特种作业定义，特种作业人员条件、安全教育与培训、考试和发证、复审、奖惩等予以了规定。

其余有关工程建设从业人员资格的规章都由住房城乡建设部发布，如表 3-2 所示。

住房城乡建设部关于工程建设从业人员资格的规章　　　　　表 3-2

发布部门	发布年份	规章名称
建设部（或住房城乡 建设部）、人力资源 社会保障部等	1996，2008	《中华人民共和国注册建筑师条例实施细则》
	1997	《注册结构工程师执业资格制度暂行规定》
	1999	《注册城市规划师执业资格制度暂行规定》（已废止）
	2001	《房地产经纪人员职业资格制度暂行规定》（已废止）
	2005	《勘察设计注册工程师管理规定》（2017 修改）
	2005	《物业管理师制度暂行规定》
	2005	《建设工程质量检测管理办法》（2015 修改）
	2006	《注册房地产估价师管理办法》（2017 修改）
	2006	《注册监理工程师管理规定》（2017 修改）
	2006	《注册建造师管理规定》（2017 修改）
	2006	《注册造价工程师管理办法》（2017 修改）
	2011	《房地产经纪管理办法》（2016 修改）
	2017	《注册城乡规划师职业资格制度规定》

续表

发布部门	发布年份	规 章 名 称
人社部、国家发改委	2015	《工程咨询（投资）专业技术人员职业资格制度暂行规定》
	2015	《咨询工程师（投资）职业资格考试实施办法》
国家安全生产监督管理	2004，2007	《注册安全工程师注册管理办法》
总局（现应急管理部）	1999，2010，2013，2015	《特种作业人员安全技术培训考核管理办法》

3.2　工程建设从业单位资格

3.2.1　工程建设从业单位的划分

依据我国现行法律法规，从事工程建设活动的从业单位可以被划分为建设单位、设计单位、施工单位、咨询服务机构。

1. 建设单位

建设单位，是《建筑法》及相关建设法规对项目建设阶段实施负责单位的正式表述。《建筑法释义》对"建设单位"的解释为："建设单位为建设项目的管理单位。"随着我国投资体制改革深入和项目投资方式、组织方式的变化，建设单位在不同类型项目中有着不同的含义。

在私人投资项目中，建设单位一般就是投资者，既是项目最终的所有者，同样也是项目前期策划、建设、运营等全过程的负责单位。私人投资项目最典型的是房地产开发项目，其建设单位最典型的是房地产开发商。

在政府投资项目中，如采用使用单位自建的模式，建设单位可以是党政工团、人大政协、公检法司等政府机关，也可以是事业机构、人民团体等；如采用专门组建工程指挥部或项目公司的模式，建设单位就是专门组建的工程指挥部或项目公司；如采用代建制，根据《国务院关于投资体制改革的决定》，建设单位是由政府投资主管部门或其他部门委托的代建单位。

（1）房地产开发企业

房地产开发商，是指在城市及村镇从事土地开发、房屋及基础设施和配套设备开发经营业务，具有企业法人资格的经济实体。

（2）代建单位

代建单位，是指接受政府委托，负责政府投资建设项目实施，严格控制项目投资、质量和工期，竣工验收后移交给使用单位的专业化项目管理单位。代建业务对项目前期咨询、设计管理、施工管理全过程协调管理的要求较高，可以由具备较强人员和技术实力的工程咨询单位、设计院、施工总承包商、监理单位等承担。当前，尽管浙江省等地方政府颁布了代建单位资质管理的相关法规，但中央部委还未颁布这方面的规章，因此对代建单位的资质管理仍缺乏有充分效力的法律规定。

2. 勘察设计单位

工程勘察设计单位，是指依法取得资格，从事工程勘察、工程设计活动的企业。

工程勘察分为岩土工程、水文地质勘察和工程测量共3个专业，其中岩土工程包括岩土工程勘察、岩土工程设计、岩土工程测试和检测、岩土工程咨询和监理、岩土工程治理。

工程设计分为 21 个行业，包括：①煤炭；②化工石化医药（含石化、化工、医药）；③石油天然气；④电力（含水电、火电、核电、新能源）；⑤冶金（含冶金、有色、黄金）；⑥军工（含航天、航空、兵器、船舶）；⑦机械；⑧商物粮（含商业、物资、粮食）；⑨核工业；⑩电子通信广电（含电子、通信、广播电影电视）；⑪轻纺；⑫建材；⑬铁道；⑭公路；⑮水运；⑯民航；⑰市政；⑱海洋；⑲水利；⑳农林（含农业、林业）；㉑建筑（含建筑、人防）。

3. 建筑业企业

建筑业企业也称为施工单位，是指从事土木工程、建筑工程、线路管道设备安装工程、装修工程的新建、扩建、改建等活动的企业。建筑业企业资质分为施工总承包、专业承包和劳务分包三个序列。《建筑业企业资质管理规定》曾于 2001、2007 和 2015 年多次重新制定和发布，内容有较大的调整，本章阐述的是 2015 年版的内容。

（1）施工总承包企业

施工总承包企业，是指从事工程施工阶段总承包活动的企业。它可对工程实行施工总承包或者对主体工程实行施工承包。对其所承包的工程，它可全部自行施工，也可将主体工程以外的其他工程及劳务作业分包给具有相应专业承包资质或劳务分包资质的其他建筑业企业。

根据专业范围，施工总承包企业分为 12 个类别，包括：①建筑工程；②公路工程；③铁路工程；④港口与航道工程；⑤水利水电工程；⑥电力工程；⑦矿山工程；⑧冶炼工程；⑨石油化工工程；⑩市政公用工程；⑪通信工程；⑫机电安装工程。

一个施工总承包企业在获得一类工程施工资质作为本企业主项资质的同时，还可以再申请其他工程种类的施工总承包资质或专业承包资质，但其他工程种类的资质级别不得高于主项资质的级别。

（2）专业承包企业

专业承包企业，是指从事工程施工中的专业分包活动的企业。对其承接的专业工程，它可全部自行施工，也可将劳务作业分包给具有相应劳务分包资质的劳务分包企业，但不得进行工程施工总承包活动。

根据专业范围，专业承包企业分为 36 个类别，包括：①地基基础工程；②起重设备安装工程；③预拌混凝土；④电子与智能化工程；⑤消防设施工程；⑥防水防腐保温工程；⑦桥梁工程；⑧隧道工程；⑨钢结构工程；⑩模板脚手架；⑪建筑装修装饰工程；⑫建筑机电安装工程；⑬建筑幕墙工程；⑭古建筑工程；⑮城市及道路照明工程；⑯公路路面工程；⑰公路路基工程；⑱公路交通工程；⑲铁路电务工程；⑳铁路铺轨架梁工程；㉑铁路电气化工程；㉒机场场道工程；㉓民航空管工程及机场弱电系统工程；㉔机场目视助航工程；㉕港口与海岸工程；㉖航道工程；㉗通航建筑物工程；㉘港航设备安装及水上交管工程；㉙水工金属结构制作与安装工程；㉚水利水电机电安装工程；㉛河湖整治工程；㉜输变电工程；㉝核工程；㉞海洋石油工程；㉟环保工程；㊱特种工程。

专业承包企业在获得一类主项资质的同时，还可在各自资质序列内申请类别相近的其他专业承包资质，但其他工程种类的资质级别不得高于主项资质的级别。

（3）劳务分包企业

劳务分包企业，是指从事工程施工活动中劳务作业的企业，它只能进行劳务分包，不得从事工程施工总承包及专业分包活动。按照 2015 年发布的最新版《建筑业企业资质管理规定》，劳务分包企业不再划分资质类别。

4. 咨询服务机构

(1) 工程咨询单位

工程咨询单位，是指在中国境内设立的开展工程咨询业务并具有独立法人资格的企业、事业单位。其中，工程咨询是指遵循独立、公正、科学的原则，运用多学科知识和经验、现代科学技术和管理方法，为政府部门、项目业主及其他各类客户提供社会经济建设和工程项目决策与实施的智力服务，以提高经济和社会效益，实现可持续发展。

工程咨询单位根据专业范围，划分为 31 个类别：①公路；②铁路；③城市轨道交通；④民航；⑤水电；⑥核电、核工业；⑦火电；⑧煤炭；⑨石油天然气；⑩石化；⑪化工、医药；⑫建筑材料；⑬机械；⑭电子；⑮轻工；⑯纺织、化纤；⑰钢铁；⑱有色冶金；⑲农业；⑳林业；㉑通信信息；㉒广播电影电视；㉓水文地质、工程测量、岩土工程；㉔水利工程；㉕港口河海工程；㉖生态建设和环境工程；㉗市政公用工程；㉘建筑；㉙城乡规划；㉚综合经济（不受具体专业限制）；㉛其他（按具体专业填写）。

申请单位可以按照条件申请一项或多项专业、一个或多个服务范围的咨询资格。

(2) 城乡规划编制单位

编制单位，是指依法取得《城乡规划编制资质证书》，并在资质证书规定的业务范围内承担编制任务的单位。

(3) 房地产估价机构

房地产估价机构，是指依法设立并取得房地产估价机构资质，从事房地产估价活动的中介服务机构。房地产估价活动，包括土地、建筑物、构筑物、在建工程、以房地产为主的企业整体资产、企业整体资产中的房地产等各类房地产评估，以及因转让、抵押、房屋征收、司法鉴定、课税、公司上市、企业改制、企业清算、资产重组、资产处置等需要进行的房地产评估。

(4) 房地产经纪机构

房地产经纪机构，是指依法设立，从事房地产经纪活动的中介服务机构。房地产经纪，是指房地产经纪机构和房地产经纪人员为促成房地产交易，向委托人提供房地产居间、代理等服务并收取佣金的行为。房地产经纪机构可以设立分支机构。

(5) 工程监理企业

工程监理企业，是指依法取得监理资质证书，并在资质证书许可的范围内从事工程监理活动的企业。它必须是具有独立法人资格的企业，应与所有政府机构和事业单位脱钩，实行自主经营、自负盈亏、自担责任。

根据专业范围不同，工程监理企业划分为 14 个类别，包括：①房屋建筑工程；②冶炼工程；③矿山工程；④化工石油工程；⑤水利水电工程；⑥电力工程；⑦农林工程；⑧铁路工程；⑨公路工程；⑩港口与航道工程；⑪航天航空工程；⑫通信工程；⑬市政公用工程；⑭机电安装工程。

每一个工程监理企业可以同时申请一类或多类工程监理资质。

(6) 工程造价咨询企业

工程造价咨询企业，是指接受委托，对建设项目投资、工程造价的确定与控制提供专业咨询服务的企业。

(7) 工程招标代理机构

工程建设项目招标代理简称工程招标代理，是指工程招标代理机构接受招标人的委托，从事工程的勘察、设计、施工、监理以及与工程建设有关的重要设备（进口机电设备除外）、材料采购招标的代理业务。

(8) 工程质量检测机构

工程质量检测机构，是指接受委托，依据国家有关法律、法规和工程建设强制性标准，对涉及结构安全项目进行抽样检测和对进入施工现场的建筑材料、构配件进行见证取样检测的机构。它必须是具有独立法人资格的中介机构，依法取得相应的资质证书，并在资质证书许可的范围内承担质量检测业务。

检测机构资质按照其承担的检测业务内容分为专项检测机构资质和见证取样检测机构资质。

(9) 安全生产检测检验机构

安全生产检测检验机构，是指依法取得安全生产检测检验资质，并在资质有效期和批准的检测检验业务范围内独立开展检测检验活动的机构。

(10) 物业服务企业

物业服务企业，是指依法设立、具有独立法人资格，从事物业管理服务活动的企业。物业管理是建设工程项目实施的延伸阶段，对提高购房者生活质量、保护公众利益有重要意义。

3.2.2　工程建设从业单位的资质等级及其标准

根据《建筑法》规定，从事建筑活动的建筑施工企业、勘察单位、设计单位和工程监理单位，都应有符合国家规定的注册资本、与其从事的建筑活动相适应的具有法定执业资格的专业技术人员、从事相关建筑活动所应有的技术装备，以及法律、行政法规规定的其他条件。而根据其他相关法规，房地产开发商、工程咨询服务机构等获得一定的资质等级，承担相应的工程业务，也需要具备一定的条件。

1. 房地产开发商

(1) 资质等级

房地产开发企业按照企业条件分为一、二、三、四共四个资质等级。

(2) 资质要求

房地产开发企业资质条件中，对开发经验、开发业绩、质量合格率、专业管理人员、质量保证体系等的要求是重要内容。开发企业必须具备足够的开发年数、开发面积或投资额度；必须有足够的专业管理人员，才能确保所开发项目的工程质量；而只有保证了工程质量，才能保障广大商品房购买者的合法权益。因此，房地产开发企业的资质条件是按照开发企业的经营特点来设定的，其他各类工程建设从业单位也是如此。

例如，房地产开发企业一级资质应具备以下条件：

1) 从事房地产开发经营 5 年以上；

2) 近 3 年房屋建筑面积累计竣工 30 万 m² 以上，或者累计完成与此相当的房地产开发投资额；

3) 连续 5 年建筑工程质量合格率达 100%；

4）上一年房屋建筑施工面积 15 万 m² 以上，或者完成与此相当的房地产开发投资额；

5）有职称的建筑、结构、财务、房地产及有关经济类的专业管理人员不少于 40 人，其中具有中级以上职称的管理人员不少于 20 人，持有资格证书的专职会计人员不少于 4 人；

6）工程技术、财务、统计等业务负责人具有相应专业中级以上职称；

7）具有完善的质量保证体系，商品住宅销售中实行了《住宅质量保证书》和《住宅使用说明书》制度；

8）未发生过重大工程质量事故。

2. 工程勘察、设计企业

（1）资质等级

1）工程勘察企业

工程勘察资质分综合类、专业类和劳务类。综合类包括工程勘察所有专业；专业类是指岩土工程、水文地质勘察、工程测量等专业中的某一项，其中岩土工程专业资质包括：岩土工程勘察、岩土工程设计、岩土工程物探测试检测监测等岩土工程（分项）专业资质；劳务类包括：工程钻探和凿井。

工程勘察综合资质只设甲级。岩土工程、岩土工程设计、岩土工程物探测试检测监测专业资质设甲、乙两个级别；岩土工程勘察、水文地质勘察、工程测量专业资质设甲、乙、丙三个级别。工程勘察劳务资质不分等级。

2）工程设计企业

工程设计资质分为工程设计综合资质、工程设计行业资质、工程设计专业资质和工程设计专项资质。工程设计综合资质是指涵盖 21 个行业的设计资质。工程设计行业资质是指涵盖某个行业资质标准中的全部设计类型的设计资质。工程设计专业资质是指某个行业资质标准中的某一个专业的设计资质。工程设计专项资质是指为适应和满足行业发展的需求，对已形成产业的专项技术独立进行设计以及设计、施工一体化而设立的资质。

工程设计综合资质只设甲级。工程设计行业资质和工程设计专业资质设甲、乙两个级别；根据行业需要，建筑、市政公用、水利、电力（限送变电）、农林和公路行业可设立工程设计丙级资质，建筑工程设计专业资质设丁级。建筑行业根据需要设立建筑工程设计事务所资质。工程设计专项资质可根据行业需要设置等级。

（2）资质要求

工程勘察、设计企业承揽的勘察、设计工作都具有很强的专业性和技术性，因此工程勘察、设计企业资质对技术力量、管理水平、业务成果等的要求较高。例如，工程设计综合资质应满足以下条件：

1）资历和信誉

①具有独立企业法人资格。

②注册资本不少于 6000 万元人民币。

③近 3 年年平均工程勘察设计营业收入不少于 10000 万元人民币，且近 5 年内 2 次工程勘察设计营业收入在全国勘察设计企业排名列前 50 名以内；或近 5 年内 2 次企业营业税金及附加在全国勘察设计企业排名列前 50 名以内。

④具有 2 个工程设计行业甲级资质，且近 10 年内独立承担大型建设项目工程设计每行业不少于 3 项，并已建成投产。

或同时具有某 1 个工程设计行业甲级资质和其他 3 个不同行业甲级工程设计的专业资质，且近 10 年内独立承担大型建设项目工程设计不少于 4 项。其中，工程设计行业甲级相应业绩不少于 1 项，工程设计专业甲级相应业绩各不少于 1 项，并已建成投产。

2）技术条件

①技术力量雄厚，专业配备合理。

企业具有初级以上专业技术职称且从事工程勘察设计的人员不少于 500 人，其中具备注册执业资格或高级专业技术职称的不少于 200 人，且注册专业不少于 5 个，5 个专业的注册人员总数不低于 40 人。

企业从事工程项目管理且具备建造师或监理工程师注册执业资格的人员不少于 4 人。

②企业主要技术负责人或总工程师应当具有大学本科以上学历、15 年以上设计经历，主持过大型项目工程设计不少于 2 项，具备注册执业资格或高级专业技术职称。

③拥有与工程设计有关的专利、专有技术、工艺包（软件包）不少于 3 项。

④近 10 年获得过全国级优秀工程设计奖、全国优秀工程勘察奖、国家级科技进步奖的奖项不少于 5 项，或省部级（行业）优秀工程设计一等奖（金奖）、省部级（行业）科技进步一等奖的奖项不少于 5 项。

⑤近 10 年主编 2 项或参编过 5 项以上国家、行业工程建设标准、规范、定额。

3）技术装备及管理水平

①有完善的技术装备及固定工作场所，且主要固定工作场所建筑面积不少于 10000m²。

②有完善的企业技术、质量、安全和档案管理，通过 ISO 9000 族标准质量体系认证。

③具有与承担建设项目工程总承包或工程项目管理相适应的组织机构或管理体系。

3. 建筑业企业

（1）资质等级

2015 年发布的最新版《建筑业企业资质管理规定》对施工总承包企业、专业承包企业、劳务分包企业的分类与资质等级均作出了调整。

1）施工总承包企业

施工总承包企业的 12 个类别均分为特级、一级、二级和三级。

2）专业承包企业

专业承包企业资质的 36 个专业类别中，资质级别的划分不完全一样，例如地基基础工程、起重设备安装工程、消防设施工程等大部分专业资质分为一级、二级、三级，电子与智能化工程、防水防腐保温工程等少数专业资质分为一级、二级。

3）劳务分包企业

劳务分包企业不再划分资质类别。

（2）资质要求

施工总承包企业、专业承包企业、劳务分包企业由于承担的业务性质、项目规模、技术含量等的差异，资质要求的具体内容也有明显差别。

1）施工总承包企业

施工总承包企业资质条件中，对注册资金、承揽项目经验、技术和管理人员实力是相对重视的。施工总承包企业只有具备雄厚的资金实力，才能承担施工总承包相应的风险和经济责任；只有具备充分的承揽项目的经验，才能有效地组织一定规模项目的施工活动，协调与业主、专业承包商、劳务分包商的业务关系，也才能顺利解决施工中出现的各种问题；而技术和管理人员数量和水平，更是一个施工总承包企业的核心竞争力之所在。

例如，建筑工程施工总承包特级资质的条件如下：

①企业资信能力

A. 企业注册资本金 3 亿元以上；

B. 企业净资产 3.6 亿元以上；

C. 企业近 3 年上缴建筑业营业税均在 5000 万元以上；

D. 企业银行授信额度近 3 年均在 5 亿元以上。

②企业主要管理人员和专业技术人员要求

A. 企业经理具有 10 年以上从事工程管理工作经历；

B. 技术负责人具有 15 年以上从事工程技术管理工作经历，且具有工程序列高级职称及一级注册建造师或注册工程师执业资格，主持完成过两项及以上施工总承包一级资质要求的代表工程的技术工作或甲级设计资质要求的代表工程或合同额 2 亿元以上的工程总承包项目；

C. 财务负责人具有高级会计师职称及注册会计师资格；

D. 企业具有注册一级建造师（一级项目经理）50 人以上；

E. 企业具有本类别相关的行业工程设计甲级资质标准要求的专业技术。

③科技进步水平

A. 企业具有省部级（或相当于省部级水平）及以上的企业技术中心；

B. 企业近 3 年科技活动经费支出平均达到营业额的 0.5% 以上；

C. 企业已建立内部局域网或管理信息平台，实现了内部办公、信息发布、数据交换的网络化；已建立并开通了企业外部网站；使用了综合项目管理信息系统和人事管理系统、工程设计相关软件，实现了档案管理和设计文档管理。

④代表工程业绩

近 5 年承担过下列 5 项工程总承包或施工总承包项目中的 3 项，工程质量合格。

A. 高度 100m 以上的建筑物；

B. 28 层以上的房屋建筑工程；

C. 单体建筑面积 5 万 m² 以上房屋建筑工程；

D. 钢筋混凝土结构单跨 30m 以上的建筑工程或钢结构单跨 36m 以上房屋建筑工程；

E. 单项建安合同额 2 亿元以上的房屋建筑工程。

再如，建筑工程施工总承包一级资质的条件如下：

①企业资产

净资产 1 亿元以上。

②企业主要人员

A. 建筑工程、机电工程专业一级注册建造师合计不少于 12 人，其中建筑工程专业一级注册建造师不少于9人；

B. 技术负责人具有10年以上从事工程施工技术管理工作经历，且具有结构专业高级职称，建筑工程相关专业中级以上职称人员不少于30人，且结构、给水排水、暖通、电气等专业齐全；

C. 持有岗位证书的施工现场管理人员不少于50人，且施工员、质量员、安全员、机械员、造价员、劳务员等人员齐全；

D. 经考核或培训合格的中级工以上技术工人不少于150人。

③企业工程业绩

近5年承担过下列4类中的2类工程的施工总承包或主体工程承包，工程质量合格。

A. 地上25层以上的民用建筑工程1项或地上18～24层的民用建筑工程2项；

B. 高度100m以上的构筑物工程1项或高度80～100m（不含）的构筑物工程2项；

C. 建筑面积12万 m^2 以上的建筑工程1项或建筑面积10万 m^2 以上的建筑工程2项；

D. 钢筋混凝土结构单跨30m以上（或钢结构单跨36m以上）的建筑工程1项或钢筋混凝土结构单跨27～30m（不含）[或钢结构单跨30～36m（不含）]的建筑工程2项。

2）专业承包企业

专业承包企业承担的施工活动具备很强的专业性，因此其资质等级对承担专业化施工活动的经验和专业性技术管理人员有明确的要求。

例如，地基基础工程专业承包企业一级资质的条件如下：

①企业资产

净资产2000万元以上。

②企业主要人员

A. 一级注册建造师不少于6人；

B. 技术负责人具有10年以上从事工程施工技术管理工作经历，且具有工程序列高级职称或一级注册建造师或注册岩土工程师执业资格，结构、岩土、机械、测量等专业中级以上职称人员不少于15人，且专业齐全；

C. 持有岗位证书的施工现场管理人员不少于30人，且施工员、质量员、安全员、机械员、造价员等人员齐全；

D. 经考核或培训合格的桩机操作工、电工、焊工等技术工人不少于30人。

③企业工程业绩

近5年承担过下列4类中的2类工程的施工，工程质量合格。

A. 25层以上民用建筑工程或高度100m以上构筑物的地基基础工程；

B. 刚性桩复合地基处理深度超过18m或深度超过8m的其他地基处理工程；

C. 单桩承受设计荷载3000kN以上的桩基础工程；

D. 开挖深度超过12m的基坑围护工程。

3）劳务分包企业

按照2015年发布的最新版《建筑业企业资质管理规定》，劳务分包企业不再划分资质类别和等级，一律需要满足以下条件：

①净资产200万元以上；

②具有固定的经营场所；

③企业主要人员方面：

A. 技术负责人具有工程序列中级以上职称或高级工以上资格，持有岗位证书的施工现场管理人员不少于 5 人，且施工员、质量员、安全员、劳务员等人员齐全；

B. 经考核或培训合格的技术工人不少于 50 人。

4. 咨询服务机构

（1）资质等级

工程咨询服务机构资质分为若干等级，各级咨询服务机构应按有关规定和业务要求，在资质证书许可范围内开展业务。

工程咨询单位、城乡规划编制单位的资质分为甲级、乙级和丙级；工程造价咨询企业和安全生产检测检验机构的资质分为甲级、乙级；房地产估价机构和物业管理机构的资质分为一、二、三级；工程招标代理机构资格分为甲级、乙级和暂定级；质量检测机构资质按照其承担的检测业务内容分为专项检测机构资质和见证取样检测机构资质。

工程监理企业资质分为综合资质、专业资质和事务所资质。其中，综合资质、事务所资质不分级别。专业资质分为甲级、乙级；其中，房屋建筑、水利水电、公路和市政公用专业资质可设立丙级。

（2）资质要求

工程咨询服务行业是智力密集型行业，从业单位必须对提供咨询服务的工程实务十分熟悉。例如，工程咨询单位需要熟悉工程建设程序、项目策划、实施方案、营销方案等；工程监理企业需要熟悉工程施工的质量控制、成本控制、工期控制的具体环节和内容；工程造价咨询机构需要熟悉建设工程项目造价的构成、单价与综合单价的计算公式、工程量清单的编制方法等内容。因此，咨询服务机构对技术管理人员数量和素质、承担咨询服务业务经验的要求很高，对技术设备等硬件的要求相对低一些。

例如，工程咨询单位甲级资质要求的条件如下：

1）基本条件

①从事工程咨询业务不少于 5 年，申请专业的服务范围相应咨询成果均不少于 5 项，无不良记录；

②注册资金不低于 500 万元（事业单位除外）；

③有固定的办公场所，人均使用面积不少于 6m²；

④主持或参与制定过相关行业标准和技术规范的从优。

2）技术力量

①专职从事工程咨询业务的技术人员不得少于 60 人，其中具有高级专业技术、经济职称的人员不得少于 30％，注册咨询工程师（投资）不得低于技术人员总数的 15％，聘用专职离退休专业技术人员不得高于技术人员总数的 10％，以上人员不得同时在两个及以上工程咨询单位执业；

②每个专业领域配备相应的专业技术人员不少于 5 人和至少 2 名注册咨询工程师（投资）；

③主要技术负责人应具有注册咨询工程师（投资）执业资格，从事工程咨询及相关业务不少于 10 年。

3）技术水平和技术装备

①掌握现代工程技术和项目管理方法，技术装备先进，具有较完整的专业技术资料积累，以及处理国内外相关业务信息的手段；

②具有独立或与国内外工程咨询单位合作承接国外工程咨询业务的能力；

③直接从事业务的专业技术人员人均配备计算机不少于1台，通信及信息处理手段完备，能应用工程技术和经济评价系统软件开展业务，全部运用计算机和系统软件完成工程咨询成果文件编制和经济评价。

4）管理水平

①有完善的组织结构，健全的管理制度；

②有严格的质量管理体系和制度，已通过 ISO 9000 族质量管理体系认证的从优。

3.2.3　工程建设从业单位资质管理办法

工程建设从业单位资质管理办法中，应当重点掌握的内容有各级资质的业务范围、资质申请和审批程序、资质证书管理。

1. 房地产开发企业

（1）业务范围

一级资质的房地产开发企业承担房地产项目的建设规模不受限制，可以在全国范围承揽房地产开发项目。二级资质及二级资质以下的房地产开发企业可以承担建筑面积25万 m^2 以下的开发建设项目，承担业务的具体范围由省、自治区、直辖市人民政府住房城乡建设主管部门（原建设主管部门）确定。各资质等级企业应当在规定的业务范围内从事房地产开发经营业务，不得越级承担任务。

（2）资质申请和审批程序

新设立的房地产开发企业应当自领取营业执照之日起30日内，持有关文件到房地产开发主管部门备案。房地产开发主管部门应当在收到备案申请后30日内向符合条件的企业核发暂定资质证书。暂定资质证书有效期1年，房地产开发主管部门可以视企业经营情况依法延长暂定资质证书有效期，但延长期限不得超过2年。房地产开发企业应当在暂定资质证书有效期满前1个月内向房地产开发主管部门申请核定资质等级。房地产开发主管部门应当根据其开发经营业绩核定相应的资质等级。

房地产开发企业资质等级实行分级审批。一级资质由省、自治区、直辖市人民政府住房城乡建设主管部门初审，报国务院住房城乡建设主管部门审批。二级资质及二级资质以下企业的审批办法由省、自治区、直辖市人民政府住房城乡建设主管部门制定。

（3）资质证书管理

经资质审查合格的企业，由资质审批部门发给相应等级的资质证书。资质证书由国务院住房城乡建设主管部门统一制作。资质证书分为正本和副本，资质审批部门可以根据需要核发资质证书副本若干份。任何单位和个人不得涂改、出租、出借、转让、出卖资质证书。

房地产开发企业的资质实行年检制度。对于不符合原定资质条件或者有不良经营行为的企业，由原资质审批部门予以降级或者注销资质证书。房地产开发企业无正当理由不参加资质年检的，视为年检不合格，由原资质审批部门注销资质证书。房地产开发主管部门应当将房地产开发企业资质年检结果向社会公布。

2. 工程勘察、设计企业

（1）业务范围

取得工程勘察综合资质的企业，可以承接各专业（海洋工程勘察除外）、各等级工程勘察业务；取得工程勘察专业资质的企业，可以承接相应等级相应专业的工程勘察业务；取得工程勘察劳务资质的企业，可以承接岩土工程治理、工程钻探、凿井等工程勘察劳务业务。

取得工程设计综合资质的企业，可以承接各行业、各等级的建设工程设计业务；取得工程设计行业资质的企业，可以承接相应行业相应等级的工程设计业务及本行业范围内同级别的相应专业、专项（设计施工一体化资质除外）工程设计业务；取得工程设计专业资质的企业，可以承接本专业相应等级的专业工程设计业务及同级别的相应专项工程设计业务（设计施工一体化资质除外）；取得工程设计专项资质的企业，可以承接本专项相应等级的专项工程设计业务。

（2）资质申请与审批程序

申请工程勘察甲级资质、工程设计甲级资质，以及涉及铁路、交通、水利、信息产业、民航等方面的工程设计乙级资质的，应当向企业工商注册所在地的省、自治区、直辖市人民政府住房城乡建设主管部门提出申请。其中，国务院国资委管理的企业应当向国务院住房城乡建设主管部门提出申请；国务院国资委管理的企业下属一层级的企业申请资质，应当由国务院国资委管理的企业向国务院住房城乡建设主管部门提出申请。省、自治区、直辖市人民政府住房城乡建设主管部门应当自受理申请之日起 20 日内初审完毕，并将初审意见和申请材料报国务院住房城乡建设主管部门。国务院住房城乡建设主管部门应当自省、自治区、直辖市人民政府住房城乡建设主管部门受理申请材料之日起 60 日内完成审查，公示审查意见，公示时间为 10 日。其中，涉及铁路、交通、水利、信息产业、民航等方面的工程设计资质，由国务院住房城乡建设主管部门送国务院有关部门审核，国务院有关部门在 20 日内审核完毕，并将审核意见送国务院住房城乡建设主管部门。

工程勘察乙级及以下资质、劳务资质、工程设计乙级（涉及铁路、交通、水利、信息产业、民航等方面的工程设计乙级资质除外）以下资质许可由省、自治区、直辖市人民政府住房城乡建设主管部门实施。具体实施程序由省、自治区、直辖市人民政府住房城乡建设主管部门依法确定。省、自治区、直辖市人民政府住房城乡建设主管部门应当自作出决定之日起 30 日内，将准予资质许可的决定报国务院住房城乡建设主管部门备案。

（3）资质证书管理

工程勘察、工程设计资质证书分为正本和副本，正本一份，副本六份，由国务院住房城乡建设主管部门统一印制，正、副本具备同等法律效力。资质证书有效期为 5 年。

3. 建筑业企业

（1）业务范围

不同资质等级的建筑业企业，所承担的工程规模和技术难度都是不一样的。

1）施工总承包企业

依据 2015 年发布的最新版《建筑业企业资质管理规定》，取得施工总承包特级资质的企业可承担本类别各等级工程施工总承包、设计及开展工程总承包和项目管理业务；取得建筑、公路、铁路、市政公用、港口与航道、水利水电等专业中任意 1 项施工总承包特级资质和其中 2 项施工总承包一级资质，即可承接上述各专业工程的施工总承包、工程总承包和项目管理业务，及开展相应设计主导专业人员齐备的施工图设计业务。取得建筑、矿山、冶炼、石油化工、电力等专业中任意 1 项施工总承包特级资质和其中 2 项施工总承包一级资质，即可承接上述各专业工程的施工总承包、工程总承包和项目管理业务，及开展相应设计主导专业人员齐备的施工图设计业务。

以建筑工程施工总承包企业为例。

具备一级资质的，可承担单项合同额 3000 万元以上的下列建筑工程的施工：

①高度 200m 以下的工业、民用建筑工程；

②高度 240m 以下的构筑物工程。

建筑工程施工总承包企业具备二级资质的，可承担下列建筑工程的施工：

①高度 100m 以下的工业、民用建筑工程；

②高度 120m 以下的构筑物工程；

③建筑面积 4 万 m^2 以下的单体工业、民用建筑工程；

④单跨跨度 39m 以下的建筑工程。

建筑工程施工总承包企业具备三级资质的，可承担下列建筑工程的施工：

①高度 50m 以下的工业、民用建筑工程；

②高度 70m 以下的构筑物工程；

③建筑面积 1.2 万 m^2 以下的单体工业、民用建筑工程；

④单跨跨度 27m 以下的建筑工程。

2）专业承包企业

以地基基础工程专业承包企业为例。

具备一级资质的，可承担各类地基基础工程的施工。

地基基础工程专业承包企业具备二级资质的，可承担下列工程的施工：

①高度 100m 以下工业、民用建筑工程和高度 120m 以下构筑物的地基基础工程；

②深度不超过 24m 的刚性桩复合地基处理和深度不超过 10m 的其他地基处理工程；

③单桩承受设计荷载 5000kN 以下的桩基础工程；

④开挖深度不超过 15m 的基坑围护工程。

地基基础工程专业承包企业，具备三级资质的，可承担下列工程的施工：

①高度 50m 以下工业、民用建筑工程和高度 70m 以下构筑物的地基基础工程；

②深度不超过 18m 的刚性桩复合地基处理或深度不超过 8m 的其他地基处理工程；

③单桩承受设计荷载 3000kN 以下的桩基础工程；

④开挖深度不超过 12m 的基坑围护工程。

3）劳务分包企业

按照 2015 年发布的最新版《建筑业企业资质管理规定》，劳务分包企业不再划分资质类别，一律可承担各类施工劳务作业。

（2）资质申请与审批程序

不同序列和等级的建筑业企业资质许可的程序是不同的。根据企业资质序列差异、业务范围大小和资质等级的高低，建筑业企业资质的审批有由国务院住房城乡建设主管部门许可，由企业工商注册所在地省、自治区、直辖市人民政府住房城乡建设主管部门许可和由企业工商注册所在地设区的市人民政府住房城乡建设主管部门许可三种形式。

由国务院住房城乡建设主管部门许可的建筑业企业资质包括：

1）施工总承包资质序列特级资质、一级资质及铁路工程施工总承包二级资质；

2）专业承包资质序列公路、水运、水利、铁路、民航方面的专业承包一级资质及铁路、民航方面的专业承包二级资质；涉及多个专业的专业承包一级资质。

由企业工商注册所在地省、自治区、直辖市人民政府住房城乡建设主管部门许可的资质包括：

1）施工总承包资质序列二级资质及铁路、通信工程施工总承包三级资质；

2）专业承包资质序列一级资质（不含公路、水运、水利、铁路、民航方面的专业承包一级资质及涉及多个专业的专业承包一级资质）；

3）专业承包资质序列二级资质（不含铁路、民航方面的专业承包二级资质）；铁路方面专业承包三级资质；特种工程专业承包资质。

由企业工商注册所在地设区的市人民政府住房城乡建设主管部门许可的资质包括：

1）施工总承包资质序列三级资质（不含铁路、通信工程施工总承包三级资质）；

2）专业承包资质序列三级资质（不含铁路方面专业承包资质）及预拌混凝土、模板脚手架专业承包资质；

3）施工劳务资质；

4）燃气燃烧器具安装、维修企业资质。

（3）资质证书管理

建筑业企业资质证书分为正本和副本，正本一份，副本若干份，由国务院住房城乡建设主管部门统一印制，正、副本具备同等法律效力。资质证书有效期为 5 年。

4. 咨询服务机构

（1）业务范围

1）工程咨询单位

工程咨询单位可承担的业务范围很广，可涵盖工程项目从策划、规划直到竣工验收、试运行的全过程，具体包括：

①规划咨询，含行业、专项和区域发展规划编制、咨询；

②编制项目建议书（含项目投资机会研究、预可行性研究）；

③项目可行性研究报告、项目申请报告和资金申请报告；

④咨询，含项目建议书、可行性研究报告、项目申请报告与初步设计评估，以及项目后评价、概预决算审查等；

⑤设计；

⑥代理；

⑦监理、设备监理；

⑧项目管理，含工程项目的全过程或若干阶段的管理服务。

2）城乡规划编制单位

不同资质等级的城乡规划编制单位，可承担城乡规划业务的地域范围和项目规模都不一样。

甲级城乡规划编制单位承担城乡规划编制任务的范围不受限制。

乙级城乡规划编制单位可以在全国承担下列任务：

①镇、20 万现状人口以下城市总体规划的编制；

②镇、登记注册所在地城市和 100 万现状人口以下城市相关专项规划的编制；

③详细规划的编制；

④乡、村庄规划的编制；

⑤建设工程项目规划选址的可行性研究。

丙级城乡规划编制单位可以在全国承担下列业务：

①镇总体规划（县人民政府所在地镇除外）的编制；

②镇、登记注册所在地城市和 20 万现状人口以下城市的相关专项规划及控制性详细规划的编制；

③修建性详细规划的编制；

④乡、村庄规划的编制；

⑤中、小型建设工程项目规划选址的可行性研究。

3）房地产估价机构

从事房地产估价活动的机构，应当依法取得房地产估价机构资质，并在其资质等级许可范围内从事估价业务。

一级资质房地产估价机构可以从事各类房地产估价业务。二级资质房地产估价机构可以从事除公司上市、企业清算以外的房地产估价业务。三级资质房地产估价机构可以从事除公司上市、企业清算、司法鉴定以外的房地产估价业务。暂定期内的三级资质房地产估价机构可以从事除公司上市、企业清算、司法鉴定、房屋征收、在建工程抵押以外的房地产估价业务。

4）房地产经纪机构

房地产经纪机构可接受委托，提供代理销售商品房、提供房地产信息、实地看房、代拟购房或租房合同、代办购房贷款、代办房地产登记等服务。

房地产经纪服务实行明码标价制度。房地产经纪机构应当遵守价格法律、法规和规章规定，在经营场所醒目位置标明房地产经纪服务项目、服务内容、收费标准以及相关房地产价格和信息。

5）工程监理企业

工程监理综合企业可以承担所有专业工程类别建设工程项目的工程监理业务，还可以开展相应类别建设工程的项目管理、技术咨询等业务。

工程监理专业甲级企业可承担相应专业工程类别建设工程项目的工程监理业务；专业乙级企业可承担相应专业工程类别二级以下（含二级）建设工程项目的工程监理业务；专业丙级企业可承担相应专业工程类别三级建设工程项目的工程监理业务。

工程监理事务所可承担三级建设工程项目的工程监理业务，但是，国家规定必须实行强制监理的工程除外。

6）工程造价咨询企业

工程造价咨询企业依法从事工程造价咨询活动，不受行政区域限制。甲级工程造价咨询企业可以从事各类建设项目的工程造价咨询业务。乙级工程造价咨询企业可以从事工程造价 5000 万元人民币以下的各类建设项目的工程造价咨询业务。

工程造价咨询企业可以对建设项目的组织实施进行全过程或者若干阶段的管理和服务，其业务范围包括：

①建设项目建议书及可行性研究投资估算、项目经济评价报告的编制和审核；

②建设项目概预算的编制与审核，并配合设计方案比选、优化设计、限额设计等工作进行工程造价分析与控制；

③建设项目合同价款的确定（包括招标工程工程量清单和标底、投标报价的编制和审核），合同价款的签订与调整（包括工程变更、工程洽商和索赔费用的计算）及工程款支付，工程结算及竣工结（决）算报告的编制与审核等；

④工程造价经济纠纷的鉴定和仲裁的咨询；

⑤提供工程造价信息服务等。

7）工程招标代理机构

工程招标代理机构可以跨省、自治区、直辖市承担工程招标代理业务。任何单位和个人不得限制或者排斥工程招标代理机构依法开展工程招标代理业务。

甲级工程招标代理机构可以承担各类工程的招标代理业务。乙级工程招标代理机构只能承担工程总投资 1 亿元人民币以下的工程招标代理业务。暂定级工程招标代理机构，只能承担工程总投资 6000 万元人民币以下的工程招标代理业务。

8）工程质量检测机构

工程质量专项检测机构可承担地基基础工程、主体结构工程、建筑幕墙工程、钢结构工程共四个方面的专项检测工作。

工程质量见证取样检测机构可承担水泥物理力学性能检验、钢筋（含焊接与机械连接）力学性能检验、砂石常规检验、简易土工试验等 8 项见证取样检测工作。

9）安全生产检测检验机构

取得甲级资质的检测检验机构可以在全国工矿商贸生产经营单位从事涉及生产安全的设施设备（特种设备除外）及产品的型式检验、安全标志检验、在用检验、监督监察检验、作业场所安全检测和事故物证分析检验等业务。

取得乙级资质的检测检验机构可以在所在省、自治区、直辖市内工矿商贸生产经营单位从事涉及生产安全的设施设备（特种设备除外）在用检验、监督监察检验、作业场所安全检测和重大事故以下的事故物证分析检验等业务。

10）物业服务企业

一级资质物业服务企业可以承接各种物业管理项目。二级资质物业服务企业可以承接 30 万 m² 以下的住宅项目和 8 万 m² 以下的非住宅项目的物业管理业务。三级资质物业服务企业可以承接 20 万 m² 以下住宅项目和 5 万 m² 以下的非住宅项目的物业管理业务。

（2）资质申请与审批程序

工程咨询服务机构的资质申请和审批都有严格的程序。但不同类别和等级的资质审批主管部门和程序都是有差别的。

工程咨询单位的资格是由国家发改委认定。其具体认定程序为，先由初审机构提出初审意见，再报国家发改委审定批准。根据隶属关系，各省、自治区、直辖市、计划单列市及新疆生产建设兵团发改委、国务院有关主管部门是工程咨询单位资格认定的初审机构。中央管理企业可直接向国家发改委申报。

安全生产检测检验机构的资质管理是由应急管理部（原国家安全生产监督管理总局）指导、协调和监督。应急管理部还直接负责甲级检测检验机构的资质认定和监督检查。省、自治区、直辖市安全生产监督管理部门指导、协调、监督本行政区域内安全生产检测检验工作；负责本行政区域内乙级非煤矿检测检验机构的资质认定和监督检查。

城乡规划编制单位的资质管理是由各级城乡规划行政主管部门负责。工程勘察设计单位、科研机构、高等院校及其他非以城乡规划为主业的单位，符合本规定资质标准的，均可申请城乡规划编制资质。申请甲级资质的，由省、自治区、直辖市人民政府城乡规划行政主管部门初审，国务院城乡规划行政主管部门审批，核发资质证书。申请乙级、丙级资质的，由所在地市、县人民政府城乡规划行政主管部门初审，省、自治区、直辖市人民政府城乡规划行政主管部门审批，核发资质证书，并报国务院城乡规划行政主管部门备案。

房地产估价机构、工程监理企业、工程造价咨询企业、工程招标代理机构、工程质量检测机构和物业服务企业的资质管理都是由国务院住房城乡建设主管部门指导和监督。以房地产估价机构为例，国务院住房城乡建设主管部门负责全国房地产估价机构的监督管理工作。省、自治区人民政府住房城乡建设主管部门、直辖市人民政府房地产主管部门负责本行政区域内房地产估价机构的监督管理工作。市、县人民政府房地产主管部门负责本行政区域内房地产估价机构的监督管理工作。

为了规范资质许可中的政府主管部门行为，提高行政许可效率，不同类别和等级的资质许可程序都有严格的法定时间限制。例如，申请核定房地产估价机构资质的，应当向设区的市人民政府房地产主管部门提出申请，并提交《房地产估价机构管理办法》第十一条规定的材料。设区的市人民政府房地产主管部门应当自受理申请之日起 20 日内审查完毕，并将初审意见和全部申请材料报省、自治区人民政府住房城乡建设主管部门、直辖市人民政府房地产主管部门。省、自治区人民政府住房城乡建设主管部门，直辖市人民政府房地产主管部门应当自受理申请材料之日起 20 日内作出决定。省、自治区人民政府住房城乡建设主管部门，直辖市人民政府房地产主管部门应当在作出资质许可决定之日起 10 日内，将准予资质许可的决定报国务院住房城乡建设主管部门备案。

（3）资质证书管理

工程咨询服务机构的资质证书一律分为正本和副本，由国务院相应主管部门统一印制，正、副本具有同等法律效力。

不同类别的咨询服务机构资质的有效期限是不同的。房地产估价机构、工程造价咨询企业、质量检测机构、安全生产检验检测机构的资质有效期限都是 3 年。工程咨询单位、工程监理企业的资质有效期限都是 5 年。

工程招标代理机构和物业服务企业的资质有效期限比较特殊。工程招标代理机构甲级、乙级资格证书的有效期为 5 年，暂定级资格证书的有效期为 3 年。物业服务企业取得资质证书后，不得降低企业的资质条件，并应当接受资质审批部门的监督检查。有特定违法行为的，资质审批部门或者其上级主管部门根据利害关系人的请求或者根据职权可以撤销资质证书。新设立的物业服务企业，其资质等级按照最低等级核定，并设 1 年的暂定期。

工程咨询服务机构的资质证书届满，需要继续从事工程咨询服务活动的，应当在资质证书有效期届满一定期限前，向原资质许可机关申请办理延续手续。不同类别资质的提前申请天数和有效期延长日期是不同的。例如，工程监理企业可在资质证书有效期届满 60 日前，向原资质许可机关申请办理延续手续。对在资质有效期内遵守有关法律、法规、规章、技术标准，信用档案中无不良记录，且专业技术人员满足资质标准要求的企业，经资质许可机关同意，有效期可延续 5 年。

3.2.4 外商建筑企业在我国从事建筑活动的资质管理

外商建筑企业在我国从事建筑活动的资质管理，由《外商投资建设工程设计企业管理规定》《外商投资建筑业企业管理规定》和《外商投资城市规划服务企业管理规定》予以规定。

1. 有关概念

（1）外商投资建设工程设计企业的概念

外商投资建设工程设计企业，是指根据中国法律、法规的规定，在中华人民共和国境内投资设立的外资建设工程设计企业、中外合资经营建设工程设计企业以及中外合作经营建设工程设计企业。

（2）外商投资建筑业企业的概念

外商投资建筑业企业，是指根据中国法律、法规的规定，在中华人民共和国境内投资设立的外资建筑业企业、中外合资经营建筑业企业以及中外合作经营建筑业企业。

（3）外商投资城乡规划服务企业的概念

外商投资城乡规划服务企业，是指在中华人民共和国境内依法设立，从事城乡规划服务的中外合资、中外合作经营企业以及外资企业。

（4）外商投资建设工程服务企业

外商投资建设工程服务企业，是指在中华人民共和国境内依法设立，并取得相应资质的中外合资经营建设工程服务企业、中外合作经营建设工程服务企业和外资建设工程服务企业。其中，建设工程服务包括建设工程监理、工程招标代理和工程造价咨询。

2. 一般规定

（1）市场准入

外国投资者在中华人民共和国境内设立外商投资建设工程设计企业、建筑业企业、城乡规划服务企业或建设工程服务企业，并从事建设工程设计、施工、咨询服务等活动，应当依法取得商务主管部门颁发的外商投资企业批准证书，在国家工商行政管理总局或者其授权的地方工商行政管理局注册登记，并取得住房城乡建设主管部门颁发的建设工程设计企业、建筑业企业、城乡规划服务企业或建设工程服务企业资质证书。

（2）主管部门

国务院商务主管部门（原对外贸易经济行政主管部门）及其依法授权的省、自治区、直辖市人民政府商务主管部门负责外商投资建设工程设计企业、建筑业企业、城乡规划服务企业和建设工程服务企业设立的管理工作；国务院住房城乡建设主管部门负责外商投资建设工程设计企业、建筑业企业、城乡规划服务企业和建设工程服务企业资质的管理工作。

省、自治区、直辖市人民政府商务主管部门在授权范围内负责外商投资建设工程设计企业、建筑业企业、城乡规划服务企业和建设工程服务企业设立的管理工作；省、自治区、直辖市人民政府住房城乡建设主管部门负责本行政区域内的外商投资建设工程设计企业、建筑业企业、城乡规划服务企业和建设工程服务企业资质的管理工作。

（3）资质审批

外商投资建设工程设计企业、建筑业企业、城乡规划服务企业和建设工程服务企业设立与资质的申请和审批，实行分级、分类管理。

（4）资质条件

外商投资建设工程设计企业、建筑业企业、城乡规划服务企业和建设工程服务企业申请建设工程设计、施工、城乡规划、工程服务等企业资质，应当符合建设工程设计企业、建筑业企业、城乡规划服务企业和建设工程服务企业资质分级标准要求的条件。

（5）对出资额的限制

中外合资经营建设工程设计企业或建筑业企业、中外合作经营建设工程设计企业或建筑业企业中方合营者的出资总额不得低于注册资本的 25%。

（6）外国技术人员的工作时间

外商投资建设工程设计企业中外国服务提供者在中国注册的建筑师、工程师及技术骨干，外商投资城乡规划服务企业聘用的外国技术人员，每人每年在中华人民共和国境内累计居住时间应当不少于 6 个月。

（7）法律约束

外商投资建设工程设计企业、建筑业企业、城乡规划服务企业和建设工程服务企业在中国境内从事建设工程设计活动，违反《中华人民共和国建筑法》《中华人民共和国城乡规划法》《建设工程质量管理条例》《建设工程勘察设计管理条例》《建设工程安全生产管理条例》《建设工程勘察设计企业资质管理规定》等有关法律、法规、规章的，依照有关规定处罚。

3. 特殊规定

（1）外商投资建设工程设计企业

1）资质审批

申请设立建筑工程设计甲级资质及其他建设工程设计甲、乙级资质外商投资建设工程设计企业的，其设立由国务院商务主管部门审批，其资质由国务院住房城乡建设主管部门审批；申请设立建筑工程设计乙级资质、其他建设工程设计丙级及以下等级资质外商投资建设工程设计企业的，其设立由省、自治区、直辖市人民政府商务主管部门审批，其资质由省、自治区、直辖市人民政府住房城乡建设主管部门审批。

2）资质条件

外资建设工程设计企业申请建设工程设计企业资质，其取得中国注册建筑师、注册工程师资格的外国服务提供者人数应当各不少于资质分级标准规定的注册执业人员总数的 1/4；具有相关专业设计经历的外国服务提供者人数应当不少于资质分级标准规定的技术骨干总人数的 1/4。

中外合资经营、中外合作经营建设工程设计企业申请建设工程设计企业资质，其取得中国注册建筑师、注册工程师资格的外国服务提供者人数应当各不少于资质分级标准规定的注册执业人员总数的 1/8；具有相关专业设计经历的外国服务提供者人数应当不少于资质分级标准规定的技术骨干总人数的 1/8。

（2）外商投资建筑业企业

1) 资质审批

申请设立施工总承包序列特级和一级、专业承包序列一级资质外商投资建筑业企业的，其设立由国务院商务主管部门审批，其资质由国务院住房城乡建设主管部门审批；申请设立施工总承包序列和专业承包序列二级及二级以下、劳务分包序列资质的，其设立由省、自治区、直辖市人民政府商务主管部门审批，其资质由省、自治区、直辖市人民政府住房城乡建设主管部门审批。

中外合资经营建筑业企业、中外合作经营建筑业企业的中方投资者为中央管理企业的，其设立由国务院商务主管部门审批，其资质由国务院住房城乡建设主管部门审批。

2) 工程承包范围

外资建筑业企业只允许在其资质等级许可的范围内承包下列工程：

① 全部由外国投资、外国赠款、外国投资及赠款建设的工程；

② 由国际金融机构资助并通过根据贷款条款进行的国际招标授予的建设项目；

③ 外资等于或者超过 50% 的中外联合建设项目，及外资少于 50%，但因技术困难而不能由中国建筑企业独立实施，经省、自治区、直辖市人民政府住房城乡建设主管部门批准的中外联合建设项目；

④ 由中国投资，但因技术困难而不能由中国建筑企业独立实施的建设项目，经省、自治区、直辖市人民政府住房城乡建设主管部门批准，可以由中外建筑企业联合承揽。

(3) 外商投资城乡规划服务企业

1) 资质申请与审批

申请设立外商投资城乡规划服务企业的，应当依法向国家工商行政管理总局或者国家工商行政管理总局授权的地方工商行政管理局，申请拟设立外商投资企业名称的核准。

申请人在取得拟设立外商投资企业名称核准后，向拟设立企业所在地省、自治区、直辖市人民政府商务主管部门，提出设立外商投资城乡规划服务企业申请，并提供有关资料。

2) 资质条件

设立外商投资城乡规划服务企业，除具备中国有关外商投资企业法律法规规定的条件外，还必须具备以下条件：

① 外方是在其所在国家或者地区从事城乡规划服务的企业或者专业技术人员；

② 具有城乡规划、建筑、道路交通、园林绿化以及相关工程等方面的专业技术人员 20 人以上，其中外籍专业技术人员占全部专业技术人员的比例不低于 25%，城乡规划、建筑、道路交通、园林绿化专业的外籍专业技术人员分别不少于 1 人；

③ 有符合国家规定的技术装备和固定的工作场所。

(4) 外商投资建设工程服务企业

1) 资质申请与审批

申请设立外商投资建设工程服务企业应当向省、自治区、直辖市人民政府商务主管部门提交外商投资建设工程服务企业设立申请书、外商投资建设工程服务企业合同和章程、企业名称预先核准通知书等材料。

申请外商投资建设工程服务企业资质，应当向住房城乡建设主管部门提交外商投资建设工程服务企业资质申请表、外商投资企业批准证书、企业法人营业执照等材料。省、自治区、直辖市人民政府住房城乡建设主管部门审批的外商投资建设工程服务企业资质，应当在批准之日起 30 日内报国务院住房城乡建设主管部门备案。

2）资质条件

申请设立外商投资建设工程服务企业的外方投资者，应当是在其所在国从事相应工程服务的企业、其他经济组织或者注册专业技术人员。申请外商投资建设工程服务企业资质，应当符合相应的建设工程监理、工程招标代理和工程造价咨询企业资质标准要求的条件。外商投资建设工程服务企业申请晋升资质等级或者申请增加其他建设工程服务企业资质，应当依照有关规定到住房城乡建设主管部门办理相关手续。

3.3 工程建设专业技术人员执业资格

3.3.1 工程建设专业技术人员的划分

1. 工程咨询（投资）专业技术人员

工程咨询（投资）专业技术人员，是指在工程咨询机构从事工程咨询（投资）业务的专业技术人员。分为咨询工程师（投资）和高级咨询工程师（投资）2 个级别。

2. 注册建筑师

注册建筑师，是指依法取得中华人民共和国注册建筑师证书并从事房屋建筑设计及相关业务的人员。注册建筑师分为一级注册建筑师和二级注册建筑师。

3. 勘察设计注册工程师

勘察设计注册工程师，是指经考试取得中华人民共和国勘察设计注册工程师资格证书，并依法注册，取得勘察设计注册工程师注册执业证书和执业印章，从事建设工程勘察、设计及有关业务活动的专业技术人员。

4. 注册结构工程师

注册结构工程师，是指取得中华人民共和国注册结构工程师执业资格证书和注册证书，从事房屋结构、桥梁结构及塔架结构等工程设计及相关业务的专业技术人员。注册结构工程师分为一级注册结构工程师和二级注册结构工程师。

5. 注册建造师

注册建造师，是指通过考核认定或考试合格取得中华人民共和国建造师资格证书，并依法注册，取得建造师注册证书和执业印章，担任施工单位项目负责人及从事相关活动的专业技术人员。

6. 注册造价工程师

注册造价工程师，是指通过全国造价工程师执业资格统一考试或者资格认定、资格互认，取得中华人民共和国造价工程师执业资格，并依法注册，取得造价工程师注册执业证书和执业印章，从事工程造价活动的专业人员。

7. 注册监理工程师

注册监理工程师，是指经考试取得中华人民共和国监理工程师资格证书，并依法注册，取得注册监理工程师注册执业证书和执业印章，从事工程监理及相关业务活动的专业技术人员。

8. 注册房地产估价师

注册房地产估价师，是指通过全国房地产估价师执业资格考试或者资格认定、资格互认，取得中华人民共和国房地产估价师执业资格，并依法注册，取得房地产估价师注册证书，从事房地产估价活动的人员。

9. 注册城乡规划师

注册城乡规划师，是指通过全国统一考试取得注册城乡规划师职业资格证书，并依法注册后，从事城乡规划编制及相关工作的专业人员。

10. 物业管理师

物业管理师，是指经全国统一考试，取得物业管理师资格证书，并依法注册取得物业管理师注册证，从事物业管理工作的专业管理人员。

11. 注册安全工程师

注册安全工程师是指取得中华人民共和国注册安全工程师执业资格证书，在生产经营单位从事安全生产管理、安全技术工作或者在安全生产中介机构从事安全生产专业服务工作，并依法注册取得中华人民共和国注册安全工程师执业证和执业印章的人员。

3.3.2 工程建设专业技术人员的管理制度

1. 执业资格管理机构

执业资格管理机构是指对某一类执业资格考试、注册和执业实施指导和监督的部门。不同执业资格的管理机构是不同的。

工程咨询（投资）专业技术人员资格管理机构是人社部和国家发改委。它们共同负责工程咨询（投资）专业技术人员职业资格制度的政策制定，并按职责分工对工程咨询（投资）专业技术人员职业资格制度的实施进行指导、监督和检查。中国工程咨询协会具体承担工程咨询（投资）专业技术人员职业资格评价工作。

注册安全工程师资格管理机构是各级安全生产监督管理部门。原国家安全生产监督管理总局（现应急管理部）对全国注册安全工程师的注册、执业活动实施统一监督管理。国务院有关主管部门（以下简称部门注册机构）对本系统注册安全工程师的注册、执业活动实施监督管理。省、自治区、直辖市人民政府安全生产监督管理部门对本行政区域内注册安全工程师的注册、执业活动实施监督管理。

注册建筑师、注册结构工程师、注册房地产经纪人、注册城乡规划师、物业管理师的资格考试、注册和执业都由国家住房城乡建设主管部门和人事主管部门共同指导和监督。对注册建筑师、注册结构工程师这两类专业技术性最强的执业资格，国务院住房城乡建设主管部门和国务院人事行政主管部门还会组建专门的管理委员会。全国注册建筑师管理委员会和省、自治区、直辖市注册建筑师管理委员会，依照有关规定负责注册建筑师的考试和注册的具体工作。全国和省、自治区、直辖市的注册结构工程师管理委员会可依照有关规定，负责注册结构工程师的考试和注册等具体工作。

注册监理工程师、注册房地产估价师的资格考试、注册和执业活动都由国务院住房城乡建设主管部门统一实施监督管理。此外，县级以上地方人民政府住房城乡建设主管部门对本行政区域内的注册监理工程师的注册、执业活动实施监督管理。省、自治区、直辖市人民政府建设（房地产）主管部门对本行政区域内注册房地产估价师的注册、执业活动实施监督管理；市、县、市辖区人民政府建设（房地产）主管部门对本行政区域内注册房地产估价师的执业活动实施监督管理。

　　勘察设计注册工程师、注册建造师、注册造价工程师由于承担的业务不局限于房屋建筑和市政工程，还涉及水利、交通、铁路等专业工程领域，其执业资格管理体制都是由国务院住房城乡建设主管部门统一监督管理，国务院铁路、交通、水利等有关部门按照国务院规定的职责分工，负责专业工程相关执业资格的监督管理。省、市等地方各级主管部门对勘察设计注册工程师、注册建造师、注册造价工程师的执业资格管理参照国务院相关部门的管理体制。

　　2. 执业资格考试

　　（1）考试形式

　　对于各类工程建设专业人员执业资格，国家都实行全国统一考试制度。考试实行全国统一大纲、统一命题、统一组织的办法，原则上每年举行一次。

　　（2）考试办法与内容

　　各类执业资格的考试办法都由国务院相关主管部门制定。而考试大纲和试题都由相关主管部门组织专家编写和审定。

　　例如，注册建筑师全国统一考试办法，由国务院住房城乡建设主管部门会同国务院人事行政主管部门协商国务院其他有关行政主管部门共同制定，由全国注册建筑师管理委员会组织实施。注册结构工程师的考试大纲、组织命题、培训教材等由住房城乡建设部负责组织有关专家拟订和编写，并由国务院人事行政主管部门负责组织有关专家审定和组织考试。

　　各类执业资格的考试内容都是结合该项资格的业务范围、专业类型等确定的。例如，一级注册结构工程师资格考试的内容，分为基础考试和专业考试两部分进行。通过基础考试的人员，从事结构工程设计或相关业务满规定年限，方可申请参加专业考试。其余执业资格考试都是一次进行。

　　（3）报考条件

　　各类执业资格考试都必须满足一定的报考条件，报考条件一般都包括学位、从业年限两项，还可能包括其他条件。例如，一级注册建筑师考试的报考条件为：

　　1）取得建筑学硕士以上学位或者相近专业工学博士学位，并从事建筑设计或者相关业务 2 年以上的；

　　2）取得建筑学学士学位或者相近专业工学硕士学位，并从事建筑设计或者相关业务 3 年以上的；

　　3）具有建筑学专业大学本科毕业学历并从事建筑设计或者相关业务 5 年以上的，或者具有建筑学相近专业大学本科毕业学历并从事建筑设计或者相关业务 7 年以上的；

　　4）取得高级工程师技术职称并从事建筑设计或者相关业务 3 年以上的，或者取得工程师技术职称并从事建筑设计或者相关业务 5 年以上的；

　　5）不具有前四项规定的条件，但设计成绩突出，经全国注册建筑师管理委员会认定达到前四项规定的专业水平的。

　　（4）考试结果

　　执业资格考试的结果包括合格和不合格两种。考试合格者即可取得相应行业的执业资格，可获得有关主管部门颁发的执业资格证书。但是取得执业资格后还必须在有关部门进行登记、注册，才能以注册专业技术人员的名义承担相应业务。

3. 执业资格注册

(1) 注册负责部门

执业资格考试合格,取得相应的执业资格之后,可以申请注册。

不同类别和等级的执业资格注册的负责部门不同。例如,一级注册建筑师的注册,由全国注册建筑师管理委员会负责;二级注册建筑师的注册,由省、自治区、直辖市注册建筑师管理委员会负责。

(2) 注册条件

通过执业资格考试后,要申请注册还需具备相应的条件。各类工程建设专业技术人员的注册条件比较相似,一般包括道德水平、通过资格考试、身体状况等。

例如,通过城乡规划师资格考试后申请注册的人员必须同时具备以下条件:

1) 遵纪守法,恪守职业道德和从业规范;

2) 取得注册城乡规划师职业资格证书;

3) 受聘于一家城乡规划编制机构;

4) 注册管理机构规定的其他条件。

再如,通过建造师资格考试后申请注册的人员必须同时具备以下条件:

1) 经考核认定或考试合格取得资格证书;

2) 受聘于一个相关单位;

3) 达到继续教育要求;

4) 没有《注册建造师管理规定》中的禁止行为。

(3) 不予注册的情形

有些专业技术人员执业资格管理办法未规定注册条件,而是反过来规定了不予注册的情形。这两种表达方式不同,但实质效果是一样的。

例如,有下列情形之一的,不予进行建筑师的注册:

1) 不具有完全民事行为能力的;

2) 因受刑事处罚,自刑罚执行完毕之日起至申请注册之日止不满 5 年的;

3) 因在建筑设计或者相关业务中犯有错误受行政处罚或者撤职以上行政处分,自处罚、处分决定之日起至申请注册之日止不满 2 年的;

4) 受吊销注册建筑师证书的行政处罚,自处罚决定之日起至申请注册之日止不满 5 年的;

5) 有国务院规定不予注册的其他情形的。

(4) 注册程序

专业技术人员经过考试后注册应遵循法定的程序。例如,依据《注册建造师管理规定》,一级建造师注册应遵循下述流程。

取得一级建造师资格证书并受聘于一个建设工程勘察、设计、施工、监理、招标代理、造价咨询等单位的人员,应当通过聘用单位向单位工商注册所在地的省、自治区、直辖市人民政府住房城乡建设主管部门提出注册申请。

省、自治区、直辖市人民政府住房城乡建设主管部门受理后提出初审意见,并将初审意见和全部申报材料报国务院住房城乡建设主管部门审批;涉及铁路、公路、港口与航道、水利水电、通信与广电、民航专业的,国务院住房城乡建设主管部门应当将全部申报材料送同级有关部门审核。符合条件的，由国务院住房城乡建设主管部门核发注册证书，并核定执业印章编号。

对申请初始注册的，省、自治区、直辖市人民政府住房城乡建设主管部门应当自受理申请之日起 20 日内审查完毕，并将申请材料和初审意见报国务院住房城乡建设主管部门。国务院住房城乡建设主管部门应当自收到省、自治区、直辖市人民政府住房城乡建设主管部门上报材料之日起，20 日内审批完毕并作出书面决定。有关部门应当在收到国务院住房城乡建设主管部门移送的申请材料之日起，10 日内审核完毕，并将审核意见送国务院住房城乡建设主管部门。

4. 执业范围

每一种工程建设专业技术人员在获得执业资格并注册之后，能且只能在法定执业范围内从事专业技术工作。

(1) 注册咨询工程师（投资）的执业范围

1) 经济社会发展规划、计划咨询；

2) 行业发展规划和产业政策咨询；

3) 经济建设专题咨询；

4) 投资机会研究；

5) 工程项目建议书的编制；

6) 工程项目可行性研究报告的编制；

7) 工程项目评估；

8) 工程项目融资咨询、绩效追踪评价、后评价及培训咨询服务；

9) 工程项目招投标技术咨询；

10) 国家发改委规定的其他工程咨询业务。

(2) 注册建筑师的执业范围

1) 建筑设计；

2) 建筑设计技术咨询；

3) 建筑物调查与鉴定；

4) 对本人主持设计的项目进行施工指导和监督；

5) 国务院住房城乡建设主管部门规定的其他业务。

其中，建筑设计技术咨询包括建筑工程技术咨询，建筑工程招标、采购咨询，建筑工程项目管理，建筑工程设计文件及施工图审查，工程质量评估，以及国务院住房城乡建设主管部门规定的其他建筑技术咨询业务。

(3) 勘察设计注册工程师的执业范围

1) 工程勘察或者本专业工程设计；

2) 本专业工程技术咨询；

3) 本专业工程招标、采购咨询；

4) 本专业工程的项目管理；

5) 对工程勘察或者本专业工程设计项目的施工进行指导和监督；

6) 国务院有关部门规定的其他业务。

(4) 注册结构工程师的执业范围

1）结构工程设计；

2）结构工程设计技术咨询；

3）建筑物、构筑物、工程设施等调查和鉴定；

4）对本人主持设计的项目进行施工指导和监督；

5）国务院住房城乡建设主管部门和国务院有关部门规定的其他业务。

其中，一级注册结构工程师的执业范围不受工程规模及工程复杂程度的限制。

（5）注册建造师的执业范围

一级注册建造师可担任大中小型工程项目负责人，二级注册建造师可担任中小型工程项目负责人。但是，大中型工程项目负责人必须由本专业注册建造师担任。

以房屋建筑工程专业为例，一级建造师和二级建造师分别可在不同规模的一般房屋建筑工程、高耸构筑物工程、地基与基础工程、土石方工程、园林古建筑工程、钢结构工程、建筑防水工程、防腐保温工程等工程项目中担任项目负责人。

（6）注册造价工程师的执业范围

1）建设项目建议书、可行性研究投资估算的编制和审核，项目经济评价，工程概（预、结）算、竣工结（决）算的编制和审核；

2）工程量清单、标底（或者控制价）、投标报价的编制和审核，工程合同价款的签订及变更、调整，工程款支付与工程索赔费用的计算；

3）建设项目管理过程中设计方案的优化、限额设计等工程造价分析与控制，工程保险理赔的核查；

4）工程经济纠纷的鉴定。

（7）注册监理工程师的执业范围

注册监理工程师可以从事工程监理、工程经济与技术咨询、工程招标与采购咨询、工程项目管理服务以及国务院有关部门规定的其他业务。

（8）注册房地产估价师的执业范围

注册房地产估价师可以在全国范围内开展与其聘用单位业务范围相符的房地产估价活动。

（9）注册城乡规划师的执业范围

1）城乡规划编制；

2）城乡规划技术政策研究与咨询；

3）城乡规划技术分析；

4）住房城乡建设部规定的其他工作。

（10）物业管理师的执业范围

1）制定并组织实施物业管理方案；

2）审定并监督执行物业管理财务预算；

3）查验物业共用部位、共用设施设备和有关资料；

4）负责房屋及配套设施设备和相关场地的维修、养护与管理；

5）维护物业管理区域内环境卫生和秩序；

6）法律、法规规定和《物业管理合同》约定的其他事项。

（11）注册安全工程师的执业范围

1) 安全生产管理；

2) 安全生产检查；

3) 安全评价或者安全评估；

4) 安全检测检验；

5) 安全生产技术咨询、服务；

6) 安全生产教育和培训；

7) 法律、法规规定的其他安全生产技术服务。

5. 权利和义务

工程建设专业技术人员在承担专业技术工作过程中，在享有一定权利的同时，也应履行相应的义务。不同类别专业技术人员享有的权利和履行的义务大体上相同。

（1）工程建设专业技术人员的权利

各类工程建设专业技术人员都应享有下列权利：

1) 使用注册工程师称谓；

2) 在规定范围内从事执业活动；

3) 依据本人能力从事相应的执业活动；

4) 保管和使用本人的注册证书和执业印章；

5) 对本人执业活动进行解释和辩护；

6) 接受继续教育；

7) 获得相应的劳动报酬；

8) 对侵犯本人权利的行为进行申诉。

（2）工程建设专业技术人员的义务

各类工程建设专业技术人员都应履行下列义务：

1) 遵守法律、法规和有关管理规定；

2) 执行工程建设标准规范；

3) 保证执业活动成果的质量，并承担相应责任；

4) 接受继续教育，努力提高执业水准；

5) 在本人执业活动所形成的勘察、设计文件上签字、加盖执业印章；

6) 保守在执业中知悉的国家秘密和他人的商业、技术秘密；

7) 不得涂改、出租、出借或者以其他形式非法转让注册证书或者执业印章；

8) 不得同时在两个或两个以上单位受聘或者执业；

9) 在本专业规定的执业范围和聘用单位业务范围内从事执业活动；

10) 协助注册管理机构完成相关工作。

3.4 现场施工人员资格

3.4.1 关键岗位从业人员的划分

为规范特种作业人员的安全技术培训、考核、发证工作，防止人员伤亡事故，促进安全生产，国家安全生产监督管理总局于 2015 年颁布了《特种作业人员安全技术培训考核管理办法》。

　　特种作业，是指容易发生人员伤亡事故，对操作者本人、他人及周围设施的安全有重大危害的作业。直接从事特种作业者，称为特种作业人员。《特种作业人员安全技术培训考核管理办法》将我国特种作业人员划分为十一个专业类别。

　　(1) 电工作业；

　　(2) 焊接与热切割作业；

　　(3) 高处作业；

　　(4) 制冷与空调作业；

　　(5) 煤矿安全作业；

　　(6) 金属非金属矿山安全作业；

　　(7) 石油天然气安全作业；

　　(8) 冶金（有色）生产安全作业；

　　(9) 危险化学品安全作业；

　　(10) 烟花爆竹安全作业；

　　(11) 原国家安全生产监督管理总局（现应急管理部）认定的其他作业。

3.4.2　关键岗位从业人员的从业资格管理

　　1. 特种作业人员应具备的条件

　　(1) 年龄满 18 周岁；

　　(2) 身体健康，无妨碍从事相应工种作业的疾病和生理缺陷；

　　(3) 初中以上文化程度，具备相应工种的安全技术知识，参加国家规定的安全技术理论和实际操作考核并成绩合格；

　　(4) 符合相应工种作业特点需要的其他条件。

　　2. 特种作业人员的培训

　　特种作业人员在独立上岗作业前，必须进行与本工种相适应的、专门的安全技术理论学习和实际操作训练。负责特种作业人员培训的单位应当具备相应的条件，并经省、自治区、直辖市安全生产综合管理部门或其委托的地、市级安全生产综合管理部门审查认可。取得培训资格的单位，每 5 年由原审查、批准机构进行 1 次复审。经复审合格的，方可继续从事特种作业人员的培训。

　　特种作业人员的安全技术培训考核标准和基本培训教材，由原国家安监总局（现应急管理部）制定和组织编写。培训单位应将培训计划、教员资格等资料报送考核、发证单位备案。

　　3. 特种作业人员的考核和发证

　　参加特种作业安全操作资格考核的人员，应当填写考核申请表，由申请人或申请人的用人单位向当地负责特种作业人员考核的单位提出申请。考核单位收到考核申请后，应在 60 日内组织考核。特种作业人员安全技术考核分为安全技术理论考核和实际操作考核。经考核合格的，发给相应的特种作业操作证；经考核不合格的，允许补考 1 次。

　　特种作业操作证由原国家安监总局（现应急管理部）制作，并由省、自治区、直辖市安全生产监督管理部门或其委托的地、市级安全生产监督管理部门负责签发。特种作业操作证在全国通用。

　　4. 特种作业人员的复审

特种作业操作证，每 2 年复审 1 次。连续从事本工种 10 年以上的，经用人单位进行知识更新教育后，复审时间可延长至每 4 年 1 次。复审合格的，由复审单位签章、登记，予以确认。复审不合格的，可在接到通知之日起 30 日内向原复审单位申请再次复审。复审单位可根据申请，再复审 1 次。再复审仍不合格或未按期复审的，特种作业操作证失效。

跨地区从业或跨地区流动施工单位的特种作业人员，可向从业或施工所在地的考核、发证单位申请复审。

复审内容包括：

（1）健康检查；

（2）违章作业记录检查；

（3）安全生产新知识和事故案例教育；

（4）本工种安全知识考试。

5. 对特种作业人员的监督管理

特种作业人员必须持证上岗。无证上岗的，按国家有关规定对用人单位和作业人员进行处罚。特种作业操作证不得伪造、涂改、转借或转让。离开特种作业岗位达 6 个月以上的特种作业人员，应当重新进行实际操作考核，经确认合格后方可上岗作业。

发证单位及用人单位应当建立特种作业人员档案。跨地区从业或跨地区流动施工单位的特种作业人员必须接受当地安全生产综合管理部门的监督管理。

有下列情形之一的，由发证单位收缴其特种作业操作证：

（1）未按规定接受复审或复审不合格的；

（2）违章操作造成严重后果或违章操作记录达 3 次以上的；

（3）弄虚作假骗取特种作业操作证的；

（4）经确认健康状况已不适宜继续从事所规定的特种作业的。

思 考 题

1. 什么是执业资格制度，它有什么意义？

2. 我国对从事工程建设活动的单位是如何划分的，各类单位是如何定义的？

3. 各级勘察设计机构的业务范围是如何规定的？

4. 各级施工总承包企业的业务范围是如何规定的？

5. 外商投资建筑业企业在我国承包工程的范围有哪些特殊限制？

6. 我国从事工程建设活动的专业技术人员是如何划分的，各类专业技术人员是如何定义的？

7. 注册咨询工程师（投资）的业务范围是什么？

8. 注册建造师分为几个等级，各级的执业范围是什么？

9. 各类专业技术人员的权利、义务是如何规定的？

10. 工程建设活动中特种作业人员应具备哪些条件？

第4章　工程建设标准法律制度

4.1　概　　述

4.1.1　工程建设标准的概念

标准（含标准样品），是指农业、工业、服务业以及社会事业等领域需要统一的技术要求。标准，是对重复性事物和概念所作的统一规定，它以科学、技术和实践经验的综合成果为基础，经有关方面协商一致，以特定形式发布，作为共同遵守的准则和依据。工程建设标准是为在工程建设领域内获得最佳秩序，对工程建设活动或其结果规定共同的和重复使用的规则、导则或特性的文件。工程建设标准是对新建工程项目所作最低限度技术要求的规定，是建设法律、法规体系的重要组成部分。工程建设标准侧重于单项技术要求，主要包括工程项目的分类等级、允许使用荷载、建筑面积及层高层数的限制、防火与疏散以及结构、材料、供暖、通风、照明、给水排水、消防、电梯、通信、动力等的基本要求。

标准化的含义，是在经济、技术、科学及管理等社会实践中，对重复性事物和概念通过制定、实施标准，达到统一，以获得最佳秩序和社会效益的过程。工程建设标准化是为在工程建设领域内获得最佳秩序，以实际的或潜在的问题制定共同的和重复使用的规则的活动。标准立法一般是针对标准制定和实施的全过程的，因此，我国全国人大常委会于1988年12月29日颁布了《中华人民共和国标准化法》（简称《标准化法》），并于2017年11月4日进行了修订。

工程建设标准与规范、规程等概念有密切的关系。规范是在工农业生产和工程建设中，对设计、施工、制造、检验等技术事项所作的一系列规定；规程是对作业、安装、鉴定、安全、管理等技术要求和实施程序所作的统一规定。标准、规范、规程都是标准的一种表现形式，习惯上统称为标准，只有针对具体对象才加以区别。当针对产品、方法、符号、概念等时，一般采用标准；当针对工程勘察、规划、设计、施工等技术事项所作的规定时，通常采用规范；当针对操作、工艺、管理等技术要求时，一般采用规程。

4.1.2　工程建设标准的特点

1. 前瞻性

工程建设标准是工程建设中共同的和重复使用的规则、导则或特性的文件，因此，工程建设标准将决定未来工程的要求，具有一定的前瞻性。

2. 科学性

工程建设标准是以科学、技术和实践经验的综合成果为基础制定出来的，揭示了工程建设活动的规律。即制定标准的基础是综合成果，单单是科学技术成果，如果没有经过综合研究、比较、选择、分析其在实践活动中的可行性、合理性或没有经过实践检验，是不能纳入标准之中的；同样，单单是实践检验，如果没有总结其普遍性、规律性或经过科学的论证，也是不能纳入标准的，工程建设标准的制定过程反映了标准的严格的科学性。

3. 民主性

工程建设标准的制定过程应当是民主的。在制定标准的过程中，标准涉及的各个方面对标准中规定的内容，要征求各方的意见，对于不同的意见要有一个合理的解释。标准的民主性越突出，标准的执行就越顺利，标准就越有生命力。

4. 权威性

标准需要经过一个具有公信力的公认机构批准。在我国，工程建设标准一般是由政府机关颁布的。标准反映了工程建设的客观规律，制定过程民主，以特定的形式批准，保证了标准的严肃性，反映了标准发布后的权威性。

4.1.3　工程建设标准的范围

1. 工程建设国家标准的范围

对保障人身健康和生命财产安全、国家安全、生态环境安全以及满足经济社会管理基本需要的技术要求，应当制定强制性国家标准。对满足基础通用、与强制性国家标准配套、对各有关行业起引领作用等需要的技术要求，可以制定推荐性国家标准。对需要在全国范围内统一的下列技术要求，应当制定国家标准：

（1）工程建设勘察、规划、设计、施工（包括安装）及验收等通用的质量要求；

（2）工程建设通用的有关安全、卫生和环境保护的技术要求；

（3）工程建设通用的术语、符号、代号、量与单位、建筑模数和制图方法；

（4）工程建设通用的试验、检验和评定等方法；

（5）工程建设通用的信息技术要求；

（6）国家需要控制的其他工程建设通用的技术要求。

2. 工程建设行业标准的范围

对没有国家标准而需要在全国某个行业范围内统一的下列技术要求，可以制定行业标准：

（1）工程建设勘察、规划、设计、施工（包括安装）及验收等行业专用的质量要求；

（2）工程建设行业专用的有关安全、卫生和环境保护的技术要求；

（3）工程建设行业专用的术语、符号、代号、量与单位和制图方法；

（4）工程建设行业专用的试验、检验和评定等方法；

（5）工程建设行业专用的信息技术要求；

（6）其他工程建设行业专用的技术要求。

3. 工程建设地方标准的范围

工程建设地方标准项目的确定，应当从本行政区域工程建设的需要出发，并应体现本行政区域的气候、地理、技术等特点。对没有国家标准、行业标准或国家标准、行业标准规定不具体，且需要在本行政区域内作出统一规定的工程建设技术要求，可制定相应的工程建设地方标准。

4. 工程建设团体标准的范围

国家鼓励学会、协会、商会、联合会、产业技术联盟等社会团体协调相关市场主体共同制定满足市场和创新需要的团体标准，由本团体成员约定采用或者按照本团体的规定供社会自愿采用。

5. 工程建设企业标准的范围

国家法律法规没有对工程建设企业标准的范围进行限制。工程建设企业标准可以覆盖本企业生产、经营活动各个环节。工程建设企业标准一般包括企业的技术标准、管理标准和工作标准。

4.1.4 工程建设标准的种类

工程建设标准可以从不同的角度进行分类。

1. 按照标准的适用范围进行分类

按照标准的适用范围进行分类，工程建设标准可以分为国家标准、行业标准、地方标准、团体标准、企业标准和国际标准。

(1) 工程建设国家标准

工程建设国家标准，是指工程建设领域中需要在全国范围内统一，由国务院批准发布或者授权批准发布、或者由国务院标准化行政主管部门制定的标准。

(2) 工程建设行业标准

工程建设行业标准，是指工程建设领域中没有国家标准而需要在全国某个行业范围内统一的，由国务院有关行政主管部门制定，报国务院标准化行政主管部门备案的标准。

(3) 工程建设地方标准

工程建设地方标准，是指工程建设领域中没有国家标准、行业标准或国家标准、行业标准规定不具体，且需要在本行政区域内作出统一规定的工程建设技术要求，由地方人民政府标准化行政主管部门制定的标准。

(4) 工程建设团体标准

工程建设团体标准，是指学会、协会、商会、联合会、产业技术联盟等社会团体协调相关市场主体共同制定满足市场和创新需要的标准。

(5) 工程建设企业标准

工程建设企业标准是对工程建设企业生产、经营活动中的重复性事项所作的统一规定。

(6) 工程建设国际标准

国际标准是指国际标准化组织 (ISO)、国际电工委员会 (IEC) 和国际电信联盟 (ITU) 制定的标准，以及国际标准化组织确认并公布的其他国际组织制定的标准。国际标准化组织确认并公布的其他国际组织还包括国际计量局 (BIPM)、国际建筑结构研究与改革委员会 (CIB)、国际照明委员 (CIE)、国际互联网工程任务组 (IETF)、国际煤气工业联合会 (IGU) 等。这些机构制定了许多工程建设标准，这些标准就是工程建设国际标准。

2. 按照标准的性质进行分类

按照标准的性质进行分类，工程建设标准可以分为强制性标准和推荐性标准。对保障人身健康和生命财产安全、国家安全、生态环境安全以及满足经济社会管理基本需要的技术要求，应当制定工程建设强制性标准。工程建设强制性标准以外的其他标准是推荐性标准。

3. 按照标准的专业进行分类

通常，按标准的专业进行分类，工程建设标准可以分为技术标准、管理标准和工作标准。

（1）技术标准

技术标准是对标准化领域中需要统一的技术事项所制定的标准。技术标准是一个大类，可进一步分为：基础技术标准、产品标准、工艺标准、检验和试验方法标准、设备标准、原材料标准、安全标准、环境保护标准、卫生标准等。其中的每一类还可进一步细分，如技术基础标准还可再分为：术语标准、图形符号标准、数系标准、公差标准、环境条件标准、技术通则性标准等。

（2）管理标准

管理标准是对标准化领域中需要协调统一的管理事项所制定的标准。管理标准主要是对管理目标、管理项目、管理业务、管理程序、管理方法和管理组织所作的规定。管理标准包括管理基础标准、技术管理标准、经济管理标准、行政管理标准、生产经营管理标准。

（3）工作标准

工作标准是指对工作的责任、权利、范围、质量要求、程序、效果、检查方法、考核办法所制定的标准。工作标准一般包括部门工作标准和岗位（个人）工作标准。在建立了企业标准体系的企业里一般都制定工作标准。按岗位制定的工作标准通常包括：岗位目标（工作内容、工作任务）、工作程序和工作方法、业务分工和业务联系（信息传递）方式、职责权限、质量要求与定额、对岗位人员的基本技术要求、检查考核办法等内容。

4.2 工程建设标准的制定

工程建设标准的制定，是指标准制定部门对需要制定工程建设标准的项目，编制计划，组织草拟，审批、编号、发布的活动。

4.2.1 工程建设国家标准的制定

1. 工程建设国家标准的编制

工程建设标准的编制，是指标准制定部门对需要制定工程建设标准的项目，组织草拟、编写和报批的活动，它是工程建设标准制定的一个环节。

国家标准的编制工作程序按准备、征求意见、送审和报批四个阶段进行。

国务院有关行政主管部门依据职责负责强制性国家标准的项目提出、组织起草、征求意见和技术审查。国务院标准化行政主管部门负责强制性国家标准的立项、编号和对外通报。国务院标准化行政主管部门应当对拟制定的强制性国家标准是否符合规定进行立项审查，对符合规定的予以立项。省、自治区、直辖市人民政府标准化行政主管部门可以向国务院标准化行政主管部门提出强制性国家标准的立项建议，由国务院标准化行政主管部门会同国务院有关行政主管部门决定。社会团体、企业事业组织以及公民可以向国务院标准化行政主管部门提出强制性国家标准的立项建议，国务院标准化行政主管部门认为需要立项的，会同国务院有关行政主管部门决定。

（1）准备阶段

准备阶段的工作主要有：①主编单位根据年度计划的要求，进行编制国家标准的筹备工作。落实国家标准编制组成员，草拟制定国家标准的工作大纲。工作大纲包括国家标准的主要章节内容、需要调查研究的主要问题、必要的测试验证项目、工作进度计划及编制组成员分工等内容。②主编单位筹备工作完成后，由主编部门或由主编部门委托主编单位主持召开编制组第一次工作会议。其内容包括：宣布编制组成员、学习工程建设标准化工作的有关文件、讨论通过工作大纲和会议纪要。会议纪要印发国家标准的参编部门和单位，并报国务院工程建设行政主管部门备案。

（2）征求意见阶段

征求意见阶段的工作主要有：①编制组根据制定国家标准的工作大纲开展调查研究工作。调查对象应当具有代表性和典型性。调查研究工作结束后，应当及时提出调查研究报告，并将整理好的原始调查记录和收集到的国内外有关资料由编制组统一归档。②测试验证工作在编制组统一计划下进行，落实负责单位、制定测试验证工作大纲、确定统一的测试验证方法等。测试验证结果，应当由项目的负责单位组织有关专家进行鉴定。鉴定成果及有关的原始资料由编制组统一归档。③编制组对国家标准中的重大问题或有分歧的问题，应当根据需要召开专题会议。专题会议邀请有代表性和有经验的专家参加，并应当形成会议纪要。会议纪要及会议记录等由编制组统一归档。④编制组在做好上述各项工作的基础上，编写标准征求意见稿及其条文说明。主编单位对标准征求意见稿及其条文说明的内容全面负责。⑤主编部门对主编单位提出的征求意见稿及其条文说明根据本办法制定标准的原则进行审核。审核的主要内容：国家标准的适用范围与技术内容协调一致；技术内容体现国家的技术经济政策；准确反映生产、建设的实践经验；标准的技术数据和参数有可靠的依据，并与相关标准相协调；对有分歧和争论的问题，编制组内取得一致意见；国家标准的编写符合工程建设国家标准编写的统一规定。⑥征求意见稿及其条文说明应由主编单位印发国务院有关行政主管部门、各有关省（自治区、直辖市）工程建设行政主管部门和各单位征求意见。征求意见的期限一般为两个月。必要时，对其中的重要问题，可以采取走访或召开专题会议的形式征求意见。

（3）送审阶段

送审阶段的工作主要有：①编制组将征求意见阶段收集到的意见，逐条归纳整理，在分析研究的基础上提出处理意见，形成国家标准送审稿及其条文说明。对其中有争议的重大问题可以视具体情况进行补充的调查研究、测试验证或召开专题会议，提出处理意见。②当国家标准需要进行全面的综合技术经济比较时，编制组要按国家标准送审稿组织试设计或施工试用。试设计或施工试用应当选择有代表性的工程进行。试设计或施工试用结束后应当提出报告。③国家标准送审的文件一般应当包括：国家标准送审稿及其条文说明、送审报告、主要问题的专题报告、试设计或施工试用报告等。送审报告的内容主要包括：制定标准任务的来源、制定标准过程中所做的主要工作、标准中重点内容确定的依据及其成熟程度、与国外相关标准水平的对比、标准实施后的经济效益和社会效益以及对标准的初步总评价、标准中尚存在的主要问题和今后需要进行的主要工作等。④国家标准送审文件应当在开会之前一个半月发至各主管部门和有关单位。⑤国家标准送审稿的审查，一般采取召开审查会议的形式。经国务院工程建设行政主管部门同意后，也可以采取函审和小型审定会议的形式。⑥审查会议应由主编部门主持召开。参加会议的代表应包括国务院有关行政主管部门的代表、有经验的专家代表、相关的国家标准编制组或管理组的代表。审查会议可以成立会议领导小组，负责研究解决会议中提出的重大问题。会议由代表和编制组成员共同对标准送审稿进行审查，对其中重要的或有争议的问题应当进行充分讨论和协商，集中代表的正确意见；对有争议并不能取得一致意见的问题，应当提出倾向性审查意见。审查会议应当形成会议纪要。其内容一般包括：审查会议概况、标准送审稿中的重点内容及分歧较大问题的审查意见、对标准送审稿的评价、会议代表和领导小组成员名单等。⑦采取函审和小型审定会议对标准送审稿进行审查时，由主编部门印发通知。参加函审的单位和专家，应经国务院工程建设行政主管部门审查同意、主编部门在函审的基础上主持召开小型审定会议，对标准中的重大问题和有分歧的问题提出审查意见，形成会议纪要，印发各有关部门和单位并报国务院工程建设行政主管部门。

（4）报批阶段

报批阶段的工作主要有：①编制组根据审查会议或函审和小型审定会议的审查意见，修改标准送审稿及其条文说明，形成标准报批稿及其条文说明。标准的报批文件经主编单位审查后报主编部门。报批文件一般包括标准报批稿及其条文说明、报批报告、审查或审定会议纪要、主要问题的专题报告、试设计或施工试用报告等。②主编部门应当对标准报批文件进行全面审查，并会同国务院工程建设行政主管部门共同对标准报批稿进行审核。主编部门将共同确认的标准报批文件一式三份报国务院工程建设行政主管部门审批。

2. 工程建设国家标准的审批、发布

强制性国家标准由国务院批准发布或者授权批准发布。推荐性国家标准由国务院标准化行政主管部门制定。

国家标准的编号由国家标准代号、发布标准的顺序号和发布标准的年号组成，并应当符合下列统一格式：

强制性国家标准的编号

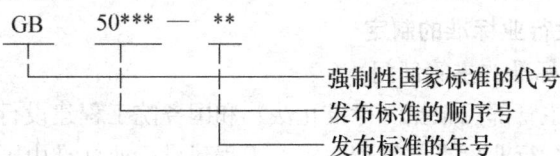

GB　50***　—　**
强制性国家标准的代号
发布标准的顺序号
发布标准的年号

推荐性国家标准的编号

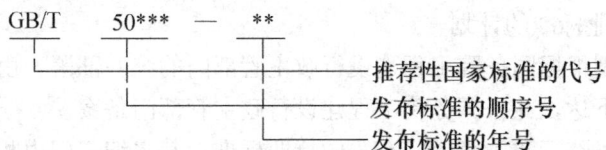

GB/T　50***　—　**
推荐性国家标准的代号
发布标准的顺序号
发布标准的年号

强制性标准文本应当免费向社会公开。国家推动免费向社会公开推荐性标准文本。国家标准的出版由国务院工程建设行政主管部门负责组织。国家标准的出版印刷应当符合工程建设标准出版印刷的统一要求。国家标准属于科技成果。对技术水平高、取得显著经济效益或社会效益的国家标准，应当纳入各级科学技术进步奖励范围，予以奖励。

3. 工程建设国家标准的复审与修订

（1）工程建设国家标准的复审

工程建设国家标准的复审是指对现行工程建设标准的适用范围、技术水平、指标参数等内容进行复查和审议，以确认其继续有效、废止或予以修订的活动。国家标准实施后，国务院标准化行政主管部门和国务院有关行政主管部门、设区的市级以上地方人民政府标准化行政主管部门应当建立标准实施信息反馈和评估机制，根据反馈和评估情况对其制定的标准进行复审。复审可以采取函审或会议审查，一般由参加过该标准编制或审查的单位或个人参加。标准的复审周期一般不超过五年。经过复审，对不适应经济社会发展需要和技术进步的应当及时修订或者废止。

属于下列情况之一的，应当及时进行复审：①不适应法律法规、国家产业政策、产业结构调整、产品更新换代或科学技术发展需要的。②不适应我国加入世界贸易组织的有关规定或开展国际贸易需要的。③所引用的或相关的技术标准进行了重大修改、修订并批准发布的。④重大突发性事件、自然灾害、工程质量或安全事故发生后需要的。⑤标准实施中有重要反馈意见的。

国家标准复审后，标准管理单位应当提出其继续有效或者予以修订、废止的意见，经该国家标准的主管部门确认后报国务院工程建设行政主管部门批准。对确认继续有效的国家标准，当再版或汇编时，应在其封面或扉页上的标准编号下方增加"××××年××月确认继续有效"。对确认继续有效或予以废止的国家标准，由国务院工程建设行政主管部门在指定的报刊上公布。对需要全面修订的国家标准，由其管理单位做好前期工作。国家标准修订的准备阶段工作应在管理阶段进行，其他有关的要求应当符合制定国家标准的有关规定。

（2）工程建设国家标准的修订

凡属下列情况之一的国家标准应当进行局部修订：①国家标准的部分规定已制约了科学技术新成果的推广应用。②国家标准的部分规定经修订后可取得明显的经济效益、社会效益、环境效益。③国家标准的部分规定有明显缺陷或与相关的国家标准相抵触。④需要对现行的国家标准作局部补充规定。

4.2.2 工程建设行业标准的制定

1. 工程建设行业标准的主管部门

国务院有关行政主管部门根据《标准化法》和国务院工程建设行政主管部门确定的行业标准管理范围，履行行业标准的管理职责。工程建设行业标准由国务院有关行政主管部门制定。

2. 工程建设行业标准的计划

行业标准的计划根据国务院工程建设行政主管部门的统一部署，由国务院有关行政主管部门组织编制和下达，并报国务院工程建设行政主管部门备案。

与两个以上国务院行政主管部门有关的行业标准，其主编部门由相关的行政主管部门协商确定或由国务院工程建设行政主管部门协调确定，其计划由被确定的主编部门下达。行业标准不得与国家标准相抵触。行业标准的某些规定与国家标准不一致时，必须有充分的科学依据和理由，并经国家标准的审批部门批准。有关行业标准之间应当协调、统一、避免重复。

3. 制定、修订工程建设行业标准的工作程序

与工程建设国家标准相同，制定、修订行业标准的工作程序，可以按准备、征求意见、送审和报批四个阶段进行。

行业标准的编写应当符合工程建设标准编写的统一规定。行业标准的编号由行业标准

的代号、标准发布的顺序号和批准标准的年号组成，并应当符合下列统一格式：

强制性行业标准的编号

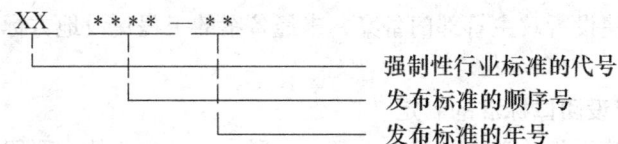

推荐性行业标准的编号

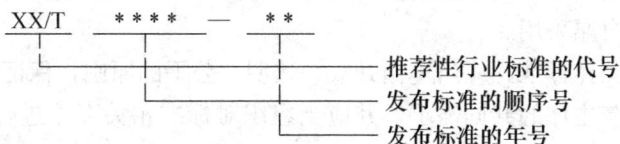

4. 工程建设行业标准的审批、发布

行业标准由国务院有关行政主管部门审批、编号和发布。其中，两个以上部门共同制定的行业标准，由有关的行政主管部门联合审批、发布，并由其主编部门负责编号。行业标准实施后，该标准的批准部门应当根据科学技术的发展和工程建设的实际需要适时进行复审，确认其继续有效或予以修订、废止。一般每五年复审一次，复审结果报国务院工程建设行政主管部门备案。

行业标准发布后，应当报国务院工程建设行政主管部门和标准化行政主管部门备案。

行业标准由标准的批准部门负责组织出版，并应当符合工程建设标准出版印刷的统一规定。行业标准属于科技成果，对技术水平高、取得显著经济效益社会效益和环境效益的行业标准，应当纳入各级科学技术进步奖励范围，并予以奖励。

4.2.3　工程建设地方标准的制定

1. 工程建设地方标准制定的管理部门

地方标准由省、自治区、直辖市人民政府标准化行政主管部门制定；设区的市级人民政府标准化行政主管部门根据本行政区域的特殊需要，经所在地省、自治区、直辖市人民政府标准化行政主管部门批准，可以制定本行政区域的地方标准。工程建设地方标准在省、自治区、直辖市范围内由省、自治区、直辖市建设行政主管部门统一计划、统一审批、统一发布、统一管理。

2. 工程建设地方标准制定的原则

制定工程建设地方标准，应当严格遵守国家的有关法律、法规，贯彻执行国家的技术经济政策，密切结合自然条件，合理利用资源，积极采用新技术、新材料、新工艺、新设备，做到技术先进、经济合理、安全适用。

制定工程建设地方标准应当以实践经验和科学技术发展的综合成果为依据，做到协商一致，共同确认。工程建设地方标准不得与国家标准和行业标准相抵触。对与国家标准或行业标准相抵触的工程建设地方标准的规定，应当自行废止。当确有充分依据，且需要对国家标准或行业标准的条文进行修改的，必须经相应标准的批准部门审批。

工程建设地方标准中，对直接涉及人民生命财产安全、人体健康、环境保护和公共利益的条文，经国务院建设行政主管部门确定后，可作为强制性条文。

3. 工程建设地方标准的备案

地方标准由省、自治区、直辖市人民政府标准化行政主管部门报国务院标准化行政主管部门备案，由国务院标准化行政主管部门通报国务院有关行政主管部门。工程建设地方标准还应报国务院建设行政主管部门备案，未经备案的工程建设地方标准，不得在建设活动中使用。

4.2.4　工程建设团体标准的制定

国家鼓励工程建设相关学会、协会、商会、联合会、产业技术联盟等社会团体协调相关市场主体共同制定满足市场和创新需要的团体标准，由本团体成员约定采用或者按照本团体的规定供社会自愿采用。

制定工程建设团体标准，应当遵循开放、透明、公平的原则，保证各参与主体获取相关信息，反映各参与主体的共同需求，并应当组织对标准相关事项进行调查分析、实验、论证。

国务院标准化行政主管部门会同国务院有关行政主管部门对工程建设团体标准的制定进行规范、引导和监督。

4.2.5　工程建设企业标准的制定

工程建设企业标准的制定应当认真贯彻执行国家有关的法律、法规和方针、政策；充分考虑工程建设的实际需要；结合本企业的特点，促进技术进步、改善经营管理、保证工程质量、提高经济效益；积极采用国际标准或国外先进标准，向国际惯例靠拢。工程建设企业标准应当根据科学技术进步、实践经验总结和管理工作的需要，适时组织修订。

工程建设企业标准是对工程建设企业生产、经营活动中的重复性事项所作的统一规定，应当覆盖本企业生产、经营活动各个环节。工程建设企业标准一般包括企业的技术标准、管理标准和工作标准。

技术标准，是指对工程建设企业中需要协调和统一的技术要求所制定的标准。应当围绕工程建设企业所承担的任务，对材料和设备采购的技术要求，勘察、设计或施工过程中的质量、方法或工艺的要求，安全、卫生和环境保护的技术要求以及试验、检验和评定的方法等作出规定。对已有国家标准、行业标准或地方标准的，工程建设企业可以按照国家标准、行业标准或地方标准的规定执行，也可以根据本企业的技术特点和实际需要制定优于国家标准、行业标准或地方标准的企业标准；对没有国家标准、行业标准或地方标准的，工程建设企业应当制定企业标准。国家鼓励企业积极采用国际标准或国外先进标准。

管理标准，是指对工程建设企业中需要协调和统一的管理要求所制定的标准。应当围绕工程建设企业规范化管理的需要，对本企业组织管理、计划管理、技术管理、质量管理和财务管理等具体的管理事项作出规定。

工作标准，是指对工程建设企业中需要协调和统一的工作事项要求所制定的标准，应当围绕工作岗位的要求，对工程建设企业中各个工作岗位的任务、职责、权限、技能、方法、程序、评定等作出规定。

4.3　工程建设标准的实施

工程建设标准的实施，主要包括工程建设标准的行政管理和监督，以及标准在企业的执行。

4.3.1 工程建设标准的行政管理

1. 工程建设国家标准的日常管理

工程建设国家标准发布后，由其管理单位组建国家标准管理组，负责国家标准的日常管理工作。国家标准管理组设专职或兼职若干人。其人员组成，经国家标准管理单位报该国家标准管理部门审定后报国务院工程建设行政主管部门备案。

国家标准日常管理的主要任务是：①根据主管部门的授权负责国家标准的解释；②对国家标准中遗留的问题，负责组织调查研究、必要的测试验证和重点科研工作；③负责国家标准的宣传贯彻工作；④调查了解国家标准的实施情况，收集和研究国内外有关标准、技术信息资料和实践经验，参加相应的国际标准化活动；⑤参与有关工程建设质量事故的调查和咨询；⑥负责开展标准的研究和学术交流活动；⑦负责国家标准的复审、局部修订和技术档案工作。

国家标准管理人员在该国家标准管理部门和管理单位的领导下工作。管理单位应当加强对其的领导，进行经常性的督促检查，定期研究和解决国家标准日常管理工作中的问题。

2. 工程建设行业标准的行政管理

国务院有关行政主管部门根据《标准化法》和国务院工程建设行政主管部门确定的行业标准管理范围，履行行业标准的管理职责。

3. 工程建设地方标准的行政管理

工程建设地方标准在省、自治区、直辖市范围内由省、自治区、直辖市建设行政主管部门统一计划、统一审批、统一发布、统一管理。省、自治区、直辖市建设行政主管部门负责本行政区域内工程建设标准化工作的管理，并履行以下职责：①组织贯彻国家有关工程建设标准化的法律、法规和方针、政策并制定本行政区域的具体实施办法；②制定本行政区域工程建设地方标准化工作的规划、计划；③承担工程建设国家标准、行业标准化制定、修订等任务；④组织制定本行政区域的工程建设地方标准；⑤在本行政区域组织实施工程建设标准和对工程建设标准的实施工作进行监督；⑥负责本行政区域工程建设企业标准的备案。

4. 工程建设企业标准的行政管理

对于工程建设企业标准的实施，行政机关主要任务是指导。各级工程建设行政主管部门应当加强对本部门工程建设企业标准化工作的指导，结合本部门工程建设企业标准化工作的实际需要，坚持区别对待的原则，制定相应的管理办法或实施细则。通过抓试点、抓典型、开展经验交流等活动，积极稳妥地推动本部门工程建设企业标准化工作的开展。对在工程建设企业标准化工作中的先进单位和作出突出贡献的个人，应当给予表彰和奖励。

各级工程建设行政主管部门应当采取措施，加强对本部门工程建设企业标准化工作的检查监督，保证工程建设企业标准化工作落到实处。同时，应当积极为本部门工程建设企业标准化提供信息和情报等方面的服务，建立信息、情报网络，及时传递和反馈国内外标准化工作的发展动态和本部门工程建设企业标准化工作的情况。

各级工程建设行政主管部门要充分发挥本部门标准化协会、有关专业（行业）学（协）会等群众学术团体的作用，指导这些群众学术团体研究本部门工程建设企业标准化工作中的问题，协助企业开展企业标准化工作。

4.3.2　工程建设标准的执行

1. 工程建设标准执行的要求

工程建设强制性标准必须执行。从事科研、生产、经营的单位和个人，必须严格执行强制性标准。不符合强制性标准的产品，禁止生产、销售和进口，包括：在国内销售的一切产品（包括配套设备）不符合强制性标准要求的，不准生产和销售；专为出口而生产的产品（包括配套设备）不符合强制性标准要求的，不准在国内销售；不符合强制性标准要求的产品（包括配套设备），不准进口。

推荐性标准，国家鼓励企业自愿采用，具体含义为：①推荐性标准，企业自愿采用；②国家将采取优惠措施，鼓励企业采用推荐性标准。推荐性标准一旦纳入指令性文件，将具有相应的行政约束力。

2. 产品标准的质量认证

对于工程建设领域中生产产品的企业，企业对有国家标准或者行业标准的产品，可以向国务院标准化行政主管部门或者国务院标准化行政主管部门授权的部门申请产品质量认证，包括合格认证和安全认证。"认证"是依据标准和相应要求，经认证机构确认并通过颁发认证证书和标志，以证明某一产品符合相应标准和要求的活动。认证所依据的标准是国家标准或行业标准。认证合格的，由认证部门授予认证证书，准许在产品或者其包装上使用规定的认证标志。已经取得认证证书的产品不符合国家标准或者行业标准的，以及产品未经认证或者认证不合格的，不得使用认证标志出厂销售。

3. 工程建设国际标准的执行

采用国际标准是指将国际标准的内容，经过分析研究和试验验证，等同或修改转化为我国标准（包括国家标准、行业标准、地方标准和企业标准。下同），并按我国标准审批发布程序审批发布。采用国际标准，应当符合我国有关法律、法规，遵循国际惯例，做到技术先进、经济合理、安全可靠。我国标准采用国际标准的程度，分为等同采用和修改采用。

等同采用，指与国际标准在技术内容和文本结构上相同，或者与国际标准在技术内容上相同，只存在少量编辑性修改。采用国际标准时，应当尽可能等同采用国际标准。由于基本气候、地理因素或者基本的技术问题等原因对国际标准进行修改时，应当将与国际标准的差异控制在合理的、必要的并且是最小的范围之内。

修改采用，指与国际标准之间存在技术性差异，并清楚地标明这些差异以及解释其产生的原因，允许包含编辑性修改。修改采用不包括只保留国际标准中少量或者不重要的条款的情况。修改采用时，我国标准与国际标准在文本结构上应当对应，只有在不影响与国际标准的内容和文本结构进行比较的情况下，才允许改变文本结构。

4. 企业加强工程建设标准执行的制度

工程建设企业在开展企业标准化工作中应当重视标准的贯彻实施，建立健全标准的实施与监督机制。工程建设企业可根据标准的不同性质，采取相应的措施，保证标准的实施。对技术标准的实施应当以促进技术进步、提高企业经济效益为目的，可以将工作人员的技术职称与实施技术标准的情况挂钩；对管理标准和工作标准实施可以与经济责任制结合在一起，与职工的经济利益挂钩。

（1）企业应当加强领导

工程建设企业应当建立本企业标准化工作的领导机构和管理机构。工程建设企业标准化工作的领导机构，应当由本企业的主要领导负责，由本企业内部各部门的主要负责人组成，可以采取企业标准化委员会等形式，统一领导和协调本企业的标准化工作；工程建设企业应当根据本企业标准化工作任务量的大小和实际需要，设置本企业标准化工作的专职管理机构，具体负责组织本企业标准的制定、实施、监督、标准化服务等经常性管理工作。要把工程建设企业标准化工作与贯彻 ISO 9000 建立质量保证体系以及建立组织制度、人事制度、财务制度等工作结合在一起。

（2）加强宣传与培训

工程建设企业标准化的宣传和培训工作，对提高本企业全体职工的标准化意识，增强标准化观念，自觉贯彻执行标准具有很重要的作用。因此，工程建设企业在开展企业标准化工作中应当加强标准化的宣传和培训工作，建立本企业标准化的培训和考核制度，将标准化的培训纳入本企业职工的教育计划之中。

（3）完善标准化的情报信息服务系统

工程建设企业应当逐步完善本企业有关标准化的情报信息服务系统，利用现代化手段，加强动态管理，保证标准化情报信息渠道的畅通。一般情况下，可以通过定期编制标准目录、印发标准修订情况通报、建立标准化资料信息库等途径，为本企业的各级组织提供标准化的情报信息服务。

（4）应当造就一支标准化工作队伍

工程建设企业应当造就一支精干稳定的标准化工作队伍，根据本企业标准化实际工作的需要配备专职和兼职的企业标准化工作人员，采取措施不断提高本企业标准化工作人员的业务素质和生活待遇。工程建设企业的标准化工作队伍，应当与企业的标准化工作任务相适应。专职和兼职标准化工作人员的数量，应当根据本企业内部管理机构的设置情况确定。

4.3.3 工程建设标准实施的监督

工程建设标准实施的监督，是指行政管理部门对工程建设标准的实施情况进行监督检查。在建设工程标准的实施方面，行政管理部门主要对强制性标准的实施进行监督。

1. 工程建设标准实施监督的机构

国务院建设行政主管部门负责全国实施工程建设强制性标准的监督管理工作。国务院有关行政主管部门按照国务院的职能分工负责实施工程建设强制性标准的监督管理工作。县级以上地方人民政府建设行政主管部门负责本行政区域内实施工程建设强制性标准的监督管理工作。

在中华人民共和国境内从事新建、扩建、改建等工程建设活动，必须执行工程建设强制性标准。工程建设中拟采用的新技术、新工艺、新材料，不符合现行强制性标准规定的，应当由拟采用单位提请建设单位组织专题技术论证，报批准标准的建设行政主管部门或者国务院有关主管部门审定。

工程建设中采用国际标准或者国外标准，现行强制性标准未作规定的，建设单位应当向国务院建设行政主管部门或者国务院有关行政主管部门备案。

建设工程质量监督管理，可以由建设行政主管部门或者其他有关部门委托的建设工程质量监督机构具体实施。从事房屋建筑工程和市政基础设施工程质量监督的机构，必须按照国家有关规定经国务院建设行政主管部门或者省、自治区、直辖市人民政府建设行政主管部门考核；从事专业建设工程质量监督的机构，必须按照国家有关规定经国务院有关部门或者省、自治区、直辖市人民政府有关部门考核。经考核合格后，方可实施质量监督。

对于工程建设标准强制性监督的具体分工如下：①建设项目规划审查机构应当对工程建设规划阶段执行强制性标准的情况实施监督。②施工图设计文件审查单位应当对工程建设勘察、设计阶段执行强制性标准的情况实施监督。③建筑安全监督管理机构应当对工程建设施工阶段执行施工安全强制性标准的情况实施监督。④工程质量监督机构应当对工程建设施工、监理、验收等阶段执行强制性标准的情况实施监督。⑤建设项目规划审查机关、施工图设计文件审查单位、建筑安全监督管理机构、工程质量监督机构的技术人员必须熟悉、掌握工程建设强制性标准。工程建设标准批准部门应当定期对建设项目规划审查机关、施工图设计文件审查单位、建筑安全监督管理机构、工程质量监督机构实施强制性标准的监督进行检查，对监督不力的单位和个人，给予通报批评，建议有关部门处理。

2. 工程建设标准实施监督检查的方式和措施

工程建设标准批准部门应当对工程项目执行强制性标准情况进行监督检查。监督检查可以采取重点检查、抽查和专项检查的方式。

县级以上人民政府建设行政主管部门和其他有关部门履行监督检查职责时，有权采取下列措施：①要求被检查的单位提供有关工程质量的文件和资料。②进入被检查单位的施工现场进行检查。③发现有影响工程质量的问题时，责令改正。

3. 工程建设强制性标准监督检查的内容

工程建设强制性标准监督检查的内容包括：①相关工程技术人员是否熟悉、掌握强制性标准；②工程项目的规划、勘察、设计、施工、验收等是否符合强制性标准的规定；③工程项目采用的材料、设备是否符合强制性标准的规定；④工程项目的安全、质量是否符合强制性标准的规定；⑤工程中采用的导则、指南、手册、计算机软件的内容是否符合强制性标准的规定。工程建设标准批准部门应当将强制性标准监督检查结果在一定范围内公告。

4.3.4　违反工程建设强制性标准的法律责任

1. 建设单位的法律责任

建设单位有下列行为之一的，责令改正，并处以 20 万元以上 50 万元以下的罚款：①明示或者暗示施工单位使用不合格的建筑材料、建筑构配件和设备的；②明示或者暗示设计单位或者施工单位违反工程建设强制性标准，降低工程质量的。

2. 勘察、设计单位的法律责任

勘察、设计单位违反工程建设强制性标准进行勘察、设计的，责令改正，并处以 10 万元以上 30 万元以下的罚款。如果造成工程质量事故的，责令停业整顿，降低资质等级；情节严重的，吊销资质证书；造成损失的，依法承担赔偿责任。

3. 施工单位的法律责任

施工单位违反工程建设强制性标准的，责令改正，处工程合同价款 2％以上 4％以下的罚款；造成建设工程质量不符合规定的质量标准的，负责返工、修理，并赔偿因此造成的损失；情节严重的，责令停业整顿，降低资质等级或者吊销资质证书。

4. 工程监理单位的法律责任

工程监理单位违反强制性标准规定，将不合格的建设工程以及建筑材料、建筑构配件和设备按照合格签字的，责令改正，处 50 万元以上 100 万元以下的罚款，降低资质等级或者吊销资质证书；有违法所得的，予以没收；造成损失的，承担连带赔偿责任。

5. 建设行政主管部门和有关行政主管部门工作人员的责任

建设行政主管部门和有关行政主管部门工作人员，玩忽职守、滥用职权、徇私舞弊的，给予行政处分；构成犯罪的，依法追究刑事责任。

6. 造成工程质量、安全隐患或者工程事故的责任

违反工程建设强制性标准造成工程质量、安全隐患或者工程事故的，按照《建设工程质量管理条例》有关规定，对事故责任单位和责任人进行处罚。

7. 行政处罚的执法机构

有关责令停业整顿、降低资质等级和吊销资质证书的行政处罚，由颁发资质证书的机关决定；其他行政处罚，由建设行政主管部门或者有关部门依照法定职权决定。

【案例 4-1】某村民委员会诉某建筑公司第六工程处住宅基础工程质量纠纷案

原告（反诉被告）：汪永全

被告：田玉海

被告（反诉原告）：江苏时代建设工程有限公司（以下简称江苏时代公司）

第三人：齐齐哈尔市嘉一香食品有限公司（以下简称嘉一香公司）

原告（反诉被告）汪永全诉被告田玉海、被告（反诉原告）江苏时代建设工程有限公司、第三人嘉一香食品有限公司建设工程施工合同纠纷一案，黑龙江省齐齐哈尔市中级人民法院受理后，依法组成合议庭，公开开庭审理了本案。

原告诉称，2014 年 2 月，被告田玉海以江苏时代公司代表的名义，承包了齐齐哈尔市嘉一香食品有限公司位于甘南县北林场工业园区嘉一香公司饲料厂的厂房土建工程，嘉一香公司为发包方，约定土建工程价款为 10,000,000.00 元（不含钢结构工程，另由他人承包），被告田玉海又将该土建工程转包给了原告汪永全，约定 2014 年 3 月 18 日开始施工，截至现在 95％的工程已完工。在此期间发包方嘉一香公司已经拨付给田玉海大部分工程款，田玉海未投任何资金却违约截留了嘉一香公司拨付的工程款 1,000,000.00 元，被告还应当赔偿原告经济损失 1,331,000.00 元，其中预算水电一项损失 510,000.00 元，延期开工 30 多天造成机械、人工、材料费等损失 371,000.00 元，变更筒仓设计增加工程量款 300,000.00 元，新增加砌筑围墙工程款 150,000.00 元。现原告除已经垫付大量工程款外，还拖欠供货方大量建筑材料款和施工机械费及部分工人工资，致使收尾工程无资金、无材料，无法继续施工。原告作为施工人，应当享有取得第三人嘉一香公司拨给的工程款项。由于被告田玉海截留工程款，造成水电预算损失、变更筒仓设计增加工程量且延误工期、增加砌筑围墙工程等违约行为，因此应当承担违约责任并赔偿损失。因为以前拨款的步骤是先由嘉一香公司将工程款拨付给江苏时代公司，而后由江苏时代公司将工程款拨付给田玉海，再由田玉海付款给实际施工人汪永全。故请求第三人嘉一香公司和江苏时代公司将剩余的工程款直接拨付给汪永全。以上事实有原告施工质量验收记录、购买建筑施工材料和施工机械费及人工工资等费用单据为凭。现原告要求：一、被告田玉海给付原告按工程进度应拨付工程款 1,000,000.00 元，被告还应当赔偿原告经济损失

1,331,000.00 元，其中预算水电一项损失 510,000.00 元，延期开工 30 多天造成机械、人工、材料费等损失 371,000.00 元，变更筒仓设计增加工程量款 300,000.00 元，新增加砌筑围墙工程款 150,000.00 元，以上合计 2,311,000.00 元。二、被告江苏时代建设工程有限公司与田玉海互负连带责任。三、请求第三人在工程验收合格后将下欠的 30% 工程款协助办理直接给付原告。诉讼费由二被告承担。庭审中变更诉讼请求一，变更为请求被告田玉海给付原告汪永全按补充司法鉴定意见书做出汪永全已施工完成的土建工程造价款，被告应给付原告：①支付拖欠工程价款 2024455.5 元；②材料采购员保管员更夫工资 74400.00 元；③材料检测费 10000.00 元；④施工用电费 10770.00 元；⑤工伤医疗费 10504.00 元；⑥农民工保险费 5070.00 元；⑦施工图以外的工程（厂区人墙）150,000.00 元；⑧水电工程款 121390.00 元；⑨农民工租房租金 5180.00 元；⑩现场扣留物资 851915.00 元；⑪被对方扣押的案外人于世新的物资 249550.00 元。合计 3514270.5 元。

　　江苏时代公司及田玉海答辩称：一、答辩人田玉海不是承包人，是江苏时代建设工程有限公司委托授权的现场管理人员，田玉海与江苏时代公司之间不是原告诉称的挂靠承包关系。二、转包给汪永全的施工行为依法无效。根据《最高人民法院关于建设施工合同司法解释》之规定，因汪永全无施工资质，该转包行为是无效的。三、汪永全转包的工程内容和价款虽无书面合同，但工程内容包括土建、水电、消防、修路及税费等，工程价款约定为 7,200,000.00 元，原告包工包料。并不是汪永全所述的按第三人嘉一香公司与江苏时代公司约定的土建工程价款核算。与汪永全是一口价工程。并且，最初约定的工期是到 6 月 25 日，但汪永全不仅土建没有干完，水电、消防还转包给他人，自己完全没有干。至 9 月 16 日汪永全全部撤出了场地，导致答辩人又找他人干的水电、消防，由答辩人直接给付的工程款，对于土建没有施工完毕的工程又找到袁廷发施工，签订了施工合同，支出工程款 400,000.00 元。同时，答辩人还自己找人对废土方和砂石进行的运输，支出 661100.00 元，这些款项均应予以扣除。因此，原告要求赔偿水电预算一项损失 510,000.00 元没有事实根据和法律依据，并非原告施工的工程。四、汪永全迟延施工且施工工程部分质量出现严重质量缺陷，应当赔偿损失，扣减相应的质量缺陷的工程款。从补充司法鉴定意见书黑中力鉴字［2015］第 1312-1 号可见，办公楼（内外墙、内门、排水管线、管箍）、变电所（外墙）、废品库（外墙、室内设计地面标高）、工作塔（外墙）、液体库（外墙）、厂房 B、厂房 C（1.2m 以下围护墙体）、门卫室（外墙）工程存在严重质量缺陷。因此，对此部分施工的工程款应当予以扣减，不予支付汪永全。并由其承担过错责任，赔偿因此产生的修复费用 416659.40 元。从补充鉴定意见书黑中力鉴字［2015］第 1312 号可见，办公楼、废品库、液体库、机械库、门卫室等平屋顶卷材防水施工质量未达到设计要求及国家现行工程质量验收规范。地下廊道防水工程施工不符合国家现行工程质量验收规范，应当由其承担过错责任，赔偿修复费用 341872.92 元。五、原告诉称的筒仓变更产生的误工期 30 多天造成机械、人工、材料费，以及增加的工程量，不应由答辩人赔偿。此系原告未按设计图纸施工造成的，并非是答辩人主观的变更。且根据司法鉴定意见书六第 2 项，筒仓及地下廊道工程不合格，且原告未予修复。因此，对其要求的此项赔偿费用不应予以支持。六、砌筑大墙费用 15 万元已经在工程款中支付。且按照双方商定的工程价格与工程量对比，工程款已超额支付，因汪永全未完成工程，答辩人又另付他人工程款，和已付汪永全工程款的总和已经超出与汪永全的商定价格。七、原告当庭变更的诸多项诉讼请求，关于新增加的材料保管员等更夫工资、检测费、水电工程款、施工用电费、工伤医疗费、农民工保险费、农民工租房租金、现场扣留物资、于志新被扣物资等均系新增加请求，在起诉状阐述的事实与理由中完全没有涉及这些请求项目，且无证据材料予以证实，举证期限也已经届满，因此，不应予以支持。原告要求给付拖欠的工程价款 2024455.05 元，应当依据《人民法院诉讼费用交纳办法》之规定，补缴诉讼费用，其未予补缴，人民法院应当不予支持其变更的诉讼请求。综上所述，答辩人认为，原告请求给付工程款和赔偿，以及要求承担连带责任的诉讼请求没有事实根据和法律依据，相反，因其不合格工程给答辩人造成的损失应当依法予以赔偿，并对不合格工程应当相应扣减工程价款，以维护答辩人的合法权益。

针对江苏时代公司的反诉，汪永全答辩称：关于工期问题，因为双方没有任何合同约定工期、质量，原告只是出劳务的农民工，是在被告项目经理、技术员、工长、监理等管理人员的监督下进行施工，每完成一个工程被告管理人员均要验收，没有被告管理人员同意，原告施工方不可能进行下一道工序。双方没有合同，原告也没有管理人员，所以出现质量问题与原告无关，均应该由被告负责。因为被告有权力对不合格产品处以返工、拆除、罚款甚至清除出事故现场，但其没有下整改通知单，也没有对工人进行技术交底，工人只能在被告指导下工作。关于廊道漏水，是被告没有按照国家标准进行施工，廊道沉降缝设计图纸为油浸木丝板，被告技术员改为挤塑板，且施工缝的位置不应留在底板的平面上，应该高出底板 30～40cm，因为施工缝留在底板上，止水板没有办法加设，没有放止水板，对紧螺栓漏水。总之，原告就是农民工，没有和被告签订任何协议来证明原告应该承担的责任和义务。综上所述，原告没有任何责任，一切责任均应由被告承担，因为不合格产品，被告已经进行了罚款。被告提出的工程质量问题，原告认为二被告江苏时代建设工程有限公司和田玉海要承担全部责任。理由是原被告口头约定原告负责组织人力劳务及建筑材料、垫付等，被告负责组织施工、技术指导、质量监督及管理，原告是在被告的项目经理、工长、技术员、工程监理等管理人员的管理指挥下施工，一直到工程质量符合标准为止，被告应该合理组织施工机构和人员进行进场材料的验收检验保管，审批合理的施工组织设计，该项工程的施工技术方案，向劳务人员下达技术交底通知单等，被告未能如此，违反了法律规定，被告的项目经理等技术工作人员又不具有相应的资质，因此，被告应对本案涉及的土建工程存在的质量问题承担全部责任。

在诉讼过程中，原告申请对其施工的工程造价进行司法鉴定，被告同意对原告所施工的工程造价进行司法鉴定，但同时提出对原告施工质量问题进行司法鉴定。经本院委托黑龙江中和力得尔工程咨询有限责任公司，鉴定意见为：汪永全施工的土建部分工程造价为 6,482,846.72 元。被告申请对土建部分工程造价进行补充鉴定，鉴定机构补充鉴定意见为：对汪永全已施工完成的土建工程量造价由 6,482,846.72 元调整为 6,457,619.08 元。汪永全施工中因设计变更而超出原施工内容的工程量的造价为 866,835.97 元，该部分造价中包含只有原告汪永全单方签字的现场签证单计算的 751,206.60 元。关于工程质量问题，鉴定意见为：汪永全施工的土建部分工程，办公楼、废品库、液体库、机械库、门卫室等平屋顶卷材防水施工质量未达到设计要求及国家现行工程质量验收规范，地下廊道防水工程施工不符合国家现行工程质量验收规范，修复费用预计为 341,872.92 元。被告申请对工程新发生的质量问题修复费用进行补充鉴定，补充鉴定意见为：所需修复费用预计为 416,659.40 元。

【审裁结果】

人民法院经审理查明，2014 年 3 月 25 日，嘉一香公司与江苏时代公司签订了嘉一香公司饲料厂新建工程施工合同。江苏时代公司承包的工程内容为：厂房 a 区、厂房 b 区、厂房 c 区、办公楼、工作塔、筒仓基础及地下室通廊、液体库、变电所、废品库、机修房、门卫室，另外还有钢某某承包部分工程。合同约定开工日期为 2014 年 3 月 25 日，竣工日期为 2014 年 10 月 25 日，其中约定土木结构必须在 2014 年 6 月 25 日之前完成。合同价款为 16,361,536.00 元。合同签订后，江苏时代公司与汪永全达成口头协议，江苏时代公司将饲料厂新建工程土建部分转包给了汪永全进行施工，拨款方式为按施工进度拨款。汪永全于 2014 年 3 月份带领工人进入现场进行施工，施工至 2014 年 9 月份，因汪永全与江苏时代公司因拨款问题产生矛盾，在工程没有完全施工完毕的情况下撤出了施工现场。后续未完工程由江苏时代公司另行组织施工。汪永全施工的翻建围墙属于合同外工程，双方协议约定价款为 150,000.00 元。汪永全在施工中自行搅拌混凝土，并给江苏时代公司出具保证书，保证书写明按要求是使用商品混凝土，如发生工程质量问题，由汪永全负责承担一切后果。在汪永全施工过程中，江苏时代公司共计给付汪永全工程款 5,346,020.00 元，汪永全予以认可，对江苏时代公司主张的代汪永全付工程款 418,382.00 元、代汪永全付水电费款 211,856.12 元、代汪永全续干工程付款 383,000.00 元、废土石运输费 660,000.00 元、付张永峰 200,000.00 元机械及房屋款、水电消防工程款 1,978,776.36 元等款项不予认可，主张是在其撤出施工现场以后发生的与其无关。经查，江苏时代提供的以上除汪永全认可的 5,346,020.00 元外，付款时间基本是在 2014 年 8 月份以后，其中 2014 年 8 月份工资表中的韩少龙 10,000.00 元，汪永全予以认可。汪永全诉至本院，要求田玉海、江苏时代公司给付工程款 3,580,907.55 元，嘉一香公司在未完全支付江苏时代工程款的范围内承担连带给付责任。

江苏时代公司提出反诉，要求汪永全赔偿因工程质量不合格而需要的修复费用 758,532.32 元，给付误工期赔偿费 1,440,000.00 元。

诉讼中，汪永全申请对其所施工的工程量造价进行鉴定，江苏时代公司申请对汪永全施工质量不合格部分的修复费用进行鉴定，经本院委托黑龙江中和力得尔工程咨询有限责任公司进行司法鉴定，鉴定意见为：①汪永全施工的土建工程量造价为 6,457,619.64 元，汪永全施工中设计变更而超出原施工内容的工程量造价为 866,835.97 元。②汪永全施工工程质量未达到国家现行工程质量验收规范，其修复费用为 758,532.32 元。

庭审中，汪永全提供证人徐某某、吴某某，二证人出庭证实汪永全承包的项目工程价款是 1000 多万元，证实是江苏时代的李柏禄在闲聊的时候说的。江苏时代公司对证人徐某某、吴某某的证言有异议，认为证人所证实内容不真实，证人并不知道汪永全和江苏时代之间约定的工程价款数额，且李柏禄对证人证言予以否认。

庭审中被告江苏时代公司提供证人于某某、田某某、卓某某出庭，证实江苏时代公司和汪永全谈嘉一香饲料厂土建工程，当时定价是 720 万元，钢某某承包工程定价是 630 万元；提供证人陆某某、张某乙出庭，证实汪永全将电气工程包给陆某某，张某乙证实张永峰与汪永全是合伙人。汪永全对于某某、田某某、卓某某的证言有异议，认为证人是钢某某的分包人，与田玉海有利害关系，不能予以采信；对陆某某的证言认为与本案无关，对张某乙的证言认为不真实，张某乙不是原、被告双方的打工人员，不能证实工程价款，张某乙证实张永峰出资 50 万元，只能说明张永峰与汪永全是合伙或借贷关系。

另查明，嘉一香公司就涉案工程已给付江苏时代公司工程款 13,089,228.80 元，汪永全和江苏时代公司对此均无异议。

一审判决如下：

1. 被告（反诉原告）江苏时代建设工程有限公司给付原告（反诉被告）汪永全工程款 1,752,457.53 元，于判决生效后 10 日内履行。

2. 原告（反诉被告）汪永全赔偿被告（反诉原告）江苏时代建设工程有限公司工程质量不合格的修复费用 758,532.32 元，于判决生效后 10 日内履行。

3. 驳回原告（反诉被告）汪永全要求齐齐哈尔市嘉一香食品有限公司、田玉海承担给付工程款责任的诉讼请求。

4. 驳回原告（反诉被告）汪永全的其他诉讼请求。

5. 驳回被告（反诉原告）江苏时代建设工程有限公司的其他反诉请求。

以上一、二项相抵，江苏时代建设工程有限公司还应给付汪永全工程款 993,925.20 元。

案件受理费 25,288.00 元，由汪永全负担 4,715.89 元，江苏时代建设工程有限公司负担 20,572.11 元。反诉费 12,194.00 元，由江苏时代建设工程有限公司负担 1,808.68 元，汪永全负担 10,385.32 元。鉴定费（工程质量修复）45,000.00 元，由汪永全负担；鉴定费（工程造价）73,000.00 元，由汪永全承担 36,500.00 元，江苏时代建设工程有限公司负担 36,500.00 元。

如未按本判决指定的期间履行给付金钱义务，应当依照《中华人民共和国民事诉讼法》第二百五十三条之规定，加倍支付迟延履行期间的债务利息。

江苏时代建设工程有限公司不服一审判决，上诉于黑龙江省高级人民法院。2017 年 3 月 2 日，黑龙江省高级人民法院作出二审判决如下：

维持齐齐哈尔市中级人民法院（2014）齐民初字第 37 号民事判决第二、三、四、五项；

变更齐齐哈尔市中级人民法院（2014）齐民初字第 37 号民事判决第一项为：江苏时代建设工程有限公司于本判决送达后十日内给付汪永全工程款 1,731,039.89 元；

变更齐齐哈尔市中级人民法院（2014）齐民初字第 37 号民事判决"以上一、二项相抵，江苏时代建设工程有限公司还应给付汪永全工程款 993,925.20 元"为：以上一、二项相抵，江苏时代建设工程有限公司还应给付汪永全工程款 972,507.57 元。

如果未按本判决指定的期限履行给付金钱义务，应依照《中华人民共和国民事诉讼法》第二百五十三条之规定，加倍支付迟延履行期间的债务利息。

一审案件受理费 25,288 元，由江苏时代公司负担 20,248 元，由汪永全负担 5040 元；一审反诉费 12,194 元，由江苏时代公司负担 1808.68 元，汪永全负担 10,385.32 元；鉴定费（工程质量修复）45,000 万元，由汪永全负担；鉴定费（工程造价）73,000 万元，由汪永全与江苏时代公司各负担 36,500 元；二审案件受理费 38,310 元，由江苏时代公司负担 37,985 元，由汪永全负担 325 元。

江苏时代建设工程有限公司不服二审判决，向最高人民法院申诉。最高人民法院

2017 年 9 月 26 日作出裁定，驳回再审申请。

【分析】

1. 关于江苏时代公司与汪永全之间的建设工程施工合同是否有效

最高人民法院《关于审理建设工程施工合同纠纷案件适用法律问题的解释》第一条规定：承包人未取得建筑施工企业资质或者超越资质等级的；没有资质的实际施工人借用有资质的建筑施工企业名义的，建筑工程施工合同均应认定无效。本案中，江苏时代公司具备相应资质，其承包建设工程后，将部分工程分包给不具备建筑施工企业资质的个人汪永全，根据上述司法解释，其与汪永全之间的口头分包合同应属无效。

2. 关于江苏时代公司转包给汪永全的土建工程价款

汪永全主张其承包的土建工程价款约定是 1000 万元，江苏时代公司主张是 720 万元，双方虽提供证人证实，但双方均未能提供其他证据予以佐证，单凭证人证言不能认定双方的主张，且汪永全在所承包工程未完全完工的情况下撤出施工现场，故江苏时代转包给汪永全的土建工程合同价款凭双方提供的证据不能予以确认，故关于汪永全施工的工程量造价应当以司法鉴定意见数额为准。经鉴定，汪永全施工的工程量造价为 6,457,619.08 元，施工中设计变更而超出原施工内容的工程量造价为 866,835.97 元，超出的工程量中，仅有筒仓变更工程量造价 500,858.45 元有证据证实是江苏时代公司作出的，该部分费用应当计入汪永全的工程量之中，土方工程量汪永全没有提供证据证明属于超出原合同施工内容，故土方工程量造价应当由汪永全自行承担。围墙翻建费用 150,000.00 元，属于双方合同外工程的另行约定，且双方写有书面协议，故该费用江苏时代公司应当给付。因此，汪永全实际施工量造价为 7,108,477.53 元。关于汪永全主张的使用商品混凝土造成的损失，从汪永全写的保证书体现，双方约定的是使用商品混凝土，故汪永全该主张不成立。关于汪永全主张的更夫工资、保险费、扣留物资等损失，其没有提供相关证据证明应由被告承担，且不属于工程款范围，法院不予支持。

3. 关于汪永全施工中是否发生了筒仓设计变更

汪永全主张筒仓设计变更是江苏时代公司作出，并提供了嘉一香公司的工作周报表，江苏时代公司对工作周报表予以否认，但汪永全系江苏时代公司的合同相对方，其没有理由直接向发包方嘉一香公司进行工作报表，故此工作周报表应当系江苏时代公司作出，在嘉一香公司工作周报表中的内容体现：2014 年 4 月 19 日～4 月 25 日工作周中，有等待廊道设计变更的记载，4 月 26 日～5 月 2 日工作周中，有筒仓设计变更已确认，可施工的记载；在江苏时代提供的施工日志中 2014 年 4 月 30 日记载：筒仓挖变更土方。虽然江苏时代对工作周报表否认是其出具，但结合江苏时代施工日志记载的筒仓变更时间，时间段是相吻合的，且按照建设工程施工的常规，施工人无权也不会私自变更原施工设计，故应认定筒仓的设计变更是江苏时代作出，所增加的费用应由江苏时代给付。

4. 关于施工质量问题

因建设工程施工合同属于加工承揽合同，《合同法》第二百六十二条规定：承揽人交付的工作成果不符合质量要求的，定作人可以要求承揽人承担修理、重作、减少报酬、赔偿损失等违约责任。最高人民法院《关于审理建设工程施工合同纠纷案件适用法律问题的解释》第三条规定：质量缺陷能够修复的，修复后经验收合格的，承包人可以按照合同约定向发包人主张工程款，但应承担相关的修复费用。本案中汪永全施工的工程经鉴定存在质量瑕疵，但可以修复，汪永全不能承担修复的义务，则应当承担修复费用，故江苏时代公司要求汪永全承担质量不合格的修复费用的反诉请求应予支持。关于江苏时代公司反诉请求中的要求汪永全承担延误工期赔偿款 1,440,000.00 元，因汪永全在施工中，江苏时代公司对筒仓进行了设计变更，双方对工期问题没有进行重新约定，故对江苏时代公司反诉请求中的要求汪永全承担延误工期赔偿款 1,440,000.00 元的反诉请求不应予以支持。

思 考 题

1. 什么是工程建设标准？
2. 工程建设标准有哪些种类？
3. 工程建设标准在何时应进行复审或修订？
4. 强制性国家标准编号是如何规定的？
5. 工程建设国际标准在我国的适用有哪几种方式？
6. 施工单位违反工程建设强制性标准时将承担何种责任？

第5章 城乡规划法律制度

5.1 概 述

5.1.1 城乡规划与城乡规划法

1. 城乡规划的概念

城乡规划是指各级人民政府为实现一定时期内行政区域的经济和社会发展目标，事先依法制定的用以确定规划区的性质、规模和发展方向、土地的合理利用、规划区的空间布局和规划区设施的科学配置的综合部署和具体安排。规划区，是指城市、镇和村庄的建成区以及因城乡建设和发展需要，必须实行规划控制的区域。规划区的具体范围由有关人民政府在组织编制的城市总体规划、镇总体规划、乡规划和村庄规划中，根据城乡经济社会发展水平和统筹城乡发展的需要划定。

2. 城乡规划的作用

城乡规划是城乡建设和城乡管理的基本依据，是保障城乡土地合理利用和开发的基础。

城乡规划具有公共政策的属性和作用，可以协调城乡空间布局，改善人居环境，促进城乡经济社会全面、协调、可持续发展。城乡规划还具有综合调控的地位和作用，是政府引导和调控城乡建设和发展的一项重要公共政策，是具有法定地位的发展蓝图。

3. 城乡规划法

城乡规划法规是调整城乡规划中产生的社会关系的法律规范的总称。我国十分重视城乡规划法规的立法工作。1989年12月26日，第七届全国人大常委会第十一次会议通过了《中华人民共和国城市规划法》，并且随后颁布了大量的配套法律法规，如《建设项目选址规划管理办法》《城市规划编制办法》《城市国有土地使用权出让转让规划管理办法》等建设部门规章及各地的地方性建设法规等。2007年10月28日，第十届全国人大常委会第三十次会议通过了《中华人民共和国城乡规划法》（以下简称《城乡规划法》），自2008年1月1日起施行，同时，《中华人民共和国城市规划法》废止；2015年4月24日，第十二届全国人民代表大会常务委员会第十四次会议对《城乡规划法》进行了修订。《城乡规划法》的颁布实施，标志着中国长期以来实行的"城乡二元结构"的规划制度将得到改变，进入城乡一体化的规划管理时代。

5.1.2 城乡规划的分类

城乡规划，包括城镇体系规划、城市规划、镇规划、乡规划和村庄规划。

1. 城镇体系规划

城镇体系是指一定区域范围内在经济社会和空间发展上具有有机联系的城镇群体。城镇体系规划，是一定地域范围内，以区域生产力合理分布和城镇职能分工为依据，确定不同人口规模等级和职能分工的城镇的分布和发展规划。按照《城乡规划法》的规定，城镇体系规划就是指全国城镇体系规划和省域城镇体系规划。城镇体系规划为政府引导区域城镇发展提供宏观调控的依据和手段，谋求整体性、层次性、关联性、动态性和开发性的协调发展。确立区域城镇发展的战略和政策，防止以邻为壑，合理分配区域资源，建设良好的区域化的基础设施和生态环境，通过合理、妥善的组织，实现城镇基础设施及较大型公建的共享，降低区域开发成本，防止城镇间各自为政、重复建设和互相脱节；建立合理的产业结构，防止不正当竞争。

2. 城市规划、镇规划

城市规划、镇规划分为总体规划和详细规划。

(1) 城市总体规划、镇总体规划

城市总体规划、镇总体规划是从宏观上控制城市、镇土地利用和空间布局，引导城市、镇合理发展的总体部署。城市总体规划、镇总体规划的主要任务是：综合研究和确定城镇性质、规模和空间发展形态，统筹安排城镇各项建设用地，合理配置城市、镇各项基础设施，处理好远期发展与近期建设的关系，指导城市、镇合理发展。

(2) 城市详细规划、镇详细规划

城市详细规划、镇详细规划，是指以城市总体规划、镇总体规划或分区规划为依据，对一定时期内城市、镇局部地区的土地利用、空间环境和各项建设用地所作的具体安排。城市详细规划、镇详细规划是城市总体规划、镇总体规划或分区规划的深化和具体化，对城市、镇局部地区近期需要建设的房屋建筑、市政工程、公用事业设施、园林绿化、人防工程和其他公共设施作出具体布置的规划。

3. 乡规划、村庄规划

乡规划、村庄规划是指为了实现一定时期内的乡、村庄的经济和社会发展目标，而对乡、村庄的性质、规模和发展方向，土地的合理利用，乡、村庄的合理布局所进行的总体设计和具体安排。村庄是指农村村民居住和从事各种生产的聚居点。乡则是以下的农村行政区域，地域是由村庄组成。对乡进行的规划为乡规划，对村庄的规划为村庄规划。

5.1.3　城乡规划的原则

1. 城乡统筹原则

《城乡规划法》体现了党的"十七大"提出的"城乡、区域协调互动发展机制基本形成"的目标要求。各地在制定城乡规划的过程中应统筹考虑城市、镇、乡和村庄发展，根据各类规划的内容要求和特点，编制好相关规划。实施城乡规划时，要根据城乡特点，强化对乡村规划建设的管理，完善乡村规划许可制度，坚持便民利民和以人为本。

2. 节约资源、保护环境，坚持可持续发展原则

必须充分认识我国人口众多、人均资源短缺和环境容量压力大的基本国情。在制定城乡规划时，认真分析城乡建设发展的资源环境条件，明确为保护环境、资源需要严格控制的区域，合理确定发展规模、建设步骤和建设标准，推进城乡建设发展方式从粗放型向集约型转变，增强可持续发展能力。

3. 关注民生原则

要按照《城乡规划法》的有关要求，落实党的十七大提出的加快推进以改善民生为重点的社会建设的重要战略部署，在制定和实施城乡规划时进一步重视社会公正和改善民

生。要有效配置公共资源，合理安排城市基础设施和公共服务设施，改善人居环境，方便群众生活。要关注中低收入阶层的住房问题，做好住房建设规划。要加强对公共安全的研究，提高城乡居民点的综合防灾减灾能力。

4. 提高规划的科学性和规划实施的依法行政

要进一步改进规划编制方法，充实规划内容，落实规划"四线"〔即：红线为按照国家规范和相关法规确定的道路规划控制线，紫线为文物保护单位的保护范围界线，蓝线为自然湖泊水域规划控制范围线，绿线为规划的城市各类绿地范围的控制线〕等强制性内容。要坚持"政府组织、专家领衔、部门合作、公众参与、科学决策"的规划编制组织方式。严格执行规划编制、审批、修改、备案的程序性要求。要按照《城乡规划法》的规定和要求，建立完善规划公开和公众参与的程序和制度。要依法做好城乡规划实施效果的评估和总结。规划的实施要严格按法定程序要求进行，保证规划许可内容和程序的合法性。

5. 先规划后建设原则

要按照《城乡规划法》的要求，依法编制城乡规划，包括近期建设规划、控制性详细规划、乡和村庄规划。坚持以经依法批准的上位规划为依据，编制下位规划不得违背上位规划的要求，编制城乡规划不得违背国家有关的技术标准、规范。各地及城乡规划主管部门必须依据经法定程序批准的规划实施规划管理。县级以上人民政府及其城乡规划主管部门应当按照《城乡规划法》规定的事权进行监督检查，查处、纠正违法行为。

5.2　城乡规划的制定

5.2.1　城镇体系规划的编制

1. 城镇体系规划的分类和编制的组织、审批

（1）城镇体系规划的分类

城镇体系规划一般分为全国城镇体系规划，省域（或自治区域）城镇体系规划，市域（包括直辖市、市和有中心城市依托的地区、自治州、盟域）城镇体系规划，县域（包括县、自治县、旗域）城镇体系规划四个基本层次。城镇体系规划区域范围一般按行政区划划定。根据国家和地方发展的需要，可以编制跨行政地域的城镇体系规划。

全国城镇体系规划涉及的城镇应包括设市城市和重要的县城。省域（或自治区域）城镇体系规划涉及的城镇应包括市、县城和其他重要的建制镇、独立工矿区。市域城镇体系规划涉及的城镇应包括建制镇和独立工矿区。县域城镇体系规划涉及的城镇应包括建制镇、独立工矿区和集镇。

（2）城镇体系规划编制的组织和审批

国务院城乡规划主管部门会同国务院有关部门组织编制全国城镇体系规划，用于指导省域城镇体系规划、城镇总体规划的编制。全国城镇体系规划由国务院城乡规划主管部门报国务院审批。

省、自治区人民政府组织编制省域城镇体系规划，报国务院审批。省域城镇体系规划的内容应当包括：城镇空间布局和规模控制，重大基础设施的布局，为保护生态环境、资源等需要严格控制的区域。省域城镇体系规划，由省或自治区人民政府报经国务院同意后，由国务院城乡规划行政主管部门批复。

市域城镇体系规划，由城市人民政府或地区行署、自治州、盟人民政府组织编制。

县域城镇体系规划，由县级人民政府组织编制。

跨行政区域的城镇体系规划，由有关地区的共同上一级人民政府城镇规划行政主管部门组织编制。

市域、县域城镇体系规划纳入城市和县级人民政府驻地镇的总体规划，依据《城乡规划法》实行分级审批。跨行政区域的城镇体系规划，报有关地区的共同上一级人民政府审批。

2. 城镇体系规划的任务、期限和条件

(1) 城镇体系规划的任务

城镇体系规划的任务是：综合评价城镇发展条件；制定区域城镇发展战略；预测区域人口增长和城镇化水平；拟订各相关城镇的发展方向与规模；协调城镇发展与产业配置的时空关系；统筹安排区域基础设施和社会设施；引导和控制区域城镇的合理发展与布局；指导城镇总体规划的编制。

(2) 城镇体系规划的期限

城镇体系规划的期限一般为 20 年。

(3) 城镇体系规划的条件

编制城镇体系规划应具备区域城镇的历史、现状和经济社会发展基础资料以及必要的勘察测量资料。资料由承担编制任务的单位负责收集，有关城镇和部门协助提供。

3. 城镇体系规划的内容

城镇体系规划一般应当包括下列内容：①综合评价区域与城镇的发展和开发建设条件；②预测区域人口增长，确定城镇化目标；③确定本区域的城镇发展战略，划分城镇经济区；④提出城镇体系的功能结构和城镇分工；⑤确定城镇体系的等级和规模结构；⑥确定城镇体系的空间布局；⑦统筹安排区域基础设施、社会设施；⑧确定保护区域生态环境、自然和人文景观以及历史文化遗产的原则和措施；⑨确定各时期重点发展的城镇，提出近期重点发展城镇的规划建议；⑩提出实施规划的政策和措施。

跨行政区域城镇体系规划的内容和深度，由组织编制机关根据规划区域的实际情况确定。

4. 城镇体系规划的成果

城镇体系规划的成果包括城镇体系规划文件和主要图纸。

(1) 城镇体系规划文件

城镇体系规划文件包括规划文本和附件。规划文本是对规划的目标、原则和内容提出规定性和指导性要求的文件。附件是对规划文本的具体解释，包括综合规划报告、专题规划报告和基础资料汇编。

(2) 城镇体系规划主要图纸

城镇体系规划主要图纸：①城镇现状建设和发展条件综合评价图；②城镇体系规划图；③区域社会及工程基础设施配置图；④重点地区城镇发展规划示意图。图纸比例：全国用 1：250 万，省域用 1：100 万～1：50 万，市域、县域用 1：50 万～1：10 万。重点地区城镇发展规划示意图用 1：5 万～1：1 万。

5.2.2 城市总体规划、镇总体规划的编制

1. 城市总体规划、镇总体规划编制的组织和审批

城市人民政府组织编制城市总体规划。直辖市的城市总体规划由直辖市人民政府报国务院审批。省、自治区人民政府所在地的城市以及国务院确定的城市总体规划，由省、自治区人民政府审查同意后，报国务院审批。其他城市的总体规划，由城市人民政府报省、自治区人民政府审批。

县人民政府组织编制县人民政府所在地镇的总体规划，报上一级人民政府审批。其他镇的总体规划由镇人民政府组织编制，报上一级人民政府审批。

根据实际需要，在编制总体规划前可以编制城市总体规划、镇总体规划纲要；大、中城市可以在总体规划的基础上编制分区规划。

2. 城市总体规划、镇总体规划纲要的任务、内容和成果

(1) 城市总体规划、镇总体规划纲要的任务

城市总体规划、镇总体规划纲要的主要任务是：研究确定城市总体规划、镇总体规划的重大原则，并作为编制城市总体规划、镇总体规划的依据。

(2) 城市总体规划、镇总体规划纲要的内容

城市总体规划、镇总体规划纲要应当包括下列内容：①论证城镇国民经济和社会发展条件，原则确定规划期内城镇发展目标；②论证城镇在区域发展中的地位，原则确定市（县）域城镇体系的结构与布局；③原则确定城镇性质、规模、总体布局，选择城镇发展用地，提出城镇规划区范围的初步意见；④研究确定城镇能源、交通、供水等城镇基础设施开发建设的重大原则问题，以及实施城镇规划的重要措施。

(3) 城市总体规划、镇总体规划纲要的成果

城市总体规划、镇总体规划纲要的成果包括文字说明和必要的示意性图纸。

3. 城市总体规划、镇总体规划的任务和期限

(1) 城市总体规划、镇总体规划的任务

城市总体规划、镇总体规划的主要任务是：综合研究和确定城市、镇的性质、规模和空间发展形态，统筹安排城市、镇各项建设用地，合理配置城市、镇各项基础设施，处理好远期发展与近期建设的关系，指导城市、镇合理发展。

(2) 城市总体规划、镇总体规划的期限

城市总体规划、镇总体规划的规划期限一般为 20 年。城市总体规划还应当对城市更长远的发展作出预测性安排。近期建设规划是总体规划的一个组成部分，应当对城市近期的发展布局和主要建设项目作出安排。近期建设规划期限一般为 5 年。

4. 城市总体规划、镇总体规划的内容

城市总体规划、镇总体规划的内容应当包括：城市、镇的发展布局，功能分区，用地布局，综合交通体系，禁止、限制和适宜建设的地域范围，各类专项规划等。城市总体规划具体包括下列内容：①设市城市应当编制市域城镇体系规划，县（自治县、旗）人民政府所在地的镇应当编制县域城镇体系规划。市域和县域城镇体系规划的内容包括：分析区域发展条件和制约因素，提出区域城镇发展战略，确定资源开发、产业配置和保护生态环境、历史文化遗产的综合目标；预测区域城镇化水平，调整现有城镇体系的规模结构、职能分工和空间布局，确定重点发展的城镇；原则确定区域交通、通信、能源、供水、排

水、防洪等设施的布局；提出实施规划的措施和有关技术经济政策的建议。②确定城市性质和发展方向，划定城市规划区范围。③提出规划期内城市人口及用地发展规模，确定城市建设与发展用地的空间布局、功能分区，以及市中心、区中心位置。④确定城市对外交通系统的布局以及车站、铁路枢纽、港口、机场等主要交通设施的规模、位置，确定城市主、次干道系统的走向、断面、主要交叉口形式，确定主要广场、停车场的位置、容量。⑤综合协调并确定城市供水、排水、防洪、供电、通信、燃气、供热、消防、环卫等设施的发展目标和总体布局。⑥确定城市河湖水系的治理目标和总体布局，分配沿海、沿江岸线。⑦确定城市园林绿地系统的发展目标及总体布局。⑧确定城市环境保护目标，提出防治污染措施。⑨根据城市防灾要求，提出人防建设、抗震防灾规划目标和总体布局。⑩确定需要保护的风景名胜、文物古迹、传统街区，划定保护和控制范围，提出保护措施，历史文化名城要编制专门的保护规划。⑪确定旧区改建、用地调整的原则、方法和步骤，提出改善旧城区生产、生活环境的要求和措施。⑫综合协调市区与近郊区村庄、集镇的各项建设，统筹安排近郊区村庄、集镇的居住用地、公共服务设施、乡镇企业、基础设施和菜地、园地、牧草地、副食品基地，划定需要保留和控制的绿色空间。⑬进行综合技术经济论证，提出规划实施步骤、措施和方法的建议。⑭编制近期建设规划，确定近期建设目标、内容和实施部署。

建制镇总体规划的内容可以根据其规模和实际需要适当简化。

5. 分区规划的编制

（1）编制分区规划的主要任务

编制分区规划的主要任务是：在总体规划的基础上，对城市土地利用、人口分布和公共设施、城市基础设施的配置作出进一步的安排，以便与详细规划更好地衔接。并不是所有的城镇都需要分区规划，大、中城市可以在总体规划的基础上编制分区规划。

（2）分区规划的内容

分区规划应当包括下列内容：①原则规定分区内土地使用性质、居住人口分布、建筑及用地的容量控制指标；②确定市、区、居住区级公共设施的分布及其用地范围；③确定城市主、次干道的红线位置、断面、控制点坐标和标高，确定支路的走向、宽度以及主要交叉口、广场、停车场位置和控制范围；④确定绿地系统、河湖水面、供电高压线走廊、对外交通设施、风景名胜的用地界线和文物古迹、传统街区的保护范围，提出空间形态的保护要求；⑤确定工程干管的位置、走向、管径、服务范围以及主要工程设施的位置和用地范围。

（3）分区规划的成果

分区规划的成果是分区规划文件及主要图纸。分区规划文件包括规划文本和附件，规划说明及基础资料收入附件；分区规划图纸包括：规划分区位置图、分区现状图、分区土地利用及建筑容量规划图、各项专业规划图。图纸比例为1∶5000。

6. 城镇总体规划的成果

城镇总体规划的成果是城镇总体规划的文件及主要图纸。

（1）总体规划文件

总体规划文件包括规划文本和附件，规划说明及基础资料收入附件。规划文本是对规划的各项目标和内容提出规定性要求的文件，规划说明是对规划文本的具体解释。

（2）总体规划图纸

总体规划图纸包括：市（县）域城镇布局现状图、城市现状图、用地评定图、市（县）域城镇体系规划图、城市总体规划图、道路交通规划图、各项专业规划图及近期建设规划图。图纸比例：大、中城市为 1∶10000～1∶25000，小城市为 1∶5000～1∶10000，其中建制镇为 1∶5000，市（县）域城镇体系规划图的比例由编制部门根据实际需要确定。

5.2.3　城市详细规划、镇详细规划的编制

城市详细规划、镇详细规划分为控制性详细规划和修建性详细规划。根据城市规划的深化和管理的需要，一般应当编制控制性详细规划，以控制建设用地性质、使用强度和空间环境，作为城市规划管理的依据，并指导修建性详细规划的编制。对于当前要进行建设的地区，应当编制修建性详细规划，用以指导各项建筑和工程设施的设计和施工。

1. 城市详细规划、镇详细规划编制的组织和审批

城市人民政府城乡规划主管部门根据城市总体规划的要求，组织编制城市的控制性详细规划，经本级人民政府批准后，报本级人民代表大会常务委员会和上一级人民政府备案。镇人民政府根据镇总体规划的要求，组织编制镇的控制性详细规划，报上一级人民政府审批。县人民政府所在地镇的控制性详细规划，由县人民政府城乡规划主管部门根据镇总体规划的要求组织编制，经县人民政府批准后，报本级人民代表大会常务委员会和上一级人民政府备案。

城市、县人民政府城乡规划主管部门和镇人民政府可以组织编制重要地块的修建性详细规划。修建性详细规划应当符合控制性详细规划。

2. 城市详细规划、镇详细规划的任务

城镇详细规划的主要任务是：以总体规划或者分区规划为依据，详细规定建设用地的各项控制指标和其他规划管理要求，或者直接对建设作出具体的安排和规划设计。

3. 城市详细规划、镇详细规划的内容

（1）控制性详细规划的内容

控制性详细规划应当包括下列基本内容：①土地使用性质及其兼容性等用地功能控制要求；②容积率、建筑高度、建筑密度、绿地率等用地指标；③基础设施、公共服务设施、公共安全设施的用地规模、范围及具体控制要求，地下管线控制要求；④基础设施用地的控制界线（黄线）、各类绿地范围的控制界线（绿线）、历史文化街区和历史建筑的保护范围界线（紫线）、地表水体保护和控制的地域界线（蓝线）等"四线"及控制要求。

（2）修建性详细规划的内容

修建性详细规划应当包括下列内容：①建设条件分析及综合技术经济论证；②作出建筑、道路和绿地等的空间布局和景观规划设计，布置总平面图；③道路交通规划设计；④绿地系统规划设计；⑤工程管线规划设计；⑥竖向规划设计；⑦估算工程量、拆迁量和总造价，分析投资效益。

5.2.4　乡规划、村庄规划的编制

1. 乡规划、村庄规划编制的组织、审批和内容

乡、镇人民政府组织编制乡规划、村庄规划，报上一级人民政府审批。村庄规划在报

送审批前，应当经村民会议或者村民代表会议讨论同意。

乡规划、村庄规划的内容应当包括：规划区范围，住宅、道路、供水、排水、供电、垃圾收集、畜禽养殖场所等农村生产生活服务设施、公益事业等各项建设的用地布局、建设要求，以及对耕地等自然资源和历史文化遗产保护、防灾减灾等的具体安排。乡规划还应当包括本行政区域内的村庄发展布局。

乡规划、村庄规划期限，由省、自治区、直辖市人民政府根据本地区实际情况规定。

2. 乡规划、村庄规划编制的原则

乡规划、村庄规划应当从农村实际出发，尊重村民意愿，体现地方和农村特色。乡规划、村庄规划编制应当遵循以下原则：①根据国民经济和社会发展计划，结合当地经济发展的现状和要求，以及自然环境、资源条件和历史情况等，统筹兼顾，综合部署村庄和集镇的各项建设；②处理好近期建设与远景发展、改造与新建的关系，使村庄、集镇的性质和建设的规模、速度以及标准，同经济发展和农民生活水平相适应；③合理用地，节约用地，各项建设应当相对集中，充分利用原有建设用地，新建、扩建工程及住宅应当尽量不占用耕地和林地；④有利生产，方便生活，合理安排住宅、乡（镇）村企业、乡（镇）村公共设施和公益事业等的建设布局，促进农村各项事业协调发展，并适当留有发展余地；⑤保护和改善生态环境，防治污染和其他公害，加强绿化和村容镇貌、环境卫生建设。

3. 乡总体规划、村庄总体规划

乡总体规划、村庄总体规划，是乡级行政区域内村庄和集镇布点规划及相应的各项建设的整体部署。乡总体规划、村庄总体规划的主要内容包括：乡级行政区域的村庄、集镇布点，村庄和集镇的位置、性质、规模和发展方向，村庄和集镇的交通、供水、供电、邮电、商业、绿化等生产和生活服务设施的配置。

4. 乡建设规划、村庄建设规划

乡建设规划、村庄建设规划，应当在乡、村总体规划指导下，具体安排乡、村的各项建设。

乡建设规划的主要内容包括：住宅、乡村企业、乡村公共设施、公益事业等各项建设的用地布局、用地规模，有关的技术经济指标，近期建设工程以及重点地段建设具体安排。

村庄建设规划的主要内容，可以根据本地区经济发展水平，参照集镇建设规划的编制内容，主要对住宅和供水、供电、道路、绿化、环境卫生以及生产配套设施作出具体安排。

5.2.5　城乡规划编制单位和注册规划师制度

1. 总体要求

城乡规划组织编制机关应当委托具有相应资质等级的单位承担城乡规划的具体编制工作。

从事城乡规划编制工作应当具备下列条件，并经国务院城乡规划主管部门或者省、自治区、直辖市人民政府城乡规划主管部门依法审查合格，取得相应等级的资质证书后，方可在资质等级许可的范围内从事城乡规划编制工作：①有法人资格；②有规定数量的经相关行业协会注册的规划师；③有规定数量的相关专业技术人员；④有相应的技术装备；

⑤有健全的技术、质量、财务管理制度。

2. 城乡规划编制单位的登记和资质管理

(1) 城乡规划编制单位登记的条件

城乡规划编制单位，是指按照国家规定经批准设立，持有国家行业主管部门颁发的《城乡规划编制单位资质证书》，从事城乡规划编制的单位。城乡规划编制单位从事经营性城乡规划编制活动，实行有偿服务的，应经工商行政管理机关核准登记注册，领取营业执照后，方可进行。未经核准登记注册，不得开展经营活动。

城乡规划编制单位申请资质证书应当提供以下材料：①城乡规划编制单位资质申请表；②法人资格证明材料；③法定代表人和主要技术负责人的身份证明、任职文件、学历证书、职称证书等；④专业技术人员的身份证明、执业资格证明、职称证书、劳动合同、社会保险缴纳证明等；⑤完成城乡规划编制项目情况；⑥技术装备和工作场所等证明材料；⑦其他需要出具的证明或者资料。

(2) 城乡规划编制单位的业务范围

城乡规划编制单位可从事以下业务：

1) 甲级城乡规划编制单位承担城乡规划编制业务的范围不受限制。

2) 乙级城乡规划编制单位可以在全国承担下列业务：①镇、20 万现状人口以下城市总体规划的编制；②镇、登记注册所在地城市和 100 万现状人口以下城市相关专项规划的编制；③详细规划的编制；④乡、村庄规划的编制；⑤建设工程项目规划选址的可行性研究。

3) 丙级城乡规划编制单位可以在全国承担下列业务：①镇总体规划（县人民政府所在地镇除外）的编制；②镇、登记注册所在地城市和 20 万现状人口以下城市的相关专项规划及控制性详细规划的编制；③修建性详细规划的编制；④乡、村庄规划的编制；⑤中、小型建设工程项目规划选址的可行性研究。

4) 专门从事乡和村庄规划编制单位。省、自治区、直辖市人民政府城乡规划主管部门可以根据实际情况，设立专门从事乡和村庄规划编制单位的资质，并将资质标准报国务院城乡规划主管部门备案。

(3) 甲级城乡规划编制单位资质标准

1) 有法人资格。

2) 注册资本金不少于 100 万元人民币。

3) 专业技术人员不少于 40 人，其中具有城乡规划专业高级技术职称的不少于 4 人，具有其他专业高级技术职称的不少于 4 人（建筑、道路交通、给水排水专业各不少于 1 人）；具有城乡规划专业中级技术职称的不少于 8 人，具有其他专业中级技术职称的不少于 15 人。

4) 注册规划师不少于 10 人。

5) 具备符合业务要求的计算机图形输入输出设备及软件。

6) 有 400m² 以上的固定工作场所，以及完善的技术、质量、财务管理制度。

(4) 乙级城乡规划编制单位资质标准

1) 有法人资格。

2) 注册资本金不少于 50 万元人民币。

3）专业技术人员不少于 25 人，其中具有城乡规划专业高级技术职称的不少于 2 人，具有高级建筑师不少于 1 人、具有高级工程师不少于 1 人；具有城乡规划专业中级技术职称的不少于 5 人，具有其他专业中级技术职称的不少于 10 人。

4）注册规划师不少于 4 人。

5）具备符合业务要求的计算机图形输入输出设备。

6）有 200m² 以上的固定工作场所，以及完善的技术、质量、财务管理制度。

（5）丙级城乡规划编制单位资质标准

1）有法人资格。

2）注册资本金不少于 20 万元人民币。

3）专业技术人员不少于 15 人，其中具有城乡规划专业中级技术职称的不少于 2 人，具有其他专业中级技术职称的不少于 4 人。

4）注册规划师不少于 1 人。

5）专业技术人员配备计算机达 80%。

6）有 100m² 以上的固定工作场所，以及完善的技术、质量、财务管理制度。

（6）资质审批与管理

城乡规划编制单位的资格，实行分级审批制度。

城乡规划编制单位甲级资质许可，由国务院城乡规划主管部门实施。城乡规划编制单位申请甲级资质的，应当向登记注册所在地省、自治区、直辖市人民政府城乡规划主管部门提出申请。省、自治区、直辖市人民政府城乡规划主管部门应当自受理申请之日起 20 日内初审完毕，并将初审意见和申请材料报国务院城乡规划主管部门。国务院城乡规划主管部门应当自受理申请材料之日起 20 日内完成审查，公示审查意见，公示时间为 10 日。城乡规划编制单位对审查结果有异议的，可以进行陈述申辩。

城乡规划编制单位乙级、丙级资质许可，由登记注册所在地省、自治区、直辖市人民政府城乡规划主管部门实施。资质许可的实施办法由省、自治区、直辖市人民政府城乡规划主管部门依法确定。

3. 注册城乡规划师执业资格制度

（1）注册城乡规划师的概念和配备岗位

注册城乡规划师，是指通过全国统一考试取得注册城乡规划师职业资格证书，并依法注册后，从事城乡规划编制及相关工作的专业人员。国家对注册城乡规划师实行准入类职业资格制度，纳入全国专业技术人员职业资格证书制度统一规划。从事城乡规划实施、管理、研究工作的国家工作人员及相关人员，可以通过考试取得注册城乡规划师职业资格证书。

人力资源社会保障部、住房城乡建设部共同负责注册城乡规划师职业资格制度的政策制定，并按职责分工对制度的实施进行指导、监督和检查。

（2）考试

注册城乡规划师职业资格实行全国统一大纲、统一命题、统一组织的考试制度。原则上每年举行一次。

凡中华人民共和国公民，遵纪守法并具备以下条件之一者，可申请参加注册城乡规划师职业资格考试：①取得城乡规划专业大专学历，并从事城乡规划业务工作满 6 年；②取得城乡规划专业大学本科学历或学位，或取得建筑学学士学位（专业学位），并从事城乡规划业务工作满 4 年；③取得通过专业评估（认证）的城乡规划专业大学本科学历或学位，并从事城乡规划业务工作满 3 年；④取得城乡规划专业硕士学位，或取得建筑学硕士学位（专业学位），从事城乡规划业务工作满 2 年；⑤取得通过专业评估（认证）的城乡规划专业硕士学位或城市规划硕士学位（专业学位），或取得城乡规划专业博士学位，从事城乡规划业务工作满 1 年。除上述规定的情形外，取得其他专业的相应学历或者学位的人员，从事城乡规划业务工作年限相应增加 1 年。

注册城乡规划师职业资格考试合格，由各省、自治区、直辖市人力资源社会保障行政主管部门，颁发人力资源社会保障部统一印制，人力资源社会保障部、住房城乡建设部共同用印的《中华人民共和国注册城乡规划师职业资格证书》。该证书在全国范围有效。

（3）注册

国家对注册城乡规划师职业资格实行注册执业管理制度。取得注册城乡规划师职业资格证书且从事城乡规划编制及相关工作的人员，经注册方可以注册城乡规划师名义执业。中国城市规划协会负责注册城乡规划师注册及相关工作。

申请注册的人员必须同时具备以下条件：①遵纪守法，恪守职业道德和从业规范；②取得注册城乡规划师执业资格证书；③受聘于一家城乡规划编制机构；④注册管理机构规定的其他条件。再次注册者，应经单位考核合格并有参加继续教育、业务培训的证明。

注册证书的每一注册有效期为 3 年。注册证书在有效期内是注册城乡规划师的执业凭证，由注册城乡规划师本人保管、使用。

（4）执业

住房城乡建设部及地方各级城乡规划行政主管部门依法对注册城乡规划师执业活动实施监管。中国城市规划协会受住房城乡建设部委托，在职责范围内承担相关工作。住房城乡建设部及地方各级城乡规划行政主管部门在注册城乡规划师执业活动监管工作中，可按权限查询、调取注册城乡规划师注册管理信息系统的相关数据，中国城市规划协会应予支持和配合。

注册城乡规划师的执业范围：①城乡规划编制；②城乡规划技术政策研究与咨询；③城乡规划技术分析；④住房城乡建设部规定的其他工作。《城乡规划法》要求编制的城镇体系规划、城市规划、镇规划、乡规划和村庄规划的成果应有注册城乡规划师签字。

（5）权利和义务

注册城乡规划师享有下列权利：①使用注册城乡规划师称谓；②对违反相关法律、法规和技术规范的要求及决定提出劝告，并可在拒绝执行的同时向注册管理机构或者上级城乡规划主管部门报告；③接受继续教育；④获得与执业责任相应的劳动报酬；⑤对侵犯本人权利的行为进行申诉；⑥其他法定权利。

注册城乡规划师履行下列义务：①遵守法律、法规和有关管理规定，恪守职业道德和从业规范；②执行城乡规划相关法律、法规、规章及技术标准、规范；③履行岗位职责，保证执业活动质量，并承担相应责任；④不得同时受聘于两个或两个以上单位执业，不得允许他人以本人名义执业，严禁"证书挂靠"；⑤不断更新专业知识，提高技术能力；⑥保守在工作中知悉的国家秘密和聘用单位的商业、技术秘密；⑦协助城乡规划主管部门及注册管理机构开展相关工作。

5.3 城乡规划的实施

5.3.1 城乡规划公示制度

《城乡规划法》第 8 条规定："城乡规划组织编制机关应当及时公布经依法批准的城乡规划。但是，法律、行政法规规定不得公开的内容除外。"第 40 条规定："城市、县人民政府城乡规划主管部门或者省、自治区、直辖市人民政府确定的镇人民政府应当依法将经审定的修建性详细规划、建设工程设计方案的总平面图予以公布。"

规划公示内容包括城乡规划编制公示、城乡规划实施管理公示、城乡规划监察监督公示和城乡规划管理政务公开公示。规划公示可采用固定场所（电子显示屏、规划展览等）、新闻媒体（广播、电视台、报纸等）、网络（政府网站）和公告牌等方式，其中在建的建设项目必须设立建设项目工程规划许可公告牌。规划公示应建立意见采集和反馈机制，公布意见箱（包括网站意见箱）和联系、监督电话，及时收集反馈意见。在公示期满后，要根据公众意见提出处理方案，形成公示结果，作为行政上报和许可审批的参考依据。

城乡规划编制前后都要公示，城镇体系规划、城乡总体规划（含分区规划）、详细规划（包括控制性详细规划和修建性详细规划），以及单独编制的专项规划（主要包括历史文化名城、名镇、名村保护规划，历史街区保护规划，风景名胜区规划，园林绿化规划，环境卫生设施规划，环境保护规划，城乡水环境规划，防洪规划，商业网点布局规划，中小学布点规划，以及其他必须公示的专项规划），还有以上规划的重大变更，都应当进行批前公示和批后公告。

涉及选址和建设用地规划要公示。在进行下列建设项目时，规划部门在核发选址意见书或建设用地规划许可证前应当进行批前公示：对城乡环境和布局有较大影响的，重要的大型市政基础设施、公共设施，对相邻建筑周边关系或环境有较大影响的，风景名胜区范围内的，历史街区和文物保护单位控制地带内的。选址意见书或建设用地规划许可证、规划设计方案的批前公示应当设置意见箱，公布联系电话。公示期满后，应整理、汇总公众意见，形成公示结果，作为建设项目规划审批资料的附件。在符合有关强制性技术规定、规范的前提下，公众意见应当作为规划方案修改的重要参考依据。

建立完善城乡规划公示制度的目的，是便于公民了解城乡规划，便于公民参与城乡规划，便于公民监督城乡规划。无论是事关全局的城乡总体规划，还是一般性的建设项目，只要它对城乡风貌及周围环境有影响，其规划就必须得到社会公众的认可。

5.3.2 城乡建设应当遵循的规划要求

1. 城镇建设应当优先安排基础设施

基础设施是实现国家或区域经济效益、社会效益、环境效益的重要条件，对区域经济的发展具有重要作用。首先，基础设施是区域经济发展的物质基础和支撑条件，虽然大多数设施不生产物质产品，但却是物质产品社会化再生产过程中的必备条件，缺少这些设施，各项事业都难以维持和发展。其次，基础设施是生产力要素的一种体现，它反映了一个现代化社会的物质生活丰富程度。如人类社会从人力、畜力、自然力发展到机械力进入到电力运用，不能不说是社会技术进步和现代化的体现。现在，先进的卫星通信和电子邮件，高速的交通设施，超高压电网和大容量的给水排水工程无不显示出一个国家和地区的现代化程度。同时，这也是人们追求现代物质文明的重要目标。第三，基础设施是拉动经济增长的有效途径。基础设施是一个产业关联度大，劳动密集型的部门，它的建设与一、二、三产业都密切相关，是一种生产性消费，需要消耗大量的钢铁、建材、木材、机械和人力，建设投资中的 60% 左右成为实物形态的固定资产，40% 左右转化为劳动者工资收入和生活消费基金，可以创造更多的就业岗位，为劳动力素质不高的农村剩余劳动力和下岗职工提供新的就业机会，增加工资收入，从而推动日用消费品市场的兴旺。这种"乘数效应"的结果，必然拉动国民经济的增长。

因此，城市的建设和发展，应当优先安排基础设施以及公共服务设施的建设。镇的建设和发展，应当结合农村经济社会发展和产业结构调整，优先安排供水、排水、供电、供气、道路、通信、广播电视等基础设施和学校、卫生院、文化站、幼儿园、福利院等公共服务设施的建设，为周边农村提供服务。

2. 乡村建设应当因地制宜

乡、村庄的建设和发展，应当因地制宜、节约用地，发挥村民自治组织的作用，引导村民合理进行建设，改善农村生产、生活条件。

我国的乡村，长期依靠自然经济发展，且由于我国幅员辽阔，乡村之间的差异非常巨大，各地的乡村建设应当因地制宜。但是，节约用地则是共同的要求，因为我国人均土地资源很少，必须节约用地才能让乡村公民在有限的土地上进行合理建设，享受建设的成果。

3. 城市新区建设应当尽量利用现有条件

城市新区开发是指按照城市总体规划，在城市现有建成区以外一定地段，进行集中成片、综合配套的开发建设活动。新区开发是随着城市经济与社会发展、城市规模扩大，为了满足城市日益增长的生产、生活需要，逐步实现城市不同阶段发展目标而推进的城市开发活动，它是城市建设和发展的重要组成部分。

城市新区的开发和建设，应当合理确定建设规模和时序，充分利用现有市政基础设施和公共服务设施，严格保护自然资源和生态环境，体现地方特色。在城市总体规划、镇总体规划确定的建设用地范围以外，不得设立各类开发区和城市新区。

城市新区开发的内容一般包括以下几个方面：

（1）普通的新区开发建设

普通的新区开发建设主要是为了解决城市建成区内由于历史原因或发展过快而形成的布局混乱、密度过高、负荷过重等弊端，或为了比较完整地保护古城的整体风貌，在建成区外围进行集中成片的开发建设，以达到疏散和降低旧区人口密度、调整缓解旧区压力、完善改造旧区环境的目的。

（2）经济技术开发区的建设

经济技术开发区是随着我国经济体制改革和对外开放政策的实施而出现的一种特定经济区，它建设在城市的特定地区，通过提供优惠政策，创造良好的投资环境，达到吸引外资、引进先进技术和进行横向经济协作的目的。

（3）卫星城镇的开发建设

卫星城镇的开发建设主要是为了有效地控制大城市市区的人口和用地规模，按照总体规划要求，将市区需要搬迁的项目或新建的大中型项目安排到周围的小城镇去，有计划、有重点地开发建设这些小城镇，逐步形成以大城市为中心的、比较完善的城镇体系。

（4）新工矿区的开发建设

新工矿区的开发建设，是指国家和地方政府根据矿产资源开发和加工需要，在城市郊区或郊县建设大、中型工矿企业，并逐步形成相对独立的工矿区。

4. 旧城区的改建应当保护历史文化遗产和传统风貌

旧城是城市在长期历史发展演变过程中逐步形成的进行政治、经济、文化、社会活动的居民集聚区。旧城区的改建，应当保护历史文化遗产和传统风貌，合理确定拆迁和建设规模，有计划地对危房集中、基础设施落后等地段进行改建。城市旧城改造最终目标是要改善环境质量、交通运输和生活居住条件，加强城市基础设施和公共设施建设，提高城市综合功能。改造的重点是对危房集中、设施简陋、交通阻塞、污染严重的地区进行综合整治，通过成片拆除重建或局部调整改建的方法，使各项设施逐步配套完整。城市旧城，特别是历史文化名城和少数民族地区城市的旧城改造应当允分体现传统风貌、民族特点和地方特点。市、县人民政府应采取有效措施，切实保护具有重要历史意义、革命纪念意义、文化艺术和科学价值的文物古迹和风景名胜；有选择地保护一定数量代表城市传统风貌的街区、建筑物和构筑物，划定保护区和建设控制地区。

历史文化名城、名镇、名村的保护以及受保护建筑物的维护和使用，应当遵守有关法律、行政法规和国务院的规定。

5.3.3 建设项目选址意见书

1. 建设项目选址意见书的概念和适用的建设项目

建设项目选址意见书，是指建设工程在立项过程中，上报的设计任务书必须附有由城乡规划行政主管部门提出的关于建设项目选定哪个城市或者选在哪个方位的意见。

按照国家规定需要有关部门批准或者核准的建设项目（包括新建、扩建、改建工程项目），以划拨方式提供国有土地使用权的，建设单位在报送有关部门批准或者核准前，应当向城乡规划主管部门申请核发选址意见书。其他建设项目不需要申请选址意见书。

2. 建设项目选址意见书的内容

建设项目选址意见书应当包括下列内容：

（1）建设项目的基本情况

主要是建设项目名称、性质，用地与建设规模，供水与能源的需求量，采取的运输方式与运输量，以及废水、废气、废渣的排放方式和排放量。

（2）建设项目规划选址的主要依据

建设项目规划选址的主要依据包括：①经批准的项目建议书；②建设项目与城乡规划布局的协调；③建设项目与城市交通、通信、能源、市政、防灾规划的衔接与协调；④建设项目配套的生活设施与城市生活居住及公共设施规划的衔接与协调；⑤建设项目对于城市环境可能造成的污染影响，以及与城市环境保护规划和风景名胜、文物古迹保护规划的协调。

（3）建设项目选址、用地范围和具体规划要求

建设项目选址意见书应当明确建设项目选址、用地范围和具体规划要求，这是建设项目选址意见书的结论。

3. 建设项目选址意见书的管理和审批

县级以上人民政府城乡规划行政主管部门负责本行政区域内建设项目选址和布局的规划管理工作。

城乡规划行政主管部门应当了解建设项目建议书阶段的选址工作。各级人民政府发展改革行政主管部门在审批项目建议书时，对拟安排在城乡规划区内的建设项目，要征求同级人民政府城乡规划行政主管部门的意见。城乡规划行政主管部门应当参加建设项目设计任务书阶段的选址工作，对确定安排在城乡规划区内的建设项目从城乡规划方面提出选址意见书。设计任务书报请批准时，必须附有城乡规划行政主管部门的选址意见书。

建设项目选址意见书，按建设项目计划审批权限实行分级规划管理。县人民政府发展改革行政主管部门审批的建设项目，由县人民政府城乡规划行政主管部门核发选址意见书；地级、县级市人民政府发展改革行政主管部门审批的建设项目，由该市人民政府城乡规划行政主管部门核发选址意见书；直辖市、计划单列市人民政府发展改革行政主管部门审批的建设项目，由直辖市、计划单列市人民政府城乡规划行政主管部门核发选址意见书；省、自治区人民政府发展改革行政主管部门审批的建设项目，由项目所在地县、市人民政府城乡规划行政主管部门提出审查意见，报省、自治区人民政府城乡规划行政主管部门核发选址意见书；中央各部门、公司审批的小型和限额以下的建设项目，由项目所在地县、市人民政府城乡规划行政主管部门核发选址意见书；国家审批的大中型和限额以上的建设项目，由项目所在地县、市人民政府城乡规划行政主管部门提出审查意见，报省、自治区、直辖市、计划单列市人民政府城乡规划行政主管部门核发选址意见书，并报国务院城乡规划行政主管部门备案。

对符合手续的项目，各级人民政府城乡规划行政主管部门应在规定的审批期限内核发选址意见书，不得无故拖延。

5.3.4　建设用地规划许可证

1. 建设用地规划许可证的概念

建设用地规划许可证制度，是由个人和单位提出建设用地申请，城乡规划行政主管部门根据规划和建设项目的用地需要，确定建设用地位置、面积、界线的法定凭证。

2. 划拨建设用地规划许可证的管理

在城市、镇规划区内以划拨方式提供国有土地使用权的建设项目，经有关部门批准、核准、备案后，建设单位应当向城市、县人民政府城乡规划主管部门提出建设用地规划许可申请，由城市、县人民政府城乡规划主管部门依据控制性详细规划核定建设用地的位置、面积、允许建设的范围，核发建设用地规划许可证。

建设单位在取得建设用地规划许可证后，方可向县级以上地方人民政府土地主管部门申请用地，经县级以上人民政府审批后，由土地主管部门划拨土地。

3. 出让建设用地规划许可证的管理

（1）出让建设用地规划许可证的行政管理机关

国务院城乡规划行政主管部门负责全国建设用地土地使用权出让、转让规划管理的指导工作。省、自治区、直辖市人民政府城乡规划行政主管部门负责本省、自治区、直辖市行政区域内建设用地土地使用权出让、转让规划管理的指导工作。直辖市、市和县人民政府城乡规划行政主管部门负责城乡规划区内建设用地土地使用权出让、转让的规划管理工作。

（2）出让建设用地土地使用权的规划条件

建设用地土地使用权出让的投放量应当与城镇土地资源、经济社会发展和市场需求相适应。土地使用权出让、转让应当与建设项目相结合。城乡规划行政主管部门和有关部门要根据城乡规划实施的步骤和要求，编制建设用地土地使用权出让规划和计划，包括地块数量、用地面积、地块位置、出让步骤等，保证建设用地土地使用权的出让有规划、有步骤、有计划地进行。

在城市、镇规划区内以出让方式提供国有土地使用权的，在国有土地使用权出让前，城市、县人民政府城乡规划主管部门应当依据控制性详细规划，提出出让地块的位置、使用性质、开发强度等规划条件，作为国有土地使用权出让合同的组成部分。未确定规划条件的地块，不得出让国有土地使用权。

具体的要求为：出让的地块，必须具有城乡规划行政主管部门提出的规划设计条件及附图。规划设计条件应当包括：地块面积，土地使用性质，容积率，建筑密度，建筑高度，停车泊位，主要出入口，绿地比例，需配置的公共设施、工程设施，建筑界线，开发期限以及其他要求。附图应当包括：地块区位和现状，地块坐标、标高，道路红线坐标、标高，出入口位置，建筑界线以及地块周围地区环境与基础设施条件。国有土地使用权出让、转让合同必须附具规划设计条件及附图。

城市用地分等定级应当根据城市各地段的现状和规划要求等因素确定。土地出让金的测算应当把出让地块的规划设计条件作为重要依据之一。在城市政府的统一组织下，城乡规划行政主管部门应当和有关部门进行城市用地分等定级和土地出让金的测算。

城市、县人民政府城乡规划主管部门不得在建设用地规划许可证中，擅自改变作为国有土地使用权出让合同组成部分的规划条件。

规划条件未纳入国有土地使用权出让合同的，该国有土地使用权出让合同无效；对未取得建设用地规划许可证的建设单位批准用地的，由县级以上人民政府撤销有关批准文件；占用土地的，应当及时退回；给当事人造成损失的，应当依法给予赔偿。

（3）建设用地规划许可证的领取

以出让方式取得国有土地使用权的建设项目，在签订国有土地使用权出让合同后，建设单位应当持建设项目的批准、核准、备案文件和国有土地使用权出让合同，向城市、县人民政府城乡规划主管部门领取建设用地规划许可证。

（4）转让建设用地的规划管理

通过出让获得的土地使用权再转让时，受让方应当遵守原出让合同附具的规划设计条件，并由受让方向城乡规划行政主管部门办理登记手续。受让方如需改变原规划设计条件，应当先经城乡规划行政主管部门批准。受让方在符合规划设计条件外为公众提供公共使用空间或设施的，经城乡规划行政主管部门批准后，可给予适当提高容积率的补偿。受让方经城乡规划行政主管部门批准变更规划设计条件而获得的收益，应当按规定比例上交地方政府。

5.3.5 建设工程规划许可证

1. 建设工程规划许可证的概念

建设工程规划许可证，是指由城乡规划主管部门核发的、用于确认建设工程是否符合城乡规划要求的许可证。建设工程规划许可证可以分为城镇建设工程规划许可证和乡村建设规划许可证两类。城镇建设工程规划许可证制度在 1989 年颁布的《城市规划法》中就确定下来了，而乡村建设规划许可证制度是 2007 年颁布的《城乡规划法》新确立的一项制度。

2. 城镇建设工程规划许可证的申请和核发

在城市、镇规划区内进行建筑物、构筑物、道路、管线和其他工程建设的，建设单位或者个人应当向城市、县人民政府城乡规划主管部门或者省、自治区、直辖市人民政府确定的镇人民政府申请办理建设工程规划许可证。

申请办理建设工程规划许可证，应当提交使用土地的有关证明文件、建设工程设计方案等材料。需要建设单位编制修建性详细规划的建设项目，还应当提交修建性详细规划。对符合控制性详细规划和规划条件的，由城市、县人民政府城乡规划主管部门或者省、自治区、直辖市人民政府确定的镇人民政府核发建设工程规划许可证。

城市、县人民政府城乡规划主管部门或者省、自治区、直辖市人民政府确定的镇人民政府应当依法将经审定的修建性详细规划、建设工程设计方案的总平面图予以公布。

广义的城镇建设工程规划许可证包括三部分，本建设工程规划许可证（狭义的城镇建设工程规划许可证）、本建设工程规划许可证附件以及本工程设计图。狭义的建设工程规划许可证包括下列内容：①许可证编号；②发证机关名称和发证日期；③用地单位；④用地项目名称、位置、宗地号以及子项目名称、建筑性质、栋数、层数、结构类型；⑤计容积率面积及各分类面积；⑥附件包括总平面图、各层建筑平面图、各向立面图和剖面图。

3. 乡村建设规划许可证的申请和核发

在乡、村庄规划区内进行乡镇企业、乡村公共设施和公益事业建设的，建设单位或者个人应当向乡、镇人民政府提出申请，由乡、镇人民政府报市、县人民政府城乡规划主管部门核发乡村建设规划许可证。在乡、村庄规划区内使用原有宅基地进行农村村民住宅建设的规划管理办法，由省、自治区、直辖市制定。

在乡、村庄规划区内进行乡镇企业、乡村公共设施和公益事业建设以及农村村民住宅建设，不得占用农用地；确需占用农用地的，应当依照《中华人民共和国土地管理法》有关规定办理农用地转用审批手续后，由城市、县人民政府城乡规划主管部门核发乡村建设规划许可证。

建设单位或者个人在取得乡村建设规划许可证后，方可办理用地审批手续。

4. 规划条件的变更

建设单位应当按照规划条件进行建设；确需变更的，必须向城市、县人民政府城乡规划主管部门提出申请。变更内容不符合控制性详细规划的，城乡规划主管部门不得批准。城市、县人民政府城乡规划主管部门应当及时将依法变更后的规划条件通报同级土地主管部门并公示。

建设单位应当及时将依法变更后的规划条件报有关人民政府土地主管部门备案。

5. 临时建设的规划批准

在城市、镇规划区内进行临时建设的，虽然不需要申请建设工程规划许可证，但应当经城市、县人民政府城乡规划主管部门批准。临时建设影响近期建设规划或者控制性详细规划的实施以及交通、市容、安全等的，不得批准。临时建设应当在批准的使用期限内自行拆除。

临时建设和临时用地规划管理的具体办法，由省、自治区、直辖市人民政府制定。

6. 对建设工程是否符合规划条件予以核实

县级以上地方人民政府城乡规划主管部门按照国务院规定对建设工程是否符合规划条件予以核实。未经核实或者经核实不符合规划条件的，建设单位不得组织竣工验收。

建设单位应当在竣工验收后六个月内向城乡规划主管部门报送有关竣工验收资料。

5.4 城乡规划的修改

5.4.1 省域城镇体系规划、城镇总体规划的修改

省域城镇体系规划、城市总体规划、镇总体规划的组织编制机关，应当组织有关部门和专家定期对规划实施情况进行评估，并采取论证会、听证会或者其他方式征求公众意见。组织编制机关应当向本级人民代表大会常务委员会、镇人民代表大会和原审批机关提出评估报告并附具征求意见的情况。

有下列情形之一的，组织编制机关方可按照规定的权限和程序修改省域城镇体系规划、城市总体规划、镇总体规划：①上级人民政府制定的城乡规划发生变更，提出修改规划要求的；②行政区划调整确需修改规划的；③因国务院批准重大建设工程确需修改规划的；④经评估确需修改规划的；⑤城乡规划的审批机关认为应当修改规划的其他情形。

修改省域城镇体系规划、城市总体规划、镇总体规划前，组织编制机关应当对原规划的实施情况进行总结，并向原审批机关报告；修改涉及城市总体规划、镇总体规划强制性内容的，应当先向原审批机关提出专题报告，经同意后，方可编制修改方案。

修改后的省域城镇体系规划、城市总体规划、镇总体规划，应当依照《城乡规划法》规定的相应规划审批程序报批。

5.4.2 详细规划的修改

修改控制性详细规划的，组织编制机关应当对修改的必要性进行论证，征求规划地段内利害关系人的意见，并向原审批机关提出专题报告，经原审批机关同意后，方可编制修改方案。修改后的控制性详细规划，应当依照《城乡规划法》规定的控制性详细规划审批程序报批。控制性详细规划修改涉及城市总体规划、镇总体规划的强制性内容的，应当先修改总体规划。

修改乡规划、村庄规划的，应当依照《城乡规划法》规定的乡规划、村庄规划审批程序报批。

城市、县、镇人民政府修改近期建设规划的，应当将修改后的近期建设规划报总体规划审批机关备案。

在选址意见书、建设用地规划许可证、建设工程规划许可证或者乡村建设规划许可证发放后，因依法修改城乡规划给被许可人合法权益造成损失的，应当依法给予补偿。

经依法审定的修建性详细规划、建设工程设计方案的总平面图不得随意修改；确需修改的，城乡规划主管部门应当采取听证会等形式，听取利害关系人的意见；因修改给利害关系人合法权益造成损失的，应当依法给予补偿。

【案例 5-1】滨州群蓝宝商贸有限公司诉××市规划局、 ××市××区人民政府行政强制拆除及行政赔偿案

原告：××商贸有限公司。

被告：××市规划局。

被告：××市××区人民政府。

××商贸有限公司（以下简称××公司）向××市中级人民法院提起行政诉讼，要求确认××市规划局（以下简称市规划局）、××市××区人民政府（以下简称××区政府）行政强制拆除违法及行政赔偿。

一审法院查明：原告××公司是 2004 年依法成立的企业法人，作为招商引资项目，该公司于 2005 年在涉案土地上进行厂区建设，主要从事服装加工和产品出口项目。其于 2005 年 6 月 22 日向××区政府上报××公司招商引资项目可行性研究报告。2005 年 9 月 1 日，原告与××区××街道办事处（以下简称××街道办）签订了《征用土地补偿协议》，征用土地 49.5867 亩，使用期限为 50 年。双方约定，协议签订后，××街道办积极配合原告尽快办理征用土地手续，确保依法合理用地。2005 年 9 月 22 日，市规划局出具了××规函（2005）×××号《关于××公司服装加工项目的选址意见》，同意其选址意见，望尽快按有关规定办理相关手续。2006 年 3 月 24 日，××街道办以"建设施工进展缓慢、项目没有实质性进展"为由向原告发出催告函，要求加快建设进度。

2008 年 12 月 14 日，被告××区政府下发×城政字（2008）××号《关于撤销××街道办事处与××市滨城区××电动车厂等单位土地租赁合同的决定》（2005 年 9 月 1 日××街道办与×××公司未经有权的人民政府审批，私自签订征用土地补偿协议，占用××街道办××村土地 49.59 亩，进行非农业建设，要求将其占用的土地归还给原村委会）。12 月 18 日，被告××区政府下发×城政字（2008）××号《关于收回××市××区××电动车厂等单位非法占用土地的通知》，收回××电动车厂等单位占用土地，并限于 2008 年 12 月 25 日前退还给原村委会恢复耕种。2009 年 3 月 11 日，原告与××街道办签订补充协议，双方约定××街道办为原告办理土地征用手续，若原告受到行政处罚，××街道办承担原告所有损失及违约金，违约金为损失额的 20%。

2009 年 7 月 10 日，××市建设局颁布拆迁公告，确定进行××沥青公司含酸重质油综合利用与产品质量升级项目，原告即在拆迁范围内。××街道办与原告多次就拆迁补偿事宜进行协商，经评估，原告院落内房屋价值为 1418871.17 元，原告不认可，双方未能达成拆迁补偿安置协议。2010 年 8 月 17 日，被告市规划局向×××公司法定代表人李某发出了《责令限期改正通知书》，要求其于 2010 年 8 月 24 日前无偿自行拆除违章建筑。2011 年 4 月 2 日，被告市规划局向李某发出了《规划行政处罚告知书》及《规划行政处罚听证告知书》。4 月 7 日，被告市规划局向李某发出了《规划行政处罚决定书》。2011 年 5 月 7 日，被告市规划局向李某发出了《强制拆除告知书》，要求其于 5 月 19 日前自行拆除违章建筑，逾期拒不拆除的，××区政府将组织有关部门依法实施强制拆除。

2011 年 7 月 9 日，被告市规划局向原告×××公司发出了×规责改字（2011）第×××号《责令限期改正通知书》（以下简称《通知书》），依据《中华人民共和国城乡规划法》第四十条、第六十四条、《中华人民共和国行政处罚法》第二十三条的规定，责令原

告于 2011 年 7 月 10 日前自行无偿拆除违法建筑，恢复原貌。2011 年 7 月 11 日，被告市规划局向原告发出了《强制拆除告知书》（以下简称《告知书》），责令原告于 7 月 14 日前自行拆除违法建设的房屋，逾期拒不拆除的，××区政府将依法组织相关部门实施强制拆除。2011 年 7 月 25 日，××市人民政府向第三人××沥青公司颁发了××国用（2011）第×××、×××号土地证，确定涉案土地由第三人使用。2011 年 7 月 27 日，被告××区政府对原告厂区实施强制拆除。拆除过程中，被告××区政府将原告的财产异地保管。第三人××沥青公司未参与强拆。

一审判决：①确认被告市规划局未作出限期拆除决定书的行为违法。②确认被告××区政府于 2011 年 7 月 27 日强制拆除原告厂房的具体行政行为违法。③被告市规划局和××区政府赔偿原告××公司损失 1750072.4 元，自判决生效之日起十日内履行。④被告××区政府返还所保管的原告物资。⑤驳回原告其他诉讼请求。案件受理费 50 元，由被告市规划局、××区政府承担。

一审判决后，原告、两被告不服判决，均提出上诉。××省高级人民法院于 2014 年 7 月 2 日作出二审判决：驳回上诉，维持原判。

【分析】

1. 关于市规划局与××区政府实施的强拆行为是否合法的问题

《城乡规划法》第六十八条规定："城乡规划主管部门作出责令停止建设或者限期拆除的决定后，当事人不停止建设或者逾期不拆除的，建设工程所在地县级以上地方人民政府可以责成有关部门采取查封施工现场、强制拆除等措施。"根据上述规定，在××区政府责成相关部门强拆前，市规划局应当首先作出限期拆除决定书，告知行政相对人获取权利救济的途径及依法保障当事人陈述、申辩的权力。直接实施强制拆除活动的主体，必须由县级以上地方人民政府责成有关部门组织实施。本案中，市规划局并未履行上述行政程序；××区政府作为强拆权利主体亦未经法定责成程序组织实施强拆，且强拆实施前未将强拆对象、强拆依据等内容予以公告。因此，法院判决市规划局未作出限期拆除决定书的行为违法、确认××区政府于 2011 年 7 月 27 日强制拆除××公司厂房的具体行政行为违法并无不当，应予维持。

2. 关于市规划局和××区政府是否应赔偿××公司 1750072.4 元损失的问题

《国有土地上房屋征收与补偿条例》第二十四条第二款规定："市、县级人民政府作出房屋征收决定前，应当组织有关部门依法对征收范围内未经登记的建筑进行调查、认定和处理。对认定为合法建筑和未超过批准期限的临时建筑的，应当给予补偿；对认定为违法建筑和超过批准期限的临时建筑的，不予补偿。"本案中，虽然××公司至强拆前一直未办理涉案土地的审批、规划、建设等相关手续，但市规划局于 2005 年 9 月 22 日出具了滨规函（2005）×××号《关于××公司服装加工项目的选址意见》，同意其选址意见，且群蓝宝公司与××区××街道办事处签订《征用土地补偿协议》征地 49.5867 亩（即涉案土地）后，才从事服装加工和产品出口的项目。基于信赖利益的保护，滨城区政府应当给予群蓝宝公司适当赔偿。根据《最高人民法院〈关于行政诉讼证据若干问题的规定〉》第五条的规定："在行政赔偿诉讼中，原告应当对被诉具体行政行为造成损害的事实提供证据。"本案中，××公司诉请赔偿经济损失 7.32 亿元人民币，但一审中只向法院提供了其自列的曼地亚红豆杉树和东北红豆杉树、中国珍稀枣树、石灰粉、出口玻璃器皿及附属设备等数量、价格明细表及部分照片，仅根据上述证据无法证明××公司的实际损失，其诉请市规划局和××区政府共同赔偿 7.32 亿元证据不足。一审法院依据公平公正的原则，根据××区政府提供的《评估报告》中不动产评估价格及拆除前××区政府依据同期涉案区域拆迁补偿标准单方认可的××公司院墙树木、苗圃及其他附属设施价格共计 1750072.4 元予以赔偿，合法适当。虽然××公司主张该《评估报告》未经庭审质证，不能作为法院赔偿判决的依据，但一审法院调取《评估报告》后向××公司进行了出示，并听取其意见，因此一审法院将该《评估报告》作为赔偿判决依据并无不当。

思 考 题

1. 简述我国城乡规划的种类。
2. 我国各类城乡规划的审批权限是如何规定的？
3. 建设用地规划许可证取得的程序是什么？
4. 何谓城镇建设工程规划许可证，其核发程序是什么？
5. 如何取得临时建设用地的使用权？
6. 狭义的建设工程规划许可证包括哪些内容？

第6章 土地管理法律制度

6.1 概 述

6.1.1 基本概念

1. 土地

土地是地球陆地表层一定空间范围内的地质、地貌、气候、水文、土壤、植被等全部要素组成的综合体。土地不是一个平面的概念，而是一个空间概念。土地是人类赖以生存和发展的活动场所，它具有固定性、不可替代性和有限性的特征。

根据土地的用途，我国法律将土地分为三类：农用地、建设用地和未利用地。农用地是指直接用于农业生产的用地，包括耕地、林地、草地、农田水利用地、养殖水面等。建设用地是指建造建筑物、构筑物的土地，包括城乡住宅和公共设施用地、工矿用地、交通水利设施用地、旅游用地、军事设施用地等。未利用地是指农用地和建设用地以外的土地。

2. 土地管理法

土地管理法是调整人们在开发、利用和保护土地过程中所形成的权利、义务关系的法律规范的总称。它是我国经济法律体系中重要的组成部分。

3. 土地管理立法概况

我国的国土面积广大，但人口众多，人均占有土地面积仅为13亩，不及世界人均占有土地面积的1/3。我国国土中山地多、平原少，据初步统计，山地高原、丘陵面积约占我国国土面积的69%，而平地、盆地面积只占31%。我国有近一半的国土面积属于戈壁荒漠、崇山峻岭或高原缺氧地区，生存条件恶劣，生态环境脆弱，难以承受人类生存所必须进行的相关活动。因此，我国90%以上的人口都集中在另一半国土之上，人多地少的矛盾突出。不少地区的人均耕地面积还不到联合国规定的人类生存所需的最低耕地面积（1亩）。今后，随着人口的增加，人地矛盾将更加尖锐。

为了加强土地管理，保护有限的土地资源，切实保护耕地，合理开发和利用土地，促进经济、社会的持续健康发展，我国制定并施行了一系列对土地进行管理的法律法规。现行的与工程建设有关的全国性土地管理法律、法规、部门规章和行政规范性文件主要有：

（1）法律：《中华人民共和国土地管理法》（1986年6月通过，1988年、1998年和2004年三次修订，现正进行第四次修订）；

（2）行政法规：《中华人民共和国土地管理法实施条例》（1998年12月发布，2011年、2014年两次修订，以下简称《实施条例》）；《中华人民共和国城镇土地使用税暂行条例》（1988年9月，2006年、2011年、2013年修订）、《基本农田保护条例》（1998年12月发布，2011年修订）；《中华人民共和国城镇国有土地使用权出让和转让暂行条例》

（1990 年 5 月发布）、《土地调查条例》（2008 年 2 月发布，2014 年修订）、《土地复垦条例》（2011 年 3 月发布,）、《国有土地上房屋征收与补偿条例》（2011 年 1 月发布）；

（3）部门规章：《划拨土地使用权管理暂行办法》（1992 年 3 月国家土地管理局发布）、《土地监察暂行规定》（1995 年 6 月国家土地管理局发布）、《确定土地所有权和使用权的若干规定》（1995 年 3 月国家土地管理局发布）、《土地利用年度计划管理办法》（1999 年国土资源部发布、2004 年、2006 年、2016 年修订）《土地调查条例实施办法》（2009 年 6 月国土资源部发布，2016 年修订）、《闲置土地处置办法》（1999 年 4 月国土资源部发布，2012 年修订）、《节约集约利用土地规定》（2014 年 5 月国土资源部发布）、《土地复垦条例实施办法》（2012 年 12 月国土资源部发布）、《农村集体经营性建设用地土地增值收益调节金征收使用管理暂行办法》（财政部、国土资源部 2016 年 4 月发布）、《土地利用总体规划管理办法》（2017 年 5 月国土资源部发布）；

（4）行政规范性文件：较为重要的有《国务院关于深化改革严格土地管理的决定》（2004 年 10 月）、《国务院关于加强土地调控有关问题的通知》（2006 年 8 月）、《国土资源部关于规范土地登记的意见》（2012 年 9 月）、《国务院关于开展农村承包土地的经营权和农民住房财产权抵押贷款试点的指导意见》（2015 年 8 月）、《关于扩大国有土地有偿使用范围的意见》（国土资源部等八部委 2016 年 12 月联合发布）等。

众多法律、法规、部门规章和行政规范性文件的发布施行，使我国的土地管理纳入了法制轨道。

6.1.2　土地所有权

1. 土地所有权的概念

土地所有权是土地所有者依法对其所有的土地行使占有、使用、收益和处分的权利。土地所有权不仅包含对地表本身的所有权，还包括对地表上方一定高度范围内的地上空间的所有权和地表下方一定深度范围内的地下空间的所有权。我国法律并未对土地所有权的空间范围作出具体确定。但我国法律明确规定，土地所有权的权利范围不包括地下的矿藏和其他埋藏物。我国实行的是土地的社会主义公有制，土地分属国家和劳动群众集体所有。

2. 国家土地所有权

根据《土地管理法》规定，国家对下述范围内的土地享有所有权：

（1）城市市区的土地；

（2）农村和城市郊区中依法没收、征收、征购、收归国有的土地；

（3）依据《中华人民共和国森林法》《中华人民共和国草原法》《中华人民共和国渔业法》等相关法律规定不属于集体所有的林地、草地、荒地、滩涂以及其他土地；

（4）国家依法征收的土地；

（5）农村集体经济组织全部转为城镇居民的，原属于其成员集体所有的土地；

（6）因国家组织移民、自然灾害等原因，农民成建制地集体迁移后不再使用的原属于迁移农民集体所有的土地。

国有土地的所有权由国务院代表国家行使，其他任何单位和个人都不得侵占、买卖或以其他形式非法转让国有土地。

国有土地范围大、数量多，国家不可能也没必要将所有土地都归自己使用。所以，

《土地管理法》进一步规定，国有土地除国家使用外，其使用权还可以通过出让、划拨等方式转让给其他单位或个人。

3. 集体土地所有权

在我国，享有集体土地所有权的是农民集体。属于村农民集体所有的土地，由村集体经济组织或村民委员会（村民小组）经营、管理；属于乡（镇）农民集体所有的土地，由乡（镇）集体经济组织经营、管理。

《土地管理法》及有关法规规定，农民集体享有所有权的土地范围是：

（1）农村和城市郊区中除法律规定属于国家所有以外的全部土地；

（2）农村的宅基地和自留地、自留山；

（3）乡（镇）或村在集体所有的土地上修建并管理的道路、水利设施用地等。

农村集体经济组织可以对其所有的土地行使占有、使用、收益和处分的权利，也可依法将集体土地使用权进行转让、抵押和租赁。除国家征收外，不得转让集体土地所有权。

4. 土地所有权的确定和确认

《实施条例》规定，国家依法实行土地登记发证制度，依法登记的土地所有权和土地使用权受法律保护，任何单位和个人都不得侵犯。

农民集体所有的土地，由县级以上人民政府登记造册（处于设区的市辖区内农民集体所有的土地，由市人民政府登记造册），核发集体土地所有权证书，确认其所有权。土地所有权发生争议的，不能依法证明争议的土地是属于农民集体所有的，则属于国家所有。

为了公共利益的需要，国家可以依法征收集体所有土地，将其变为国有土地，但必须依法给予补偿。

6.1.3　土地使用权

1. 土地使用权的概念

土地使用权是指土地使用权人对国家或集体所有的土地所享有的占有、使用、一定收益和在限定范围内进行处分的权利。它是从土地所有权中分离出来的一项权利，具体表现为土地使用权人对土地可依法行使利用、出租、转让、抵押等权利。

2. 土地使用权的取得

国有土地和农民集体所有的土地可以依法确定给单位或个人使用。土地使用者可以通过国家出让、划拨，或通过其他土地使用权人依法转让、继承、获取地上建筑物所有权等方式取得国有土地的使用权。国有农业土地可由单位或个人承包，用以进行种植业、林业、畜牧业、渔业生产。

农民集体所有的土地使用权可依法通过承包、转让、继承等方式取得。集体经济组织的成员可承包本单位所有的土地，进行种植业、林业、畜牧业、渔业生产，承包经营期限为 30 年，其土地承包经营权受法律保护。农民集体所有的土地要承包给本集体经济组织之外的单位或个人经营的，须经村民会议 2/3 以上成员或 2/3 以上村民代表的同意，并报乡（镇）人民政府批准。

农民可依法取得宅基地、自留山、自留地的使用权。

按照依法、自愿、有偿原则，国家允许农民以转包、出租、互换、转让、股份合作等形式流转土地承包经营权，发展多种形式的适度规模经营。有条件的地方可以发展专业大户、家庭农场、农民专业合作社等规模经营主体。土地承包经营权流转，不得改变土地的集体所有性质，不得改变土地用途，不得损害农民土地承包权益。

3. 土地使用权的确定和确认

《确定土地所有权和使用权的若干规定》对国有土地使用权及集体土地使用权的范围和确定办法作出了具体的规定。

单位和个人依法使用的国有土地，由县级以上人民政府登记造册，核发证书，确认其使用权；其中，中央国家机关使用的国有土地的发证机关，由国务院确定。农民集体所有的土地，依法用于非农业建设的由县级人民政府登记造册，核发集体土地使用权证书，确认其建设用地使用权。

林地、草原、水面、滩涂的使用权，分别依照《中华人民共和国森林法》《中华人民共和国草原法》《中华人民共和国渔业法》的有关规定办理。

未确定使用权的国有土地，由县级以上人民政府登记造册，负责保护管理。

6.2　土地利用和保护

6.2.1　概述

1. 土地利用和保护的基本国策

土地是十分宝贵的资源和资产，我国土地及耕地的人均数量少，总体质量水平低，后备资源也不富裕。对于土地管理特别是耕地保护这个事关全局和子孙后代的问题，党中央、国务院给予了高度重视，确立了"十分珍惜、合理利用土地和切实保护耕地"的基本国策，并将其写入《土地管理法》。

2. 土地利用和保护的相关制度

为了保护并合理开发利用土地资源，《土地管理法》中规定了土地利用和保护的相关制度。

（1）土地用途管制制度

各级政府要依据国民经济和社会发展规划、国土整治和资源环境保护的要求、土地供给能力以及各项建设对土地的需求，组织编制土地利用总体规划，根据工业化、城市化、农业现代化和市场经济发展的需要，对全国土地进行宏观总体规划，省市县政府依据全国土地规划编制土地利用分区规划。土地使用者必须根据土地利用分区规划依法使用土地，由于城市化进程、产业结构调整以及市场环境变化需要调整土地用途的，需要依法经过自下而上和自上而下的过程修改土地利用分区规划后方可实行。

（2）土地调查统计制度

县级以上政府自然资源行政主管部门会同同级有关部门对土地的权属、土地利用现状和土地的条件进行调查，并应根据土地调查成果、规划土地用途和国家制定的统一标准，评定土地等级。土地所有者或使用者应当积极配合调查。地方土地利用现状调查结果，经本级政府审核，报上一级政府批准；全国土地利用现状调查结果，报国务院批准。各级土地利用现状调查结果都应向社会公布。

县级以上政府自然资源行政主管部门和同级统计部门共同制定统计调查方案，依法进行土地统计，定期发布土地统计资料。土地所有者或使用者应提供有关资料，不得虚报、瞒报、拒报、迟报。

国家建立全国土地管理信息系统，对土地利用状况进行动态监测。

（3）土地监察制度

土地监察是指土地管理部门依法对单位和个人执行和遵守国家土地法律法规情况进行监督检查并对土地违法者实施法律制裁的活动。土地监察工作的内容主要是对单位和个人下述行为的合法性进行监督检查：建设用地行为；建设用地审批行为；土地开发利用行为；土地权属变更和使用权出让行为；土地使用权转让、出租、抵押、终止行为；房地产转让行为及其他行为。

自然资源部主管全国土地监察工作；县级以上地方政府自然资源行政主管部门主管本地土地监察工作；乡（镇）政府负责本行政区域内土地监察工作。

6.2.2 土地利用总体规划

1. 土地利用总体规划的概念

土地利用总体规划是在综合考虑社会、经济发展需要，国土整治和资源与环境保护要求，土地使用现状及实际供给能力等各项因素的基础上所编制出的一定期限内土地利用的规划。它是国家对土地用途进行管制的依据，使用土地的单位和个人都必须严格按照土地利用总体规划确定的用途来使用土地。

土地利用总体规划按行政区划分为国家、省、地、县、乡（镇）五级，分别由各级人民政府负责编制。

土地利用总体规划是国家空间规划体系的重要组成部分，是实施土地用途管制，保护土地资源，统筹各项土地利用活动的重要依据。土地利用总体规划的期限应与国民经济和社会发展规划相适应，一般为15年，同时还应展望土地利用远景目标和确定分阶段实施的土地利用目标。各级人民政府还应根据土地利用总体规划并结合国民经济和社会发展计划、国家产业政策、建设用地和土地利用实际状况编制土地利用年度计划，并严格执行，以确保土地利用总体规划的落实。

2. 土地利用总体规划的编制

（1）土地利用总体规划的编制要求

土地利用总体规划分为国家、省、市、县和乡（镇）五级，由各级政府组织编制，国土资源主管部门具体承办。地方各级政府必须依据上一级土地利用总体规划来编制本级土地利用总体规划，其建设用地总量不得超过上一级土地利用总体规划中所确定的控制指标。

土地利用总体规划的编制，应当坚持政府组织、专家领衔、部门协作、公众参与的工作原则。土地利用总体规划编制前，国土资源主管部门应当对现行规划的实施情况进行评估，开展基础调查、土地调查成果资料收集、重大问题研究等前期工作。

国土资源主管部门应当依据土地利用现状，按照国民经济和社会发展规划等要求，以主体功能区规划、国土规划、国家发展战略为基础，组织编制土地利用总体规划大纲。县级以上地方国土资源主管部门依据经审核通过的土地利用总体规划大纲，编制土地利用总体规划。

对土地利用总体规划编制中的重大问题，国土资源主管部门可以根据实际情况采取多种方式向社会公众征询解决方案。对直接涉及公民、法人和其他组织合法权益的规划内容，应当采取公告、听证或者其他方式，充分听取公众的意见。

城乡建设、区域发展、基础设施建设、产业发展、生态环境保护、矿产资源勘查开发等各类与土地利用相关的规划，应当与土地利用总体规划相衔接。

国土资源主管部门开展建设用地预审、编制土地利用计划、开展建设用地审查报批、划定基本农田等工作，应当以土地利用总体规划为依据，确保规划目标的落实。

（2）土地利用总体规划的编制原则

土地利用总体规划编制时应遵循下列原则：

1）严格保护基本农田，控制非农田建设占用农用地；

2）提高土地利用率；

3）统筹安排各类、各区域用地；

4）保护和改善生态环境，保障土地的可持续利用；

5）占用耕地和开发复垦耕地相平衡。

（3）土地利用总体规划的内容

土地利用总体规划应当包括下列内容，但乡（镇）土地利用总体规划可以根据实际情况适当简化：

1）现行规划实施情况评估；

2）规划背景；

3）土地利用现状与评价；

4）土地供需形势分析；

5）土地利用战略；

6）规划主要目标，包括耕地保有量、基本农田保护面积、建设用地规模和土地整治安排等；

7）土地利用结构、布局、时序安排和节约集约用地的优化方案；

8）土地利用的差别化政策；

9）规划实施的责任与保障措施；

10）规划图件和图则；

11）规划说明以及与相关规划协调衔接情况。

省级土地利用总体规划应当重点突出下列内容：①国家级土地利用任务的落实情况；②重大土地利用问题的解决方案；③各区域土地利用的主要方向；④对市级土地利用的调控；⑤土地利用重大专项安排；⑥规划实施的机制创新。

市级土地利用总体规划应当重点突出下列内容：①省级土地利用任务的落实；②土地利用规模、结构、布局和时序安排；③土地利用功能分区及其分区管制规则；④中心城区土地利用控制；⑤对县级土地利用的调控；⑥基本农田集中划定区域；⑦重点工程安排；⑧规划实施的责任落实。

县级土地利用总体规划应当重点突出下列内容：①市级土地利用任务的落实；②土地利用规模、结构、布局和时序安排；③土地用途管制分区及其管制规则；④中心城区土地利用控制；⑤对乡（镇）土地利用的调控；⑥基本农田保护区的划定；⑦城镇村用地扩展边界的划定；⑧土地整治的规模、范围和重点区域的确定。

乡（镇）土地利用总体规划应当重点突出下列内容：①耕地、基本农田地块的落实；②县级规划中土地用途分区、布局与边界的落实；③地块土地用途的确定；④镇和农村居民点用地扩展边界的划定；⑤土地整治项目的安排。

村土地利用规划应当重点突出下列内容：①乡（镇）规划中土地用途分区、布局与边界的落实；②农村集体建设用地的安排，农村宅基地、公益性设施用地等的范围；③不同用途土地的使用规则。

（4）土地利用总体规划的审批

土地利用总体规划实行分级审批。

省级土地利用总体规划，报国务院批准。省会城市、人口在 100 万以上的城市以及国务院指定城市的土地利用总体规划，经省、自治区人民政府审查同意后，报国务院批准。其他土地利用总体规划，皆由省级人民政府批准，其中乡级土地利用总体规划，可由省级人民政府授权其所在的设区的市或自治州人民政府审查批准。

土地利用总体规划一经批准，就必须严格执行。

（5）土地利用总体规划的修改

经批准的土地利用总体规划需修改时，必须报原批准机关审批，未经批准前，不得擅自改变原规划确定的土地用途。

因能源、交通、水利等基础设施的建设，需改变土地利用总体规划的，属国务院批准的建设项目，根据国务院的批准文件修改土地利用总体规划；属省级人民政府批准的建设项目，可根据省级人民政府的批准文件，对原由省级人民政府审查批准的土地利用总体规划进行修改。

6.2.3 耕地保护与开发

1. 基本农田保护制度

（1）基本农田及基本农田保护区

为了保障粮食安全，促进农业发展，我国实行基本农田保护制度。基本农田是指按照一定时期人口和社会经济发展对农产品的需求，依据土地利用总体规划确定的不得占用的耕地。

基本农田保护区是指对基本农田实行特殊保护而依照法定程序划定的区域。各级政府必须制定基本农田保护区规划。全国基本农田保护区规划由国务院自然资源行政主管部门及农业行政主管部门会同其他有关部门编制，并报国务院批准。省、地、县的基本农田保护区规划由同级自然资源行政主管部门及农业行政主管部门会同其他有关部门，根据上一级基本农田保护区规划进行编制，经本级人民政府审定后，报上一级人民政府批准。乡级基本农田保护区规划由乡级人民政府根据县级基本农田保护区规划进行编制，报县级人民政府批准。

（2）基本农田保护区的范围

依法列入基本农田保护区的耕地包括：

1）经国务院有关主管部门或县级以上人民政府批准确定的粮、棉、油生产基地内的耕地；

2）有良好的水利与水土保持设施的耕地，正在实施改造计划以及可以改造的中低产田；

3）蔬菜生产基地；

4）农业科研、教学试验田；

5）国务院规定应当划入基本农田保护区的其他耕地。

各省、自治区、直辖市划定的基本农田应占本行政区域内耕地的 80% 以上。基本农田保护区以乡（镇）为单位进行划区定界。

2017 年 9 月，我国完成永久基本农田划定工作，全国实际划定保护面积 15.50 亿亩。

（3）基本农田保护的内容

基本农田属于耕地，只能用于农业耕作。为了对基本农田实行特殊保护，《基本农田保护条例》（1994 年制定，1998 年、2011 年修订）规定，禁止任何单位和个人在基本农田保护区内建窑、建房、建坟、挖砂、采石、采矿、取土、堆放固体废弃物或者进行其他破坏基本农田的活动。禁止任何单位和个人占用基本农田发展林果业和挖塘养鱼。

任何单位和个人都不准占用基本农田进行植树造林、发展林果业和搞林粮间作以及超标准建设农田林网；不准以农业结构调整为名，在基本农田内挖塘养鱼、建设用于畜禽养殖的建筑物等严重破坏耕作层的生产经营活动；不准违法占用基本农田进行绿色通道和城市绿化隔离带建设；不准以退耕还林为名违反土地利用总体规划，将基本农田纳入退耕范围；除法律规定的国家重点建设项目外，不准非农建设项目占用基本农田。

2. 占用耕地补偿制度

为确保粮食安全，我国划定了 18 亿亩的耕地保护红线。《全国国土规划纲要（2016—2030 年）》要求，到 2020 年、2030 年我国耕地保有量要分别保持在 18.65 亿亩、18.25 亿亩以上。截至 2015 年底，全国耕地保有面积为 20.25 亿亩。

为保持耕地总量，《土地管理法》规定了耕地占补平衡制度。非农业建设经批准后合法占用耕地的，必须依据省、自治区、直辖市人民政府制定的开垦耕地计划，按照"占多少，垦多少"的原则由占用耕地的单位负责开垦与所占用耕地的数量和质量相当的耕地。省、自治区、直辖市人民政府应监督占用耕地的单位按照计划开垦耕地或按照计划组织开垦耕地，并进行验收。没有条件开垦或开垦的耕地不符合要求的，应当按照省、自治区、直辖市的规定缴纳耕地开垦费，专款用于开垦新的耕地。

省、自治区、直辖市人民政府应当严格执行土地利用总体规划和土地利用年度计划，采取措施，确保本行政区域内耕地总量不减少；耕地总量减少的，由国务院责令在规定期限内组织开垦与所减少耕地的数量与质量相当的耕地，并由国务院自然资源行政主管部门会同农业行政主管部门验收。个别省、直辖市确因土地后备资源匮乏，新开垦耕地的数量不足以补偿所占用耕地的数量的，必须报经国务院批准减免本行政区域内开垦耕地的数量，进行易地开垦。全面实行"先补后占"政策，积极探索"以补定占"机制，实现补充耕地与占用耕地数量和产能双平衡。

3. 土地整治制度

土地整治是对低效利用、不合理利用和未利用的土地进行治理，对生产建设破坏和自然灾害损毁的土地进行恢复利用，以提高土地利用率的活动。土地整治包括土地整理、土地开发和土地复垦等内容。

（1）土地整理

土地整理是指采用工程、生物等措施，对田、水、路、林、村进行综合整治，增加有效耕地面积，提高土地质量和利用效率，改善生产、生活条件和生态环境的活动。

土地整理主要通过减少农田中的沟渠、道路、园地、林地和夹荒地等非耕地面积，以及削减田坎边坡等手段来增加耕地面积。实践证明，土地整理新增耕地比率一般为整理耕地面积的 10%～20%。为鼓励各方开展土地整理，《土地管理法》规定，土地整理新增耕地面积的 60% 可用以折抵建设占用耕地的补偿指标。土地整理所需费用，按照谁受益谁负担的原则，由农村集体经济组织和土地使用者共同承担。

（2）土地开发

土地开发是指在保护和改善生态环境、防止水土流失和土地荒漠化的前提下，采用工程、生物等措施，将未利用土地进行开发利用的活动。

国家鼓励单位和个人按照土地利用总体规划，在保护和改善生态环境、防止水土流失和土地荒漠化的前提下，开发未利用的土地。适宜开发为农业用地的，应当优先开发成农业用地。一次性开发国有荒山、荒地、荒滩 600 公顷以下的，按省、自治区、直辖市规定的权限由县级以上人民政府批准；一次性开发 600 公顷以上的，由国务院审批。开发未确定使用权的国有荒山、荒地、荒滩从事种植业、林业、畜牧业、渔业生产的，经县级以上人民政府依法批准，可以确定给开发单位或个人长期使用，但使用期限最长不得超过 50 年。

开垦未利用的土地，必须经过科学论证和评估，在土地利用总体规划确定的可开垦的区域内，经批准后依法进行。禁止毁坏森林、草原开垦耕地，禁止围湖造田和侵占江河滩地。对破坏生态环境开垦、围垦的土地，要有计划有步骤地退耕还林、退耕还草、退耕还湖。

（3）土地复垦

土地复垦是指采用工程、生物等措施，对在生产建设过程中因挖损、塌陷、压占造成破坏、废弃的土地和自然灾害造成破坏、废弃的土地进行整治，恢复利用的活动。

《土地管理法》规定，因挖损、塌陷、压占等造成土地破坏的，用地单位和个人应按照国家有关规定复垦；没有条件复垦或复垦不符合要求的，应缴纳土地复垦费，专项用于土地复垦。复垦的土地应当优先用于农业。为了规范土地复垦活动，加强土地复垦管理，国务院于 2011 年发布《土地复垦条例》，国土资源部于 2012 年发布《土地复垦条例实施办法》，对生产建设活动损毁土地的复垦、历史遗留损毁土地和自然灾害损毁土地的复垦分别作出了规定。《土地复垦条例》规定，对于生产建设活动损毁的土地，按照"谁损毁，谁复垦"的原则，由生产建设单位或者个人负责复垦。

对于工程建设占用耕地，《土地管理法》规定，县级以上地方人民政府可以要求占用耕地的单位将所占用耕地耕作层的土壤用于新开垦耕地、劣质地或者其他耕地的土壤改良。

2012 年，国土资源部发布《关于提升耕地保护水平全面加强耕地质量建设与管理的通知》，要求全面实施耕作层剥离再利用制度，建设占用耕地、特别是基本农田的，应当剥离耕作层用于补充耕地的建设，超过合理运距、不宜直接用于补充耕地的，应用于现有耕地的整治。城镇周边及各类园区、优质土壤丰富地区，各类建设集中连片占用耕地的，都应开展耕作层剥离和再利用；占用基本农田的，必须进行耕作层剥离和再利用。在建设项目可行性研究阶段，建设用地单位要将耕作层剥离和存放等资金列入工程概算，用地报批时要将耕作层剥离和再利用内容纳入补充耕地和土地复垦方案，作为用地审查的重要内容。

4. 城乡建设用地增减挂钩制度

城乡建设用地增减挂钩，是指依据土地利用总体规划，将若干拟整理复垦为耕地的农村建设用地地块（即拆旧地块）和拟用于城镇建设的地块（即建新地块）等面积共同组成建新拆旧项目区（以下简称项目区），通过建新拆旧和土地整理复垦等措施，在保证项目区内各类土地面积平衡的基础上，最终实现增加耕地有效面积，提高耕地质量，节约集约利用建设用地，城乡用地布局更合理的目标。

一些地方在农村土地整治过程中，进行了将通过整治节约的少部分农村建设用地以指标调剂的方式按规划调整到城镇使用的政策探索，对统筹城乡发展发挥了积极作用。2008年，国土资源部发布《城乡建设用地增减挂钩试点管理办法》，开始在全国多地区进行多个层次的城乡建设用地增减挂钩试点，有效促进了耕地保护和节约集约用地，有力推动了农业现代化和城乡统筹发展。

6.3 建 设 用 地

6.3.1 国有建设用地

国有建设用地是国家所有、用于非农业用途的土地。经批准的建设项目需要使用国有建设用地的，建设单位应持法律、行政法规规定的有关文件，向有批准权的县级以上人民政府自然资源行政主管部门提出建设用地申请，经自然资源行政主管部门审查，报本级人民政府批准，国有建设用地可通过划拨和有偿使用两种方式交由建设单位使用。

1. 国有建设用地使用权划拨

（1）国有建设用地使用权划拨的概念

为社会公共利益，进行经济、文化、国防建设以及兴办社会公共事业的，经县级以上人民政府的批准，建设单位可通过划拨的方式取得国有建设用地使用权。以划拨方式取得土地使用权的，除法律、行政法规另有规定外，没有使用期限的限制。如果划拨的国有建设用地来自于对集体土地的征收或对他人现有的国有土地使用权的征收，政府可以要求土地使用者在划拨前缴纳征收补偿和相关费用。

（2）国有建设用地使用权划拨的用途限制

可以进行划拨的建设用地用途限定为以下几类：

1）国家机关用地和军事用地。

国家机关用地，是指行使国家职能的各种机关用地的总称，它包括国家权力机关、国家行政机关、国家审判机关、国家检察机关、国家军事机关的用地。

军事用地，是指军事设施用地。根据《中华人民共和国军事设施保护法》规定，军事设施包括下列建筑、场地和设施：①指挥机关，地面和地下的指挥工程、作战工程；②军用机场、港口、码头；③营区、训练场、试验场；④军事洞库、仓库；⑤军用通信、侦察、导航、观测台站，测量、导航、助航标志；⑥军用公路、铁路专用线，军用通信、输电线路，军用输油、输水管道；⑦边防、海防管控设施；国务院和中央军事委员会规定的其他军事设施。

2）城市基础设施用地和公益事业用地。

城市基础设施用地，是指城市给水、排水、污水处理、供电、通信、燃气、热力、道路、桥梁、市内公共交通、园林绿化、环境卫生以及消防、路标、路灯等设施用地。

城市公益事业用地，是指城市内的学校、医院、体育场馆、图书馆、文化馆、博物纪念馆、福利院、敬老院、防疫站等不以经营为目的的文体、卫生、教育、福利事业用地。

3）国家重点扶持的能源、交通、水利等基础设施用地。

这类用地是指由中央投资、或中央与地方共同投资或者共同引进外资以及其他投资者投资，国家采取各种优惠政策重点扶持的煤炭、石油、天然气、电力等能源项目用地；铁路、港口码头等交通项目用地；水库、防洪、防渍、防碱、农田灌溉、水力发电、江河治理、城市供水和排水等水利工程项目用地。

4）法律、行政法规规定的其他用地。

2. 国有建设用地使用权出让

除上述国家建设项目可通过划拨方式取得国家建设用地使用权外，其他建设项目均须通过有偿使用的方式来取得国有建设用地使用权，有偿使用的具体方式包括出让、租赁、作价出资或入股等，其中通过出让获得国有建设用地使用权是应用最为广泛的一种有偿获取土地使用权形式。

（1）国有建设用地使用权出让的概念

国有建设用地使用权出让，是指作为国有土地所有者的国家，将国有建设用地在一定期限内的使用权有偿出让给土地使用者。土地使用者在支付土地使用权出让金后，应当依照规定办理登记并领取土地使用证，取得出让期限内的土地使用权。

在我国现有土地制度下，只有国家能以土地所有者的身份出让土地，《土地管理法》规定，城市规划区内集体所有的土地必须被征收转为国有土地后方可出让土地使用权。因此，国有建设用地使用权出让是一种国家垄断行为。党的十八届三中全会提出了集体建设用地流转制度改革的目标和举措，今后我国会逐渐放宽对集体建设用地直接向集体外土地使用者流转使用权的限制，最终实现集体建设用地与国有建设用地的"同地、同权、同价"。

（2）国有建设用地使用权出让的特征

1）国有建设用地使用权出让的用途限制

国家在出让前会确定出让使用权的建设用地的用途（住宅、商业、工业等）和规划条件，土地使用者必须按土地使用权出让合同约定的用途和条件使用土地。

2）国有建设用地使用权有期限出让

土地使用权只能在一定年限内出让给土地使用者，土地使用权出让的最高年限（一次出让签约的最高年限）由国家法律按照土地的不同用途规定。

3）国有建设用地使用权有偿出让

土地使用者取得一定年限内的国有土地使用权，须向国家支付土地使用权出让金。土地使用权出让金是土地使用权有偿出让的货币表现形式，其本质是国家凭借土地所有权取得的土地经济效益。土地使用权出让金主要包括一定年限内的地租，此外还包括土地使用权出让前国家获取和开发土地的成本。

4）土地使用者享有权利的范围不含地下之物

土地使用者对地下的资源、埋藏物和市政公用设施等，不因其享有土地的使用权而对其享有。

（3）国有建设用地使用权出让的方式

《城市房地产管理法》规定："土地使用权出让，可以采取拍卖、招标或者双方协议的方式。"《招标拍卖挂牌出让国有建设用地使用权规定》增加了挂牌出让方式。因此，国有建设用地使用权的出让方式包括拍卖、招标、挂牌和协议出让四种。协议出让之外的三种土地使用权出让方式通常被合称为"招拍挂"。

1）协议出让

协议出让，是指土地使用权的意向受让人直接与国有土地的出让人进行谈判，协商确定出让价格和有关事宜的出让方式。

以协议方式出让土地使用权，没有引入竞争机制，谈判过程不公开，容易导致政府官员的贪污腐败行为，造成国有资产流失。因此，国家对这种出让方式作出了严格限制。2004 年，国土资源部、监察部联合下发《关于继续开展经营性土地使用权招标拍卖挂牌出让情况执法监察工作的通知》（即 "71 号令"），要求从 2004 年 8 月 31 日起，住宅、商业、旅游、娱乐等经营性用地不得再通过协议出让方式出让国有建设用地使用权。

协议出让仅适用于工业仓储、市政公益事业项目、非营利项目，及政府为调整经济结构、实施产业政策而需要给予优惠、扶持的建设项目等。

2）拍卖出让

拍卖出让，是指自然资源行政管理部门在指定的时间、地点，公开就出让建设用地使用权的地块公开叫价竞投，按 "价高者得" 的原则，确定土地使用权受让者的一种方式。

拍卖出让方式充分引进了竞争机制，排除了主观因素的干扰，有利于公平竞争，可以使国家最大限度地获得土地收益，增加财政收入。但另一方面，由于拍卖出让的竞价时间较短，容易引发竞买者的非理性竞争，导致地价过快上涨，不利于政府对房地产市场的调控。在房地产价格上涨过快的地方，政府通常会为拍卖地块设定最高限价或者制定熔断机制，以限制地价的上涨幅度和速度。

拍卖竞价方式主要适用于投资环境好、营利大、竞争性很强的房地产业、金融业、旅游业、商业和娱乐用地。

3）挂牌出让

挂牌出让，是指出让人发布挂牌公告，按公告规定的期限将拟出让宗地的信息和交易条件在指定的土地交易场所挂牌公布，接受竞买人的报价申请并更新挂牌价格，根据挂牌期限截止时的出价结果确定土地使用者的行为。

土地使用权公开挂牌交易的，应公告最低交易价和其他交易条件，公告期限不少于20 日。挂牌时间不得少于 10 日。挂牌期间可根据竞买人竞价情况调整增价幅度。

在挂牌期限内只有一个竞买人报价，且报价不低于底价，并符合其他条件的，挂牌成交；在挂牌期限内有两个或者两个以上的竞买人报价的，出价最高者为竞得人；报价相同的，先提交报价单者为竞得人，但报价低于底价者除外；在挂牌期限内无应价者或者竞买人的报价均低于底价或者均不符合其他条件的，挂牌不成交。

挂牌出让方式与拍卖出让方式类似，但时间更长，有利于竞买人作出理性决策。

4）招标出让

招标出让，是指在规定的期限以内，由符合规定条件的单位和个人以书面投标形式竞投某一宗土地的使用权，由招标方择优确定土地使用者的出让方式。招标出让分为公开招标和邀请招标两种形式。

招标出让通常采用综合评分法进行评标，在评标时，不仅要考虑投标价，而且要对投标的规划设计方案和投标者的资信情况等进行综合评价，因此，中标者不一定是投标标价的最高者。实践证明，招标出让方式的效果通常优于拍卖出让。它不仅有利于土地规划利用的优化，确保国家获得土地收益，而且有利于公平竞争，给出让方留有一定的选择余地。

招标出让方式适用于开发性用地或有较高技术性要求的建设用地。

（4）国有建设用地使用权出让的期限

《中华人民共和国城镇国有土地使用权出让和转让暂行条例》规定，国有建设用地使用权出让最高年限按用途分别为：①居住用地 70 年；②工业用地 50 年；③教育、科技、文化、卫生、体育用地 50 年；④商业、旅游娱乐用地 40 年；⑤综合或其他用地 50 年。代表国家出让土地使用权的地方自然资源行政管理部门可以在最高年限范围内确定每幅土地出让的具体年限。

将国有建设用地使用权出让最高年限按不同用途分别定为 50 年、70 年，首先是出于对土地收益的考虑，其次是考虑到地上房屋的折旧期一般都在 50 年左右，土地使用期届满时房屋残值已所剩无几。

规定国有建设用地使用权出让的最高年限，具有非常重要的意义：

第一，表明土地使用权出让不是土地买卖。土地买卖是土地所有权的买断，而出让的是一定年限的土地使用权。如果不在法律、法规中明确规定土地使用权出让的最高年限，土地使用权出让的期限过长，就会演变成实质上的土地买卖。

第二，表明我国实行的是土地有偿、有限期的使用制度。过去，我国长期实行土地无偿、无限期的使用制度，国有土地一旦划拨，就变成了实际上的单位所有，使国有土地的所有权无从体现。法律、法规规定土地使用权出让的最高年限，是我国土地使用制度改革的重要成果。

第三，表明国家作为土地所有者对土地使用权有最终处置权。土地使用权出让年限届满，土地使用者或申请续期使用土地、或者由国家收回。这对合理配置和利用土地资源、提高土地资产效益有着重要的作用。

（5）国有建设用地使用权出让合同

1）国有建设用地使用权出让合同的概念

土地使用权出让合同，是指市、县人民政府自然资源管理部门与土地使用者之间就出让国有土地使用权所达成的、明确相互之间权利义务关系的协议。国有建设用地使用权出让，应当签订书面出让合同。国有建设用地使用权出让合同由市、县人民政府自然资源管理部门与土地使用者签订。

2）国有建设用地使用权出让合同的主要内容

国有建设用地使用权出让合同一般包括下列内容：

① 标的。指出让土地的位置、四邻界至、用途、面积。

② 使用年限。土地使用权出让年限，不得超过法律允许的特定用途土地使用权出让最高年限。

③ 开发期限。是指土地使用人在取得土地使用权后开发利用土地的时限。明确这项内容，是保证有效开发利用土地的依据，防止不按期开发、闲置土地等现象。

④ 出让金数额及支付方式、期限。公平、合理地确定土地使用权出让金数额和付款期限，是订立出让合同的关键。出让底价应当依据土地估价结果、供地政策和土地市场行情等综合确定。

⑤ 开发进度。出让土地的开发工程量往往很大，通常分期、分批进行开发。因此，合同必须确定开发进度以及根据进度分期投入的资金额。

⑥ 规划条件。土地使用权出让方应在符合城市总体规划的前提下，编制出所出让土地使用的总平面布置图、建筑密度和高度控制指标、工程管线规划、工程深度限制、环境保护、园林绿化、消防等要求。

⑦ 违约责任。是指合同当事人双方违反合同规定应当承担的民事法律责任。

⑧ 双方认为应约定的其他条款。

《中华人民共和国城镇国有土地使用权出让和转让暂行条例》规定，土地使用者应当在签订土地使用权出让合同后 60 日内，支付全部土地使用权出让金，逾期未全部支付的，出让方有权解除合同，并可请求违约赔偿。但在实际操作中，各地方政府大多给土地使用者较为优惠的付款条件，允许土地使用者在较长的期限内付清土地出让金。这种做法减轻了土地使用者的资金压力，降低了参与土地出让竞争的门槛。

2010 年 3 月，国土资源部发布的《关于加强房地产用地供应和监管有关问题的通知》收严了土地出让金的付款条件。通知规定，土地出让最低价不得低于出让地块所在地级别基准地价的 70%，竞买保证金不得低于出让最低价的 20%。土地出让成交后，出让双方必须在 10 个工作日内签订出让合同。土地使用者必须在合同签订后 1 个月内缴纳出让价款 50% 的首付款，余款要按合同约定及时缴纳，最迟付款时间不得超过一年。以此限制土地出让竞买人的竞争，防止土地价格过快上涨。通知还规定，出让合同必须明确约定土地面积、用途、容积率、建筑密度、套型面积及比例、定金、交地时间及方式、价款缴纳时间及方式、开竣工时间及具体认定标准、违约责任处理。上述条款约定不完备的，不得签订合同，违规签订合同的，必须追究出让人责任。受让人逾期不签订合同的，终止供地、不得退还定金；已签合同不缴纳出让价款的，必须收回土地。

3）国有建设用地使用权出让合同的变更和解除

国有建设用地使用权出让合同的期限很长，一般都为几十年，在合同履行过程中，因为种种原因，或者需要修正部分条款的内容，或者原出让合同继续履行已不必要或不可能。因此，法律允许当事人在特定情况下可以依法变更和解除出让合同。

在国有建设用地使用权出让合同变更中，比较多见的是土地使用者提出改变土地用途。《土地管理法》规定，需要改变土地建设用途的，应经有关自然资源行政主管部门同意，报原批准用地的人民政府批准。在城市、镇和乡村规划区内改变土地用途的，在报批前，应先经有关城乡规划行政主管部门同意。

在土地使用权出让合同解除中，比较多见的是当事人双方违约，或土地使用者不按法律规定开发、利用、经营土地而导致土地管理部门将土地使用权收回。相关规定详见本节有关闲置土地的部分内容。当然，如果土地使用者已经支付出让金，而土地出让方未按合同规定提供土地使用权，土地使用者也有权解除合同。

（6）国有建设用地使用权出让的管理

1）国有建设用地使用权出让的审批

建设项目需使用国有建设用地的，其可行性论证中的用地事项，须交自然资源行政主管部门审查并出具预审报告，其可行性报告报批时，必须附具该预审报告。在项目批准后，建设单位需持有关批准文件，向市、县级政府自然资源行政主管部门提出用地申请，由自然资源行政主管部门审查通过后，再拟订供地方案，报市、县人民政府批准，然后由市、县人民政府向建设单位颁发建设用地批准书。

在审批过程中，政府必须对出让方案所涉及的出让地块的用途、年限和其他条件等一并进行审查。出让方案应当由市、县人民政府土地管理部门会同城市规划、建设、房产管理部门共同拟订。

2）国有建设用地使用权出让的宏观调控

对土地出让的调控是国家对房地产市场进行宏观调控的重要手段。《城市房地产管理法》规定，县级以上地方人民政府出让土地使用权用于房地产开发的，须根据省级以上人民政府下达的控制指标拟订年度出让土地使用权总面积方案，报国务院或者省级人民政府批准。

在对土地出让进行宏观调控的众多行政规范性文件中，较为重要的是 2010 年 3 月自然资源部发布的《关于加强房地产用地供应和监管有关问题的通知》。该《通知》建立了"限房价、竞地价"的土地出让竞价模式，允许房价过高、上涨过快城市的自然资源管理部门选择部分地块，按照政府确定的限价房项目采用竞地价办法通过"招拍挂"出让土地。也就是在限制房价的基础上，由竞买人竞争土地出让价格。该《通知》还要求各地方建立房地产用地的开竣工申报制度，规定土地用地者应当在项目开工、竣工时，向自然资源管理部门书面申报。在合同约定期限内未开工、竣工的，用地者要在到期前 15 日内，申报延迟缘由，市、县自然资源管理部门应按合同约定认真处理后，可通过增加出让合同和划拨决定书条款或签订补充协议等方式，对申报内容进行约定监管。要向社会公示不执行申报制度的土地使用者，并限制其至少在一年内不得参加土地购置活动。

3. 国有建设用地使用权的终止和续期

（1）国有建设用地使用权的终止

国有建设用地使用权终止，是指土地使用者不再继续拥有国有建设用地使用权。国有建设用地使用权终止的原因包括以下三种：因土地的灭失而导致使用者不再享有土地使用权、出让年限届满而由国家收回土地使用权、或者出让期满前国家因社会公共利益的需要而提前收回土地使用权。

《土地管理法》规定，出现下列情况时，有关人民政府自然资源行政主管部门在报经原批准用地的人民政府或有批准权的人民政府批准后，可以将国有土地使用权收回：

1）为公共利益需要使用土地的；

2）为实施城市规划进行旧城区改建，需要调整使用土地的；

3）土地出让等有偿使用合同约定的使用期限届满，土地使用者未申请续期或申请续期未获批准的；

4）因单位撤销、迁移等原因，停止使用原划拨的国有土地的；

5）公路、铁路、机场、矿场等经核准报废的。

因其中1)、2) 两项情况，在国有建设用地使用权出让期满前，因社会公共利益的需要而提前收回土地使用权的，政府须进行国有土地上房屋征收，相关规定详见本书第11章11.4节"中华人民共和国国有土地上房屋征收"。

（2）国有建设用地使用权的续期

《土地管理法》规定，出让的建设用地使用权期间届满的，土地使用权人应提前申请并经过土地行政主管部门的批准，重新签订土地使用权出让合同并办理登记，方可继续获得土地使用权。《中华人民共和国物权法》规定，住宅建设用地使用权期间届满的，自动续期。非住宅建设用地使用权期间届满后的续期，依照法律规定办理。

综合两部法律的规定可以看出，我国目前对住宅建设用地和非住宅建设用地的使用权期满续期采取了不同的处理方法。对于住宅建设用地，使用权期满后可以自动续期；而对于非住宅建设用地，使用权人必须在期满前申请并获得自然资源行政管理部门批准，才能续期，如土地使用权人未申请续期或续期申请未获批准，土地使用权由国家无偿收回。至于土地使用权续期是否需要重新缴纳土地出让金或土地使用费，现行法律法规中并未作出明确规定。

4. 闲置土地处置

（1）闲置土地的概念

闲置土地是指国有建设用地使用权人超过国有建设用地使用权有偿使用合同或者划拨决定书约定、规定的动工开发日期满一年未动工开发的国有建设用地。已动工开发但开发建设用地面积占应动工开发建设用地总面积不足1/3或者已投资额占总投资额不足25%，中止开发建设满一年的国有建设用地，也可认定为闲置土地。

土地是一种宝贵的资源，土地的闲置一方面会导致资源的浪费，另一方面也会影响政府对房地产市场进行的宏观调控的效果。为确保土地使用权人按照合同约定或划拨决定、及时有效地对所获取的土地进行开发利用，《土地管理法》规定了对闲置土地的处理措施，国土资源部（现自然资源部）还特别制定了《闲置土地处置办法》，对闲置土地的调查、认定、处置、利用、预防、监管等方面作出了细致的规定。

（2）闲置土地的分类

根据土地闲置的原因不同，闲置土地可以分为两类：一类是由于不可抗力和政府行为造成的闲置土地；另一类是其他原因造成的闲置土地，这一类闲置土地又可以进一步分为土地使用权人自身原因造成的闲置土地、土地使用权人和政府之外的第三方原因造成的闲置土地两类。

以下情形属于政府和政府有关部门的行为造成的动工开发延迟：

1）因未按照国有建设用地使用权有偿使用合同或者划拨决定书约定、规定的期限、条件将土地交付给国有建设用地使用权人，致使项目不具备动工开发条件的；

2）因土地利用总体规划、城乡规划依法修改，造成国有建设用地使用权人不能按照国有建设用地使用权有偿使用合同或者划拨决定书约定、规定的用途、规划和建设条件开发的；

3）因国家出台相关政策，需要对约定、规定的规划和建设条件进行修改的；

4）因处置土地上相关群众信访事项等无法动工开发的；

5）因军事管制、文物保护等无法动工开发的；

6）政府、政府有关部门的其他行为。

（3）对于不可抗力、政府行为造成的闲置土地的处置

对于因不可抗力、政府和政府有关部门的行为造成的闲置土地，按如下方式处置：

1）延长动工开发期限。签订补充协议，重新约定动工开发、竣工期限和违约责任。从补充协议约定的动工开发日期起，延长动工开发期限最长不得超过一年。

2）调整土地用途、规划条件。按照新用途或者新规划条件重新办理相关用地手续，并按照新用途或者新规划条件核算、收缴或者退还土地价款。改变用途后的土地利用必须符合土地利用总体规划和城乡规划。

3）由政府安排临时使用。待原项目具备开发建设条件，国有建设用地使用权人重新开发建设。从安排临时使用之日起，临时使用期限最长不得超过两年。

4）协议有偿收回国有建设用地使用权。

5）置换土地。对已缴清土地价款、落实项目资金，且因规划依法修改造成闲置的，可以为国有建设用地使用权人置换其他价值相当、用途相同的国有建设用地进行开发建设。涉及出让土地的，应当重新签订土地出让合同，并在合同中注明为置换土地。

此外，市、县自然资源主管部门还可以根据实际情况规定其他处置方式。

（4）对于其他原因造成的闲置土地的处置

对于不可抗力、政府行为之外的其他原因造成的闲置土地，根据闲置时间，分别作如下处置：

1）未动工开发满一年的，由市、县自然资源主管部门报经本级人民政府批准后，按照土地出让或者划拨价款的 20% 征缴土地闲置费。土地闲置费不得列入生产成本。

2）未动工开发满两年的，由市、县自然资源主管部门报经有批准权的人民政府批准后，无偿收回国有建设用地使用权。

6.3.2　集体建设用地

1. 集体建设用地的用途限制

集体建设用地是由农民集体所有，用于非农建设用途的土地。农民集体所有的土地依法用于非农业建设的，由县级人民政府登记造册，核发证书，确认建设用地使用权。《土地管理法》规定，集体建设用地可用于乡镇企业、乡（镇）村公共设施和公益事业、农村村民住宅等三类乡（镇）村建设用途。按照《中华人民共和国乡镇企业法》规定，乡镇企业是农村集体经济组织或者农民投资为主，在乡镇（包括所辖村）举办的承担支援农业义务的企业。

集体建设用地的使用，应当符合土地利用总体规划和土地利用年度计划，按照村庄和集镇规划，合理布局，综合开发，配套建设，尽可能利用荒坡地、废弃地。

农村村民每户只能拥有一处宅基地，其面积不得超过省、自治区、直辖市规定的标准。有条件的地方，可以将农村村民的住宅相对集中建成公寓式楼房，节约集体建设用地。

随着我国经济的发展和城镇化的推进，越来越多的集体建设用地被用于上述三类建设用途之外的商业经营，此类集体建设用地被称为"集体经营型建设用地"。

2. 集体建设用地的审批

农村集体经济组织使用土地利用总体规划确定的集体建设用地兴办企业或以土地使用

权入股、联营等方式与其他单位、个人共同兴办企业的，应持有关批准文件，向县级以上地方人民政府自然资源行政主管部门提出申请，按省、自治区、直辖市规定的批准权限和用地标准，由县级以上地方人民政府批准。

乡（镇）村公共设施、公益事业建设，需要使用土地的，经乡（镇）人民政府审核，向县级以上地方人民政府自然资源行政主管部门提出申请，按省、自治区、直辖市规定的批准权限，由县级以上地方人民政府批准。

农村村民住宅用地，经乡（镇）人民政府审核，由县级人民政府批准。农村村民出卖、出租住房后，再申请宅基地的，不予批准。

使用集体建设用地涉及占用农用地的，需按照有关规定办理农用地转用审批手续。

3. 集体建设用地使用权的收回

《土地管理法》规定，出现下述情况时，农村集体经济组织报经原批准用地的人民政府批准，可以收回集体建设用地使用权：

（1）为乡（镇）村公共设施和公益事业建设需用土地的，可以收回土地使用权，但对土地使用人应给予适当补偿；

（2）不按批准的用途使用土地的；

（3）因撤销、迁移等原因而停止使用土地的。

4. 集体建设用地制度改革

在我国现有的城乡二元的土地所有制结构中，国家严格限制农村集体土地转用，禁止集体建设用地进入一级土地市场交易。《土地管理法》规定，集体建设用地只可用于村民住宅建设、乡镇企业建设和乡（镇）村公共设施及公益事业建设等与农业有关的乡村建设，不得出让、转让或出租给他人用于非农业建设。非农业建设确需占用农民集体所有的土地时，必须先由国家将所需土地征收为国有土地，再依法划拨或出让国有建设用地使用权。

这一制度极大地制约了集体土地价值的实现，无法充分发挥市场配置土地资源的作用，不利于土地资源的优化配置。于是，对集体土地使用权进行自发流转，就成为农民集体、用地企业和地方基层政府三者经过利益衡量之后的自觉选择。

集体建设用地使用权的自发流转始于 20 世纪 90 年代初，经济发展导致工业用地需求增大，企业希望能够以更低的价格获取土地，而农民集体也希望"绕过"土地征收制度获取更多的土地增值收益。于是在沿海发达地区，农民集体纷纷以出租的形式向企业提供生产用地。部分地方政府为了降低企业的投资成本，吸引企业投资办厂，也对这种做法予以默许。

1999 年底，国土资源部在安徽芜湖设立了第一个集体建设用地使用权流转试点，随后，全国多个城市也纷纷开始进行集体建设用地使用权流转的改革试点。这些改革试点无一例外地取得了良好的结果：不仅增加了农民的收入，缓解了社会矛盾；也提高了土地的利用效率，降低了企业的投资成本，促进了地方经济的发展。

2005 年，广东省人大常委会通过了《广东省集体建设用地使用权流转管理办法》，允许除宅基地以外的、符合土地利用总体规划、城市规划或村庄、集镇规划的要求，产权明晰（已经进行了产权登记且不存在产权争议）的集体建设用地使用权进入市场流转交易。这些集体建设用地使用权既可以在一级市场上出让、出租、抵押，也可以在二级市场上转让、转租、抵押。以集体建设用地使用权作价入股（出资），与他人合作、联营等形式共同兴办企业的，视同集体建设用地使用权出让。流转后的集体建设用地可用于除商品房开发以外的一切建设用途。集体建设用地使用权出让的年限不能高于同类型国有建设用地出让的年限。出让、出租或抵押的价款由双方自愿协商确定。这是全国首个规范农民集体建设用地使用权流转的地方性法规，标志着我国对农村集体建设用地流转的改革试点进入了新的阶段。

2013年召开的中共十八届三中全会提出了集体建设用地改革的思路和目标，决定逐步放松国家对土地一级市场的垄断，建立城乡统一的建设用地市场，在符合规划和用途管制前提下，允许农村集体经营性建设用地出让、租赁、入股，最终实现与国有土地同等入市、同权同价。

2015年2月，全国人民代表大会常务委员会发布决定，授权国务院在北京市大兴区等33个试点县（市、区）行政区域暂时调整实施《中华人民共和国土地管理法》《中华人民共和国城市房地产管理法》关于农村土地征收、集体经营性建设用地入市、宅基地管理制度的有关规定，随后国务院在全国33个县（市、区）启动了集体经营性建设用地直接入市流转的改革试点。

2016年，中国人民银行等六部委联合发布《农民住房财产权抵押贷款试点暂行办法》，允许有其他长期稳定居住场所的农民，在其所在的集体经济组织书面同意宅基地使用权随农民住房一并抵押及处置之后，以其宅基地使用权及地上房屋所有权作抵押申请贷款。集体建设用地使用权抵押最大的难点在于抵押物的处置，该《办法》规定，因借款人不履行到期债务，或者按借贷双方约定的情形需要依法行使抵押权的，贷款人应当结合试点地区实际情况，配合试点地区政府在保障农民基本居住权的前提下，通过贷款重组、按序清偿、房产变卖或拍卖等多种方式处置抵押物。这在农民集体建设用地使用权抵押制度的改革方面迈出了实质性步伐。

2017年，国土资源部、住房城乡建设部发布《利用集体建设用地建设租赁住房试点方案》，允许试点城市的农村集体经济组织利用集体建设用地开发建设租赁住房，迈出了集体建设用地改革的新步伐。这一改革举措不仅可以盘活集体建设用地资源，缓解试点城市的用地压力，促进城市租赁住房市场供需结构的改善，还可以让农村集体分享城市化过程带来的土地增值收益，充分实现土地价值，有助于防范和化解"小产权房"问题。

6.3.3 农用地和未利用地转为建设用地

1. 农用地转为建设用地

对于土地利用总体规划确定为建设用地而现为农用地的土地，在土地利用总体规划确定的建设用地规模范围内，由原批准土地利用总体规划的机关审批，按土地利用年度计划，分批次将农用地批转为建设用地。

为实施城市规划需将农用地转为国有建设用地，必须先由市、县人民政府按土地利用年度计划拟订农用地转用方案、补充耕地方案和征收土地方案，上报给有批准权的人民政府，由其自然资源行政主管部门先行审查，再经人民政府批准后，方可实施。为实施村庄、集镇规划需将农用地转为集体建设用地，也需按此程序报批，但报批方案中不包括征收土地方案。

省、自治区、直辖市人民政府批准的道路、管线工程和大型基础设施建设项目，国务院批准的建设项目的用地，涉及农用地转为建设用地的，须经国务院批准；其他建设项目的用地，涉及农用地转为建设用地的，由省、自治区、直辖市人民政府批准。

2. 未利用地转为建设用地

将国有未利用土地转为建设用地，按各省、自治区、直辖市的相关规定办理，但国家重点建设项目、军事设施和跨省、自治区、直辖市的建设项目以及国务院规定的其他建设项目用地，需报国务院批准。

6.3.4　临时用地

建设项目施工和地质勘察需要临时使用国有土地或集体土地的，由县级以上人民政府自然资源行政主管部门批准。其中，在城市、镇和乡村规划区内的，还应先经有关城乡规划行政主管部门同意。

土地使用者应当根据土地权属，与有关自然资源行政主管部门或农村集体经济组织、村民委员会签订临时用地合同，并按合同的约定支付临时使用土地补偿费。

临时用地的使用者应按临时使用土地合同约定的用途使用土地，并不得修建永久性建筑。临时用地为耕地的，临时用地的使用者应自临时用地期满之日起 1 年内恢复种植条件。使用临时用地造成耕地损毁的，用地单位应承担土地复垦义务。

临时使用土地期限一般不超过 2 年。

6.4　土　地　征　收

6.4.1　土地征收法律规范的架构

我国法律对土地征收制度的规范分散在从宪法到行政法规的各层级法律法规中。宪法中的概括性规定具有最高的效力。《宪法》第 10 条规定："国家为了公共利益的需要，可以依照法律规定对土地实行征收或者征用并给予补偿。"《宪法》第 13 条规定："国家为了公共利益的需要，可以依照法律规定对公民的私有财产实行征收或者征用并给予补偿。"宪法第 10 条所指的土地征收既包括对集体土地所有权的征收，也包括对国有建设用地使用权及其他土地物权的征收，第 13 条所指的"对私有财产的征收"指的是对地上附属物的所有权的征收。

我国特殊的土地制度导致了法律对于房地产征收的"双轨制"规范体系。对于农村集体土地的征收，主要由《土地管理法》及《土地管理法实施条例》加以规范。对于城市国有土地使用权和地上房屋所有权的征收，则主要由《国有土地上房屋征收与补偿条例》加以规范。

6.4.2　集体土地征收的用途限制

对于集体土地征收的用途限制，《土地管理法》第 2 条规定："国家为了公共利益的需要，可以依法对土地实行征收或者征用并给予补偿。"《土地管理法》第 43 条规定："任何单位和个人进行建设，需要使用土地的，必须依法申请使用国有土地；但是，兴办乡镇企业和村民建设住宅经依法批准使用本集体经济组织农民集体所有的土地的，或者乡（镇）村公共设施和公益事业建设经依法批准使用农民集体所有的土地的除外。前款所称依法申请使用的国有土地包括国家所有的土地和国家征收的原属于农民集体所有的土地。"

此处所指的"集体土地",包括集体所有的农用地、建设用地和未利用地。也就是说,除了建设乡镇企业、农民住宅、乡村公共设施和公益事业等四种用途外,其余类型的工程建设如果需要使用集体土地,必须待国家以征收的形式将集体土地转为国有土地后,方能通过申请国有建设用地使用权的程序申请使用。由于建设项目并不全是为了公共利益,这条规定在实质上取消了宪法对征收用途的"公共利益"限制。

对于基本农田的征收,国家制定了更严格的用途限制。《基本农田保护条例》规定:"基本农田保护区经依法划定后,任何单位和个人不得改变或者占用。国家能源、交通、水利、军事设施等重点建设项目选址确实无法避开基本农田保护区,需要占用基本农田,涉及农用地转用或者征收土地的,必须经国务院批准。"

6.4.3　集体土地征收的补偿标准

《土地管理法》规定,用地单位应按照被征收土地的原用途给予补偿。补偿费应包括土地补偿费、安置补助费以及地上附着物和青苗补偿费三个部分,具体补偿标准为:

（1）土地补偿费,为该耕地被征收前3年平均年产值的6～10倍。

（2）安置补助费,按需要安置的农业人口数计算（需要安置的农业人口数,等于被征收的耕地的数量除以征地前被征收单位平均每人占有的耕地数）。每一个需要安置的农业人口的安置补助费标准为该耕地被征收前3年每亩平均年产值的4～6倍,但每公顷被征收耕地的安置补助费,最高不得超过被征收前3年平均年产值的15倍。

（3）地上附着物和青苗补偿费,补偿标准由省、自治区、直辖市规定。

征收的耕地为城市郊区的菜地时,用地单位还应按国家的有关规定缴纳新菜地开发建设基金。

征收其他土地的补偿费标准由省、自治区、直辖市参照征收耕地的补偿标准另行规定。按照上述标准支付的土地补偿费和安置补助费,尚不能使需要安置的农民保持原有生活水平的,经省、自治区、直辖市人民政府批准,可以增加安置补助费,但安置补助费和土地补偿费的总和,不得超过土地被征收前3年平均年产值的30倍。

征收土地的补偿费用,除属于个人的地上附着物和青苗的补偿费付给本人外,其余均由被征地单位统一管理、使用。统一管理的征地补偿费用只能用于发展生产和安排多余劳动力的就业以及作为不能就业人员的生活补助,不得移作他用。任何单位和个人都不得侵占、挪用被征收土地单位的征地补偿费用。被征地的农村集体经济组织应当将征收土地的补偿费用的收支情况向本集体经济组织的成员公布,接受监督。市、县和乡（镇）人民政府也应加强对安置补助费使用情况的监督。

《土地管理法》规定的补偿标准计算较为复杂,给征收工作的效率造成了不利影响,按照土地年平均产值测算的补偿金额也未能反映土地的区位价值。为了解决此问题,从2004年起,按照国土资源部的要求,全国各城市陆续在土地利用总体规划确定的建设用地范围内制定了区片综合地价。区片综合地价可用农地价格因素修正测算法、征地案例比较法和年产值倍数法等方法测算。为了避免用单一测算方法带来的局限性,区片综合地价要在两种或三种方法测算结果的基础上综合平衡确定。部分地区还引入了一些新的方法来计算区片综合地价。在制定了区片综合地价的区域,统一按照区片综合地价和征收面积计算征收补偿。

因征收土地后造成的多余劳动力,由县以上土地管理部门组织被征地单位、用地单位和有关单位，通过扩大农副业生产和乡镇企业等途径，加以安置；安置不完的，可以安排符合条件的人员到用地单位或其他全民、集体所有制单位就业。需要安置的人员由农村集体经济组织安置的，安置补助费支付给农村集体经济组织，由农村集体经济组织管理和使用；由其他单位安置的，安置补助费支付给安置单位；不需要统一安置的，安置补助费发放给被安置人员个人或征得被安置人员同意后用于支付给被安置人员的保险费用。

被征地单位的土地被全部征收的，经省、自治区、直辖市人民政府审查批准，原有的农业户口可以转为非农业户口。原有的集体所有的财产和所得的土地补偿费、安置补助费，由县级以上地方人民政府与有关乡（镇）村商定处理办法，用于组织生产和就业人员的生活补助。

大、中型水利、水电工程建设征收土地的补偿费标准和移民安置办法，由国务院另行规定。

6.4.4　集体土地征收的程序要求

1. 征收土地的审批

凡征收基本农田、或征收非基本农田的耕地超过 35 公顷的、或征收其他土地超过 70 公顷的，都必须报经国务院批准。征收上述规定以外的其他土地的，由省、自治区、直辖市人民政府批准，并报国务院备案。

征收农用地的，依照《实施条例》的下述规定办理审批手续：可行性论证时，由自然资源行政主管部门对其用地有关事项进行审查，并提出预审报告，该预审报告必须随可行性研究报告一同报批。建设单位持建设项目的有关批准文件，向市、县人民政府自然资源行政主管部门提出建设用地申请，由市、县人民政府自然资源行政主管部门审查，拟订农用地转用方案、补充耕地方案、征收土地方案和供地方案（涉及国有农用地的，不拟订征收土地方案），经市、县人民政府审核同意后，逐级上报有批准权的人民政府批准。其中，补充耕地方案由批准农用地转用方案的人民政府在批准农用地转用方案时一并批准；供地方案由批准征收土地的人民政府在批准征收土地方案时一并批准（涉及国有农用地的，供地方案由批准农用地转用的人民政府在批准农用地转用方案时一并批准）。

建设项目确需使用土地利用总体规划确定的城市建设用地范围外的土地，涉及农民集体所有的未利用地的，只报批征收土地方案和供地方案。

抢险救灾等急需使用土地的，可以先行使用。其中，属于临时用地的，灾后应恢复原状并交还原土地使用者使用，不再办理用地审批手续；属于永久性建设用地的，建设单位应在灾情结束后 6 个月内申请补办建设用地审批手续。

2. 征收土地的实施

农用地转用方案、补充耕地方案、征收土地方案和供地方案经批准后，由市、县人民政府组织实施，并将批准征地机关、批准文号、征收土地的用途范围面积以及征地补偿标准、农业人员安置办法和办理征地补偿的期限等，在被征收土地所在的乡（镇）、村予以公告。

被征收土地的所有权人、使用权人应当在公告规定的期限内，持土地权属证书到公告指定的人民政府自然资源行政主管部门办理征地补偿登记。

市、县人民政府自然资源行政主管部门根据经批准的征收土地方案，会同有关部门拟订征地补偿、安置方案，在被征收土地所在的乡（镇）、村予以公告，听取被征收土地的农村集体经济组织和农民的意见。征收土地的各项费用应当自征地补偿、安置方案批准之日起 3 个月内全额支付。

案例分析

【案例 6-1】 为吸引外资，尝试开发性移民路径，1999 年 3 月初某县政府与某外商公司经考察、洽谈，决定在本县勤民镇选址建设"光明移民新村"。选址确定后，县政府与该外商公司于 1999 年 5 月签订《关于创立光明移民事业项目及土地使用权出让合同书》。合同规定，由县政府征收勤民镇土地共 1700 亩，并以每亩 1000 元价格出让给外商企业。出让土地用途：①移民新村住宅用地 200 亩；②移民耕地 500 亩；③农牧养殖出口基地及商贸、房地产、商业旅游设施等配套服务项目用地 1000 亩。为加快征地工作，同年 5 月 20 日，县政府向勤民镇政府及县有关单位发出《关于光明移民新村及其开发项目土地使用权转让和青苗补偿问题的通知》。《通知》指定勤民镇政府负责具体组织实施征地事宜，要求在 20 天内完成征地任务。至 6 月 5 日止，勤民镇政府已分别与有关生产大队签订 1580 亩土地有偿转让协议书。勤民镇部分群众对县、镇政府征地行为极为不满，上访至该省国土厅。省国土厅派出调查组进行调查，核实群众反映情况基本属实，遂责令某县立即停止征地行为，赔偿群众当年损失，并向省检察部门提出对某县领导行政处分。

【分析】 该县政府采取引进外资进行开发性移民的做法并无不妥，但在实施征地用地过程中存在严重的违法行为。

1. 把移民安置用地与外商开发建设用地混为一体。两者是不同性质的用地，前者属移民扶贫安置用地，可采取征收划拨或土地调整的办法解决；后者属经营性用地，应采取出让方式供地。

2.《土地管理法》第 46 条规定："国家征收土地的，依照法定程序批准，由县级以上地方人民政府予以公告并组织实施。"本案中，县政府不仅没有按法律程序向有关部门申请立项和建设用地申报审批，反而避开国土职能部门，擅自决定由镇政府实施征地，其行为严重违法。

3.《土地管理法》第 45 条对批准征收土地的权限作了具体规定："征收下列土地的，由国务院批准：（一）基本农田；（二）基本农田以外的耕地超过 35 公顷；（三）其他土地超过 70 公顷。"本案中，县政府征收土地 1700 亩（约合 113.33 公顷），按照《土地管理法》规定应上报国务院批准，县政府没有如此大数量的土地征收审批权。

思 考 题

1. 简述我国土地管理法律法规的立法现状。
2. 什么是土地所有权，有何特征，《土地管理法》对土地所有权是如何规定的？
3. 什么是土地使用权，我国有哪几种土地使用权？
4. 我国土地利用和保护的基本国策是什么？
5. 《土地管理法》中关于土地利用和保护的制度有哪些？
6. 为什么要进行基本农田保护《土地管理法》如何规定基本农田保护区的范围？
7. 什么情况下可以收回国有土地、集体土地使用权？
8. 为了保护耕地，我国制定了哪些制度？
9. 什么是土地整治，土地整治包括哪些内容？

10. 哪些建设项目可以使用划拨的国有建设用地？

11. 国有建设用地使用权的出让有哪些方式，它们各有什么特点？

12. 我国集体建设用地制度改革的目标是什么，有哪些具体的举措？

13. 国家征收集体土地的补偿标准是如何确定的？

14.《土地管理法》对临时用地是如何规定的？

第 7 章　工程发包与承包

7.1　概　述

7.1.1　建设工程发包与承包的概念

建设工程发包与承包是指发包方通过合同委托承包方为其完成某一建设工程的全部或其中一部分工作的交易行为。建设工程发包方可以为建设单位，也可以为施工总承包商、专业承包商、项目管理公司等，承包方可以是工程勘察设计单位、施工分包商、劳务分包商、材料供应商等。发包方与承包方的权利、义务都由双方签订的承包合同加以规定。

在计划经济年代，我国工程建设任务采用由行政主管部门分配的方式，不存在发包和承包的问题。随着改革开放深入和市场经济体制逐步建立，分配工程任务的方式逐渐向市场化、竞争性的承发包方式转变。建设工程勘察、设计、施工、监理、咨询等业务的承揽都被推入了市场，由有资格的企业竞争承包。实践证明，建设工程发包与承包制度能够激励竞争、防止垄断，有效提高工程质量，严格控制工程造价和工期，对市场经济的建设与发展起到了良好的促进作用。

7.1.2　建设工程发包与承包的方式

依据《建筑法》规定，建设工程发包与承包有两种方式：招标投标和直接发包。

建设工程招标投标，是指发包方事先标明其拟建工程的内容和要求，由愿意承包的单位递送标书，明确其承包工程的价格、工期、质量等条件，再由发包方从中择优选择工程承包方的交易方式。

建设工程直接发包，是指发包方与承包方直接进行协商，以约定工程建设项目的价格、工期和其他条件，再签订和履行工程合同的交易方式。

建设工程招投标较之直接发包要有利于公平竞争，更符合市场经济规律的要求。因此，我国相关法规都提倡招投标方式，对直接发包则加以限制。

依据《招标投标法》《必须招标的工程项目规定》等法律法规，只有涉及国家安全、国家秘密、抢险救灾或者属于利用扶贫资金实行以工代赈、需要使用农民工等特殊情况及施工单项合同估算价不足 400 万元、重要设备材料等货物采购单项合同估算价不足 200 万元、勘察设计监理等单项合同估算价不足 100 万元等规模太小的情况下，才可以不进行招投标而采用直接发包的方式。而对大型基础设施、公用事业等关系社会公共利益、公众安全，全部或者部分使用国有资金投资或者国家融资以及使用国际组织或者外国政府贷款、援助资金的项目，都实行强制性招投标。这些项目若不采用招投标方式来发包，有关部门就不得批准其开工建设，有关单位和直接责任者还可能要承担法律责任。

7.1.3　建设工程发包与承包法规的立法概况

1. 法律

建设工程发包与承包的相关法律主要有《建筑法》和《招标投标法》。

《建筑法》由第 8 届全国人大常委会第 28 次会议于 1997 年 11 月 1 日通过,后经修订,由第 11 届全国人大常委会第 20 次会议于 2011 年 4 月 22 日重新颁布。作为建筑业的基本法,它用专门一章的篇幅对建筑工程的发包方式、招投标原则、发包程序、承包条件、总承包、联合承包等内容作了原则性的规定,为建设工程发包的相关立法奠定了基础。

《招标投标法》由第 9 届全国人大常委会第 11 次会议于 1999 年 8 月 30 日通过,后经修订,由第 12 届全国人大常委会第 31 次会议于 2017 年 12 月 27 日重新颁布。其立法目的在于规范招标投标活动、保护国家利益、社会公共利益和招标投标活动当事人的合法权益,提高经济效益,保证项目质量。该法共包括 68 条,分别从招标、投标、开标、评标和中标等各主要阶段对招标投标活动作出了规定。依据《招标投标法》,原国家计委(现国家发改委)❶、建设部(住房城乡建设部)陆续发布了一系列规范招标投标活动的部门规章。

2. 行政法规

《中华人民共和国招标投标法实施条例》(简称《招标投标法》)由国务院第 183 次常务会议于 2011 年 11 月 30 日通过,自 2012 年 2 月 1 日起施行。该《条例》分总则,招标,投标,开标、评标和中标,投诉与处理,法律责任,附则 7 章 85 条,针对《招标投标法》的规定进行了补充和细化,主要有四个方面的改进:一是进一步明确应当公开招标的项目范围;二是充实细化防止虚假招标的规定;三是禁止在招标结束后违反招标文件的规定和中标人的投标承诺订立合同,防止招标人与中标人串通搞权钱交易;四是完善防止和严惩串通投标、弄虚作假骗取中标行为的规定。此外,《招标投标法实施条例》对于评标委员会成员及其评标行为、领导干部插手干预招标投标活动应承担的法律责任、招标投标交易场所等作出了详细的规定,有利于保障公开公平公正、预防和惩治腐败、维护招标投标正常秩序。

3. 国家计委(发改委)规章

根据《国务院办公厅印发国务院有关部门实施招标投标活动行政监督的职责分工意见的通知》(国办发〔2000〕34 号),原国家计委(现国家发改委)是指导和协调全国招投标工作的部门,可会同有关行政主管部门拟订《招标投标法》配套法规、综合性政策,可指定发布招标公告的报刊、信息网络或其他媒介,还可组织国家重大建设项目稽察特派员,对国家重大建设项目建设过程中的工程招投标进行监督检查。依据该《通知》,原国家计委(现国家发改委)独立或联合其他相关部门制定和发布了一系列规范招投标活动的部门规章。

《工程建设项目自行招标试行办法》于 2000 年 7 月由国家计委发布,后于 2013 年修正。该办法对招标人自行招标条件、上报材料、核准程序、招标书面报告等内容作出了规定。

《招标公告发布暂行办法》于 2000 年 7 月由国家计委发布,后于 2013 年修正。该办

---

❶　2003 年,原国家计委和原国家经贸委合并,改组为国家发改委。

法对招标公告发布指定媒介、禁止收费、招标公告内容、发布程序和时间限制等予以了规定。

《评标委员会和评标方法暂行规定》于 2001 年 7 月由国家计委、国家经贸委、建设部、铁道部、交通部、信息产业部和水利部共六个部委联合发布，后于 2013 年修正。它对评标委员会组建规则、评标专家条件、评标专家职业道德、评标准备、初步评审、详细评审、推荐中标候选人、定标等内容和程序作出了明确规定。

《国家重大建设项目招标投标监督暂行办法》于 2002 年 2 月由国家计委发布，后于 2013 年修正，它对国家重大建设项目招投标活动监督的主管机构、内容和程序予以了规定。

《评标专家和评标专家库管理暂行办法》于 2003 年 2 月由国家计委发布，后于 2013 年修正。该办法对评标专家的资格认定、入库及评标专家库的组建、使用和管理进行了规定。

《工程建设项目勘察设计招标投标办法》于 2003 年 6 月由国家发改委、建设部、铁道部、交通部、信息产业部、水利部、民航总局和广电总局共八个部委联合发布，后于 2013 年修正。它对工程建设项目勘察设计招投标的管理体制，招标、投标、评、定标等不同阶段的程序和内容予以了明确规定。

《工程建设项目施工招标投标办法》于 2003 年 6 月由国家发改委、建设部、铁道部、交通部、信息产业部、水利部和民航总局共七个部委联合发布，后于 2013 年修正。它对工程建设项目施工招投标的管理体制，招标、投标、评标、定标等不同阶段的程序和内容予以了明确规定。

《工程建设项目招标投标活动投诉处理办法》于 2004 年 6 月由国家发改委、建设部、铁道部、交通部、信息产业部、水利部和民航总局共七个部委联合发布。它对工程建设项目招投标活动投诉的管理体制、投诉程序、投诉书内容、处理决定等进行了规定，有助于建立公平、高效的工程建设项目招标投标活动投诉处理机制，保护国家利益、社会公共利益和招标投标当事人的合法权益。

《工程建设项目货物招标投标办法》于 2005 年 1 月 18 日由国家发改委、建设部、铁道部、交通部、信息产业部、水利部和民航总局共七个部委联合发布。它对工程建设项目货物招投标的管理体制，招标、投标、评标、定标等不同阶段的程序和内容予以了明确规定。

《中央投资项目招标代理资格管理办法》于 2012 年 3 月 2 日由国家发改委发布，并于 2013 年修正。它对招标代理业务范围、中央投资项目招标代理资格的级别、承揽业务范围、认定标准、认定程序、监督管理等内容予以了规定。

《电子招标投标办法》于 2013 年 2 月 4 日由国家发改委、工业和信息化部、监察部、住房城乡建设部、交通运输部、铁道部、水利部、商务部共八个部委联合发布。它顺应当前信息化技术在工程建设行业广泛应用的趋势，对电子招投标的管理体制、交易信息平台、电子招标、电子投标、电子开标、评标和中标、信息共享与公共服务等内容予以了规定。

《必须招标的工程项目规定》2018 年 3 月 27 日由国家发改委发布。该规定取代了《工程建设项目招标范围和规模标准规定》，对必须进行招标的工程建设项目具体范围和规模标准进行了详细的规定。

4. 住房城乡建设部（原建设部）规章

根据国务院关于招投标活动管理职责的分工，住房城乡建设部等有关行政主管部门有权根据《招标投标法》和国家有关法规、政策，联合或分别制定具体实施办法。住房城乡建设部发布的关于招投标活动管理的规章主要适用于房屋建筑和市政基础设施工程，也可简称为建筑工程。

《房屋建筑和市政基础设施工程施工招标投标管理办法》于 2001 年 5 月 31 日由建设部发布。它对房屋建筑工程和市政基础设施工程施工招标范围、招投标程序和要求作了规定。

《房屋建筑和市政基础设施工程施工分包管理办法》于 2004 年 2 月 3 日由建设部发布，并于 2014 年由住房城乡建设部修正。它对房屋建筑和市政基础设施工程施工分包的类型、程序要求、禁止转包、禁止违法分包、总承包商与分包商连带责任等内容予以了规定。

《工程建设项目招标代理机构资格认定办法》于 2007 年 1 月 11 日由建设部发布。它对工程建设项目招标代理机构资格等级、承揽业务范围、申请条件、审查程序、工作要求、禁止行为、法律责任等予以了规定。

《建筑工程施工发包与承包计价管理办法》于 2001 年 11 月由建设部发布，后于 2013 年 12 月 11 日由住房城乡建设部组织修订并重新发布。它对工程计价依据、价款确定程序、合同价款调整方法、工程进度款结算程序与要求、竣工结算程序与要求、造价咨询企业和造价工程师工作要求等内容予以了规定。

《建筑工程设计招标投标管理办法》于 2000 年 10 月由建设部发布，后于 2017 年 1 月 24 日由住房城乡建设部组织修订并重新发布。它对房屋建筑工程设计招标范围、主管部门，招标、投标、评标、定标的程序和内容等予以了规定。

7.1.4　建设工程发包与承包的一般规定

依据《建筑法》及其他有关法规，建设工程发包时必须遵守下述一般规定：

1. 建设工程发包与承包合同必须采用书面形式

根据我国法律规定，经济合同既可采用书面合同的形式，也可采用口头合同的形式，但法律另有规定或双方当事人约定的除外。建设工程承发包合同一般都有涉及金额大、合同履行期长、社会影响面广、合同成果十分重要的特点，从促使当事人履行合同和避免对社会产生不良后果的宗旨出发，《建筑法》及其他有关法规都规定：建设工程承发包合同必须采用书面形式。也就是说，以口头约定方式所订立的建设工程承发包合同，由于其形式要件不符合法律规定，在法律上是无效的。

2. 建设工程承发包中，禁止行贿受贿

通过行贿以获得工程承包权既是一种不正当竞争的手段，又是危害社会的犯罪行为，它严重扰乱建设市场的正常秩序，违背公平竞争的原则。通过行贿受贿来承发包工程的非法行为，是任何公正的社会都不能容忍的，必须予以禁止。《建筑法》规定："发包单位及其工作人员在建筑工程发包中不得收受贿赂、回扣或者索取其他好处。承包单位及其工作人员不得利用向发包单位及其工作人员行贿、提供回扣或者给予其他好处等不正当手段承揽工程"。值得注意的是，以单位名义实施的行贿受贿，表面上看不是某一个人获得非法利益，没有犯罪主体，但实质上是集体共同犯罪，已构成单位犯罪。我国《刑法》对此已有明确规定，并规定对单位犯罪采取双罚制，即除对单位判处罚金外，还要对直接负责的主管人员和其他直接责任人员判处相应的刑罚。

3. 承包单位必须具有相应资格

建设活动不同于一般的经济活动，它具有技术要求高、社会影响大的特点。因此，世界上大多数国家对工程建设活动都实行执业资格制度，我国现在也实行了这一制度。承包工程的勘察、设计、施工、监理等单位，都必须是持有营业执照和相应资质等级证书的相关单位。而建筑构配件和非标准设备的加工、生产单位，也必须是具有生产许可证或是经有关主管部门依法批准生产的单位。

4. 提倡总承包、禁止肢解分包

我国当前的建设工程承包，一般有以下几种模式：

（1）全过程承包模式，即从项目可行性研究开始，到勘察、设计、施工、验收、交付使用为止的建设项目全过程承包。这样的工程俗称"交钥匙工程"。

（2）设计、施工总承包模式，即从勘察、设计，到竣工验收为止的总承包。

（3）施工总承包，即对工程施工全过程进行总承包。

国际上还有多种由承包商先行垫资承包工程，建成后再转让给业主的承包方式。随着改革开放的深入，建设工程承发包方式也将日益国际化，因此我国现行的建设法规对工程承发包方没有作强制性规定，而是采用"提倡总承包""可以""怎样"等鼓励性和选择性条款来加以规定。

国际上，将一个工程的各个部位发包给不同的施工（或设计）单位，由各个单位分别完成工程的不同部位也是通行做法，并称之为"平行发包"，也即我们所称的"肢解发包"。我国当前建设单位的行为很不规范，随意性较大，市场竞争规则也不完善，肢解发包往往造成互相扯皮，严重影响建设工程的质量和进度，还给贪污犯罪提供了方便，因此，我国现行的建设法规作出了禁止将建设工程肢解发包的明确规定。

5. 特殊工程项目的招投标

对于一些特殊的工程项目，我国相关法律、法规也规定，经项目审批部门批准，可不进行招投标而直接发包，这些工程项目有：

（1）建设项目的勘察、设计要采用特定专利或专有技术的，或其建筑艺术造型有特殊要求的；

（2）工程项目的施工，主要技术要采用特定的专业或专有技术的；

（3）在建工程追加的附属小型工程或主体加层工程，原中标人仍具备承包能力的；

（4）施工企业自建自用且在该施工企业资质等级许可业务范围内的工程。

7.2 建 设 工 程 招 标

7.2.1 概述

1. 建设工程招标的概念

建设工程招标，是指招标人就拟建工程发布通告，以法定方式吸收承包单位参加竞争，从中择优选定工程承包方的法律行为。

招标投标的交易方式是市场经济的产物，在国外应用已有 200 多年的历史。市场经济国家的大额采购活动，特别是使用财政资金等公共资金进行的采购活动，较多地采用了招标投标方式。我国改革开放以前，实行高度集中统一的计划经济体制，工程建设的设计、施工等任务都实行行政分配。自 20 世纪 80 年代开始，我国逐步在工程建设、进口机电设备、机械成套设备、政府采购等领域推广招标投标制度，目前已成为我国基本建设领域的一项基本制度。

2. 建设工程招标的原则

我国《招标投标法》规定，建设工程的招标投标活动必须遵循公开、公平、公正和诚实信用的原则。违背了这些基本原则，招标投标活动就失去了本来的意义。

所谓"公开"，是指：①进行招标活动的信息要公开。采用公开招标方式的，招标人应当通过国家指定的报刊、信息网络或者其他公共媒介发布招标广告，需要进行资格预审的，应当发布资格预审公告；采用邀请招标方式的，招标方应当向 3 个以上的特定法人或者其他组织发出邀请书。②开标的程序要公开。开标应当公开进行，所有的投标人或其代表都可参加。③评标的标准和程序要公开。评标的标准和程序应当在提供给所有投标人的招标文件中载明，评标应当严格按照招标文件载明的标准和办法进行。④中标的结果要公开。确定中标人后，招标人应向中标发出中标通知书，并同时将中标结果通知所有未中标的投标人。

所谓"公平"，就是要求给予所有投标人以平等机会，使他们享有的权利和履行的义务都是同等的，不得歧视任何一方。例如，招标方应向所有的潜在投标人提供相同的招标信息；招标方对招标文件的解释和澄清应提供给所有的投标人；提供投标担保的要求应同样适用于每一个投标者等。招标人与投标人在采购活动中地位是平等的，任何一方不得向另一方提出不合理的要求，不得将自己的意志强加给对方。

所谓"公正"，就是要求按规定程序和事先公布的标准实施招标投标活动。例如，招标人对招标标的的技术、质量要求应尽可能采用通用的标准，不得以标明特定的商标、专利等形式倾向某一特定的投标人；投标人也应遵守法定规则，不得串通投标，不得有向招标方及其工作人员行贿、提供回扣或给予其他好处等不正当竞争行为。

所谓"诚实信用"，是民事活动的基本原则之一，在我国《民法通则》和《合同法》等基本法律中都规定了这一点。招标投标活动是以订立采购合同为目的的民事活动，当然也适用于这一原则。它要求当事人应以诚实、守信的态度行使权利、履行义务，保证彼此都能得到自己应得的利益，同时不得损害第三人和社会的利益，不得规避招标、串通投标、泄露标底、骗取中标等。

3. 建设工程招标的种类

当前，我国实施的建设工程招标种类主要有：

（1）全过程招标，也就是对建设工程从项目建议书开始，直到竣工验收、交付使用为止的建设全过程实行招标。

（2）勘察设计招标，即对建设工程的勘察设计进行招标。

（3）材料、设备供应招标，即对工程建设中所需的材料、构配件和设备进行招标。

（4）工程施工招标，即对工程施工全过程进行招标，它是我国目前最主要的招标方式。

4. 建设工程招标的范围

依据《招标投标法》，在中华人民共和国境内进行下列工程建设项目包括项目的勘察、设计、施工、监理以及与工程建设有关的重要设备、材料等的采购，必须进行招标：

（1）大型基础设施、公用事业等关系社会公共利益、公众安全的项目。

（2）全部或者部分使用国有资金投资或者国家融资的项目。

（3）使用国际组织或者外国政府贷款、援助资金的项目。

任何单位和个人不得将依法必须进行招标的项目化整为零或者以其他任何方式规避招标。

涉及国家安全、国家秘密、抢险救灾或者属于利用扶贫资金实行以工代赈、需要使用农民工等特殊情况，不适宜进行招标的项目，按照国家有关规定可以不进行招标。

7.2.2 招标人

1. 招标人概念

招标人是指有条件依法进行招标的法人或者其他组织。是否可以成为招标人有三项基本条件：

第一，是要有可以依法进行的项目，也就是要有可以进行交易的对象，只有这样才能形成交易；如果没有可以实际进行招标的项目，或者说不能依法提出招标项目，就不会形成合法的招标人。

第二，是否具有合格的招标项目，关键在于是否具有与项目相适应的资金来源，有资金才有招标项目，没有资金的招标项目，就可能是一个虚拟的项目，或者是招致许多纠纷的项目。从交易安全考虑，这样的项目是不应被法律认可的，所以在《招标投标法》中专门就招标项目的资金条件作出规定。

第三，招标人为法人或者其他经济组织，皆应是依法进行市场活动的经济实体，它们能独立地承担责任、享有权利，因为招标人作为交易的一方，必须具有这种能力，才能邀请若干有条件的竞争者即投标人为了得到项目而进行竞争。

招标人概念基本上覆盖了我国目前实践中出现的招标主体的范围。我国自20世纪80年代推行招标投标制度以来，至今已在基本建设项目、机械成套设备、进口机电设备、科技项目、政府机关办公设备和大额办公用品的采购等许多领域都开展了招标投标活动，招标主体主要是工程建设项目的建设单位（项目法人）、企业以及实行政府采购的国家机关。从国外的情况看，法律规定必须进行招标的项目主要是政府采购项目，所规定的招标主体通常为国家机关、地方当局和公营企业；此外，还包括从事水、能源、交通运输和电信等事业的由国家授予专营权的企业以及受政府资助的不具有工、商业性质的其他法人。

2. 自行招标

《工程建设项目自行招标试行办法》规定，招标人自行办理招标事宜，应当具有编制招标文件和组织评标的能力，具体包括：

（1）具有项目法人资格（或者法人资格）；

（2）具有与招标项目规模和复杂程度相适应的工程技术、概预算、财务和工程管理等方面专业技术力量；

（3）有从事同类工程建设项目招标的经验；

（4）设有专门的招标机构或者拥有 3 名以上专职招标业务人员；

（5）熟悉和掌握《招标投标法》及有关法规规章。

为了保证自行招标的质量，防止自行招标人不具备招标能力擅自招标，或随意变更招标程序和评标标准，造成招标工作的混乱，监督其对投标人提供平等竞争的机会，切实保障投标人的合法利益，根据《招标投标法》规定，依法必须招标的项目，招标人自行办理招标事宜的，应当向有关行政监督部门备案。备案制度虽然不是一种事先审批的制度，只是要求当事人在自行招标的同时，书面告知有关行政监督部门以备查，但有关行政监督部门可以通过备案制度掌握情况，如发现自行招标人不符合法定条件的，有权要求其纠正。

3. 招标代理机构

（1）招标代理机构的概念

招标代理机构是指依法设立、从事招标代理业务并提供相关服务的社会中介组织。这一概念包括几层含义。首先，招标代理机构的性质既不是一级行政机关，也不是从事生产经营的企业，而是以自己的知识、智力为招标人提供服务的独立于任何行政机关的组织。招标代理机构可以以多种组织形式存在，如可以是有限责任公司，也可以是合伙等。招标代理机构需依法登记设立，且从事有关招标代理业务的资格需由有关行政主管部门审查认定。招标代理机构的业务范围为从事招标代理业务，具备业务活动包括帮助招标人或受其委托拟订招标文件，审查投标人资质，组织评标、定标等。

招标是一项复杂的系统化工作，有完整的程序，环节多，专业性强，组织工作繁杂，招标代理机构由于其专门从事招标投标活动，在人员力量和招标经验方面有得天独厚的条件，因此国际上一些大型招标项目的招标工作通常由专业招标代理机构代为进行。近年来，我国的招标代理业务有了长足发展，相继出现了机电设备招标公司、国际招标公司、设备成套公司等专业招标代理机构，这些机构的出色工作对保证招标质量、提高招标效益起到了有益的作用。

招标代理机构的具体业务范围、资质等级及其条件在第 3 章已有叙述。

（2）招标代理机构应具备的条件

根据《招标投标法》，招标代理机构应当具备下列条件：

1）有从事招标代理业务的营业场所和相应资金。营业场所是提供代理服务的固定地点，而注册资金是从事招标活动的基础。根据我国现行法律规定，甲、乙两级招标代理机构的注册资金分别不得少于 100 万元和 50 万元。这是开展招标代理业务所必需的物资条件。

2）有能够编制招标文件和组织评标的相应专业力量，具体包括应有与其所代理的招标业务相适应的能够独立编制有关招标文件、有效组织评标活动的专业队伍和技术设施，包括有熟悉招标业务所在领域的专业人员、有提供行业技术信息的情报手段及有一定的从事招标代理业务的经验等。

3）有符合法定条件、可以作为评标委员会成员人选的技术、经济等方面的专家库。为保证评标的公正性和权威性，《招标投标法》规定，评标委员会必须有技术、经济、法律等方面的专家参加，且其人数不少于评标委员会总人数的三分之二，参加评标的专家必须采取随机抽取的方式从专家库中产生。

7.2.3 招标项目应具备的条件

建设项目只有在具备一定的条件后，才能进行招标。这些条件主要表现为三个方面。

一是已按国家有关规定要求履行项目审批手续。依法必须进行招标的项目，包括大型基础设施、公用事业等关系社会公共利益、公共安全的项目，全部或部分使用国有资金投资或国家融资的项目等。这些项目大都关系国计民生，涉及全社会固定资产投资规模，因此多数项目根据国家有关规定需要立项审批。该审批工作已在招标前完成。

二是已经落实进行招标项目的相应资金或者资金来源。这不仅是项目顺利实施的前提，也是对投标人利益的保障。投标人为获得招标项目，通常进行了大量的准备工作，在资金上也有较多投入，中标后如果没有资金保证，势必造成中途停工或拖欠工程款，损害投标人的利益。如果是大型基础设施和公共项目等，还将损害社会公共利益。

三是必要的准备工作已经完成。例如，建设工程在施工招标时必须具备的条件为：

(1) 招标人已经依法成立；

(2) 初步设计及概算应当履行审批手续的，已经批准；

(3) 招标范围、招标方式和招标组织形式等应当履行核准手续的，已经核准；

(4) 有相应资金或资金来源已经落实；

(5) 有招标所需的设计图纸及技术资料。

7.2.4 招标方式

根据《招标投标法》，招标分为公开招标和邀请招标。

1. 公开招标

公开招标，也称无限竞争性招标，是指由招标方按照法定程序，在公开出版物上发布招标公告，所有符合条件的承包商或供应商都可以平等参加投标竞争，从中择优选择中标者的招标方式。

公开招标的优点在于能够在最大限度内选择承包商，竞争性更强，择优率更高，同时也能在较大程度上避免招标活动中的贿赂、串通行为，因此国际上政府采购通常采用这种方式。但公开招标也有一定的缺陷，比如由于投标人众多，一般耗时较长，需花费的成本也较大，对于采购标的小的招标来说，采用公开招标的方式往往得不偿失；另外，有些项目专业性较强，有资格承接的潜在投标人较少，或者要在较短时间内完成采购任务，也不宜采用公开招标方式。

建设工程公开招标与投标的全部程序如图 7-1 所示。

2. 邀请招标

邀请招标，也称为优先竞争性招标，是指招标方选择若干承包商或供应商，向其发出投标邀请，由被

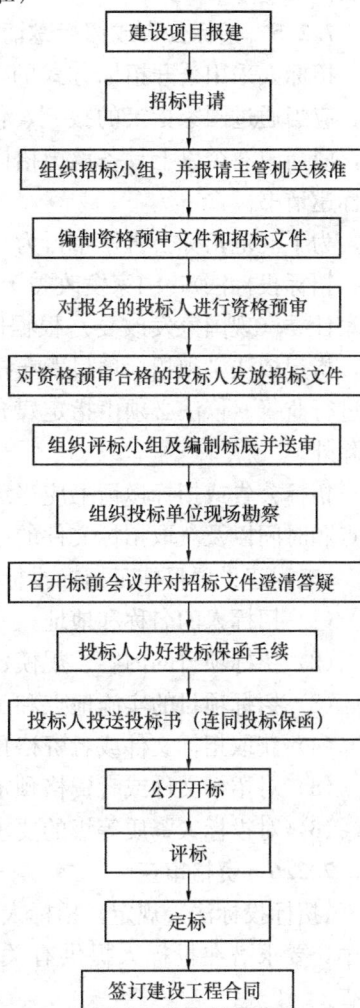

图 7-1　建设工程公开招标与投标的程序

137

邀请的承包商、供应商投标竞争，从中选定中标者的招标方式。

邀请招标的方式在一定程度上弥补了公开招标方式的缺陷，同时也能实现招标的择优选择承包商或供应商的目的。但为了保证竞争性，邀请招标的特定对象也有一定的范围，也就是招标人应当向 3 个以上的潜在投标人发出邀请。

在我国，建设工程招投标原则上优先采用公开招标，特殊情况下可采用邀请招标。依据《招标投标法实施条例》第 8 条，国有资金占控股或者主导地位的依法必须进行招标的项目，应当公开招标；但有下列情形之一的，可以邀请招标：

（1）技术复杂、有特殊要求或者受自然环境限制，只有少量潜在投标人可供选择；

（2）采用公开招标方式的费用占项目合同金额的比例过大。

我国实践中特别是在建设领域还有一种使用较为广泛的采购方式，被称为"议标"。议标实质上是谈判性采购，是采购人和承包商或供应商通过一对一谈判而最终达到采购目的的一种采购方式，不具有公开性和竞争性，因而也不属于我国招标相关法律法规的认可范围。

7.2.5　招标公告或招标邀请书

招标人采用公开招标方式的，应当发布招标公告。依法必须进行招标项目的招标公告，应当通过国家指定的报刊、信息网络或者其他媒介发布。招标人采用邀请招标方式的，应当向 3 个以上具备承担招标项目的能力、资信良好的特定的法人或者其他组织发出投标邀请书。

为了规范招标公告发布行为，保证潜在投标人平等、便捷、准确地获取招标信息，根据《招标投标法》，国家发改委于 2013 年修订了《招标公告发布暂行办法》。该办法规定国家计委（现国家发改委）根据国务院授权，按照相对集中、适度竞争、发布合理的原则，指定依法必须招标项目发布招标公告的报纸、信息网络等媒介，并对招标公告发布活动进行监督。依法必须由指定媒介发布招标公告的，不得收取费用，但发布国际招标公告的除外。

招标公告或招标邀请书应当载明招标人的名称和地址，招标项目的性质、数量、实施地点和时间以及获取招标文件的办法等事项。

《工程建设项目施工招标投标办法》对建设工程施工招标公告的内容作了详细规定：

（1）招标人的名称和地址；

（2）招标项目的内容、规模、资金来源；

（3）招标项目的实施地点和工期；

（4）获取招标文件或者资格预审文件的地点和时间；

（5）对招标文件或者资格预审文件收取的费用；

（6）对投标人资质等级的要求。

7.2.6　资格审查

《招标投标法》规定，招标人可以根据招标项目本身的要求，在招标公告或招标邀请书中，要求潜在投标人提供有关资质证明文件和业绩情况，并对潜在投标人进行资格审查。

招标人对投标人的资格审查分为资格预审和资格后审两种。

1. 资格预审

资格预审，是指招标人在发出招标公告或招标邀请书以前，先发出资格预审的公告或邀请，要求潜在投标人提交资格预审的申请及有关证明资料，经资格预审合格的，方可参加正式的投标竞争。

2. 资格后审

资格后审，是指招标人在投标人提交投标文件后或经过评标已有中标人选后，再对投标人或中标人选是否有能力履行合同义务进行审查。

两种方式相比，资格预审方式通过招标人在招标前对潜在投标人进行筛选，预选出有资格参加投标的人，从而大大减少了招标的工作量，有利于提高招标的工作效率，降低招标成本。资格预审方式还可以帮助招标人了解潜在投标人对项目投标的兴趣，以便于及时修正招标要求，扩大竞争。因此，资格预审同时受到招标人和投标人的青睐，成为招标人对投标人资格审查的主要方式。

7.2.7 招标文件

在资格审查之后，招标人应当根据招标项目的特点和需要编制招标文件。招标文件是招标投标活动中最重要的法律文件，它不仅是准备投标文件和参加投标的依据，评审委员会评标的依据，也是拟订合同的基础。

依据《招标投标法》，招标文件应当包括招标项目的技术要求、对投标人资格审查的标准、投标报价要求和评标标准等实质性要求和条件以及拟订签订合同的主要条款。《工程建设项目勘察设计招标投标办法》《工程建设项目施工招标投标办法》对招标文件的具体内容作了具体规定。例如，建设工程勘察设计招标文件应当包括下列内容：

（1）投标须知；

（2）投标文件格式及主要合同条款；

（3）项目说明书，包括资金来源情况；

（4）勘察设计范围，对勘察设计进度、阶段和深度的要求；

（5）勘察设计基础资料；

（6）勘察设计费用支付方式，对未中标人是否给予补偿及补偿标准；

（7）投标报价要求；

（8）对投标人资格审查的标准；

（9）评标标准和方法；

（10）投标有效期。

其中应注意的是，投标有效期，是招标文件中规定的投标文件有效期，从提交投标文件截止日起计算。对招标文件的收费应仅限于补偿编制及印刷方面的成本支出，招标人不得通过出售招标文件谋取利益。

7.2.8 招标要求

为保证招标的公正、公平，《招标投标法》对招标活动规定了一些限制性要求。

1. 招标方式上的限制

为加强重点建设项目的管理，保证重点建设项目的工程质量、竣工日期和投资效益，《招标投标法》规定，国家重点建设项目和地方重点建设项目都必须进行公开招标。只有在某些特定情况下，如项目技术复杂或有特殊要求、涉及专利权保护、受自然资源或环境条件所限等原因，使可供选择的具备资格的投标单位数量有限，实行公开招标不适应或不可行时，方可采用邀请投标方式，但事先须经国家发展改革部门或省、自治区、直辖市人民政府批准。《工程建设项目施工招标投标办法》中规定，施工招标时除上述情况外，涉及国家安全、国家机密或抢险救灾，适宜招标但不宜公开招标的工程项目，公开招标的费用与项目的价值相比不值得的工程项目，经项目审批部门的批准，可进行邀请招标。

2. 禁止实行歧视待遇的要求

为防止招标人非法左右招标活动，保证竞争的公平和公正，《招标投标法》规定：招标人不得以不合理的条件限制或排斥潜在投标人，不得对潜在投标人实行歧视待遇；招标文件不得要求或者标明特定的生产供应者以及含有倾向或者排斥潜在投标人的其他内容。

《招标投标法实施条例》第 32 条对此给出了更为详细的规定：招标人不得以不合理的条件限制、排斥潜在投标人或者投标人。

招标人有下列行为之一的，属于以不合理条件限制、排斥潜在投标人或者投标人：

(1) 就同一招标项目向潜在投标人或者投标人提供有差别的项目信息；

(2) 设定的资格、技术、商务条件与招标项目的具体特点和实际需要不相适应或者与合同履行无关；

(3) 依法必须进行招标的项目以特定行政区域或者特定行业的业绩、奖项作为加分条件或者中标条件；

(4) 对潜在投标人或者投标人采取不同的资格审查或者评标标准；

(5) 限定或者指定特定的专利、商标、品牌、原产地或者供应商；

(6) 依法必须进行招标的项目非法限定潜在投标人或者投标人的所有制形式或者组织形式；

(7) 以其他不合理条件限制、排斥潜在投标人或者投标人。

3. 保证合理时间的要求

为保证投标人编制标书的合理时间，《招标投标法》规定，招标人规定的投标截止日期距招标文件开始发出之日，不得少于 20 日。而招标人要对已发出的招标文件进行必要的修改与澄清的，至晚也必须在投标截止日期 15 日前，以书面形式通知所有招标文件的收受人。

4. 不得随意终止招标的要求

为了保障投标人利益，《招标投标法》规定，除不可抗力原因外，招标人在发布招标公告或者发出投标邀请书后不得终止招标，也不得在出售招标文件后终止招标。《招标投标法实施条例》补充规定，招标人终止招标的，应当及时发布公告，或者以书面形式通知被邀请的或者已经获取资格预审文件、招标文件的潜在投标人。已经发售资格预审文件、招标文件或者已经收取投标保证金的，招标人应当及时退还所收取的资格预审文件、招标文件的费用，以及所收取的投标保证金及银行同期存款利息。

7.3　建设工程投标

7.3.1　投标人

1. 投标人概念

投标人是响应招标、参加投标竞争的法人或者其他组织。

由于建设工程招标的标的通常规模较大、技术难度较高，通常只有法人和其他组织才能完成。而以个人的条件而言，通常是难以保证完成多数招标采购的项目的。因此，《招标投标法》将投标人范围限定为法人和组织。可参加投标的法人包括企业法人和事业单位法人，其他组织包括依法登记领取营业执照的个人独资企业、合伙企业、合伙型联营企业、外资企业等。

2. 投标人应具备的条件

投标人应当具备承担招标项目的资金、技术、人员、装备等方面的能力或条件。例如，高速公路建设施工项目的投标人应当具备承担高速公路施工的相应能力。

国家有关法律、法规对投标人资格条件作出了较为具体的规定。例如，《建筑法》规定，从事建筑活动的建筑施工企业、勘察单位、设计单位和工程监理单位，应当有符合国家规定的注册资本，有与其从事的建筑活动相适应的具有法定执业资格的专业技术人员，有从事相关建筑活动所应有的技术装备，并满足法律、行政法规规定的其他条件。从事建筑活动的建筑施工企业、勘察单位、设计单位和工程监理单位，按照其拥有的注册资本、专业技术人员、技术装备和已完成的建筑工程业绩等资质条件，划分为不同的资质等级，经资质审查合格，取得相应等级的资质证书后，方可在其资质等级许可的范围内从事建筑活动。

此外，招标人也可在招标文件中对投标人的资格提出条件。招标人对投标人的资格审查通常有资格预审、资格后审两种方式。

投标人在向招标人提出投标申请时，应附带有关投标资格的资料，以供招标人审查。这些资料应表明自己存在的合法地位、资质等级、技术和装备水平、资金与财务状况、近期经营状况及以前所完成的与招标工程项目有关的业绩。

3. 投标联合体

大型建设工程项目往往不是一个投标人所能完成的，所以法律允许两个以上法人或者其他组织组成一个联合体，共同参与投标，并对联合体投标的相关问题作出了明确规定。

（1）联合体的法律地位

联合体是由多个法人或经济组织组成，但它在投标时是作为一个独立的投标人出现的，具有独立的民事权利能力和民事行为能力。

（2）联合体的资格

《招标投标法》规定，组成联合体各方均应具备相应的投标资格；由同一专业的单位组成的联合体，按照资质等级较低的单位确定资质等级。这是为了促使资质优秀的投标人组成联合体，防止以高等级资质获取招标项目，而由资质等级低的投标人来完成项目的行为。

（3）联合体各方的责任

联合体各方应签订共同投标协议，明确约定各方在拟承包的工程中所承担的义务和责任。联合体对外是一个整体，应就中标项目向招标人承担连带责任，也就是说，在同一类型的债权、债务关系中，联合体的任何一方均有义务履行招标人提出的债权要求。但在联合体内部，代他人履行义务的一方，仍有求偿权，即依据内部约定，要求他人承担按照联合协议的约定应承担的义务。

（4）投标人的意思自治

投标人，投标人是否与他人组成联合体，与谁组成联合体，都由投标人自行决定，任何人都不得干涉。《招标投标法》规定，招标人不得强制投标人组成联合体共同投标，不得限制投标人之间的竞争。

7.3.2　投标文件

1. 投标文件的内容

投标人应当按照招标文件的要求编制投标文件。投标文件应当对招标文件提出的实质性要求和条件作出响应。对招标文件提出的实质性要求和条件作出响应，是指投标文件的内容应当对与招标文件规定的实质要求和条件（包括招标项目的技术要求、投标报价要求和评标标准等）一一作出相对应的回答，不能存有遗漏或重大的分离。否则将被视为废标，失去中标的可能。

《招标投标法》还规定，招标项目属于建设施工的，投标文件的内容应当包括拟派出的项目负责人与主要技术人员的简历、业绩和拟用于完成招标项目的机械设备等。

（1）拟派出的项目负责人和主要技术人员的简历，通常包括项目负责人和主要技术人员的姓名、文化程度、职务、职称、参加过的施工项目等情况。

（2）业绩。一般是指近 3 年承建的施工项目。通常应具体写明建设单位、项目名称与建设地点、结构类型、建设规模、开竣工日期、合同价格和质量达标情况等。

（3）拟用于完成招标项目的机械设备。通常应将投标人自有的拟用于完成招标项目的机械设备以表格的形式列出，主要包括机械设备的名称、型号规格、数量、国别产地、制造年份、主要技术性能等内容。

（4）其他。如近 2 年的财务会计报表及下一年的财务预测报告等投标人的财务状况，现有主要施工任务，包括自建或尚未开工的工程等。

对于投标文件的内容，还有一项特殊的规定，就是投标人根据招标文件载明的项目实际情况，拟在中标后将中标项目的部分非主体、非关键性工作进行分包的，应当在投标文件中载明。

2. 投标文件的提交

《招标投标法》规定，投标人应当在招标文件要求提交投标文件的截止时间前，将投标文件送达投标地点。招标人收到投标文件后，应当签收保存，不得开启。投标人少于 3 个的，招标人应当依照本法重新招标。在招标文件要求提交投标文件的截止时间后送达的投标文件，招标人应当拒收。

这一规定的主要含义有：

（1）送达方式。按照通常的理解，送达包括直接派人将投标文件送到招标地点（直接送达）、通过邮局将投标文件寄给招标人（邮寄送达）、委托他人将投标文件带到招标地点（委托送达）等方式。从投标的严肃性和安全性来讲，直接送达更为适宜。

（2）送达要求。主要包括时间和地点两方面的限制。要求提交投标文件的截止日期和地点都应预先在招标文件中明确。

（3）重新招标。投标人少于 3 个（不包括 3 个）的，不能保证必要的竞争程度，原则上应当重新招标。如果确因招标项目的特殊情况，即使重新进行招标，也无法保证有 3 个以上的承包商、供应商参加投标的，可按国家有关规定采用其他采购方式。

（4）送达拒收。投标人超过招标文件所确定的截止日期提交投标文件，如果招标人还接收，可能会给有的投标人在掌握了已开标的其他投标人投标的情况下再对自己的投标文件进行修改留下可乘之机，这显然是有悖于招标活动的公平、公正原则的。

国际上的惯例也是投标人少于 3 个，就重新招标，这种情况也称为"流标"。

3. 投标保证金的提交

在工程招投标活动中，为了确保投标人诚实守信，招标人通常会要求投标人提交投标保证金。《招标投标法实施条例》，招标人在招标文件中要求投标人提交投标保证金的，投标保证金不得超过招标项目估算价的 2%。投标保证金有效期应当与投标有效期一致。依法必须进行招标项目的境内投标单位，以现金或者支票形式提交的投标保证金应当从其基本账户转出。招标人不得挪用投标保证金。

4. 投标文件的补充、修改或撤回

投标人在招标文件要求提交投标文件的截止时间前，可以补充、修改或者撤回已提交的投标文件，并书面通知招标人。补充、修改的内容为投标文件的组成部分。

按照通常理解，招标投标是当事人订立合同的一种方式。其中，招标是要约邀请，投标是要约。要约是可以补充、修改或者撤回的，但是必须遵循法定的要求和程序，也就是要在提交投标文件的截止日期前，并且应当书面通知招标人。补充、修改的内容为投标文件的组成部分，是指补充、修改的内容同招标文件的其他内容具有同等的法律效力，投标人应受补充、修改的投标文件的内容约束。

7.3.3 投标要求

1. 保密要求

由于投标是一次性的竞争行为，为保证其公正性，就必须对当事人各方提出严格的保密要求；投标文件及其修改、补充的内容都必须以密封的形式送达，招标人签收后必须原样保存，不得开启。对于标底和潜在投标人的名称、数量以及可能影响公平竞争的其他有关招投标的情况，招标人都必须保密，不得向他人透露。

2. 合理报价

《招标投标法》规定，投标人不得以低于成本的价格报价、竞标。投标人以低于成本的价格报价是一种不正当的竞争行为，一旦中标，必然会采取偷工减料、以次充好等非法手段来避免亏损，以求得生存。这将严重破坏社会主义市场经济秩序，给社会带来隐患，必须予以禁止。但投标人从长远利益出发，放弃近期利益，不要利润，仅以成本价投标，这是合法的竞争手段，法律是予以保护的。这里所说的成本，是以社会平均成本和企业个别成本来计算的，并要综合考虑各种价格差别因素。

3. 诚实信用

从诚实信用的原则出发，《招标投标法》还规定：投标人不得相互串通投标；也不得与招标人串通投标，损害国家利益、社会公共利益和他人合法利益；还不得向招标人或评标委员会成员行贿以谋取中标；同时，还不得以他人名义投标或以其他方式弄虚作假、骗取中标。

《工程建设项目施工招标投标办法》还对投标人相互串通投标及投标人与招标人串通投标的具体表现行为作了规定，它指出：凡投标人之间相互约定抬高、压低或约定分别以高、中、低价位报价；投标人之间先进行内部议价，内定中标人后再行投标及有其他串通投标报价行为的，皆属投标人串通行为。而招标人在开标前开启投标文件，并将招标情况告知其他投标人，或协助投标人撤换投标文件、更改报价；招标人向投标人泄露标底；招标人与投标人商定，投标时压低或抬高标价，中标后再给投标人或招标人额外补偿；招标人预先内定中标人等行为，皆为投标人与招标人串通投标。

7.3.4　招投标中的不诚信行为

《招标投标法实施条例》对招投标中不诚信行为的具体表现给出了详细规定，是对《招标投标法》的重要细化、补充和完善。这些不诚信行为主要可分为投标人相互串通投标、招标人与投标人串通投标、投标人弄虚作假行为，具体如下所述。

1. 投标人相互串通投标

《招标投标法实施条例》规定，禁止投标人相互串通投标。

有下列情形之一的，属于投标人相互串通投标：

(1) 投标人之间协商投标报价等投标文件的实质性内容；

(2) 投标人之间约定中标人；

(3) 投标人之间约定部分投标人放弃投标或者中标；

(4) 属于同一集团、协会、商会等组织成员的投标人按照该组织要求协同投标；

(5) 投标人之间为谋取中标或者排斥特定投标人而采取的其他联合行动。

有下列情形之一的，视为投标人相互串通投标：

(1) 不同投标人的投标文件由同一单位或者个人编制；

(2) 不同投标人委托同一单位或者个人办理投标事宜；

(3) 不同投标人的投标文件载明的项目管理成员为同一人；

(4) 不同投标人的投标文件异常一致或者投标报价呈规律性差异；

(5) 不同投标人的投标文件相互混装；

(6) 不同投标人的投标保证金从同一单位或者个人的账户转出。

2. 招标人与投标人串通投标

《招标投标法实施条例》规定，禁止招标人与投标人串通投标。

有下列情形之一的，属于招标人与投标人串通投标：

(1) 招标人在开标前开启投标文件并将有关信息泄露给其他投标人；

(2) 招标人直接或者间接向投标人泄露标底、评标委员会成员等信息；

(3) 招标人明示或者暗示投标人压低或者抬高投标报价；

(4) 招标人授意投标人撤换、修改投标文件；

(5) 招标人明示或者暗示投标人为特定投标人中标提供方便；

(6) 招标人与投标人为谋求特定投标人中标而采取的其他串通行为。

3. 投标人弄虚作假行为

《招标投标法实施条例》规定，禁止以他人名义投标，也就是禁止使用通过受让或者租借等方式获取的资格、资质证书投标。

投标人有下列情形之一的，属于《招标投标法》第三十三条规定的以其他方式弄虚作假的行为：

(1) 使用伪造、变造的许可证件；

(2) 提供虚假的财务状况或者业绩；

(3) 提供虚假的项目负责人或者主要技术人员简历、劳动关系证明；

(4) 提供虚假的信用状况；

(5) 其他弄虚作假的行为。

7.4 开标、评标与中标

7.4.1 开标

1. 开标的概念

开标，是指投标截止后，招标人按招标文件所规定的时间和地点，开启投标人提交的投标文件，公开宣布投标人的名称、投标价格及投标文件中的其他主要内容的活动。

2. 开标时间

开标时间应与提交投标文件的截止时间相一致，这一规定的目的是防止招标人或者投标人利用提交投标文件的截止时间以后与开标时间之前的一段时间间隔做手脚，进行暗箱操作。比如，有些投标人有可能会利用这段时间与招标人或招标代理机构串通，对投标文件的实质性内容进行更改等。

3. 开标地点

为了使所有的投标人都能事先知道开标地点，并能够按时到达，开标地点应当在招标文件中事先确定，以便使每一个投标人都能事先为参加开标活动做好充分的准备，如根据情况选择适当的交通工具，提前订好车票、机票等。

招标人如果确有特殊原因，需要变动开标地点，应当对招标文件作出修改，并作为招标文件的补充文件，书面通知每一个提交投标文件的投标人。

4. 开标的参加人

开标由招标人负责主持。招标人自行办理招标事宜的，当然得自行主持开标；招标人委托招标代理机构办理招标事宜的，可以由招标代理机构按照委托招标合同的约定负责主持开标事宜。对依法必须进行招标的项目，有关部门可派人参加开标，以监督开标过程严格按法定程序进行。但是，有关行政部门不得越俎代庖，代替招标人主持开标。

招标人应邀请所有投标人参加开标，以确保在所有投标人的参与、监督下，按照公开、透明的原则进行，堵塞在开标过程中可能发生的"暗箱操作"漏洞，既有利于保障投标人的正当权益，也可以表明招标人在开标形式上的公开和清白。参加开标是每一个投标人的法定权利，招标人不得以任何理由排斥、限制任何投标人参加开标。

5. 开标的程序要求

《招标投标法》规定，开标时，由投标人或者其推选的代表检查投标文件的密封情况，也可以由招标人委托的公证机构检查并公证；经确认无误后，由工作人员当众拆封，宣读投标人名称、投标价格和投标文件的其他主要内容。

招标人在招标文件中要求的提交投标文件的截止时间前收到的所有投标文件，开标时都应当众予以拆封、宣读，不能遗漏，否则就构成对投标人的不公正对待。

开标过程应当记录，并存档备查。这是保证开标过程透明和公正，维护投标人利益的必要措施，要求对开标过程进行记录，可以使权益受到侵害的投标人行使要求复查的权利，有利于确保招标人尽可能自我完善，加强管理，少出漏洞。此外，还有助于有关行政主管部门进行检查。

7.4.2　评标

1. 评标的概念

评标，是指按照规定的评标标准和方法，对各投标人的投标文件进行评价比较和分析，从中选出最佳投标人的过程。评标是招标投标活动中十分重要的阶段，评标是否真正做到公平、公正，决定着整个招标投标活动是否公平和公正；评标的质量决定着能否从众多投标竞争者中选出最能满足招标项目各项要求的中标者。

2. 评标委员会

评标由招标人依法组建的评标委员会负责。

(1) 评标委员会的组成。评标是一项涉及多种专业知识的复杂的技术活动。为保证评标的公正性和权威性，《招标投标法》规定，依法必须进行招标的项目，其评标委员会由招标人的代表和有关技术、经济、法律等方面的专家组成，人数应为五人以上单数，其中技术、经济等方面的专家不得少于成员总数的三分之二。

(2) 评标委员会中专家的资格。为保证评标的质量，参加评标的专家必须是具有较高的专业水平，并有丰富的实际工作经验，对相关业务相当熟悉的专业技术人员。为此，《招标投标法》规定，参加评标委员会的专家应当满足从事相关领域工作八年并具有高级职称或具有同等专业水平的条件。

(3) 评标委员会专家人选的确定。为防止招标人选定评标专家的主观随意性，《招标投标法》规定：评标专家由招标人从国务院或省、自治区、直辖市人民政府有关部门提供的专家名册或招标代理机构专家库内的相关专业的专家名单中确定；一般招标项目可以采取随机抽取方式，特殊招标项目可以由招标人直接确定。但与投标人有利害关系的人不得进入评标委员会，已经进入的也应更换。

(4) 评标委员会的职业道德。评标委员会成员应当客观、公正地履行职责，遵守职业道德，对所提出的评审意见承担个人责任。评标委员会成员不得与任何投标人或者与招标结果有利害关系的人进行私下接触，不得收受投标人、中介人、其他利害关系人的财物或者其他好处。

评标委员会成员和与评标活动有关的工作人员不得透露对投标文件的评审和比较、中标候选人的推荐情况以及与评标有关的其他情况。与评标活动有关的工作人员，是指评标委员会成员以外的因参与评标监督工作或者事务性工作而知悉有关评标情况的所有人员。

3. 评标方法

根据《评标委员会和评标方法暂行规定》，评标方法包括经评审的最低投标价法、综合评估法或者法律、行政法规允许的其他评标方法。

经评审的最低投标价法，是指评标委员会根据招标文件中规定的评标价格调整方法，对所有投标人的投标报价以及投标文件的商务部分作必要的价格调整，再推荐符合招标文件规定的技术要求和标准且调整后投标报价最低的投标人为中标候选人的评标方法。经评审的最低投标价法一般适用于具有通用技术、性能标准或者招标人对其技术、性能没有特殊要求的招标项目。

不宜采用经评审的最低投标价法的招标项目，一般应当采取综合评估法进行评审。根据综合评估法，最大限度地满足招标文件中规定的各项综合评价标准的投标，应当推荐为中标候选人。衡量投标文件是否最大限度地满足招标文件中规定的各项评价标准，可以采取折算为货币的方法、打分的方法或者其他方法。需量化的因素及其权重应当在招标文件中明确规定。

4. 评标专家的权利和义务

评标专家必须按法定程序和要求进行评标工作，遵循招标投标公平、公正、诚实信用的原则。

评标专家享有下列权利：

（1）接受招标人或其招标代理机构聘请，担任评标委员会成员；

（2）依法对投标文件进行独立评审，提出评审意见，不受任何单位或者个人的干预；

（3）接受参加评标活动的劳务报酬；

（4）法律、行政法规规定的其他权利。

评标专家负有下列义务：

（1）有《招标投标法》第三十七条和《评标委员会和评标方法暂行规定》第十二条规定情形之一的，应当主动提出回避；

（2）遵守评标工作纪律，不得私下接触投标人，不得收受他人的财物或者其他好处，不得透露对投标文件的评审和比较、中标候选人的推荐情况以及与评标有关的其他情况；

（3）客观公正地进行评标；

（4）协助、配合有关行政监督部门的监督、检查；

（5）法律、行政法规规定的其他义务。

5. 评标的相关规定

（1）评标标准。评标时，应严格按照招标文件确定的评标标准和方法，对投标文件进行评审和比较；设有标底的，应参考标底。任何未在招标文件中列明的标准和方法，均不得采用，对招标文件中已标明的标准和方法，不得有任何改变。这是保证评标公平、公正的关键，也是国际通行做法。

（2）独立评审。评标是招标人和评标委员会的独立活动，不应受外界的干预和影响，以免影响评标的公正。《招标投标法》特别规定："任何单位和个人不得非法干预、影响评标的过程和结果。"同时，还规定了相应的惩处措施。这对我国建设工程的招投标，具有十分重大的现实意义。当然，法律也规定：招标人应采取必要的措施，保证评标在严格保密的情况下进行；评标委员会成员和参与评标的有关工作人员不得透露对投标文件的评审比较、评标结果及其他与评标有关的情况。

（3）标价的确认。对于报价存在前后矛盾的投标文件，除招标文件另有约定外，应按下述原则进行修正和确认：用数字表示的数额与用文字标识的数额不一致时，以文字数额为准；单价与工程量的乘积和总价不一致时，以单价为准；若单价有明显的小数点错位，应以总价为准，并修改单价。调整后的报价经投标人确认后产生约束力。

（4）投标文件的澄清。评标时，若发现投标文件的内容有含义不明确、不一致或明显文字错误、或纯属计算上的错误等情形，评标委员会可通知投标人作出必要的澄清和说明，以确认其正确的内容。但投标人的澄清与说明，只能是对上述问题的解释和补正，不能补充新的内容或更改投标文件中的报价、技术方案、工期等实质性内容。投标人的答复必须有法定代表人或其授权代理人的签字，并作为投标文件的组成部分。

（5）如果投标文件存在下列问题，评标委员会应按废标处理：

1）建筑工程设计投标文件中无相应资格的注册建筑师签字，或签字的注册建筑师受聘单位与投标人不符，以及无投标人公章的；

2）工程施工投标文件中既无单位公章又无法定代表人或其授权代理人签字的；

3）未按规定格式填写，内容不全或关键字迹模糊、无法辨认的；

4）投标人名称或组织结构与资格预审时不一致的；

5）未按招标文件要求提交投标保证金的；

6）联合体投标未附联合体各方共同投标协议的；

7）同一投标人递交两份或不同的招标文件，或在一份投标文件中对同一个投标项目报有两个或多个报价并且未申明哪一个有效的。

（6）评标结果。评标结束后，评标委员会应向投标人提交书面评标材料，并就中标人提出意见，根据不同情况，可有三种不同意见：

1）推荐中标候选人。评标委员会可在评标报告中推荐 1～3 个中标候选人，由招标人确定。

2）直接确定中标人。在得到招标人授权的情况下，评标委员会可在评标报告中直接确定中标人。

3）否决所有投标人。经评审，评标委员会认为所有投标都不符合招标文件要求，可以否决所有投标。这时，强制招标的项目应重新进行招标。

7.4.3 中标

1. 中标通知书

中标人确定后，招标人应当向中标人发出中标通知书，并同时将中标结果通知所有未中标的投标人。中标通知书，是指招标人在确定中标人后向中标人发出的通知其中标的书面凭证。

中标通知书对招标人和中标人具有法律效力。中标通知书发出后，招标人改变中标结果的，或者中标人放弃中标项目的，应当依法承担法律责任。从合同订立程序来说，招标是要约邀请，投标是要约，发出中标通知书是承诺。承诺一经到达中标人即生效，招标人就应受到承诺的效力约束，必须与中标人签订承包合同，否则要承担缔约过失责任。

2. 订立书面合同

招标人和中标人应当自中标通知书发出之日起三十日内，按照招标文件和中标人的投标文件订立书面合同。招标人和中标人不得再行订立背离合同实质性内容的其他协议。"实质性内容"，是指投标价格、投标方案等实质性内容。

招标文件要求中标人提交履约保证金的，中标人应当提交。履约保证金，是指招标人要求投标人在接到中标通知书后，提交的保证履行合同各项义务的担保。履约担保一般有三种形式：银行保函、履约担保书和保留金。

3. 提交书面报告

依法必须进行招标的项目，招标人应当自确定中标人之日起十五日内，向有关行政监督部门提交招标投标情况的书面报告。

招标投标活动是个复杂的过程，要消耗较长的时间，有关行政主管部门不能到每个项目招标的过程中去监督。为了了解招标投标活动的情况，只能借助于招标人主动汇报的方式。

4. 履行合同

中标人应当按照合同约定履行义务，完成中标项目。中标人不得向他人转让中标项目，也不得将中标项目肢解后分别向他人转让。

中标人按照合同约定或者经招标人同意，可以将中标项目的部分非主体、非关键性工作分包给他人完成。接受分包的人应当具备相应的资格条件，并不得再次分包。

中标人应当就分包项目向招标人负责，接受分包的人就分包项目承担连带责任。

7.5 建设工程招标的管理机构及其职责

7.5.1 招标活动管理的职责分工

根据《关于国务院有关部门实施招标投标活动行政监督的职责分工的意见》，国家发展计划委员会（现国家发展和改革委员会）是全国招投标活动的指导和协调部门，会同有关行政主管部门拟订《招标投标法》配套法规、综合性政策和必须进行招标的项目的具体范围、规模标准以及不适宜进行招标的项目，报国务院批准；定发布招标公告的报刊、信息网络或其他媒介。国家发展改革委员会还负责组织国家重大建设项目稽察特派员，对国家重大建设项目建设过程中的工程招投标进行监督检查。

有关行政主管部门根据《招标投标法》和国家有关法规、政策，可联合或分别制定具体实施办法，分别对不同专业类型的招投标工作进行管理，其具体的职责划分如下：

（1）各类房屋建筑及其附属设施的建造和与其配套的线路，管道、设备的安装项目和市政工程项目的招投标活动的监督执法，由住房城乡建设行政主管部门负责；

（2）工业、水利、交通、铁道、民航、信息产业等行业和产业项目的招投标活动的监督执法，分别由经贸、水利、交通、铁道、民航、信息产业等行政主管部门负责；

（3）进口机电设备采购项目的招投标活动的监督执法，由商务行政主管部门负责。

7.5.2 住房城乡建设行政主管部门的有关职责

住房城乡建设部负责房屋建筑工程及其附属设施，管道、设备的安装项目和市政工程项目的招投标活动的监督执法，其具体职责包括：

（1）贯彻执行国家有关建设工程招标投标的法律、法规和方针、政策，制定招标投标的规定和办法；

（2）指导、检查各地区、各部门的招标投标工作；

（3）总结交流招标投标工作的经验，提供相应服务；

（4）维护国家利益，监督重大工程的招标投标活动；

（5）审批全国范围内建设工程招投标的代理机构。

各省、自治区、直辖市的住房城乡建设行政主管部门负责管理本行政区域内房屋建筑工程及其附属设施，管道、设备的安装项目和市政工程项目的招投标活动的监督执法，其主要职责是：

（1）贯彻国家有关建设工程招标投标的法规和方针、政策，制定建设工程招标投标实施办法；

（2）监督、检查本行政区域内的有关招标投标活动，总结交流工作经验；

（3）审批咨询、监理等单位代理建设工程招标投标业务的资格；

（4）调解招投标纠纷；

（5）否决违反招标投标规定的定标结果。

省、自治区、直辖市的住房城乡建设行政主管部门可以根据需要，报请同级人民政府批准，确定相应的招标投标办事机构的设置及经费来源，在同级人民政府住房城乡建设行政主管部门的授权范围内，具体负责本行政区域内有关招标投标的管理工作，主要包括：审查招标单位的资质、招标申请书、招标文件与标底；监督开标、评标、定标、签约活动；调解招标投标活动中的纠纷；否决违反规定的定标结果。

【案例 7-1】无资质承揽工程导致安全事故

农民张润根没有任何证件却私下与人签订《建房协议书》，结果在施工中因机械失灵而身亡。9 月 11 日，江西省新余市渝水区人民法院一审以承揽合同损害赔偿纠纷，判决彭才庆、彭竹根、彭秋根等七被告赔偿死者张润根家属共计人民币 79561.8 元。

2005 年 12 月 25 日，张润根在不具备建筑施工资质的情况下，与七被告签订一份《建房协议书》，协议约定由张润根承建七被告共建的一栋六个单元七层楼的住宅房屋（其中彭竹根和彭秋根合建一个单元），由七被告提供材料，张润根自带机械设备（升降机、搅拌机、平板等）。协议签订后，张润根便开始组织人员施工。房屋桩基工程完工后，七被告为升降机安装的位置等问题产生矛盾，张润根在与七被告多次协商未果后，改用吊机上下运输材料，且没有请专人，一般由其自行操作吊机。

2006 年 2 月 7 日，张润根操作吊机将材料往上运输准备粉刷外墙时，吊机在半空失灵，张润根随吊机一起摔至地面，被送往医院抢救无效死亡。事故发生后，张润根的家属将七被告诉至法院，要求七被告赔偿其死亡赔偿金、丧葬费、被抚养人生活费等计人民币305205.52 元。

法院审理后认为，七被告与张润根签订的《建房协议书》符合承揽合同的法律特征，双方形成承揽合同法律关系。由于张润根不具备建筑资质，却承揽七被告的建筑工程，并且在没有吊机操作证的情况下操作吊机发生意外致使其本人死亡，对此张润根本人应当承担主要责任。七被告没有审查张润根是否具备建筑资质就将房屋工程交其承建，选任上存在过错。另外，在协议约定使用升降机的前提下，七被告为升降机的安装位置无法达成统一意见，迫使张润根改用吊机，从而进一步降低了工程安全系数，故七被告对张润根的死亡亦存在一定过错，应当承担本案 30% 的赔偿责任。由于被告彭竹根和彭秋根合建一个单元，其余五被告各建一个单元，因此七被告应当按其各自建设的工程量承担赔偿责任。综上，法院依据当事人的诉请及法律规定，支持了家属赔偿要求中的 265205.52 元的30%，作出了最终的判决。

【案例 7-2】转包工程酿成事故的责任分析

雇工胡女士在建造房屋中不幸摔伤，为此，她将发包人、转包人和承包人告上了法庭。10 月 10 日，上海市闵行区人民法院判决承包人林先生赔偿 10.67 万余元，扣除转包人茅某已支付的 5.5 万元，还应赔偿医药费 51773.88 元，转包人茅某对上述赔偿款负连带责任。

今年 4 月 27 日，华漕镇某民曹林因建造新房让茅某负责施工。6 月 8 日，茅某将此工程的泥工转包给了林先生。林接到工程后，即通知胡女士到工地务工，并确定日报酬 45 元。6 月 21 日下午 5 时，胡女士在一楼平台上拉吊机起吊的一车砖块时，由于吊机失灵将其带倒摔下楼致当场昏迷，被送往上海市长宁区中心医院救治。经诊断为脑外伤、胸椎骨折，至今仍在武警总队医院继续治疗。而茅某在支付了 5.5 万元费用后一直拒绝支付继续治疗的费用。为索赔损失，胡女士的丈夫以代理人的身份将茅某、林先生和曹林告上法庭，请求判令三被告连带赔偿医疗费 12 万元，其他费用等治疗完毕后另行起诉。

茅某辩称，该工程已转包给林先生，且胡女士是林先生雇用的。林先生辩称，胡女士是通过自己介绍到茅某工地工作的，工作中的吊机也是茅某提供的，事故的发生系由于吊机故障造成，况且自己也是为茅某工作的，故不应由自己承担责任。曹林辩称，胡女士务工必须具有相应的资质和能力才可以，现因胡女士没有技术能力导致受伤，故与己无关。

胡女士受雇于谁，三被告各自承担何种法律责任成为案件审理的关键。从林先生通知胡女士到工地干活，并确定工资报酬，结合其与茅某间清包工协议，可以说明林先生对使用务工人员有一定的决定权，对报酬的给付有一定的支配权，所以，认定林先生系胡女士的雇主。茅某与林先生间的协议系内部包工协议，法律上不能免除其对外应承担的民事责任，故茅某应对林先生雇用行为所产生的后果承担连带责任。曹林发包给茅某建造的房屋系农村宅基地房屋，建筑结构相对简单，工期相对较短，且胡女士、茅某、林先生均没有提供证据证明其存在过错，故认定曹林不承担民事赔偿责任。

【案例 7-3】联营体承揽工程的连带责任

2001 年，中国水电某工程局、江苏省某建设集团、山西省某工业设备安装公司组成联营体施工。2002 年 3 月 8 日 12 时，江苏省某建设集团雇用的拖挂车将太原铁路分局所属的太岚线 42 号铁路桥严重撞损，导致太岚线铁路运输中断 11 天，给国家和铁路运输造成了重大损失。为此，太原铁路分局告到法院，要求侵权单位赔偿损失 189 万元。

法院审理认为，侵权行为造成的损失应由联营体承担，在由江苏省某建设集团承担赔偿责任的同时，联营体中另两家成员应承担连带责任。最终，太原铁路运输法院对此案作出一审判决，责任方被要求赔偿太原铁路分局各种损失总计 104 万多元。

思 考 题

1. 什么是工程建设的发包与承包，它有哪些方式？
2. 建设工程招标必须遵循哪些基本原则，其含义是什么？
3. 招标人自行办理招标事宜，应具备哪些条件？
4. 我国强制性进行招标投标的建设工程项目有哪些？
5. 公开招标与邀请招标分别有哪些优点和不足？
6. 投标联合体的法律地位、资质等级和各方责任分别如何规定的？
7. 开标的程序是怎样的？
8. 相关法规对评标委员会的组成、专家资格分别有哪些规定？
9. 哪些情况下，投标文件可作为废标处理？
10. 我国现行建设工程招标投标管理机构有哪些，其职责是如何划分的？

第8章 建设工程勘察设计法律制度

8.1 概 述

8.1.1 建设工程勘察设计的概念

建设工程勘察设计是建设工程勘察和建设工程设计的总称。建设工程勘察，是指根据建设工程的要求，查明、分析、评价建设场地的地质地理环境特征和岩土工程条件，编制建设工程勘察文件的活动。建设工程设计，是指根据建设工程的要求，对建设工程所需的技术、经济、资源、环境等条件进行综合分析、论证，编制建设工程设计文件的活动。

建设工程勘察设计是工程建设的重要环节，勘察是基础，设计是灵魂，其对于工程的质量和综合效益起着决定性作用。而且，工程勘察设计还应当与国民经济和社会发展水平相适应，追求经济效益、社会效益和环境效益的和谐统一。

8.1.2 立法概况

改革开放30多年来，我国在工程建设勘察设计方面颁布实施了一系列法律、法规等规范性文件，现行有效的主要包括：

《建筑法》，2011年4月修改后颁布施行；

《招标投标法》，1999年8月颁布，2000年1月起施行；

《标准化法》，1988年12月颁布，1989年4月起施行，2007年11月修正；

《建设工程质量管理条例》，国务院2000年1月颁布施行；

《建设工程安全生产管理条例》，国务院2003年11月颁布，2004年2月起施行；

《建设工程勘察设计管理条例》，国务院2015年6月修改后颁布施行；

《建设工程勘察质量管理办法》，建设部2002年颁布、2003年施行，2007年11月修正；

《工程建设项目勘察设计招标投标办法》，国家发改委2003年颁布施行，2013年3月修订、5月施行；

《建筑工程设计招标投标管理办法》，住房城乡建设部2017年1月颁布，5月施行；

《建筑工程方案设计招标投标管理办法》，住房城乡建设部2008年3月颁布，5月起施行；

《建设工程勘察设计资质管理规定》，建设部2007年颁布施行，住房城乡建设部2015年5月修正；

《工程设计资质标准》，建设部2007年颁布施行，住房城乡建设部2016年6月令部分失效；

《工程勘察资质分级标准》和《工程设计资质分级标准》，建设部2001年颁布施行（部分失效）；

《外商投资建设工程设计企业管理规定》，建设部等 2002 年颁布施行，2003 年补充；

《勘察设计注册工程师管理规定》，建设部 2005 年颁布施行，住房城乡建设部 2016 年 9 月修正；

《实施工程建设强制性标准监督规定》，建设部 2000 年颁布施行，住房城乡建设部 2015 年 1 月修正；

《房屋建筑和市政基础设施工程施工图设计文件审查管理办法》，住房城乡建设部 2013 年颁布施行，住房城乡建设部 2015 年 5 月修正；

《超限高层建筑工程抗震设防专项审查技术要点》，住房城乡建设部 2015 年 5 月颁布施行；

《超限高层建筑工程抗震设防管理规定》，建设部 2002 年 7 月颁布，9 月起施行；

《房屋建筑工程抗震设防管理规定》，建设部 2006 年颁布施行，住房城乡建设部 2015 年 1 月修正；

《全国优秀工程勘察设计奖评选办法》，住房城乡建设部 2011 年 7 月颁布施行。

上述法律、法规形成了我国建设工程勘察设计领域的有机体系，是建设法规体系的重要组成部分。

8.2　工程勘察设计标准

标准是指为在一定的范围内获得最佳秩序，对活动或其结果规定共同的和重复使用的规则、导则或特性的文件。该文件必须经过协商一致共同制定并经一个权威、公认机构的批准。标准应以科学、技术和经验的综合成果为基础，以促进最佳社会效益为目的。

8.2.1　工程建设标准

1. 工程建设标准的概念

工程建设标准是指为在工程建设领域内获得最佳秩序，对建设工程的勘察、设计、施工、安装、验收、运营维护及管理等活动和结果需要协调统一的事项所制定的共同的、重复使用的技术依据和准则。

《标准化法》（1988）规定，对下列需要统一的技术要求，应当制定标准：……（4）建设工程的设计、施工方法和安全要求。（5）有关工业生产、工程建设和环境保护的技术术语、符号、代号和制图方法。

《标准化法》规定，我国的标准分为国家标准、行业标准、地方标准和企业标准。国家标准、行业标准分为强制性标准和推荐性标准。保障人体健康，人身、财产安全的标准和法律、行政法规规定强制执行的标准是强制性标准，其他标准是推荐性标准。

制定和实施各项工程建设标准，并逐步使其完整、体系，即实现工程建设标准化，是现代化工程建设的重要管理手段，是我国工程建设领域一项重要的技术、经济法律制度。

我国的国家标准由国务院标准化行政主管部门制定，行业标准由国务院有关行政主管部门制定，地方标准由省、自治区和直辖市标准化行政主管部门制定，企业标准由企业自己制定，但都属于建设法规的组成部分。

2. 工程建设标准的种类

工程建设标准从不同的角度可有不同的分类：

　　（1）按标准的内容：工程建设标准可分为技术标准、经济标准和管理标准三类。

　　技术标准是指对标准化领域中需要协调统一的技术事项所制定的标准；经济标准是在建设过程中控制资源，节约财力，避免浪费，特别是保证不可再生资源的节约使用；管理标准是指对标准化领域中需要协调统一的管理事项所制定的标准。

　　（2）按标准的级别或适用范围：根据《标准化法》的规定，我国的工程建设标准可分为国家标准、行业标准、地方标准和企业标准。

　　《标准化法》规定，对需要在全国范围内统一的技术要求，应当制定国家标准。如通用的质量标准，通用的术语、符号、代号、建筑模数等。实践中习惯称之为国标，由国务院住房城乡建设行政主管部门审查批准，国务院标准化行政主管部门和住房城乡建设行政主管部门联合颁行。

　　《标准化法》规定，对没有国家标准而又需要在全国某个行业范围内统一的技术要求，可以制定行业标准。在公布国家标准之后，该项行业标准即行废止。如行业专用的质量标准，专用的术语、符号、代号，专用的实验、检验、评定方法等。行业标准由国务院有关行政主管部门审批、颁行，并报国务院住房城乡建设行政主管部门备案。行业标准不得与国家标准相抵触。

　　《标准化法》规定，对没有国家标准和行业标准而又需要在省、自治区、直辖市范围内统一的工业产品的安全、卫生要求，可以制定地方标准。在公布国家标准或者行业标准之后，该项地方标准即行废止。工程建设地方标准是指在工程建设活动中，根据当地的气候、地质、资源、环境等条件，在省、自治区、直辖市范围内提出统一的技术要求。工程建设地方标准在省、自治区、直辖市范围内由省、自治区、直辖市住房城乡建设行政主管部门统一计划、统一审批、统一发布、统一管理。

　　《标准化法》规定，企业生产的产品没有国家标准和行业标准的，应当制定企业标准，作为组织生产的依据。已有国家标准或者行业标准的，国家鼓励企业制定严于国家标准或者行业标准的企业标准，在企业内部适用。工程建设企业标准是指工程建设活动中，企业内部统一的技术要求。它也不得低于国家标准、行业标准和地方标准。国家鼓励企业制定优于国家、行业和地方标准的企业标准。企业标准由企业组织制定，并按相关规定报送备案。国务院《深化标准化工作改革方案》中规定，放开搞活企业标准。

　　（3）按标准的使用阶段：工程建设标准分为设计标准和验收标准。工程建设设计标准是工程设计中必须遵守的标准，其具体又可分为以下几种。

　　建筑设计基础标准：房屋建筑术语、建筑统一模数、建筑物等级划分等。

　　建筑设计通用标准：建筑采光、照明、节能、防火、防爆、防腐、隔声、环保、卫生等方面的设计标准规范。

　　建筑结构设计通用标准：包括建筑荷载、地基基础设计规范，建筑结构抗震设计规范，各类建筑结构（钢结构、木结构、砖石结构、钢筋混凝土结构）设计规范，特种结构（塔架、烟囱、水池、筒仓、人防地下室）设计规范等。

　　建筑工程设计专用标准：如旅馆、住宅设计规范，无粘结预应力钢筋混凝土设计规程等。

　　相关专业设计标准：如给水排水、供暖通风、电气、弱电、设备等方面的标准规范。

　　（4）按标准的执行效力：《标准化法》规定，国家标准、行业标准分为强制性标准和推荐性标准。保障人体健康，人身、财产安全的标准和法律、行政法规规定强制执行的标准是强制性标准，其他标准是推荐性标准。工程建设标准可分为强制性标准和推荐性标准。

强制性标准是指必须执行的标准，如工程建设勘察、规划、设计、施工及验收等通用的综合标准和质量标准等。

推荐性标准是指当事人自愿采用的标准，凡是强制性标准以外的标准皆为推荐性标准。

国家把标准分为强制性和推荐性两种，既可以使建筑企业把握住了关键环节的建设质量，又能够在有改进空间的地方进行创新，使工程建设的标准不断完善。

8.2.2 工程勘察设计标准

根据国家计委（现国家发展和改革委员会）1983 年 10 月颁布的《基本建设勘察工作管理暂行办法》和《基本建设设计工作管理暂行办法》，工程勘察设计标准具体包括两部分，即勘察工作的标准是勘察技术标准，设计工作的标准是设计标准规范和标准设计。

1. 工程勘察技术标准

工程勘察技术标准（包括规范、规程）是工程建设标准化工作的组成部分，是各项勘察工作的技术依据。各类建设工程的勘察都必须制定相应的技术标准，并逐步建立统一的工程勘察技术标准体系。制定或修订技术标准，都必须贯彻执行国家的有关技术经济政策，做到技术先进、经济合理、安全适用、确保质量。

勘察技术标准，分为国家、行业、省市自治区和勘察单位四级。各级技术标准的审批和颁发，采取分级负责的办法。

勘察技术标准一经颁发，就是技术法规，在一切工程建设的勘察工作中都必须执行，凡不符合勘察技术标准要求的勘察技术成果，不得提出。

2. 工程设计标准

工程建设设计标准规范和标准设计，是设计标准化的重要组成部分。各类工程建设的设计都必须制定相应的标准规范；各类工程建设的构配件（零部件）、通用的构筑物、建筑物、公用设施以及单项工程等，凡有条件的都应编制标准设计。制定或修订设计标准规范和标准设计，必须贯彻国家的技术经济政策，密切结合自然条件和技术发展水平，合理利用能源、资源、材料和设备，充分考虑使用、施工、生产和维修的要求，做到通用性强，技术先进，经济合理，安全适用，节能环保，确保质量，便于工业化生产。

设计标准规范分为国家、部、省市自治区和设计单位四级。标准设计分为国家、部和省市自治区三级。各级设计标准规范和标准设计的审批、颁发，采取分级负责的办法。

设计标准规范一经颁发，就是技术法规，在一切工程建设设计工作中都必须执行。标准设计一经颁发，建设单位和设计单位要因地制宜地积极采用，凡无特殊理由的不得另行设计。

8.3 勘察设计文件的编制与审批

根据《建设工程勘察设计管理条例》，从事建设工程勘察、设计活动，应当坚持先勘察、后设计、再施工的原则。

8.3.1　勘察设计文件的编制

1. 编制原则与依据

（1）勘察设计文件的编制原则

根据《建设工程勘察设计管理条例》，编制建设工程勘察文件，应当真实、准确，满足建设工程规划、选址、设计、岩土治理和施工的需要。

工程设计是工程建设的重要环节，对工程建设的质量、投资效益起着决定性的作用。对整个工程来说，设计的好坏起着最根本性的作用。因此，为保证工程设计的质量和水平，使建设工程设计与社会经济发展水平相适应，真正做到经济效益、社会效益和环境效益相统一，有关法律法规规定，工程设计必须遵循以下主要原则：

1）贯彻国民经济和社会发展规划、城乡规划及产业政策；

2）合理配置资源，注重环保要求；

3）遵守工程建设技术标准和规范；

4）积极采用新技术、新工艺、新材料和新设备；

5）公共建筑和住宅要努力体现以人为本；

6）办公建筑和大型公共建筑要节约能耗。

（2）勘察设计文件的编制依据

根据《建设工程勘察设计管理条例》第四章的规定，编制建设工程勘察、设计文件，应当以下列规定为依据：

1）项目批准文件；

2）城乡规划；

3）工程建设强制性标准；

4）国家规定的建设工程勘察、设计深度要求。

铁路、交通、水利等专业建设工程，还应当以专业规划的要求为依据。

同时，编制建设工程勘察文件，应当真实、准确，满足建设工程规划、选址、设计、岩土治理和施工的需要；编制方案设计文件，应当满足编制初步设计文件和控制概算的需要；编制初步设计文件，应当满足编制施工招标文件、主要设备材料订货和编制施工图设计文件的需要；编制施工图设计文件，应当满足设备材料采购、非标准设备制作和施工的需要，并注明建设工程合理使用年限。设计文件中选用的材料、构配件、设备，应当注明其规格、型号、性能等技术指标，其质量要求必须符合国家规定的标准。除有特殊要求的建筑材料、专用设备和工艺生产线等外，设计单位不得指定生产厂、供应商。

2. 勘察设计阶段与内容

（1）勘察的阶段与内容

1）勘察的阶段

根据《岩土工程勘察规范》GB 50021—2001（2009 年版），建筑物的岩土工程勘察宜分阶段进行，可行性研究勘察应符合选择场址方案的要求；初步勘察应符合初步设计的要求；详细勘察应符合施工图设计的要求；场地条件复杂或有特殊要求的工程，宜进行施工勘察。

场地较小且无特殊要求的工程可合并勘察阶段。当建筑物平面布置已经确定，且场地或其附近已有岩土工程资料时，可根据实际情况，直接进行详细勘察。

2）勘察成果的内容

① 勘察报告的内容

根据《岩土工程勘察规范》GB 50021—2001（2009 年版），岩土工程勘察报告应根据任务要求、勘察阶段、工程特点和地质条件等具体情况编写，并应包括下列内容：

勘察目的、任务要求和依据的技术标准；

拟建工程概况；

勘察方法和勘察工作布置；

场地地形、地貌、地层、地质构造、岩土性质及其均匀性；

各项岩土性质指标，岩土的强度参数、变形参数、地基承载力的建议值；

地下水埋藏情况、类型、水位及其变化；

土和水对建筑材料的腐蚀性；

可能影响工程稳定的不良地质作用的描述和对工程危害程度的评价；

场地稳定性和适宜性的评价。

② 勘察图件的内容

根据《岩土工程勘察规范》GB 50021—2001（2009 年版），成果报告应附下列图件：

勘探点平面布置图；

工程地质剖面图；

原位测试成果图表；

室内试验成果图表。

（2）设计阶段

根据《基本建设设计工作管理暂行办法》第十三条的规定，建设项目的设计阶段要依据项目本身的实际情况决定。概括而言，可以分为以下几种情况。

1）一般建设项目：按初步设计、施工图设计两个阶段进行。

2）技术上复杂的建设项目：根据主管部门的要求，可按初步设计、技术设计和施工图设计三个阶段进行。小型建设项目中技术简单的，经主管部门同意，在简化的初步设计确定后，就可以做施工图设计。

3）大型矿区、油田、林区、垦区和联合企业等建设项目：在进行常规设计之前应先做总体设计。

（3）设计内容

1）初步设计

初步设计是根据已批准的可行性研究报告或设计任务书而编制的初步设计文件。根据住房城乡建设部 2016 年 11 颁布，2017 年 1 月实施的《建筑工程设计文件编制深度规定》第三章的规定，初步设计文件由设计说明书（包括设计总说明和各专业的设计说明书）、设计图纸、主要设备或材料表和工程概算书等四部分内容组成。

初步设计文件的编排顺序为：

封面→扉页→初步设计文件目录→设计说明书→设计图纸→概算书

在初步设计阶段，各专业应对本专业内容的设计方案或重大技术问题的解决方案进行综合技术经济分析，论证技术上的适用性、可靠性，经济上的合理性，并将其主要内容写进本专业初步设计说明书中。初步设计和总概算经批准后，是确定建设项目的投资额，编制固定资产投资计划，签订建设工程总包合同、贷款合同，控制建设工程拨款，组织主要设备订货，进行施工准备以及编制技术设计文件（或施工图设计文件）等的依据。

初步设计文件的深度应满足审批的要求：应符合已审定的设计方案；能据以确定需取得土地使用权的土地范围；能据以准备主要设备及材料；应提供工程设计概算，作为审批确定项目投资的依据；能据以进行施工图设计；能据以进行施工准备。

2）施工图设计

根据《建筑工程设计文件编制深度规定（2016 年版）》第 4 章的规定，施工图设计应根据已批准的初步设计进行编制，内容以图纸为主，应包括：封面、图纸目录、设计说明（或首页）、图纸、工程预算书等。

施工图设计文件一般以子项为编排单位。各专业的工程计算书（包括计算机辅助设计的计算资料）应经校审、签字后，整理归档。

施工图设计文件的深度应满足下列要求：能据以编制施工图预算；能据以安排材料、设备订货和非标准设备的制作；能据以进行施工和安装；能据以进行工程验收。

3. 抗震设防

2008 年 5 月 12 日，四川省汶川大地震带给中华民族的巨大创伤无以言表，其中，与建筑物直接、间接相关的生命、财产损失惨痛。痛定思痛，对建筑工程抗震设防应当有科学、客观的态度。

（1）基本方针

根据《房屋建筑工程抗震设防管理规定》（2006 年）的规定，房屋建筑工程的抗震设防，坚持预防为主的方针。国家鼓励采用先进的科学技术进行房屋建筑工程的抗震设防。

（2）设计中的抗震设防

根据《房屋建筑工程抗震设防管理规定》（2006 年）的规定，制定、修订工程建设标准时，应当及时将先进适用的抗震新技术、新材料和新结构体系纳入标准、规范，在房屋建筑工程中推广使用。

新建、扩建、改建的房屋建筑工程，应当按照国家有关规定和工程建设强制性标准进行抗震设防。任何单位和个人不得降低抗震设防标准。

城市房屋建筑工程的选址，应当符合城市总体规划中城市抗震防灾专业规划的要求；村庄、集镇建设的工程选址，应当符合村庄与集镇防灾专项规划和村庄与集镇建设规划中有关抗震防灾的要求。

根据《建筑工程抗震设防分类标准》GB 50223—2008（2008）中甲类和乙类建筑工程的初步设计文件应当有抗震设防专项内容。超限高层建筑工程应当在初步设计阶段进行抗震设防专项审查。新建、扩建、改建房屋建筑工程的抗震设计应当作为施工图审查的重要内容。

8.3.2　设计文件的审批

1. 设计文件的审批

根据原国家建设委员会 1978 年 9 月颁布的《设计文件的编制和审批办法》的规定，我国建设项目设计文件的审批，实行分级管理、分级审批的原则。其具体规定如下：

（1）特大、特殊项目的初步设计和总概算，报请国务院批准。

（2）大型建设项目的初步设计和总概算，按隶属关系，由国务院主管部门或省、市、自治区组织审查，提出审查意见，报国家批准；技术设计按隶属关系由国务院主管部门或省、市、自治区审批。

（3）中型建设项目的初步设计和总概算，按隶属关系，由国务院主管部门或省、市、自治区审查批准。批准文件抄送住房城乡建设部备案。国家指定的中型项目的初步设计和总概算要报住房城乡建设部审批。

（4）小型建设项目初步设计的审批权限，由主管部门或省、市、自治区自行规定。

（5）总体规划设计（或总体设计）的审批权限，与初步设计的审批权限相同。

（6）施工图设计按照规定进行审查。

2. 勘察设计文件的修改

根据《建设工程勘察设计管理条例》的规定，建设单位、施工单位、监理单位不得修改建设工程勘察、设计文件；确需修改建设工程勘察、设计文件的，应当由原建设工程勘察、设计单位修改。经原建设工程勘察、设计单位书面同意，建设单位也可以委托其他具有相应资质的建设工程勘察、设计单位修改。修改单位对修改的勘察、设计文件承担相应责任。

施工单位、监理单位发现建设工程勘察、设计文件不符合工程建设强制性标准、合同约定的质量要求的，应当报告建设单位，建设单位有权要求建设工程勘察、设计单位对建设工程勘察、设计文件进行补充、修改。

建设工程勘察、设计文件内容需要作重大修改的，建设单位应当报经原审批机关批准后，方可修改。

根据《设计文件的编制和审批办法》的规定，设计文件是工程建设的主要依据，经批准后不得任意修改。

凡涉及计划任务书的主要内容，如建设规模、产品方案、建设地点、主要协作关系等方面的修改，须经原计划任务书审批机关批准。

凡涉及初步设计的主要内容，如总平面布置、主要工艺流程、主要设备、建筑面积、建筑标准、总定员、总概算等方面的修改，须经原设计审批机关批准。修改工作须由原设计单位负责进行。

8.3.3 施工图设计文件的审查

1. 制度背景

施工图设计文件的审查制度在我国已有多年的历史，我国于1998年开始了建筑工程项目施工图设计文件审查试点工作，通过审查，在节约投资、发现设计质量隐患和市场违法违规行为等方面都有明显的成效。《建设工程质量管理条例》第二十三条规定，设计单位应该就审查合格的施工图设计文件向施工单位作出详细说明；《实施工程建设强制性标准监督规定》中第六条规定：施工图设计文件审查单位应当对工程建设勘察、设计阶段执行强制性标准的情况实施监督；《建设工程勘察设计管理条例》中第四章第三十三条规定：县级以上人民政府住房城乡建设行政主管部门或者交通、水利等有关部门应当对施工图设计文件中涉及公共利益、公众安全、工程建设强制性标准的内容进行审查。施工图设计文件未经审查批准的，不得使用。住房城乡建设部2013年4月颁布的《房屋建筑和市政基础设施工程施工图设计文件审查管理办法》第三条规定，国家实施施工图设计文件（含勘察文件，以下简称施工图）审查制度。指出本办法所称施工图审查，是指施工图审查机构（以下简称审查机构）按照有关法律、法规，对施工图涉及公共利益、公众安全和工程建设强制性标准的内容进行的审查。施工图审查应当坚持先勘察、后设计的原则。施工图未经审查合格的，不得使用。从事房屋建筑工程、市政基础设施工程施工、监理等活动，以及实施对房屋建筑和市政基础设施工程质量安全监督管理，应当以审查合格的施工图为依据。

施工图设计文件的质量直接影响建设工程的质量，开展施工图设计文件审查也是国家行政法规规定的法定基本建设程序。在市场经济条件下，由于市场竞争的激烈，导致了设计单位常常受制于建设单位，有时候甚至违心地服从建设单位提出的一些不合理的要求，违反了国家和地方的有关规定和强制性标准、规范，并且有的建设单位规划报批方案与施工图设计文件不符，会影响到实际的设计质量。而一旦发现设计的质量问题，往往已经开始施工甚至开始使用，这将带来巨大的损失。对施工图设计文件开展审查，既是对设计单位的成果进行质量控制，也能纠正参与建设活动各方的不规范行为，而且审查是在施工图设计文件完成之后、交付施工之前进行，这样就可以有效地避免损失，保证建设工程的质量。

许多发达国家为了确保工程建设质量，在建立和实施施工图设计文件审查制度上取得了很大的成效，不少国家均有完善的设计审查制度。鉴于施工图设计的重要地位，我国还会对此设计文件审查的法律规定进一步加以完善。

2. 审查机构

（1）性质

施工图设计文件的审查是一项专业性、技术性较强的特殊工作，审查机构应当是政府主管部门审查批准的具有一定条件的专业机构，工作人员必须以严谨、科学的态度履行职责。根据《房屋建筑和市政基础设施工程施工图设计文件审查管理办法》的规定，施工图审查机构是由住房城乡建设主管部门认定的、不以营利为目的的独立法人。

（2）分类

审查机构按承接业务范围分两类，一类机构承接房屋建筑、市政基础设施工程施工图审查业务范围不受限制；二类机构可以承接二级及以下房屋建筑、市政基础设施工程的施工图审查。

（3）设立条件

《房屋建筑和市政基础设施工程施工图设计文件审查管理办法》规定了一类机构和二类机构应当具备的具体条件。

其中，一类审查机构应当具备下列条件：

1）有健全的技术管理和质量保证体系。

2）审查人员应当有良好的职业道德；有 15 年以上所需专业勘察、设计工作经历；主持过不少于 5 项大型房屋建筑工程、市政基础设施工程相应专业的设计或者甲级工程勘察项目相应专业的勘察；已实行执业注册制度的专业，审查人员应当具有一级注册建筑师、一级注册结构工程师或者勘察设计注册工程师资格，并在本审查机构注册；未实行执业注册制度的专业，审查人员应当具有高级工程师职称；近 5 年内未因违反工程建设法律法规和强制性标准受到行政处罚。

3）在本审查机构专职工作的审查人员数量：从事房屋建筑工程施工图审查的，结构专业审查人员不少于 7 人，建筑专业不少于 3 人，电气、暖通、给水排水、勘察等专业审查人员各不少于2人；从事市政基础设施工程施工图审查的，所需专业的审查人员不少于7人，其他必须配套的专业审查人员各不少于2人；专门从事勘察文件审查的，勘察专业审查人员不少于7人。

承担超限高层建筑工程施工图审查的，还应当具有主持过超限高层建筑工程或者100m以上建筑工程结构专业设计的审查人员不少于3人。

4）60岁以上审查人员不超过该专业审查人员规定数的1/2。

5）注册资金不少于300万元。

（4）认定与管理

国务院住房城乡建设主管部门负责对全国的施工图审查工作实施指导、监督。县级以上地方人民政府住房城乡建设主管部门负责对本行政区域内的施工图审查工作实施监督管理。

省、自治区、直辖市人民政府住房城乡建设主管部门应当按照本办法规定的审查机构条件，结合本行政区域内的建设规模，确定相应数量的审查机构。具体办法由国务院住房城乡建设主管部门另行规定。审查机构是专门从事施工图审查业务，不以营利为目的的独立法人。省、自治区、直辖市人民政府住房城乡建设主管部门应当将审查机构名录报国务院住房城乡建设主管部门备案，并向社会公布。

3. 审查程序与要求

（1）程序

1）建设单位送审

建设单位应当按规定将施工图送审查机构审查。建设单位可以自主选择审查机构，但是审查机构不得与所审查项目的建设单位、勘察设计企业有隶属关系或者其他利害关系。

2）审查机构审查

施工图审查原则上不超过下列时限：

① 大型房屋建筑工程、市政基础设施工程为15个工作日，中型及以下房屋建筑工程、市政基础设施工程为10个工作日；

② 工程勘察文件，甲级项目为7个工作日，乙级及以下项目为5个工作日。

3）审查的不同结果

审查机构对施工图进行审查后，应当根据下列情况分别作出处理：

① 审查合格的，审查机构应当向建设单位出具审查合格书，并在全套施工图上加盖审查专用章。审查合格书应当有各专业的审查人员签字，经法定代表人签发，并加盖审查机构公章。审查机构应当在出具审查合格书后5个工作日内将审查情况报工程所在地县级以上地方人民政府住房城乡建设主管部门备案。

② 审查不合格的，审查机构应当将施工图退建设单位并出具审查意见告知书，说明不合格原因。同时，应当将审查中发现的建设单位、勘察设计企业和注册执业人员违反法律、法规和工程建设强制性标准的问题，报工程所在地县级以上地方人民政府住房城乡建设主管部门。

施工图退建设单位后，建设单位应当要求原勘察设计企业进行修改，并将修改后的施工图报原审查机构复查。

（2）审查要求

1) 对于建设单位

建设单位应当向审查机构提供下列资料：

① 作为勘察、设计依据的政府有关部门的批准文件及附件；

② 全套施工图；

③ 其他应当提交的材料。

2) 对于审查机构

① 具有健全的技术管理和质量保证体系，审查人员应当有良好的职业道德；

② 施工图审查严谨、科学、客观、公正；

③ 施工图审查应当按照法定时限完成。

3) 对于相关主体

任何单位或者个人不得擅自修改审查合格的施工图。确需修改的，凡涉及审查机构应当审查内容的，建设单位应当将修改后的施工图送原审查机构审查。

4) 住房城乡建设主管部门

按规定应当进行审查的施工图，未经审查合格的，住房城乡建设主管部门不得颁发施工许可证。

4. 审查的范围与内容

(1) 审查范围

凡在我国境内从事房屋建筑工程、市政基础设施工程施工图设计文件审查和实施监督管理的，必须遵守《房屋建筑和市政基础设施工程施工图设计文件审查管理办法》。

(2) 审查内容

审查机构应当对施工图审查的内容如下：

1) 是否符合工程建设强制性标准；

2) 地基基础和主体结构的安全性；

3) 是否符合民用建筑节能强制性标准，对执行绿色建筑标准的项目，还应当审查是否符合绿色建筑标准；

4) 勘察设计企业和注册执业人员以及相关人员是否按规定在施工图上加盖相应的图章和签字；

5) 其他法律、法规、规章规定必须审查的内容。

5. 相关主体的法律责任

(1) 审查机构及其相关人员的法律责任

1) 审查工作违反相关规定

审查机构违反本办法规定，有下列行为之一的，由县级以上地方人民政府住房城乡建设主管部门责令改正，处 3 万元罚款，并记入信用档案。情节严重的，省、自治区、直辖市人民政府住房城乡建设主管部门不再将其列入审查机构名录。

① 超出范围从事施工图审查的；

② 使用不符合条件审查人员的；

③ 未按规定的内容进行审查的；

④ 未按规定上报审查过程中发现的违法违规行为的；

⑤ 未按规定填写审查意见告知书的；

⑥ 未按规定在审查合格书和施工图上签字盖章的；

⑦ 已出具审查合格书的施工图，仍有违反法律、法规和工程建设强制性标准的。

2）审查机构出具虚假审查合格书

审查机构出具虚假审查合格书的，审查合格书无效，县级以上地方人民政府住房城乡建设主管部门处 3 万元罚款，省、自治区、直辖市人民政府住房城乡建设主管部门不再将其列入审查机构名录。

（2）国家机关工作人员的法律责任

国家机关工作人员在施工图审查监督管理工作中玩忽职守、滥用职权、徇私舞弊，构成犯罪的，依法追究刑事责任；尚不构成犯罪的，依法给予行政处分。

8.4　建设工程勘察设计的监督管理

8.4.1　概述

《建设工程勘察质量管理办法》第十九条规定，工程勘察质量监督部门应当对工程勘察企业质量管理程序的实施、试验室是否符合标准等情况进行检查，定期向社会公布检查和处理结果。

在工程建设的各个环节中，因为勘察设计对工程的质量和效益的重要作用，使得勘察设计的监督管理显得更为重要。勘察设计的监督管理工作涉及工程建设的全过程，对工程的安全性和可靠性都有着不可替代的重大作用。施工中常常会出现实际建设和施工图不相符，而导致工程质量问题，造成不可弥补的损失，甚至设计文件未经审批就开始使用。因此，为了保证工程建设依法有序地进行，有关住房城乡建设行政主管部门必须做好勘察设计的监督管理工作。

在我国工程建设中，对勘察设计的监督管理工作非常重视。《建设工程勘察设计资质管理规定》规定，国务院住房城乡建设主管部门对全国的建设工程勘察、设计资质实施统一的监督管理，国务院铁路、交通、水利、信息产业、民航等有关部门配合国务院住房城乡建设主管部门对相应的行业资质进行监督管理。县级以上地方人民政府住房城乡建设主管部门负责对本行政区域内的建设工程勘察、设计资质实施监督管理。县级以上人民政府交通、水利、信息产业等有关部门配合同级住房城乡建设主管部门对相应的行业资质进行监督管理。《建设工程勘察设计管理条例》（按 2015 版核对）规定，国务院住房城乡建设行政主管部门对全国的建设工程勘察、设计活动实施统一监督管理。国务院铁路、交通、水利等有关部门按照国务院规定的职责分工，负责对全国的有关专业建设工程勘察、设计活动的监督管理。

县级以上地方人民政府住房城乡建设行政主管部门对本行政区域内的建设工程勘察、设计活动实施监督管理。县级以上地方人民政府交通、水利等有关部门在各自的职责范围内，负责对本行政区域内的有关专业建设工程勘察、设计活动的监督管理。

建设部 2000 年 8 月 25 日颁布施行的《实施工程建设强制性标准监督规定》中规定，施工图设计文件审查单位应当对工程建设勘察、设计阶段执行强制性标准的情况实施监督。《建设工程勘察质量管理办法》规定，国务院住房城乡建设行政主管部门对全国的建设工程勘察质量实施统一监督管理。县级以上地方人民政府住房城乡建设行政主管部门对本行政区域内的建设工程勘察质量实施监督管理。国务院铁路、交通、水利等有关部门按照国务院规定的职责分工，负责对全国的有关专业建设工程勘察质量的监督管理。从这些法律法规中可以看出，勘察设计的监督管理工作是必不可少的环节。

8.4.2　监督管理机构与内容

1. 机构

根据《建设工程勘察设计管理条例》第三十一、第三十四条的规定，国务院住房城乡建设行政主管部门对全国的建设工程勘察、设计活动实施统一监督管理。国务院铁路、交通、水利等有关部门按照国务院规定的职责分工，负责对全国的有关专业建设工程勘察、设计活动的监督管理。

县级以上地方人民政府住房城乡建设行政主管部门对本行政区域内的建设工程勘察、设计活动实施监督管理。县级以上地方人民政府交通、水利等有关部门在各自的职责范围内，负责对本行政区域内的有关专业建设工程勘察、设计活动的监督管理。

显然，住房城乡建设部是我国建设工程勘察设计活动的监管主管单位，其他行业的部委是在建设工程中相关专业的监管主管部门。

任何单位和个人对建设工程勘察、设计活动中的违法行为都有权检举、控告、投诉。

2. 内容

根据《建设工程勘察设计管理条例》第三十二、第三十三条的规定，县级以上人民政府住房城乡建设行政主管部门或交通、水利等有关部门应对施工图设计文件中涉及公共利益、公共安全、工程建设强制性标准的内容进行审查。施工图设计文件未经审查批准的，不得使用。

建设工程勘察、设计单位在其勘察、设计资质证书规定的业务范围内跨部门、跨地区承揽勘察设计任务的，有关地方人民政府及其所属部门不得设置障碍，不得违反国家规定收取任何费用。

8.4.3　勘察设计的知识产权保护

工程勘察、设计是富有创造性的智力劳动。工程技术人员利用工程勘察设计理论、技术与实践经验所完成的每项工程勘察设计咨询成果都凝结着他们的心血、智慧和创新精神。对这种原创或创新性智力劳动成果的保护，是对工程技术人员创新与发展的鼓励，有助于工程勘察设计咨询业的技术进步，同时也符合建设单位（业主）和公众的利益。

面对日益激烈的市场竞争，我国勘察设计咨询业迫切需要增强自身知识产权保护意识，同时承认并尊重他人的知识产权及合法权益，做好知识产权保护工作，提高市场竞争能力。为了保护与管理勘察设计咨询企业的知识产权，鼓励技术创新和发明创造，丰富与发展原创性智力成果，增加企业自主知识产权的数量并提高其质量，增强企业自主创新能力和市场竞争力，同时尊重并合法利用他人的知识产权，建设部、国家知识产权局根据国家有关知识产权的法律、法规，于 2003 年 10 月颁发了《工程勘察设计咨询业知识产权保护与管理导则》。

1. 勘察设计的知识产权范围

根据《工程勘察设计咨询业知识产权保护与管理导则》的规定，勘察设计咨询业的知识产权范围包括：

（1）勘察设计咨询业的著作权主要包括勘察、设计、咨询活动和科研活动中形成的，以各种载体所表现的文字作品、图形作品、模型作品、建筑作品等勘察设计咨询作品的著作权。勘察设计咨询作品包括以下内容：

1）工程勘察投标方案，专业工程设计投标方案，建筑工程设计投标方案（包括创意或概念性投标方案），工程咨询投标方案等；

2）工程勘察和工程设计阶段的原始资料、计算书、工程设计图及说明书、技术文件和工程总结报告等；

3）工程咨询的项目建议书、可行性研究报告、专业性评价报告、工程评估书、监理大纲等；

4）科研活动的原始数据、设计图及说明书、技术总结和科研报告等；

5）企业自行编制的计算机软件、企业标准、导则、手册、标准设计等。

（2）勘察设计咨询业的专利权系指获得授权并有效的发明专利权、实用新型专利权和外观设计专利权，包括各种具有新颖性、创造性和实用性的新工艺、新设备、新材料、新结构等新技术和新设计，以及对原有技术的新改进、新组合等的专利权。

（3）勘察设计咨询业的专有技术权系指对没有申请专利，具有实用性，能为企业带来利益，并采取了保密措施，不为公众所知悉的技术享有的权利，包括各种新工艺、新设备、新材料、新结构、新技术、产品配方、技术诀窍及方法等。

（4）勘察设计咨询业除（3）所述技术秘密以外的其他商业秘密，系指具有实用性，能为企业带来利益，并采取了保密措施，不为公众所知悉的经营信息，包括生产经营、企业管理、科技档案、客户名单、财务账册、统计报表等。

（5）勘察设计咨询业的商标权及相关识别性标志权，系指企业名称、商品商标、服务标志，以及依照法定程序取得的各种资质证明等依法享有的权利。

（6）勘察设计咨询业其他受国家法律、法规保护的知识产权。

2. 勘察设计的知识产权归属

根据《工程勘察设计咨询业知识产权保护与管理导则》的规定，勘察设计咨询业的知识产权归属的认定共分八种不同的情形。

（1）勘察设计咨询业著作权及邻接权的归属，一般按以下原则认定：

1）执行勘察设计咨询企业的任务或主要利用企业的物质技术条件完成的，并由企业承担责任的工程勘察、设计、咨询的投标方案和各类文件等职务作品，其著作权及邻接权归企业所有。直接参加投标方案和文件编制的自然人（包括企业职工和临时聘用人员，下同）享有署名权。

建设单位（业主）按照国家规定支付勘察、设计、咨询费后所获取的工程勘察、设计、咨询的投标方案或各类文件，仅获得在特定建设项目上的一次性使用权，其著作权仍属于勘察设计咨询企业所有。

2）勘察设计咨询企业自行组织编制的计算机软件、企业标准、导则、手册、标准设计等是职务作品，其著作权及邻接权归企业所有。直接参加编制的自然人享有署名权。

3）执行勘察设计咨询企业的任务或主要利用企业的物质技术条件完成的，并由企业承担责任的科技论文、技术报告等职务作品，其著作权及邻接权归企业所有。直接参加编制的自然人享有署名权。

4）勘察设计咨询企业职工的非职务作品的著作权及邻接权归个人所有。

（2）勘察设计咨询业专利权和专有技术权的归属，一般按以下原则认定：

1）执行勘察设计咨询企业的任务，或主要利用本企业的物质技术条件所完成的发明创造或技术成果，属于职务发明创造或职务技术成果，其专利申请权和专利的所有权、专有技术的所有权，以及专利和专有技术的使用权、转让权归企业所有。直接参加专利或专有技术开发、研制等工作的自然人依法享有署名权。

2）勘察设计咨询企业职工的非职务专利或专有技术权归个人所有。

（3）勘察设计咨询企业在科研、生产、经营、管理等工作中所形成的，能为企业带来经济利益的，采取了保密措施不为公众所知悉的技术、经营、管理信息等商业秘密属于企业所有。

（4）勘察设计咨询企业的名称、商品商标、服务标志，以及依法定程序取得的各种资质证明等的权利为企业所有。

（5）勘察设计咨询企业与其他企事业单位合作所形成的著作权及邻接权、专利权、专有技术权等知识产权，为合作各方所共有，合同另有规定的按照约定确定其权属。

（6）勘察设计咨询企业接受国家、企业、事业单位的委托，或者委托其他企事业单位所形成的著作权及邻接权、专利权、专有技术权等知识产权，按照合同确定其权属。没有合同约定的，其权属归完成方所有。

（7）勘察设计咨询企业的人员，在离开企业期间形成的知识产权的归属，一般按以下原则认定：

1）企业派遣出国开展合作设计、访问、进修、留学等，或者派遣到其他企事业单位短期工作的人员，在企业尚未完成的勘察、设计、咨询、科研等项目，在国外或其他单位完成而可能获得知识产权的，企业应当与派遣人员和接受派遣人员的单位共同签订协议，明确其知识产权的归属。

2）企业的离休、退休、停薪留职、调离、辞退等人员，在离开企业一年内形成的，且与其在原企业承担的工作或任务有关的各类知识产权归原企业所有。

（8）勘察设计咨询企业接收的培训、进修、借用或临时聘用等人员，在接收企业工作或学习期间形成的职务成果的知识产权，按照接收企业与派出方的协议确定归属，没有协议的其权利属于接收企业。

3. 勘察设计企业职工的权利义务

根据《工程勘察设计咨询业知识产权保护与管理导则》的规定，勘察设计咨询企业的职工在知识产权保护与管理中的权利与义务具体如下：

（1）权利

1）职工对本企业的知识产权保护与管理工作有监督权和建议权。

2）职工对自己直接参加工作形成的职务发明创造、职务技术成果、职务作品等企业知识产权，依法享有署名权。

3）职工在开发和保护知识产权工作中作出贡献的，有获得报酬和奖励的权利。

（2）义务

1）职工有遵守国家知识产权法律、法规，遵守企业知识产权保护与管理的规章制度，保护本企业知识产权的义务。

2）根据企业有关规定，职工有与企业签订知识产权保护协议书、保密协议、竞业限制协议的义务。

4. 知识产权的保护与管理

对于勘察设计咨询业知识产权的保护与管理，《工程勘察设计咨询业知识产权保护与管理导则》具体、系统、客观地规定了 17 个不同的方面，下面是其中几个重要规定。

（1）勘察设计咨询企业在勘察设计咨询工作中要做好以下知识产权保护与管理工作：

1）勘察设计咨询企业应当在投标文件中书面提出保护企业知识产权的要求，除招标文件中有特别约定外，企业应当及时索回未中标的投标方案，整理归档，防止企业知识产权流失。

2）勘察设计咨询项目执行过程中，项目负责人对该项目知识产权的保护与管理负责，落实企业知识产权管理制度，杜绝企业知识产权的流失，同时防止侵犯他人的知识产权。

3）勘察设计咨询项目完成后，项目负责人负责将该工程项目的勘察设计文件、设计图及其说明书、计算书、原始记录、修改通知单、工程总结报告等收集、整理交档案管理部门归档。

（2）勘察设计咨询企业在科研工作中要做好以下知识产权保护与管理工作：

1）在科研工作立项、技术与产品开发前，要进行相关技术专利文献的检索和分析，确立研发对策；研发过程中要进行专利文献跟踪，避免重复研发或涉及他人专利保护范围。

2）在科研、技术开发、产品开发过程中，应当认真填写科研日记，详细记录进展情况、存在问题及启发和构想等。

3）科研工作完成后，项目负责人应当将合同书、背景资料、科研记录、试验数据、科研总结等与科研项目有关的资料收集、整理交档案管理部门归档。

4）科研工作完成后，企业知识产权管理部门应当及时组织科研成果的审查、鉴定。对其中符合专利申请条件的，应当在科研成果鉴定前办理专利申请手续；对不适宜申请专利但具有商业价值的技术诀窍，应作为专有技术加以保护。

5）直接或间接参加科研工作的人员，未经企业许可，不得在国内外刊物、学术或技术交流会上发表企业科研成果，不得擅自组织和参加技术鉴定会。

（3）建设项目需引进技术或设备时，凡涉及专利或专有技术的，勘察设计咨询企业应当建议并协助建设单位（业主）进行专利法律状况或专有技术情况的调查，提供相关的技术服务。

（4）勘察设计咨询企业将具有自主知识产权的新设备用于建设项目时，新设备制造文件只能提供给签有保密协议的制造厂，对没有签订保密协议的建设单位（业主）只提供总装图、易损件图和使用说明书。

建设单位（业主）要求自行制造的，应当在签订专利、专有技术许可或转让合同，以及专有技术保密协议后再提供新设备制造文件。

（5）勘察设计咨询企业选派职工出国或到外单位学习、进修、工作、科研 6 个月以上者，以及企业临时聘用人员，在离开企业前须将工作中涉及知识产权的技术资料交回企业有关部门，不得私自留存或擅自复制、发表、泄露、使用、转让。

5. 侵权行为与处理

根据《工程勘察设计咨询业知识产权保护与管理导则》的规定，侵犯知识产权的行为主要包括以下六种。

(1) 侵犯或者侵占他人的著作权:

1) 勘察设计咨询企业或工程技术人员不遵守行业道德和从业公约,抄袭、剽窃他人的勘察、设计、咨询文件(设计图)及其作品的。

2) 勘察设计咨询企业的职工,未经许可擅自将本企业的勘察设计文件(设计图)、工程技术资料、科研资料等复制、摘录、转让给其他单位或个人的。

3) 勘察设计咨询企业的职工,将职务作品或计算机软件作为非职务成果进行登记注册或转让的。

4) 勘察设计咨询企业的职工未经审查许可,擅自发表、出版本企业业务范围内的科技论文、作品,或许可他人发表的。

5) 任何单位或个人,未经著作权人同意或超出勘察设计咨询合同的规定,擅自复制、超范围使用、重复使用、转让他人的工程勘察、设计、咨询文件(设计图)及其他作品等。(2) 侵犯或者侵占他人的专利权或专有技术权:

1) 勘察设计咨询企业的职工违反规定,在工程项目或科研工作完成后,不按时将有关勘察设计文件、设计图、技术资料等归档,私自保留、据为己有的。

2) 勘察设计咨询企业的职工违反规定,将应属于单位的职务发明创造和科技成果申请为非职务专利,或者将其据为己有的。

3) 勘察设计咨询企业的职工,擅自转让本企业或他人的专利或专有技术的。

4) 勘察设计咨询企业或工程技术人员,未经权利人允许,擅自在工程勘察设计中使用他人具有专利权或专有技术权的新工艺、新设备、新技术的。

5) 任何单位或个人,采用盗窃、利诱、胁迫或者其他不正当手段获取、使用或者披露他人含有专有技术标识的文件、设计图及说明的。

6) 任何单位或个人,违反双方保密约定,将含有专有技术标识的文件、设计图及说明转让给第三方,以及第三方明知是他人的保密文件、设计图及说明仍擅自使用等。

(3) 商标权的所有人对其注册商标依法享有专用权。他人未经商标权人的同意,不得在经营活动中擅自使用。发生以下行为或情况的为侵犯他人的商标及相关识别性标志权:

1) 勘察设计咨询企业擅自在其勘察设计咨询文件上使用其他勘察设计咨询企业的名称、注册商标、资质证明、图签、出图专用章等企业标识的。

2) 任何单位或个人,未经勘察设计咨询企业授权,以勘察设计咨询企业的名义进行生产经营活动或其他活动的。

(4) 国家依法保护公民和法人的商业秘密。发生以下行为或情况的为侵犯他人的商业秘密:

1) 勘察设计咨询企业的职工,私自将与本企业签有正式业务合同的客户介绍给其他企业,给企业造成损失的。

2) 勘察设计咨询企业的职工,违反企业保守商业秘密的要求,泄露或私自许可他人使用其所掌握的商业秘密的。

3) 第三人明知或应知有1)、2)条所述的违法行为,仍获取、使用或者披露他人的商业秘密等。

(5) 勘察设计咨询企业的离休、退休、离职、停薪留职人员将离开企业一年内形成的，且与其在原企业承担的工作或任务有关的知识产权视为己有或转让给他人的，均为侵犯了企业的知识产权。

（6）勘察设计咨询企业的离休、退休、离职、停薪留职人员泄露在职期间知悉的企业商业秘密的，均为侵犯了企业的商业秘密权。

（7）发生侵犯或侵占知识产权行为的，权利人在获得确切的证据后，可以直接向侵权者发出信函，要求其停止侵权，并说明侵权的后果。双方当事人可就赔偿等问题进行协商，达成协议的，按照协议解决；达不成协议的，可以采取调解、仲裁或诉讼等方式解决。

【案例 8-1】

某写字楼项目的整体结构属"筒中筒"，中间"筒"高18层，四周裙楼3层，地基设计是"满堂红"布桩，素混凝土排土灌桩。施工到第12层时，地下筏板剪切破坏，地下水上冲。工程施工中出现此情形，施工单位立即停工排查原因，而建设单位与监理单位质疑施工单位的施工技术与质量，双方争执不下，共同委托了某建筑工程司法鉴定所进行鉴定，经该鉴定机构鉴定发现：此地基属于饱和土；地基中素混凝土排土桩已经被破坏。

经进一步对工程调查得知：①该工程的地质勘察报告已经载明，此地基属于饱和土；②施工单位在打桩过程中曾几次发现跳土现象。

事已至此，建设单位通知了该工程的设计单位与监理单位、施工单位共同分析过错所在。

【纠纷焦点】

（1）本案中哪一方应该是过错方？

（2）违反了什么规定？

（3）如何承担法律责任？

【分析】

（1）设计单位存在过错

本案中涉及多方面的结构技术问题，较为复杂，地下筏板剪切破坏的可能原因并不唯一，需要进一步的结构计算分析才能够下结论。但是，有一点却是很明确的，即设计单位对桩型选择失误。因为，调查结果确认该工程的地质勘察报告已经载明此地基属于饱和土，而饱和土的湿软特性决定了该工程并不适宜排土灌桩，这是基本的专业知识，设计单位理应明知从而排除采用。然而，设计单位却恰恰选择采用了排土灌桩，明显存在设计不当或失误，而正是由于此不当或失误，使得打桩过程中多次出现跳土现象。随着施工的继续，不适宜会愈加严重，以致施工到第12层时，地下筏板剪切破坏，地下水上冲。显然，设计单位属过错方。

（2）违反法律法规

从上述可知，设计单位明显存在设计不当或失误，尽管如此，也属于设计技术层面的问题，而该工程的地质勘察报告已经载明，此地基属于饱和土，为何设计单位会犯如此低级的错误呢？后经查明设计单位并未根据勘察成果文件提供的信息进行设计。

因此，设计单位的行为明确违反了《建设工程质量管理条例》第二十一条规定："设计单位应当根据勘察成果文件进行建设工程设计。"

（3）应该承担的法律责任

《建设工程质量管理条例》第二十四条规定："设计单位应当参与建设工程质量事故分析，并对因设计造成的质量事故，提出相应的技术处理方案。"第六十三条规定："违反本条例规定，有下列行为之一的，责令改正，处 10 万元以上 30 万元以下的罚款：……（二）设计单位未根据勘察成果文件进行工程设计的。"

因此，该设计单位不仅有义务积极参与建设工程质量事故分析，并对因设计造成的质量事故，提出相应的技术处理方案，解决工程中出现的问题；更应该对该工程设计承担质量责任，支付相应的罚款。

思 考 题

1. 什么是建设工程勘察设计，建设工程勘察设计包括哪些内容？
2. 我国建设工程设计文件编制和审批的依据和内容是什么？
3. 简述勘察设计文件修改的具体规定。
4. 简述施工图设计文件的审查制度。
5. 勘察设计知识产权的归属是如何规定的？

第9章　建设工程质量管理法律制度

9.1　概　　述

9.1.1　建设工程质量与质量责任

我国国家标准《质量管理体系基础和术语》GB/T 19000—2016（ISO 9000：2015）对质量定义为：客体的一组固有特性满足要求的程度。对质量管理体系而言，固有特性就是实现质量方针和质量目标的能力；对过程而言，固有特性就是过程将输入转化为输出的能力。

建设工程质量简称工程质量。工程质量是指国家现行的有关法律、法规、技术规范标准、设计文件及工程合同中对工程的安全、适用、经济、美观等特性的综合要求。换言之，工程质量是指工程满足业主需要的，符合国家法律、法规、技术规范标准、设计文件及合同规定的特性综合。广义的工程质量不仅仅指工程的实体质量，还包括形成实体质量的工作质量和服务质量。因此，对工程的质量控制和管理应该是全过程、全方位的，不能轻过程、重结果。

建设工程作为一种特殊的产品，除具有一般产品共有的质量特性，如性能、寿命、可靠性、安全性、经济性等满足社会需要的使用价值及其属性外，还具有特定的内涵，如影响因素多、隐蔽性强、终检局限性大、周期长、对社会环境影响大等。

建设工程质量责任是指工程建设法律、法规规定的责任主体不履行或不完全履行其法定的保证工程质量的义务所应当承担的法律后果。由于工程质量与社会公共安全密切相关，所以我国法律规定，除直接进行工程建设的勘察设计、施工单位对自己设计、施工工程的质量负责外，建设单位、监理单位也要对所建工程的质量负监督责任，而政府主管部门更要对参与工程建设各方主体的行为及工程实体的质量依法进行全面的监督管理。

9.1.2　立法概况

新中国成立以来，为了确保国家发展时期的安全，我国对建筑工程质量管理从多方面进行了有关制度的建设。特别是改革开放以来，由于经济建设高速发展的需要，国务院以及有关部门对建设工程质量管理相继颁布了一系列法律、行政法规、部门规章等，统称建设法规。现行有效的建设工程质量管理规范性文件主要有：

《建筑法》，1997 年 11 月颁布，1998 年 3 月起实施，2011 年 4 月修订后重新颁布实施；

《建设工程质量管理条例》，国务院 2000 年 1 月颁布实施；

《建设工程勘察质量管理办法》，建设部 2002 年 12 月颁布，2003 年 2 月实施，2007 年 11 月修订后重新颁布实施；

《房屋建筑工程质量保修办法》，建设部 2000 年 6 月颁布施行；

《建设工程质量检测管理办法》，建设部 2005 年 9 月颁布、11 月实施，住房城乡建设部 2015 年 5 月修订后重新颁布实施；

《房屋建筑工程和市政基础设施工程实行见证取样和送检的规定》，建设部 2000 年 9 月颁布实施；

《房屋建筑和市政基础设施工程竣工验收规定》，住房城乡建设部 2013 年 12 月颁布实施；

《房屋建筑和市政基础设施工程竣工验收备案管理办法》，住房城乡建设部 2009 年 10 月颁布实施；

《建筑工程五方责任主体项目负责人质量终身责任追究暂行办法》，住房城乡建设部 2014 年 8 月颁布实施；

《建筑工程施工转包违法分包等违法行为认定查处管理办法（试行）》，住房城乡建设部 2014 年 8 月颁布、10 月实施；

《最高人民法院关于审理建设工程施工合同纠纷案件适用法律问题的解释》，最高人民法院 2004 年 10 月颁布，2005 年 1 月实施。

9.2   建设行为主体的质量责任与义务

由于工程建设过程中参与主体的多元化，所以工程的质量责任主体也呈多元化。因而建设工程质量责任制必然涵盖了多方主体的质量责任制，具体包括建设单位、施工单位、勘察设计单位、工程监理单位等的质量责任制。

9.2.1   建设单位

1. 建设单位的特殊背景

作为建设工程的投资人，建设单位在工程建设中处于主导地位，是建设工程的重要责任主体。由于建设单位有权选择承包单位，有权对工程的建设过程进行检查、控制，对建设工程质量进行验收，并要按时支付工程款和费用等，显见其主导地位。因此，要确保建设工程的质量，就必须首先规范建设单位的相关行为，明确其具体的质量责任。

《建筑法》《建设工程质量管理条例》不仅明确了建设单位是建设工程质量责任主体之一，而且对其一系列关键环节的行为责任都作出了具体的规定，加大了对建设单位的管理力度。

2. 建设单位质量责任与义务的规定

根据《建设工程质量管理条例》第七至十七条的规定，建设单位质量责任与义务具体如下：

（1）建设单位应当将工程发包给具有相应资质等级的单位。建设单位不得将建设工程肢解发包。

（2）建设单位应当依法对工程建设项目的勘察、设计、施工、监理以及与工程建设有关的重要设备、材料等的采购进行招标。

（3）建设单位必须向有关的勘察、设计、施工、工程监理等单位提供与建设工程有关的原始资料。原始资料必须真实、准确、齐全。

（4）建设工程发包单位不得迫使承包方以低于成本的价格竞标，不得任意压缩合理工期。

建设单位不得明示或者暗示设计单位或者施工单位违反工程建设强制性标准，降低建设工程质量。

（5）建设单位应当将施工图设计文件报县级以上人民政府住房城乡建设行政主管部门或者其他有关部门审查。施工图设计文件审查的具体办法，由国务院建设行政主管部门会同国务院其他有关部门制定。施工图设计文件未经审查批准的，不得使用。

（6）实行监理的建设工程，建设单位应当委托具有相应资质等级的工程监理单位进行监理，也可以委托具有工程监理相应资质等级并与被监理工程的施工承包单位没有隶属关系或者其他利害关系的该工程的设计单位进行监理。

下列建设工程必须实行监理：

1）国家重点建设工程；

2）大中型公用事业工程；

3）成片开发建设的住宅小区工程；

4）利用外国政府或者国际组织贷款、援助资金的工程；

5）国家规定必须实行监理的其他工程。

（7）建设单位在领取施工许可证或者开工报告前，应当按照国家有关规定办理工程质量监督手续。

（8）按照合同约定，由建设单位采购建筑材料、建筑构配件和设备的，建设单位应当保证建筑材料、建筑构配件和设备符合设计文件和合同要求。建设单位不得明示或者暗示施工单位使用不合格的建筑材料、建筑构配件和设备。

（9）涉及建筑主体和承重结构变动的装修工程，建设单位应当在施工前委托原设计单位或者具有相应资质等级的设计单位提出设计方案；没有设计方案的，不得施工。房屋建筑使用者在装修过程中，不得擅自变动房屋建筑主体和承重结构。

（10）建设单位收到建设工程竣工报告后，应当组织设计、施工、工程监理等有关单位进行竣工验收。

建设工程竣工验收应当具备下列条件：

1）完成建设工程设计和合同约定的各项内容；

2）有完整的技术档案和施工管理资料；

3）有工程使用的主要建筑材料、建筑构配件和设备的进场试验报告；

4）有勘察、设计、施工、工程监理等单位分别签署的质量合格文件；

5）有施工单位签署的工程保修书。

建设工程经验收合格的，方可交付使用。

（11）建设单位应当严格按照国家有关档案管理的规定，及时收集、整理建设项目各环节的文件资料，建立、健全建设项目档案，并在建设工程竣工验收后，及时向建设行政主管部门或者其他有关部门移交建设项目档案。

《建筑工程五方责任主体项目负责人质量终身责任追究暂行办法》第五条第一款规定，建设单位项目负责人对工程质量承担全面责任，不得违法发包、肢解发包，不得以任何理由要求勘察、设计、施工、监理单位违反法律法规和工程建设标准，降低工程质量，其违法违规或不当行为造成工程质量事故或质量问题应当承担责任。

9.2.2　勘察设计单位

根据《建设工程质量管理条例》第十八至二十四条的规定，勘察设计单位质量责任与义务具体如下：

（1）从事建设工程勘察、设计的单位应当依法取得相应等级的资质证书，并在其资质等级许可的范围内承揽工程。

禁止勘察、设计单位超越其资质等级许可的范围或者以其他勘察、设计单位的名义承揽工程。禁止勘察、设计单位允许其他单位或者个人以本单位的名义承揽工程。

勘察、设计单位不得转包或者违法分包所承揽的工程。

（2）勘察、设计单位必须按照工程建设强制性标准进行勘察、设计，并对其勘察、设计的质量负责。

注册建筑师、注册结构工程师等注册执业人员应当在设计文件上签字，对设计文件负责。

（3）勘察单位提供的地质、测量、水文等勘察成果必须真实、准确。

（4）设计单位应当根据勘察成果文件进行建设工程设计。

设计文件应当符合国家规定的设计深度要求，注明工程合理使用年限。

（5）设计单位在设计文件中选用的建筑材料、建筑构配件和设备，应当注明规格、型号、性能等技术指标，其质量要求必须符合国家规定的标准。

除有特殊要求的建筑材料、专用设备、工艺生产线等外，设计单位不得指定生产厂、供应商。

（6）设计单位应当就审查合格的施工图设计文件向施工单位作出详细说明。

（7）设计单位应当参与建设工程质量事故分析，并对因设计造成的质量事故，提出相应的技术处理方案。

《建筑工程五方责任主体项目负责人质量终身责任追究暂行办法》第五条第二款规定，勘察、设计单位项目负责人应当保证勘察、设计文件符合法律法规和工程建设强制性标准的要求，对因勘察、设计导致的工程质量事故或质量问题承担责任。

9.2.3　施工单位

1. 施工质量责任制

《建筑法》第五十八条规定："建筑施工企业对工程的施工质量负责。"确立了我国的施工质量责任制，施工企业对工程的施工质量负责，也即对自己的施工行为负责。所以，《建筑法》颁布后，建设工程质量责任主体的多元化使得工程质量责任界面划分清楚，工程质量责任的承担情况在司法实践中发生了很大的变化，既避免了让施工企业承担过多的工程质量责任而开脱了建设单位及其他主体的责任，又避免了让建设单位承担过多的工程质量责任而忽略了施工企业应当承担的施工质量责任。各个主体按照法定的质量责任义务承担自己的责任，公平客观。

《建设工程质量管理条例》第二十六条规定，施工单位对建设工程的施工质量负责。施工单位应当建立质量责任制，确定工程项目的项目经理、技术负责人和施工管理负责人。

建设工程实行总承包的，总承包单位应当对全部建设工程质量负责；建设工程勘察、设计、施工、设备采购的一项或者多项实行总承包的，总承包单位应当对其承包的建设工程或者采购的设备的质量负责。

2. 施工单位质量责任与义务的规定

根据《建设工程质量管理条例》第二十五至三十三条的规定，施工单位质量责任与义务具体如下：

（1）施工单位应当依法取得相应等级的资质证书，并在其资质等级许可的范围内承揽工程。

禁止施工单位超越本单位资质等级许可的业务范围或者以其他施工单位的名义承揽工程。禁止施工单位允许其他单位或者个人以本单位的名义承揽工程。

施工单位不得转包或者违法分包工程。

（2）施工单位对建设工程的施工质量负责。

施工单位应当建立质量责任制，确定工程项目的项目经理、技术负责人和施工管理负责人。

建设工程实行总承包的，总承包单位应当对全部建设工程质量负责；建设工程勘察、设计、施工、设备采购的一项或者多项实行总承包的，总承包单位应当对其承包的建设工程或者采购的设备的质量负责。

（3）总承包单位依法将建设工程分包给其他单位的，分包单位应当按照分包合同的约定对其分包工程的质量向总承包单位负责，总承包单位与分包单位对分包工程的质量承担连带责任。

（4）施工单位必须按照工程设计图纸和施工技术标准施工，不得擅自修改工程设计，不得偷工减料。施工单位在施工过程中发现设计文件和图纸有差错的，应当及时提出意见和建议。

（5）施工单位必须按照工程设计要求、施工技术标准和合同约定，对建筑材料、建筑构配件、设备和商品混凝土进行检验，检验应当有书面记录和专人签字；未经检验或者检验不合格的，不得使用。

（6）施工单位必须建立、健全施工质量的检验制度，严格工序管理，做好隐蔽工程的质量检查和记录。隐蔽工程在隐蔽前，施工单位应当通知建设单位和建设工程质量监督机构。

（7）施工人员对涉及结构安全的试块、试件以及有关材料，应当在建设单位或者工程监理单位监督下现场取样，并送具有相应资质等级的质量检测单位进行检测。

（8）施工单位对施工中出现质量问题的建设工程或者竣工验收不合格的建设工程，应当负责返修。

（9）施工单位应当建立、健全教育培训制度，加强对职工的教育培训；未经教育培训或者考核不合格的人员，不得上岗作业。

3. 总包与分包的质量责任规定

《建筑法》第五十五条和《建设工程质量管理条例》第二十七条规定了总包与分包的质量责任制度，其具体内容包括以下两点：

（1）建筑工程实行总承包的，工程质量由工程总承包单位负责。

（2）总承包单位依法将建设工程分包给其他单位的，分包单位应当按照分包合同的约定对其分包工程的质量向总承包单位负责，总承包单位与分包单位对分包工程的质量承担连带责任。分包单位应当接受总承包单位的质量管理。

《建筑工程五方责任主体项目负责人质量终身责任追究暂行办法》第五条第三款规定，施工单位项目经理应当按照经审查合格的施工图设计文件和施工技术标准进行施工，对因施工导致的工程质量事故或质量问题承担责任。

9.2.4 监理单位

根据《建设工程质量管理条例》第三十四至三十八条的规定，监理单位质量责任与义务具体如下：

（1）工程监理单位应当依法取得相应等级的资质证书，并在其资质等级许可的范围内承担工程监理业务。

禁止工程监理单位超越本单位资质等级许可的范围或者以其他工程监理单位的名义承担工程监理业务。禁止工程监理单位允许其他单位或者个人以本单位的名义承担工程监理业务。

工程监理单位不得转让工程监理业务。

（2）工程监理单位与被监理工程的施工承包单位以及建筑材料、建筑构配件和设备供应单位有隶属关系或者其他利害关系的，不得承担该项建设工程的监理业务。

（3）工程监理单位应当依照法律、法规以及有关技术标准、设计文件和建设工程承包合同，代表建设单位对施工质量实施监理，并对施工质量承担监理责任。

（4）工程监理单位应当选派具备相应资格的总监理工程师和监理工程师进驻施工现场。

未经监理工程师签字，建筑材料、建筑构配件和设备不得在工程上使用或者安装，施工单位不得进行下一道工序的施工。未经总监理工程师签字，建设单位不拨付工程款，不进行竣工验收。

（5）监理工程师应当按照工程监理规范的要求，采取旁站、巡视和平行检验等形式，对建设工程实施监理。

《建筑工程五方责任主体项目负责人质量终身责任追究暂行办法》第五条第四款规定，监理单位总监理工程师应当按照法律法规、有关技术标准、设计文件和工程承包合同进行监理，对施工质量承担监理责任。

9.3 建设工程返修与损害赔偿

9.3.1 建设工程保修制度概述

《建筑法》《建设工程质量管理条例》都明确规定建设工程实行质量保修制度。建设工程质量保修制度，是指建设工程竣工经验收后，在规定的保修期限内，因勘察、设计、施工、材料等原因造成的质量缺陷，应当由施工承包单位负责维修、返工或更换，由责任单位负责赔偿损失的法律制度。建设工程质量保修制度对于促进工程建设各方主体加强质量管理，保护用户及消费者的合法权益具有重要的保障意义。

9.3.2 保修主体

根据《建设工程质量管理条例》第三十九条的规定，建设工程承包单位在向建设单位提交工程竣工验收报告时，应当向建设单位出具质量保修书。质量保修书中应当明确建设工程的保修范围、保修期限和保修责任等。

9.3.3　保修约定

1. 质量保修范围

根据《建筑法》第六十二条的规定，建筑工程的保修范围应当包括地基基础工程、主体结构工程、屋面防水工程和其他土建工程，以及电气管线、给水排水管线的安装工程，供热、供冷系统工程等项目。当然，不同类型的建设工程，其保修范围也有所不同。

2. 质量保修期限

根据《建筑法》第六十二条的规定，保修的期限应当按照保证建筑物合理寿命年限内正常使用，维护使用者合法权益的原则确定。对具体的保修范围和最低保修期限，《建设工程质量管理条例》中作了明确规定。

3. 质量保修责任

施工单位在质量保修书中，应当向建设单位承诺保修范围、保修期限和有关具体实施保修的措施，如保修的方法、人员及联络办法，保修答复和处理时限，不履行保修责任的罚则等。

施工单位在建设工程质量保修书中，应当对建设单位合理使用建设工程有所提示。如果是因建设单位或者用户使用不当或擅自改动结构、设备位置以及不当装修等造成质量问题的，施工单位不承担保修责任；由此而造成的质量受损或者其他用户损失，应当由责任人承担相应的责任。

9.3.4　法定保修期限

1. 法定最低保修期限

根据《建设工程质量管理条例》第三十九条的规定，在正常使用条件下，建设工程的最低保修期限为：

（1）基础设施工程、房屋建筑的地基基础工程和主体结构工程，为设计文件规定的该工程的合理使用年限；

（2）屋面防水工程，有防水要求的卫生间、房间和外墙面的防渗漏，为5年；

（3）供热与供冷系统，为2个供暖期、供冷期；

（4）电气管线、给水排水管道、设备安装和装修工程，为2年。

其他项目的保修期限由发包方与承包方约定。建设工程的保修期，自竣工验收合格之日起计算。

2. 超过合理使用年限后需要继续使用的规定

根据《建设工程质量管理条例》第四十二条的规定，建设工程在超过合理使用年限后需要继续使用的，产权所有人应当委托具有相应资质等级的勘察、设计单位鉴定，并根据鉴定结果采取加固、维修等措施，重新界定使用期。

9.3.5　保修责任的承担与损害赔偿

1. 保修义务的履行与损失的赔偿

根据《建设工程质量管理条例》第四十一条的规定，建设工程在保修范围和保修期限内发生质量问题的，施工单位应当履行保修义务，并对造成的损失承担赔偿责任。

根据《最高人民法院关于审理建设工程施工合同纠纷案件适用法律问题的解释》的规定，因保修人未及时履行保修义务，导致建筑物毁损或者造成人身、财产损害的，保修人应当承担赔偿责任。保修人与建筑物所有人或者发包人对建筑物毁损均有过错的，各自承担相应的责任。

2. 建设工程质量保证金

2016 年 6 月《国务院办公厅关于清理规范工程建设领域保证金的通知》规定，对建筑业企业在工程建设中需缴纳的保证金，除依法依规设立的投标保证金、履约保证金、工程质量保证金、农民工工资保证金外，其他保证金一律取消；严禁新设保证金项目；转变保证金缴纳方式，推行银行保函制度；未按规定或合同约定返还保证金的，保证金收取方应向建筑业企业支付逾期返还违约金；在工程项目竣工前，已经缴纳履约保证金的，建设单位不得同时预留工程质量保证金。

2017 年 6 月住房城乡建设部、财政部发布的《建设工程质量保证金管理办法》规定，建设工程质量保证金（以下简称保证金）是指发包人与承包人在建设工程承包合同中约定，从应付的工程款中预留，用以保证承包人在缺陷责任期内对建设工程出现的缺陷进行维修的资金。

(1) 缺陷责任期的确定

缺陷是指建设工程质量不符合工程建设强制性标准、设计文件以及承包合同的约定。缺陷责任期一般为 1 年，最长不超过 2 年，由发承包双方在合同中约定。

缺陷责任期从工程通过竣工验收之日起计。由于承包人原因导致工程无法按规定期限进行竣工验收的，缺陷责任期从实际通过竣工验收之日起计。由于发包人原因导致工程无法按规定期限进行竣工验收的，在承包人提交竣工验收报告 90 天后，工程自动进入缺陷责任期。

(2) 质量保证金的预留与使用管理

缺陷责任期内，实行国库集中支付的政府投资项目，保证金的管理应按国库集中支付的有关规定执行。其他政府投资项目，保证金可以预留在财政部门或发包方。缺陷责任期内，如发包方被撤销，保证金随交付使用资产一并移交使用单位管理，由使用单位代行发包人职责。

社会投资项目采用预留保证金方式的，发、承包双方可以约定将保证金交由第三方金融机构托管。

发包人应按照合同约定方式预留保证金，保证金总预留比例不得高于工程价款结算总额的 3%。合同约定由承包人以银行保函替代预留保证金的，保函金额不得高于工程价款结算总额的 3%。

在工程项目竣工前，已经缴纳履约保证金的，发包人不得同时预留工程质量保证金。采用工程质量保证担保、工程质量保险等其他保证方式的，发包人不得再预留保证金。

缺陷责任期内，由承包人原因造成的缺陷，承包人应负责维修，并承担鉴定及维修费用。如承包人不维修也不承担费用，发包人可按合同约定扣除保证金，并由承包人承担违约责任。承包人维修并承担相应费用后，不免除对工程的一般损失赔偿责任。由他人原因造成的缺陷，发包人负责组织维修，承包人不承担费用，且发包人不得从保证金中扣除费用。

(3) 质量保证金的返还

缺陷责任期内，承包人认真履行合同约定的责任，到期后，承包人向发包人申请返还保证金。

发包人在接到承包人返还保证金申请后，应于 14 天内会同承包人按照合同约定的内容进行核实。如无异议，发包人应当按照约定将保证金返还给承包人。对返还期限没有约定或者约定不明确的，发包人应当在核实后 14 天内将保证金返还承包人，逾期未返还的，依法承担违约责任。发包人在接到承包人返还保证金申请后 14 天内不予答复，经催告后 14 天内仍不予答复，视同认可承包人的返还保证金申请。

发包人和承包人对保证金预留、返还以及工程维修质量、费用有争议，按承包合同约定的争议和纠纷解决程序处理。建设工程实行工程总承包的，总承包单位与分包单位有关保证金的权利与义务的约定，参照本办法关于发包人与承包人相应权利与义务的约定执行。

9.4 质量体系认证制度

9.4.1 制度概述

标准化在我国有着悠久的历史，目前，我国标准化工作也已经有了相当的成果，具体涉及 50 多个行业，在各个专业技术领域组建了"全国专业标准化技术委员会"（CSBTS/TC），而且，为了进一步加强标准化工作，我国成立了相应的标准化研究机构、学术团体和标准出版社。

2009 年修订的《产品质量法》第十四条规定，国家根据国际通用的质量管理标准，推行企业质量体系认证制度。企业根据自愿原则可以向国务院产品质量监督部门认可的或者国务院产品质量监督部门授权的部门认可的认证机构申请企业质量体系认证。经认证合格的，由认证机构颁发企业质量体系认证证书。

质量体系认证制度是指国务院产品质量监督管理部门或者由其授权的部门认可的认证机构，依据国际通用的"质量管理和质量保证"系列标准，对企业的质量体系和质量保证能力审核合格后，颁发企业质量体系认证证书的制度。

国际标准化组织（ISO）成立于 1947 年，是目前世界上最大的、最有权威的国际性标准化专门机构，是由各国标准化团体（ISO 成员团体）组成的世界性的联合会，现有成员国 160 多个。其宗旨是促进世界标准化及其相关活动的发展，制定国际标准，协调世界范围内的标准化工作。ISO 通过其技术机构（技术委员会）开展技术活动，制定国际标准。其共有 219 个 TC，制定 ISO 9000 族标准的机构"质量管理与质量保证技术委员会（ISO/TC 176）"是 ISO 的第 176 个 TC。TC176 于 1979 年成立，负责制定质量管理和质量保证标准。在工作程序上，由技术委员会通过的国际标准草案提交各成员团体投票表决，需取得至少 3/4 参加表决的成员团体的同意，国际标准草案才能作为国际标准正式发布。

国际标准化组织颁布了 ISO 9000《质量管理和质量保证》系列国际标准，为开展国际间的质量体系认证提供了统一的依据。ISO 9000 系列标准的发布，使世界各国的质量管理和质量保证的概念、原则、方法和程序得以统一，它标志着国际质量体系认证走上了程序化、规范化的新阶段。我国是 ISO 的 25 个创始国之一，现在以国家质量监督检验检疫总局的名义参加 ISO 的各项活动。1988 年，我国正式发布等效采用 ISO9000 系列标准的国家标准。

依照《产品质量法》的规定，企业质量体系认证由国务院产品质量监督部门或者其授权的部门认可的认证机构负责。目前，主要包括国务院产品质量监督部门直接设立的认证委员会和授权其他行政主管部门设立的行业认证委员会。认证机构的主要职责是制定实施认证的具体规则、程序，受理认证申请，对申请人的质量体系按标准评审，批准认证，颁发认证证书；对证书持有人进行事后监督等。

中国质量认证中心（CQC）是由国家质量监督检验检疫总局和中国国家认证认可监督管理委员会批准设立，隶属于中国检验认证集团的专业认证机构。1992 年，中国质量认证中心开创了中国国际管理体系标准认证的先河，颁发了国内第一张 ISO9000 质量管理体系认证证书。

中国质量认证中心管理体系认证经中国合格评定国家认可委员会（CNAS）认可，在其参加国际认可论坛——International Accreditation Forum（简称 IAF）框架下得到国际互认，中国质量认证中心作为中国两大成员之一参加了国际认证联盟（IQNet），受到国际认证机构的广泛互认，成为中国认证的国际代表。

《建筑法》第五十三条明确规定，国家对从事建筑活动的单位推行质量体系认证制度。从事建筑活动的单位根据自愿原则可以向国务院产品质量监督管理部门或者国务院产品质量监督管理部门授权的部门认可的认证机构申请质量体系认证。经认证合格的，由认证机构颁发质量体系认证证书。

9.4.2　质量体系认证的标准

企业质量体系认证的依据，即指认证机构开展质量体系认证所采用的标准。

ISO 9000 族标准是完善一个组织的质量管理的最佳工具，它吸取了百年来世界质量管理理论和实践的精华，它也是市场经济的产物，可以有效地提高组织的市场适应能力，使企业处于不败之地。

由 ISO/TC176 技术委员会制定并已由 ISO（国标准化组织）正式颁布的国际标准有 20 多项，对 ISO 已正式颁布的 ISO 9000 族 19 项国际标准，我国已全部将其等同转化为我国国家标准。其他还处在标准草案阶段的国际标准，我国也正在跟踪研究，一旦正式颁布，我国将及时将其等同转化为国家标准。

"ISO 9001：2015" 质量管理体系已于 2015 年 9 月颁布，我国国家质量监督检验检疫总局与中国国家标准化管理委员会已全部将其等同转化为我国国家标准 "GB/T 19001—2016/ISO9001：2015" 于 2016 年 12 月 30 日联合发布，已于 2017 年 7 月 1 日实施。该标准的实施代替了 "GB/T 19001—2008"。

2015 版与 2008 版标准相比，在标准结构、质量手册、风险控制等方面都发生了重大变化，新的质量管理时代已经全面展开。

9.4.3　ISO 9001：2015 标准的内容

1. 基本内容结构

《质量管理体系要求》ISO 9001：2015 的内容结构如下：

前言

引言

1　范围

参考文献

2. 新版标准的主要变化

ISO 9000 质量管理标准自 1987 年正式诞生以来，已历经了 1994 年、2000 年、2008 年和 2015 年共 4 次版本的修改，每一次改版都有特别的意义。第一次改版采用了质量保证的概念，不同类型的企业对应不同的质量管理模式；第二次改版引入了"以顾客为关注焦点"、"过程方法"等科学理念，从系统的层面实现了从质量保证到质量管理的升华；第三次改版侧重于"编辑性修改"；第四次改版在标准结构、质量手册、风险控制等方面都发生了重大变化。

（1）结构变化

由原来的 8 章增加到 10 章，条款顺序进行调整，同 ISO 9001：2015 版标准保持一致；但前 3 章没有变化。

（2）概念变化

1）"产品和服务"代替了旧版标准中的"产品"；

2）"文件化信息"代替了旧版标准中的"文件、记录"；

3）"过程运行环境"代替了旧版标准中的"工作环境"；

4）"外部提供的产品和服务"代替了旧版标准中的"采购的产品、外包过程"；

5）"外部供方"代替了旧版标准中的"供应商"；

6）"监视和测量资源"代替了旧版标准中的"监视与测量设备"。

（3）理念变化

引入了风险管理、知识管理、创新等管理理念。风险管理的思想贯穿 2015 版标准的始终，对知识管理提出了明确要求，明确提出了要鼓励创新。

（4）领导作用变化

2015 版标准中对领导者提出了十几个方面的要求，"领导作用"的内容更加具体明确，强调了领导层应重视"过程方法"的应用、创新以及关注质量管理的有效性等。

（5）强调文件化信息

在 2015 版标准中，不再要求文件化程序，以文件化信息的描述方式取代了原来的"文件化程序"和"质量文件"，记录、内审、管理评审、不符合、纠正和预防措施在新版标准中已无相关规定，强调了过程控制所形成的文件化信息，愈加关注过程控制记录。

9.4.4 质量体系认证申请

（1）企业提出申请。

1）选择认证机构。

2）已经具备的认证条件。

①持有法律地位证明文件；

②申请人已按 ISO9000：2008 标准建立了文件化的质量管理体系；

③必要时，持有生产许可证、资质证书等必要资料。

3）申请过程。

申请人向认证机构提交一份正式的、由其授权代表签署的申请书。申请书或其附件应包括：

① 申请认证的范围；

② 申请人同意遵守认证要求，提供评价所需要的信息。

在现场审核之前，申请人至少应提供的信息包括：申请人简况，如组织的性质、名称、地址、法律地位以及有关的人力和技术资源；有关质量管理体系及其过程的一般信息；对拟认证的质量管理体系所适用的标准或其他引用文件的说明；质量手册及所需的相关文件。

（2）认证机构受理申请。

9.5 政府对建设工程质量的监督管理

在我国建立起规范的市场机制之前的相当长时间里，政府都需要对工程建设活动保持强势监管。政府对建设工程监管行为包括创制行为、监督行为和管理行为。创制行为包括拟订政策、规章制度等；监督行为是具有行政监督权的主体对相对人进行检查、审查等发现违规情况的过程；管理行为是行政主体依照规定对相对人进行处理、处罚的活动。

工程建设监管体系是由多个监管子系统组成的，如建筑市场准入清出系统、建设工程施工许可系统、建设工程质量安全监管系统等。政府对建设工程质量的监督管理制度是政府对工程建设监管体系中多个监管子系统之一。

《建筑法》对建设工程质量管理作了原则性规定，《建设工程质量管理条例》则构建了建设工程质量责任体系和责任制度管理。质量主体的确定和质量责任的划分，是质量管理的基本内容，其中贯彻了谁的项目谁负责，谁勘察设计谁负责，谁施工谁负责，谁监理谁负责的指导思想；确立了统一立法，分级、分部门监督的统分结合的监督管理体制；强调工程建设主体必须严格执行国家强制性技术标准；强化了工程监理对于工程质量的积极作用；明确了政府进行工程质量监督的基本内容和方式；完善了建设工程质量保修制度。

9.5.1 建设工程主体的监督管理制度

1. 对建设单位的监督管理

对建设单位的监督管理主要是规范建设单位的行为，如禁止其将工程发包给不具有相应资质等级的勘察、设计、施工单位，或将工程肢解发包；迫使承包商以低于成本价竞标；施工图设计文件未经审查或审查不合格却擅自开工；指使设计单位或施工单位违反工程强制性标准，降低工程质量；依法必须实行监理的工程不委托监理等。

2. 对各工程实施单位的监督管理

对于勘察、设计、施工和监理单位的监督，主要是要求他们应当取得资质证书并在自己的资质等级范围内承包工程，禁止其违法分包或转包工程；禁止其出借或出租自己的资质证书；禁止其违反工程强制性标准进行勘察、设计和施工；禁止设计单位不以勘察成果为根据进行工程设计，以及违法指定建筑材料、构配件和设备供应商；禁止施工单位对建筑材料、构配件、设备和商品混凝土不做检验，对涉及结构安全的试块、试件以及有关材料不取样检测就直接用于工程等。

3. 对各种执业工程师的监督管理

根据我国推行的注册执业工程师制度，勘察设计、项目经理、施工、监理、造价等方面的相关专业从业人员，应当是依法通过考试、注册而取得相应的从业资格的执业人员，如注册建筑师、注册造价工程师、勘察设计注册工程师、注册城乡规划师、注册监理工程师、注册建造师等。而且，注册执业工程师们必须依法定的权利、义务执业。

9.5.2　建设工程质量监督制度

鉴于我国 20 世纪 80 年代因基本建设规模急剧扩大造成建设工程质量失控的现象，建立了建设工程质量监督制度，历经多年的实践和探索，形成了今天遍布全国、覆盖各类工程的建设工程质量监督制度体系，在建设工程质量监督方面成绩显著。

《建设工程质量管理条例》将多年的探讨通过制度实现了。肯定了政府对建设工程质量监督管理的制度，明确了政府质量监督的性质、地位、职责、主体；丰富了质量监督的内容，如确定了政府对施工图设计文件的审查制度和工程竣工备案制度；强化了质量监督的手段，完善了建设工程质量保修制度。

1. 监督体制

根据《建设工程质量管理条例》，我国对建设工程质量监督管理实行统一归口、分工管理的原则。国务院住房城乡建设行政主管部门对全国的建设工程质量实施统一监督管理。国务院铁路、交通、水利等有关部门按照国务院规定的职责分工，负责对全国的有关专业建设工程质量的监督管理。

县级以上地方人民政府住房城乡建设行政主管部门对本行政区域内的建设工程质量实施监督管理。县级以上地方人民政府交通、水利等有关部门在各自的职责范围内，负责对本行政区域内专业建设工程质量的监督管理。

国务院发展改革部门按照国务院规定的职责组织稽查特派员，对国家出资的重大建设项目实施监督检查。

国务院商务主管部门按照国务院规定的职责，对国家重大技术改造项目实施监督检查。

2. 监督机构

依照《建设工程质量管理条例》，建设工程质量监督管理可以由住房城乡建设行政主管部门或者其他有关部门委托的建设工程质量监督机构具体实施。

从事房屋建筑工程和市政基础施工工程质量监督的机构，必须按照国家有关规定经国务院住房城乡建设行政主管部门或者省、自治区、直辖市人民政府住房城乡建设行政主管部门考核；从事专业建设工程质量监督的机构，必须按照国家有关规定经国务院有关部门或者省、自治区、直辖市人民政府有关部门考核。考核合格后，方可实施质量监督。

因此，建设工程质量监督机构的性质是经省级以上住房城乡建设行政主管部门或者有关专业部门考核认定的独立法人，依法受托，依法监督，并对委托部门负责。

3. 监督的内容与措施

《建设工程质量管理条例》规定，国务院住房城乡建设行政主管部门和国务院铁路、交通、水利等有关部门以及县级以上地方人民政府住房城乡建设行政主管部门和其他有关部门，应当加强对有关建设工程质量的法律、法规和强制性标准执行情况的监督检查。

建设单位应当自建设工程竣工验收合格之日起 15 日内，将建设工程竣工验收报告和规划、公安消防、环保等部门出具的认可文件或者准许使用文件报住房城乡建设行政主管部门或者其他有关部门备案。住房城乡建设行政主管部门或者其他有关部门发现建设单位在竣工验收过程中有违反国家有关建设工程质量管理规定行为的，责令停止使用，重新组织竣工验收。

县级以上人民政府住房城乡建设行政主管部门和其他有关部门履行监督检查职责时，有权采取下列措施：①要求被检查的单位提供有关工程质量的文件和资料；②进入被检查单位的施工现场进行检查；③发现有影响工程质量的问题时，责令改正。

有关单位和个人对县级以上人民政府住房城乡建设行政主管部门和其他有关部门进行的监督检查应当支持与配合，不得拒绝或者阻碍建设工程质量监督检查人员依法执行职务。

4. 禁止滥用权力的行为

《建设工程质量管理条例》规定，供水、供电、供气、公安消防等部门或者单位不得明示或者暗示建设单位、施工单位购买其指定的生产供应单位的建筑材料、建筑构配件和设备。实践中存在着有关部门或单位利用其管理职能或垄断地位指定生产厂家或产品的现象，如果建设单位或施工单位不予采用，就在竣工验收时故意刁难或不予验收，使工程不能及时投入使用。这种滥用职权的行为，加剧了业内的不正当竞争。

5. 质量事故报告制度

《建设工程质量管理条例》规定，建设工程发生质量事故，有关单位应当在24小时内向当地住房城乡建设行政主管部门和其他有关部门报告。对重大质量事故，事故发生地的住房城乡建设行政主管部门和其他有关部门应当按照事故类别和等级向当地人民政府和上级住房城乡建设行政主管部门及其他有关部门报告。特别重大质量事故的调查程序按照国务院有关规定办理。

2007年4月国务院发布的《生产安全事故报告和调查处理条例》规定，特别重大事故，是指造成30人以上死亡，或者100人以上重伤，或者1亿元以上直接经济损失的事故。特别重大事故、重大事故逐级上报至国务院安全生产监督管理部门和负有安全生产监督管理职责的有关部门。每级上报的时间不得超过2小时。必要时，安全生产监督管理部门和负有安全生产监督管理职责的有关部门可以越级上报事故情况。

9.5.3 建设工程强制监理制度

为确保与社会公共利益的安全关系重大的工程质量，我国实行建设工程强制监理制度。建设部第86号令《建设工程监理范围和规模标准规定》对必须实行监理的建设工程项目作出了明确规定：

1. 国家重点建设工程

国家重点建设工程，是指依据《国家重点建设项目管理办法》所确定的对国民经济和社会发展有重大影响的骨干项目。

2. 大中型公用事业工程

大中型公用事业工程，是指项目总投资额在3000万元以上的下列工程项目：

(1) 供水、供电、供气、供热等市政工程项目；

(2) 科技、教育、文化等项目；

(3) 体育、旅游、商业等项目；

(4) 卫生、社会福利等项目；

(5) 其他公用事业项目。

3. 成片开发建设的住宅小区工程

成片开发建设的住宅小区工程，建筑面积在5万㎡以上的住宅建设工程必须实行监理；5 万 m² 以下的住宅建设工程，可以实行监理，具体范围和规模标准，由省、自治区、直辖市人民政府住房城乡建设行政主管部门规定。为保证住宅质量，对高层住宅及地基、结构复杂的多层住宅应当实行监理。

4. 利用外国政府或国际组织贷款、援助资金的工程

（1）使用世界银行、亚洲开发银行等国际组织贷款的项目；

（2）使用国外政府及其机构贷款的项目；

（3）使用国际组织或国外政府援助资金的项目。

5. 国家规定必须实行监理的其他工程

（1）项目总投资额在 3000 万元以上，关系社会公共利益、公众安全的下列基础设施项目：

1）煤炭、石油、化工、天然气、电力、新能源等项目；

2）铁路、公路、管道、水运、民航以及其他交通运输业等项目；

3）邮政、电信枢纽、通信、信息网络等项目；

4）防洪、灌溉、排涝、发电、引（供）水、滩涂治理、水资源保护、水土保持等水利建设项目；

5）道路、桥梁、地铁和轻轨交通、污水排放及处理、垃圾处理、地下管道、公共停车场等城市基础设施项目；

6）生态环境保护项目；

7）其他基础设施项目。

（2）学校、影剧院、体育场馆项目。

9.5.4　建设工程质量的检测制度

为了加强对建设工程质量检测的管理，根据《建筑法》《建设工程质量管理条例》建设部于 2005 年制定了《建设工程质量检测管理办法》，住房城乡建设部 2015 年进行了修正。

建设工程质量检测（以下简称质量检测），是指工程质量检测机构（以下简称检测机构）接受委托，依据国家有关法律、法规和工程建设强制性标准，对涉及结构安全项目的抽样检测和对进入施工现场的建筑材料、构配件的见证取样检测。

1. 检测制度

根据《建设工程质量检测管理办法》，国务院住房城乡建设主管部门负责对全国质量检测活动实施监督管理，并负责制定检测机构资质标准。

省、自治区、直辖市人民政府住房城乡建设主管部门负责对本行政区域内的质量检测活动实施监督管理，并负责检测机构的资质审批。

市、县人民政府住房城乡建设主管部门负责对本行政区域内的质量检测活动实施监督管理。

2. 检测机构

（1）性质

在法律性质上，检测机构是具有独立法人资格的中介机构。检测机构从事规定的质量检测业务，应当依法取得相应的资质证书。检测机构未取得相应的资质证书，不得承担本办法规定的质量检测业务。

法定的质量检测业务，由工程项目建设单位委托具有相应资质的检测机构进行检测。委托方与被委托方应当签订书面合同。

（2）种类

检测机构资质按照其承担的检测业务内容分为专项检测机构资质和见证取样检测机构资质。检测机构资质标准由《建设工程质量检测管理办法》的附件二规定。

（3）有效期

检测机构资质证书有效期为 3 年。资质证书有效期满需要延期的，检测机构应当在资质证书有效期满 30 个工作日前申请办理延期手续。

检测机构在资质证书有效期内没有下列行为的，资质证书有效期届满时，经原审批机关同意，不再审查，资质证书有效期延期 3 年，由原审批机关在其资质证书副本上加盖延期专用章；检测机构在资质证书有效期内有下列行为之一的，原审批机关不予延期：

1）超出资质范围从事检测活动的；

2）转包检测业务的；

3）涂改、倒卖、出租、出借或者以其他形式非法转让资质证书的；

4）未按照国家有关工程建设强制性标准进行检测，造成质量安全事故或致使事故损失扩大的；

5）伪造检测数据，出具虚假检测报告或者鉴定结论的。

检测机构取得检测机构资质后，不再符合相应资质标准的，省、自治区、直辖市人民政府住房城乡建设主管部门根据利害关系人的请求或者依据职权，可以责令其限期改正；逾期不改的，可以撤回相应的资质证书。

3. 检测报告

检测机构完成检测业务后，应当及时出具检测报告。检测报告经检测人员签字、检测机构法定代表人或者其授权的签字人签署，并加盖检测机构公章或者检测专用章后方可生效。检测报告经建设单位或者工程监理单位确认后，由施工单位归档。见证取样检测的检测报告中应当注明见证人单位及姓名。

4. 检测限制

（1）任何单位和个人不得明示或者暗示检测机构出具虚假检测报告，不得篡改或者伪造检测报告；

（2）检测人员不得同时受聘于两个或者两个以上的检测机构；

（3）检测机构和检测人员不得推荐或者监制建筑材料、构配件和设备；

（4）检测机构不得与行政机关，法律、法规授权的具有管理公共事务职能的组织以及所检测工程项目相关的设计单位、施工单位、监理单位有隶属关系或者其他利害关系；

（5）检测机构不得转包检测业务；

（6）任何单位和个人不得涂改、倒卖、出租、出借或者以其他形式非法转让资质证书。

5. 对检测机构的监督

县级以上地方人民政府住房城乡建设主管部门应当加强对检测机构的监督检查，主要检查下列内容：

（1）是否符合本办法规定的资质标准；

（2）是否超出资质范围从事质量检测活动；

（3）是否有涂改、倒卖、出租、出借或者以其他形式非法转让资质证书的行为；

（4）是否按规定在检测报告上签字盖章，检测报告是否真实；

（5）检测机构是否按有关技术标准和规定进行检测；

（6）仪器设备及环境条件是否符合计量认证要求；

（7）法律、法规规定的其他事项。

住房城乡建设主管部门实施监督检查时，有权采取下列措施：

（1）要求检测机构或者委托方提供相关的文件和资料；

（2）进入检测机构的工作场地（包括施工现场）进行抽查；

（3）组织进行比对试验以验证检测机构的检测能力；

（4）发现有不符合国家有关法律、法规和工程建设标准要求的检测行为时，责令改正。

9.5.5　建设工程质量的验收及奖励制度

1. 验评制度

（1）竣工验收制度

为了规范房屋建筑和市政基础设施工程的竣工验收，保证工程质量，《房屋建筑和市政基础设施工程竣工验收规定》具体规定了我国境内新建、扩建、改建的各类房屋建筑和市政基础设施工程的竣工验收制度。

国务院住房城乡建设主管部门负责全国工程竣工验收的监督管理。县级以上地方人民政府住房城乡建设主管部门负责本行政区域内工程竣工验收的监督管理，具体工作可以委托所属的工程质量监督机构实施。

工程竣工验收工作，由建设单位负责组织实施。抢险救灾工程、临时性房屋建筑工程和农民自建低层住宅工程，不适用本规定。军事建设工程的管理，按照中央军事委员会的有关规定执行。

工程符合下列要求方可进行竣工验收（即应当具备的条件）：

1）完成工程设计和合同约定的各项内容。

2）施工单位在工程完工后对工程质量进行了检查，确认工程质量符合有关法律、法规和工程建设强制性标准，符合设计文件及合同要求，并提出工程竣工报告。工程竣工报告应经项目经理和施工单位有关负责人审核签字。

3）对于委托监理的工程项目，监理单位对工程进行了质量评估，具有完整的监理资料，并提出工程质量评估报告。工程质量评估报告应经总监理工程师和监理单位有关负责人审核签字。

4）勘察、设计单位对勘察、设计文件及施工过程中由设计单位签署的设计变更通知书进行了检查，并提出质量检查报告。质量检查报告应经该项目勘察、设计负责人和勘察、设计单位有关负责人审核签字。

5）有完整的技术档案和施工管理资料。

6）有工程使用的主要建筑材料、建筑构配件和设备的进场试验报告，以及工程质量检测和功能性试验资料。

7）建设单位已按合同约定支付工程款。

8）有施工单位签署的工程质量保修书。

9）对于住宅工程，进行分户验收并验收合格，建设单位按户出具《住宅工程质量分户验收表》。

10）住房城乡建设主管部门及工程质量监督机构责令整改的问题全部整改完毕。

11）法律、法规规定的其他条件。

（2）竣工验收备案

为了加强房屋建筑工程和市政基础设施工程质量的管理，《房屋建筑和市政基础设施工程竣工验收备案管理办法》具体规定了我国境内新建、扩建、改建各类房屋建筑工程和市政基础设施工程的竣工验收备案制度。

国务院住房城乡建设主管部门负责全国房屋建筑和市政基础设施工程（以下统称工程）的竣工验收备案管理工作。县级以上地方人民政府住房城乡建设主管部门负责本行政区域内工程的竣工验收备案管理工作。

建设单位应当自工程竣工验收合格之日起 15 日内，依照本办法规定，向工程所在地的县级以上地方人民政府住房城乡建设主管部门（即备案机关）备案。抢险救灾工程、临时性房屋建筑工程和农民自建低层住宅工程，不适用本办法。军用房屋建筑工程竣工验收备案，按照中央军事委员会的有关规定执行。

2. 奖励制度

（1）梁思成建筑奖——中国建筑设计最高奖

经国务院批准，建设部决定利用国际建筑师协会第 20 届大会的结余经费，建立永久性奖励基金："梁思成奖励基金"。该基金以我国近代著名的建筑家和教育家梁思成先生命名。每位"梁思成建筑奖"获得者将从"梁思成奖励基金"中获得 10 万元人民币的奖励。首届梁思成建筑奖获得者是中国共产党党员、全国设计大师、教授级高级建筑师、北京市建筑设计研究院顾问总建筑师、我国城市规划领域的杰出专家赵冬日大师。

2014 年，中华人民共和国住房和城乡建设部将梁思成建筑奖转交中国建筑学会主办，每两年评选一次。作为国家奖，这是中国建筑设计最高奖，属中国当代建筑艺术成就奖。梁思成建筑奖提名委员会由中国建筑学会邀请建筑领域 9～13 位知名专家组成，该委员会专家应具有一定的地域性和广泛的代表性。提名委员会的委员不应成为被提名者。梁思成建筑奖评选委员会由在世界范围内认同本奖项核心价值的 9～13 位具有良好专业声誉的建筑师和相关领域专家组成，其中包括国际建筑师协会的代表。

2016 年，中国建筑学会与国际建筑师协会正式签署《关于梁思成建筑奖的合作备忘录》，梁思成建筑奖就此跻身建筑领域国际大奖行列，也因此成为中国科协 200 多个学会中，唯一由国际行业权威组织认定与支持的"国际大奖"。

根据《梁思成建筑奖评选办法》（中国建筑学会，2016 年），梁思成建筑奖候选人应具备下列条件：

1）致力于促进建筑文化的传承和创新，对建筑文化的发展有重要推动作用；

2）其建筑设计代表作品能得到国际建筑界的普遍认可并具有良好的社会、经济和环境效益；

3）其学术成就，对建筑学研究和建筑教育的发展作出突出贡献。

（2）詹天佑大奖——中国土木工程詹天佑奖

詹天佑土木工程大奖是经科技部核准、住房城乡建设部认定，并在铁道、交通、水利等建设主管部门的支持下设立的土木工程领域最高荣誉奖项之一，是土木工程界最高工程荣誉奖。本项大奖旨在表彰和奖励我国在科技创新和科技应用方面成绩显著的土木工程建设项目，从而推动科技进步，提高工程建设水平，把当今优秀科技成果应用于工程实践中，创造出先进的土木建筑工程。

该奖由中国土木工程学会和北京詹天佑土木工程科学技术发展基金会主办，执行《中国土木工程詹天佑奖评选办法》(2008)。此奖 2003 年起已经改为每年评选一届。评选充分体现创新性、先进性和权威性。

创新性——获奖工程在设计、施工技术方面应有显著的创造性和较高的科技含量；

先进性——反映当今我国同类工程中的最高水平；

权威性——学会与政府主管部门之间协同推荐与遴选。

(3) 鲁班奖——中国建筑工程质量最高奖

根据中国建筑业协会的《中国建设工程鲁班奖（国家优质工程）评选办法》(2013)，鲁班奖是我国建筑行业工程质量的最高奖，工程质量应达到国内领先水平。鲁班奖的评选工程为我国境内已经建成并投入使用的各类新（扩）建工程。

鲁班奖的评选工作在住房城乡建设部指导下由中国建筑业协会组织实施，评选结果报住房城乡建设部。鲁班奖每两年评选一次，获奖工程不超过 200 项。由我国建筑业企业自愿申报，经省、自治区、直辖市建筑业协会、有关行业建设协会或有关单位择优推荐后进行评选。

鲁班奖的评选工程分为：

1) 住宅工程；

2) 公共建筑工程；

3) 工业交通水利工程；

4) 市政园林工程。

已参加过鲁班奖评选而未获奖的工程，不再列入评选范围。

9.5.6　企业质量体系和产品质量认证制度

1. 企业质量体系认证制度

见第 9 章 9.4 节质量体系认证制度。

2. 产品质量认证制度

国务院 2016 年 2 月颁布施行的《中华人民共和国认证认可条例》规定，国家根据经济和社会发展的需要，推行产品、服务、管理体系认证。

(1) 认证目的

为了保护国家安全、防止欺诈行为、保护人体健康或者安全、保护动植物生命或者健康、保护环境，国家规定相关产品必须经过认证的，应当经过认证并标注认证标志后，方可出厂、销售、出口或者在其他经营活动中使用。

(2) 基本规定

认证机构及其认证人员应当及时作出认证结论，并保证认证结论的客观、真实。认证结论经认证人员签字后，由认证机构负责人签署。认证机构及其认证人员对认证结果负责。

认证结论为产品、服务、管理体系符合认证要求的，认证机构应当及时向委托人出具认证证书。获得认证证书的，应当在认证范围内使用认证证书和认证标志，不得利用产品、服务认证证书、认证标志和相关文字、符号，误导公众认为其管理体系已通过认证，也不得利用管理体系认证证书、认证标志和相关文字、符号，误导公众认为其产品、服务已通过认证。

认证机构可以自行制定认证标志。认证机构自行制定的认证标志的式样、文字和名称，不得违反法律、行政法规的规定，不得与国家推行的认证标志相同或者近似，不得妨碍社会管理，不得有损社会道德风尚。

认证机构应当对其认证的产品、服务、管理体系实施有效的跟踪调查，认证的产品、服务、管理体系不能持续符合认证要求的，认证机构应当暂停其使用直至撤销认证证书，并予公布。

（3）认证产品

国家对必须经过认证的产品，统一产品目录，统一技术规范的强制性要求、标准和合格评定程序，统一标志，统一收费标准。统一的产品目录（以下简称目录）由国务院认证认可监督管理部门会同国务院有关部门制定、调整，由国务院认证认可监督管理部门发布，并会同有关方面共同实施。

列入目录的产品，必须经国务院认证认可监督管理部门指定的认证机构进行认证。列入目录产品的认证标志，由国务院认证认可监督管理部门统一规定。

列入目录的产品，涉及进出口商品检验目录的，应当在进出口商品检验时简化检验手续。

（4）委托认证

任何法人、组织和个人可以自愿委托依法设立的认证机构进行产品、服务、管理体系认证。列入目录产品的生产者或者销售者、进口商，均可自行委托指定的认证机构进行认证。

（5）监督管理

国务院认证认可监督管理部门指定的从事列入目录产品认证活动的认证机构以及与认证有关的检查机构、实验室（以下简称指定的认证机构、检查机构、实验室），应当是长期从事相关业务、无不良记录，且已经依照本条例的规定取得认可、具备从事相关认证活动能力的机构。国务院认证认可监督管理部门指定从事列入目录产品认证活动的认证机构，应当确保在每一列入目录产品领域至少指定两家符合本条例规定条件的机构。

国务院认证认可监督管理部门指定前款规定的认证机构、检查机构、实验室，应当事先公布有关信息，并组织在相关领域公认的专家组成专家评审委员会，对符合前款规定要求的认证机构、检查机构、实验室进行评审；经评审并征求国务院有关部门意见后，按照资源合理利用、公平竞争和便利、有效的原则，在公布的时间内作出决定。

国务院认证认可监督管理部门应当公布指定的认证机构、检查机构、实验室名录及指定的业务范围。未经指定，任何机构不得从事列入目录产品的认证以及与认证有关的检查、检测活动。

指定的认证机构不得向其他机构转让指定的认证业务。

指定的认证机构、检查机构、实验室开展国际互认活动，应当在国务院认证认可监督管理部门或者经授权的国务院有关部门对外签署的国际互认协议框架内进行。

3. 产品质量认证和企业质量体系认证的比较（表 9-1）

产品质量认证和企业质量体系认证的比较

表 9-1

项　　目	企业质量体系认证	产品质量认证
对象	企业的质量体系	特定产品
认证依据的标准	质量管理标准	产品标准
获准认证条件	质量体系符合申请的质量保证标准（GB/T 19001 或 19002 或 19003）和必要的补充要求	①产品质量符合指定标准要求；②质量体系符合指定的质量保证标准（一般是 GB/T19002）及特定产品的补充要求
认证的结论	企业质量体系符合质量管理标准	产品符合产品标准
证明方式	体系认证证书，认证标记	产品认证证书，认证标志
证明的使用	证书和标记都不能在产品上使用	证书不能用于产品，标志可用于获准认证的产品上
性质	自愿	自愿；强制
两者关系	都是由第三方机构从事的活动，两者都要对申请企业的质量体系进行检查评审，彼此相互充分利用对方质量体系审核的结果	

9.5.7　建材使用许可制度

《建设工程质量管理条例》分别规定了不同主体在规范使用建筑材料、建筑构配件和设备方面的义务，形成较为系统的建材使用许可制度。

1. 建设单位

建设单位应当依法对工程建设项目的勘察、设计、施工、监理以及与工程建设有关的重要设备、材料等的采购进行招标。

按照合同约定，由建设单位采购建筑材料、建筑构配件和设备的，建设单位应当保证建筑材料、建筑构配件和设备符合设计文件和合同要求。建设单位不得明示或者暗示施工单位使用不合格的建筑材料、建筑构配件和设备。

2. 设计单位

设计单位在设计文件中选用的建筑材料、建筑构配件和设备，应当注明规格、型号、性能等技术指标，其质量要求必须符合国家规定的标准。除有特殊要求的建筑材料、专用设备、工艺生产线等外，设计单位不得指定生产厂、供应商。

3. 施工单位

施工单位必须按照工程设计要求、施工技术标准和合同约定，对建筑材料、建筑构配件、设备和商品混凝土进行检验，检验应当有书面记录和专人签字；未经检验或者检验不合格的，不得使用。

施工人员对涉及结构安全的试块、试件以及有关材料，应当在建设单位或者工程监理单位监督下现场取样，并送具有相应资质等级的质量检测单位进行检测。

根据建设部 2000 年发布施行的《房屋建筑工程和市政基础设施工程实行见证取样和送检的规定》，见证取样和送检是指在建设单位或工程监理单位人员的见证下，由施工单位的现场试验人员对工程中涉及结构安全的试块、试件和材料在现场取样，并送至经过省级以上住房城乡建设行政主管部门对其资质认可和质量技术监督部门对其计量认证的质量检测单位（以下简称检测单位）进行检测。

涉及结构安全的试块、试件和材料见证取样和送检的比例不得低于有关技术标准中规定应取样数量的30%。

下列试块、试件和材料必须实施见证取样和送检：

（1）用于承重结构的混凝土试块；

（2）用于承重墙体的砌筑砂浆试块；

（3）用于承重结构的钢筋及连接接头试件；

（4）用于承重墙的砖和混凝土小型砌块；

（5）用于拌制混凝土和砌筑砂浆的水泥；

（6）用于承重结构的混凝土中使用的掺加剂；

（7）地下、屋面、厕浴间使用的防水材料；

（8）国家规定必须实行见证取样和送检的其他试块、试件和材料。

4．监理单位

工程监理单位应当选派具备相应资格的总监理工程师和监理工程师进驻施工现场。未经监理工程师签字，建筑材料、建筑构配件和设备不得在工程上使用或者安装，施工单位不得进行下一道工序的施工。

【案例 9-1】 章某与××工程队之间的工程质量纠纷案

原告：章某

被告：××工程队

2013 年 6 月初，个体商户章某经与马某洽商拟由××工程队为其建造一个彩钢房临时货场用于出租，并于 6 月 20 日签订了《彩钢房临时货场施工合同》，马某为该工程队的负责人。合同约定由××工程队承包彩钢房、围墙建设及场地修理清理等工程任务，施工期间所发生的所有费用由该工程队先行垫付，约定在 7 月 20 日之前完成工期，工程总价款 33.6 万元。

合同签订后，马某带领工程队开始施工，在施工过程中因施工人员不到位，延误工程进度，直至 2013 年 11 月 3 日才建成。期间，章某已陆续将全部工程款支付与工程队。

当年冬天，因大雪造成部分棚顶脱落，12 月中旬，彩钢房因质量问题倒塌。至 2014 年夏天，该彩钢房顶已有一半脱落，梁、柱有部分弯曲变形，墙体出现裂纹，完全不能使用。

章某联系马某要求工程队尽快修复，马某答应修复但一直拖延未修，给章某造成严重经济损失。2014 年 11 月 17 日，章某将马某及工程队诉至某区人民法院，要求其赔偿重建彩钢棚房 32 万元，以及期间的租金损失 11.5 万元。

【审裁结果】

法院在审理期间查明，马某作为包工头其负责的××工程队无任何承包工程资质，没有签订施工合同的主体资格，章某与此无任何资质等级的施工队伍签订合同自身也有过错。针对工程出现的质量纠纷，××工程队过错明显，应该承担其相应的施工质量责任；同时，工程发包人章某因其存在过错也要承担相应责任。根据本案情形，经调解双方达成一致，××工程队承担主要责任（80％），章某承担次要责任（20％）。2015 年 3 月 25 日，某区法院审理后依法作出判决：马某的××工程队赔偿章某彩钢房损失 25.6 万元；驳回章某的其他诉讼请求。

【分析】没有签订施工合同的主体资格，章某与此无任何资质等级的施工队伍签订合同风险极大。

《合同法》第一百零七条规定："当事人一方不履行合同义务或者履行合同义务不符合约定的，应当承担继续履行、采取补救措施或者赔偿损失等违约责任。"第 281 条规定："因施工人的原因致使建设工程质量不符合约定的，发包人有权要求施工人在合理期限内无偿修理或者返工、改建。经过修理或者返工、改建后，造成逾期交付的，施工人应当承担违约责任。"第 282 条规定："因承包人的原因致使建设工程在合理使用期限内造成人身和财产损害的，承包人应当承担损害赔偿责任。"结合本案，双方签订了施工合同，理应按合同约定严格依据规范进行施工，但马某的××工程队修建的彩钢房却在很短的时间内出现严重的质量问题，以致不能使用，马某理应对章某的损失进行赔偿。

根据我国《建筑法》第十三条以及《建筑业企业资质管理规定》第三条规定，从事建筑活动的建筑施工企业，取得相应等级的建筑业企业资质证书后，方可在其资质等级许可的范围内从事建筑施工活动。本案中章某与没有相应工程承包资质的马某××工程队签订施工合同，自身存在发包过错，也应承担相应的责任。因此，法院综合双方过错程度考虑，马某承担损失的 80％为适宜。

【案例 9-2】某大学宿舍楼工程质量纠纷案

原告：某大学

被告：某建筑公司

某大学为建设学生公寓，与某建筑公司签订了一份《学生 3 号宿舍楼施工合同》。合同约定：工程采用固定总价合同形式，主体工程和内外承重砖一律使用国家标准砌块，每层加钢筋混凝土圈梁；该大学可预付工程款（合同价款的 10％）；工程的全部费用于验收合格后一次付清；交付使用后，如果在 6 个月内发生严重质量问题，由承包人负责修复等。1 年后，学生公寓如期竣工，在该大学和该建筑公司共同进行竣工验收时，该大学发现工程 3～5 层的内承重墙体裂缝较多，要求建筑公司修复后再验收，建筑公司认为不影响使用而拒绝修复。因为很多新生亟待入住，该大学接收了宿舍楼。在使用了 8 个月之后，公寓楼 5 层的内承重墙倒塌，致使 1 人死亡，3 人受伤，其中 1 人致残。受害者与该大学要求某建筑公司赔偿损失，并修复倒塌工程。建筑公司以使用不当且已过保修期为由拒绝赔偿。无奈之下，受害者与该大学诉至法院，请法院裁决。

【审裁结果】

法院在审理期间对工程事故原因进行了鉴定，鉴定结论为某建筑公司偷工减料致宿舍楼内承重墙倒塌。因此，法院对某建筑公司以保修期已过为由拒绝赔偿的主张不予支持，判决某建筑公司应当向受害者承担损害赔偿责任，并负责修复倒塌的部分工程。

【分析】

《建设工程质量管理条例》第四十条规定："在正常使用条件下，建设工程最低保修期限为：

（1）基础设施工程、房屋建筑的地基基础工程、主体结构工程，为设计文件规定的该工程的合理使用年限；

（2）屋面防水工程，有防水要求的卫生间、房间和外墙面的防渗漏，为5年；

（3）供热与供冷系统，为2个供暖期、供冷期；

（4）电气管线、给水排水管道、设备安装和装修工程，为2年。

其他工程的保修期，由竣工验收合格之日起计算。"

根据上述法律规定，建设工程的保修期限不能低于国家规定的最低保修期限，其中，对地基基础工程、主体结构工程实际规定为终身保修。

在本案中，该大学与建筑公司虽然在合同中双方约定保修期限为6个月，但这一期限远远低于国家规定的最低期限，尤其是承重墙属主体结构，其最低保修期限依法应终身保修。双方的质量期限条款违反了国家强制性法律规定，因此，约定无效，建筑公司应当向受害者承担损害赔偿责任。

损害赔偿责任的内容应当包括：医疗费、因误工减少的收入、残废者生活补助费等。造成受害人死亡的，还应支付丧葬费、抚恤费、死者生前抚养人的必要的生活费用等。此外，建筑公司在施工中偷工减料，造成质量事故，有关主管部门应当依照《建筑法》第74条的有关规定对其进行法律制裁。

思 考 题

1. 简述建设工程质量的含义。

2. 简述建设单位的质量责任义务。

3. 简述勘察、设计单位的质量责任义务。

4. 简述施工单位的质量责任义务。

5. 简述工程监理单位的质量责任义务。

6. 简述建设工程保修制度中法定最低保修期限及责任。

7. 简述质量体系认证制度与产品质量认证的不同。

8. 简述建设工程质量检测。

9. 简述建设工程竣工验收应当具备的条件。

10. 简述建设工程竣工验收备案制度。

11. 简述建设工程质量监督机构、监督内容、监督手段与方法。

第 10 章　建设工程安全生产管理

10.1　概　　述

10.1.1　工程建设安全生产概念

工程建设安全生产，是指建筑生产过程中要避免人员、财产的损失及对周围环境的破坏。它包括建筑生产过程中的施工现场人员安全、财产设备安全，施工现场及附近的道路、管线和房屋的安全，施工现场和周围的环境保护及工程建设后的使用安全等方面的内容。

改革开放以来，建筑业持续快速发展，在国民经济中的地位和作用逐渐增强，已经成为我国的支柱产业之一。随着基本建设投资持续增长，工程建设的规模和技术难度都有所提高，许多新技术、新材料、新工艺也在建设项目中得到了应用，有些工程项目还对工期的要求很紧，这些都有可能是新的危险因素。再加上在工程建设过程中，有些主体对安全生产重视程度不够、资金投入不足、监督管理制度也还不健全，导致建设工程安全生产事故一直居高不下，在各产业中仅次于采矿业，居第二位，给人民生命和财产安全造成了重大损失。据统计，2001~2016 年间，全国建筑业的安全生产状况一直呈改进态势，事故数量、死亡人数都在下降，如表 10-1 所示。其中，2001 年发生 923 起安全事故，导致1097 人死亡，至 2015 年下降至 442 起事故，导致 554 人死亡，为近十余年内最低值。然而，2012~2016 年，事故数量、死亡人数又有小幅升高，可见全国建筑业安全生产形势仍然较为严峻，仍需要高度重视安全生产，完善相关立法。

2001~1016 年全国安全事故和死亡人数数量统计　　　　　　　　表 10-1

年份	2001	2002	2003	2004	2005	2006	2007	2008
事故起数	923	846	1004	1144	1015	888	859	772
死亡人数	1097	987	1045	1324	1193	1048	1012	921
年份	2009	2010	2011	2012	2013	2014	2015	2016
事故起数	684	627	589	487	528	522	442	634
死亡人数	802	772	738	624	764	648	554	735

10.1.2　工程建设安全生产的立法现状

安全生产直接关系广大从业人员及社会大众的生命健康和财产安全，我国一向重视安全生产的立法工作。早在 1980 年，国家建工总局就颁发了《建筑安装工人安全技术操作规程》。之后，城乡建设环境保护部先于 1982 年 8 月颁布了《关于加强集体所有制建筑企业安全生产的暂行规定》，于 1983 年 5 月颁发了《国营建筑企业安全生产工作条例》，于 1989 年颁发了《工程建设重大事故报告和调查程序规定》，建设部于 1991 年颁布了《建筑安全生产监督管理规定》，于 1996 年《城市居民住宅安全防范设施建设管理规定》。上述规章曾在工程建设安全生产管理中发挥了重要作用，但随着社会发展和立法进步，一些规定已不适合市场经济体制下的安全生产管理，应用也减少了，部分规章甚至已经失效。

由于我国近些年来煤矿、建筑等领域的生产安全事故频频发生，给社会造成了巨大的经济损失和负面影响，全国人大、国务院和有关部委都加强了立法工作。自 2001 年以来，《中华人民共和国安全生产法》、《建设工程安全生产管理条例》等关于工程建设安全生产管理的法律、行政法规和部门规章相继出台，加上之前颁布的法规，构成了有效的安全生产法律体系。

《安全生产法》由中华人民共和国第九届全国人民代表大会常务委员会第二十八次会议于 2002 年 6 月 29 日通过，自 2002 年 11 月 1 日起施行，后由第十二届全国人大常委会第十次会议于 2014 年 8 月 31 修改通过并发布。作为全国范围内所有生产、建设领域都需遵循的安全生产基本法规，它对生产经营单位的安全生产保障制度、从业人员安全生产的权利和义务、安全生产的监督管理和生产安全事故的应急救援与调查处理四个主要方面作了详细规定，为安全生产相关立法奠定了良好的基础。

《建设工程安全生产管理条例》是工程建设领域关于安全生产的一部重要的行政法规。它于 2003 年 11 月 24 日由国务院发布，并于 2004 年 2 月 1 日生效。它十分详细地规定了建设单位、勘察设计单位、施工单位、监理单位及其他相关单位在安全生产方面的职责，是约束各单位安全生产行为的直接依据。此外，它还明确了工程建设领域安全生产的监督管理体制和生产安全事故的应急救援与调查处理程序。

《安全生产许可证条例》是为了严格规范安全生产条件，防止和减少安全生产事故而颁布的，是与国家实行安全生产许可制度的决定配套出台的行政法规，于 2004 年 1 月颁布。它对安全生产许可证的颁发和管理予以了规定。《特种设备安全监察条例》是专为了加强生产经营领域特种设备安全监察管理而颁布的，其规定也同样适用于工程建设领域。《生产安全事故报告和调查处理条例》是为规范生产安全事故的报告和调查处理，落实生产安全事故责任追究制度而于 2007 年 4 月颁布的行政法规，它对生产安全事故等级划分标准和事故报告、调查、处理的程序与要求作出了详细规定。

此外，住房城乡建设部配合国家法律和行政法规，颁布了《建筑施工企业安全生产许可证管理规定》（2004）、《建筑起重机械安全监督管理规定》（2008）、《建筑施工企业主要负责人、项目负责人和专职安全生产管理人员安全生产管理规定》（2014）等部门规章。《建筑施工企业安全生产许可证管理规定》对建筑施工企业领取安全生产许可证的条件、程序、要求等予以了规定。《建筑起重机械安全监督管理规定》主要针对建筑起重机械这一安全事故多发的施工机械类型，对其租赁、安装、拆卸、使用及其监督管理的内容、程序及要求予以了规定。《建筑施工企业主要负责人、项目负责人和专职安全生产管理人员安全生产管理规定》则是为了提高建筑施工企业主要负责人、项目负责人和专职安全生产管理人员的安全生产管理能力而制定，对各类安全管理人员的资格要求、考核发证、安全责任、管理内容与要求等予以了规定。

10.2　工程建设安全生产的基本方针和相关制度

10.2.1　工程建设安全生产的基本方针

我国《建筑法》和《安全生产法》规定，安全生产，坚持"安全第一、预防为主、综合治理"的方针。

所谓"安全第一"，是指在生产经营管理中，在处理保证安全与实现生产经营活动的其他各项目标的关系上，要始终把安全，特别是从业人员和其他人员的人身安全放在首要的位置，实现"安全优先"的原则，在确保安全的前提下，再来努力实现生产经营的其他目标。

所谓"预防为主"，是指对安全生产的管理，主要不是放在发生事故后去组织抢救、进行事故调查，找原因、追究责任、堵漏洞，而是要谋事在先，尊重科学，探索规律，采取有效的事前控制措施，千方百计地预防事故的发生，做到防患于未然，将事故消灭在萌芽状态。虽然在生产活动中还不可能完全杜绝安全事故的发生，但只要思想重视，预防措施得当，事故特别是重大事故的发生还是可以大大减少的。

所谓"综合治理"，是指适应我国安全生产形势的要求，自觉遵循安全生产规律，正视安全生产工作的长期性、艰巨性和复杂性，抓住安全生产工作中的主要矛盾和关键环节，综合运用经济、法律、行政等手段，人管、法治、技防多管齐下，并充分发挥社会、职工、舆论的监督作用，有效解决安全生产领域的问题。

根据这一基本方针，当前在工程建设领域已经比较成熟的安全生产管理制度有安全生产责任制度，群防群治制度，教育培训制度，市场准入制度，检查、监督及奖惩制度和"三同时"制度。

10.2.2　工程建设安全生产责任制度

我国《建筑法》规定，应"建立健全安全生产的责任制度"。所谓安全生产责任制度，是指将各项保障生产安全的责任具体落实到各有关管理人员和不同岗位人员身上的制度。在建筑活动中，只有明确安全责任，分工负责，才能形成完整有效的安全管理体系，激发每个人的安全责任感，严格执行建筑工程安全的法律、法规和安全规程、技术规范，防患于未然，减少和杜绝建筑工程事故，为建筑工程的生产创造一个良好的环境。

安全责任制度的主要内容包括从事建筑活动的单位负责人的责任、各级管理人员的责任和从业人员的责任。

1. 企业主要负责人的安全生产责任

安全生产工作是企业管理的重要内容。法律规定从事建筑活动企业的安全生产工作应由企业负责人总负责，这既是对本单位的责任，也是对社会应负的责任。《安全生产法》规定，生产经营单位的主要负责人对本单位安全生产工作负有下列职责：

（1）建立、健全本单位安全生产责任制；

（2）组织制定本单位安全生产规章制度和操作规程；

（3）保证本单位安全生产投入的有效实施；

（4）督促、检查本单位的安全生产工作，及时消除生产安全事故隐患；

（5）组织制定并实施本单位的生产安全事故应急救援预案；

（6）及时、如实报告生产安全事故。

对于满足安全生产必备条件所必需的资金投入，由生产经营单位的决策机构、主要负责人或个人经营的投资人予以保证，并对因必需资金投入不足而导致的后果承担责任。

2. 各级管理人员的安全生产责任

结合建筑企业及工程建设的特点，相关法规对各级管理人员的责任也作出了明确规定。

（1）企业总工程师（技术负责人）对本企业劳动保护和安全生产的技术工作负总的责任。

（2）项目经理、施工队长、车间主任应对本单位劳动保护和安全生产工作负具体领导责任。

（3）工长、施工员对所管工程的安全生产负直接责任。

（4）企业中的生产、技术、材料等各职能机构，都应在各自业务范围内，对实现安全生产的要求负责。

（5）建筑施工企业安全生产管理机构和工程项目应当按规定配备相应数量和相关专业的专职安全生产管理人员。危险性较大的分部分项工程施工时，应当安排专职安全生产管理人员现场监督。专职安全生产管理人员的主要职责是：

1）贯彻执行有关安全技术劳动保护法规；

2）做好安全生产的宣传教育和管理工作，总结交流推广经验；

3）经常深入基层，指导下级安全技术人员的工作，掌握安全生产情况，调查研究生产中的不安全问题，提出改进意见和措施；

4）组织安全活动和定期安全检查；

5）参加审查施工组织设计（施工方案）和编制安全技术措施计划，并对贯彻执行情况进行督促检查；

6）与有关部门共同做好新工人、特种工种工人的安全技术训练、考核、发证工作；

7）进行工伤事故统计、分析和报告，参加工伤事故的调查和处理；

8）禁止违章指挥和违章作业，遇有严重险情，有权暂停生产，并报告领导处理。

3. 从业人员的安全生产责任

从业人员是指生产经营单位中从事生产安全经营活动的人员，他们包括直接操作人员、工程技术人员、管理人员、服务人员等。由于安全生产贯穿于生产全过程，依赖于每道工序、每个人的有机衔接和有效配合，每个从业人员的行为都直接关系到安全生产的实施与成效，因此，每个从业人员也要从自身角度对本单位的安全生产承担责任。《安全生产法》规定，从业人员应承担的主要责任有：

（1）作业过程中，应严格遵守本单位的安全生产规章制度和操作规程，服从管理，正确佩戴和使用劳动防护用品；

（2）接受安全生产教育和培训，掌握本职工作所需的安全生产知识，提高安全生产技能，增强事故预防和应急处理能力；

（3）发现事故隐患或其他不安全因素，应立即向现场安全生产管理人员或本单位负责人报告。

10.2.3 工程建设安全生产的群防群治制度

《建筑法》规定，建筑工程安全生产管理应坚持群防群治制度。

所谓群防群治制度，是指由广大职工群众共同参与的预防安全事故发生、治理各种安全事故隐患的制度。这一制度是群众路线在安全工作中的具体体现。实践证明，搞好安全生产只靠少数人是不成的，必须发动群众，使大家懂得安全生产的重要性，注意安全生产，防患于未然。

从实践中看，建立工程建设安全生产的群防群治制度应做到：

（1）企业制定的有关安全生产管理的重要制度和制定的有关重大技术组织措施计划应提交职工代表大会讨论，在充分听取职工代表大会意见的基础上作出决策，发挥职工群众在安全生产方面的民主管理作用；

（2）要把专业管理同群众管理结合起来，充分发挥职工安全员网络的作用；

（3）发挥工会在安全生产管理中的作用，利用工会发动群众、教育群众、动员群众的力量预防安全事故的发生；

（4）对新职工加强安全教育，对特种作业岗位的工人进行专业安全教育，不经训练，不能上岗操作；

（5）发动群众开展技术革新、技术创造，采用有利于保证生产安全的新技术、新工艺，积极改善劳动条件，努力将不安全的、有害健康的作业变为无害作业；

（6）组织开展遵章守纪和预防事故的群众性监督检查，职工对于违反有关安全生产的法律、法规和建筑行业安全规章、规程的行为有权提出批评、检举和控告。

10.2.4 工程建设安全生产的教育培训制度

安全生产教育培训制度，是对广大建筑干部职工进行安全培训教育，提高安全意识，增加安全知识和技能的制度。安全生产，人人有责。只有通过对广大职工进行安全教育、培训，才能使广大职工真正认识到安全生产的重要性、必要性，才能使广大职工掌握更多更有效的安全生产的科学技术知识，牢固树立安全第一的思想，自觉遵守各项安全生产和规章制度。

《安全生产法》对安全生产教育和培训制度的内容有详细规定。

1. 安全生产的方针、政策、法律、法规以及安全生产规章制度的教育培训

对所有从业人员都要进行经常性的教育，对于企业各级领导干部和安全管理干部，更要定期培训，使其提高政策、思想水平，熟悉安全生产技术及相关业务，做好安全工作。

2. 安全操作技能的教育和培训

对安全操作技能的教育和培训，我国目前一般采用入厂教育、车间教育和现场教育多环节的方式进行。对于新工人（包括合同工、临时工、学徒工、实习和代培人员）必须进行入厂（公司）安全教育。教育内容包括安全技术知识、设备性能、操作规程、安全制度和严禁事项，并经考试合格后，方可进入操作岗位。

3. 特种作业人员的安全生产教育和培训

特种作业，是指容易发生人员伤亡事故，对操作者本人、他人及周围设施的安全有重大危险的作业。根据现行规定，大致包括电工、金属焊接切割、起重机械、机动车辆驾驶、登高架设、锅炉（含水质化验）、压力容器制作、制冷、爆炸等作业。特种作业人员的工作，存在的危险因素很多，很容易发生安全事故，因此对他们必须进行专门的培训教

育，提高其认识，增强其技能，以减少其失误，这对防止和减少生产安全事故具有重要意义。相关法规规定，电工、焊工、架子工、司炉工、爆破工、机操工及起重机打桩机和各种机动车辆司机等特殊工种工人，除进行一般的安全教育外，还要经过本工种的安全技术教育，经考试合格后，方可获准独立操作，每年还要进行一次复查。

4. 采用新工艺、新技术、新材料、新设备时的教育与培训

相关法规规定，采用新工艺、新技术、新材料、新设备施工和调换工作岗位时，要对操作人员进行新技术操作和新岗位的安全教育，未经教育不得上岗操作。这有助于使相关人员了解和掌握其安全技术特性，以采取有效的安全防护措施，防止和减少安全生产事故的发生。

10.2.5 工程建设安全生产的市场准入制度

为确保安全生产，国家对生产经营单位及从业人员都实行了严格的市场准入制度，并先后颁布了《安全生产许可证条例》《安全生产检测检验机构管理规定》和《注册安全工程师管理规定》。这些法规规定生产经营单位必须具备法律、法规及国家标准或行业标准规定的安全生产条件。条件不具备的，不得从事生产经营活动。承担安全、评价、认证、检测、检验的机构必须取得国家的资质许可，方可从事相关活动。未经安全生产教育和培训合格的作业人员，不得上岗作业。特种作业人员必须经专门的安全作业培训，取得特种作业资格证书后，方可上岗作业。

《安全生产许可证条例》于 2004 年 1 月开始施行。它明确规定：国家对矿山企业、建筑施工企业和危险化学品、烟花爆竹、民用爆破器材生产企业（以下统称企业）实行安全生产许可制度。依据该条例，建设部于 2004 年 6 月颁布了《建筑施工企业安全生产许可证管理规定》，对建筑施工企业领取安全生产许可证的条件、程序等给出了更为详细的规定。

1. 安全生产许可证的取得条件

建筑施工企业领取安全生产许可证，需要具备一系列安全生产条件，具体如下：

(1) 建立、健全安全生产责任制，制定完备的安全生产规章制度和操作规程；

(2) 保证本单位安全生产条件所需资金的投入；

(3) 设置安全生产管理机构，按照国家有关规定配备专职安全生产管理人员；

(4) 主要负责人、项目负责人、专职安全生产管理人员经建设主管部门或者其他有关部门考核合格；

(5) 特种作业人员经有关业务主管部门考核合格，取得特种作业操作资格证书；

(6) 管理人员和作业人员每年至少进行一次安全生产教育培训并考核合格；

(7) 依法参加工伤保险，依法为施工现场从事危险作业的人员办理意外伤害保险，为从业人员缴纳保险费；

(8) 施工现场的办公、生活区及作业场所和安全防护用具、机械设备、施工机具及配件符合有关安全生产法律、法规、标准和规程的要求；

(9) 有职业危害防治措施，并为作业人员配备符合国家标准或者行业标准的安全防护用具和安全防护服装；

(10) 有对危险性较大的分部分项工程及施工现场易发生重大事故的部位、环节的预防、监控措施和应急预案；

（11）有生产安全事故应急救援预案、应急救援组织或者应急救援人员，配备必要的应急救援器材、设备；

（12）法律、法规规定的其他条件。

2. 安全生产许可证的有关管理规定

（1）安全生产许可证的申请

建筑施工企业从事建筑活动前，应当向省级以上住房城乡建设主管部门申请领取安全生产许可证。

中央管理的建筑施工企业（集团公司、总公司）应当向国务院住房城乡建设行政主管部门申请领取安全生产许可证；其他建筑施工企业，包括中央管理的建筑施工企业（集团公司、总公司）下属的建筑施工企业，应当向企业注册所在地省、自治区、直辖市人民政府住房城乡建设主管部门申请领取安全生产许可证。

（2）安全生产许可证的有效期

安全生产许可证的有效期为 3 年。安全生产许可证有效期满需要延期的，企业应当于期满前 3 个月向原安全生产许可证颁发管理机关办理延期手续。

企业在安全生产许可证有效期内，严格遵守有关安全生产的法律法规，未发生死亡事故的，安全生产许可证有效期届满时，经原安全生产许可证颁发管理机关同意，不再审查，安全生产许可证有效期延期 3 年。

（3）安全生产许可证的管理

根据《安全生产许可证条例》和《建筑施工企业安全生产许可证管理规定》，建筑施工企业应当遵守如下强制性规定：

1）未取得安全生产许可证的，不得从事建筑施工活动。住房城乡建设主管部门在审核发放施工许可证时，应当对已经确定的建筑施工企业是否有安全生产许可证进行审查，对没有取得安全生产许可证的，不得颁发施工许可证。

2）企业不得转让、冒用安全生产许可证或者使用伪造的安全生产许可证。

3）企业取得安全生产许可证后，不得降低安全生产条件，并应当加强日常安全生产管理，接受安全生产许可证颁发管理机关的监督检查。

10.2.6　工程建设安全生产的检查、监督及奖惩制度

安全生产检查、监督制度是上级管理部门或企业自身对安全生产状况进行定期或不定期检查的制度。通过检查可以发现问题，查处隐患，从而采取有效措施，堵住漏洞，把事故消灭在发生之前，做到防患于未然，是"预防为主"的具体体现。安全生产检查、监督是国家对保障社会的安定和人民的安全应承担的责任。《安全生产法》及相关法规对此有明确规定。

国家实行安全生产事故责任追究制度，依法追究生产安全事故责任人员的法律责任。

国家对在改善安全生产条件、防止生产安全事故、参加抢险救护等方面取得显著成绩的单位和个人，给予奖励。县级以上人民政府及有关部门对报告或举报的有功人员应给予奖励。

10.2.7　安全生产管理人员考核、持证上岗制度

依据《建筑施工企业主要负责人、项目负责人和专职安全生产管理人员安全生产管理规定》，从事房屋建筑和市政基础设施工程施工活动的建筑施工企业的"安管人员"，参加

安全生产考核，履行安全生产责任，并接受安全生产监督管理。安全生产管理人员主要包括三类：企业主要负责人、项目负责人和专职安全生产管理人员。企业主要负责人，是指对本企业生产经营活动和安全生产工作具有决策权的领导人员。项目负责人，是指取得相应注册执业资格，由企业法定代表人授权，负责具体工程项目管理的人员。专职安全生产管理人员，是指在企业专职从事安全生产管理工作的人员，包括企业安全生产管理机构的人员和工程项目专职从事安全生产管理工作的人员。

"安管人员"应当通过其受聘企业，向企业工商注册地的省、自治区、直辖市人民政府住房城乡建设主管部门申请安全生产考核，并取得安全生产考核合格证书。安全生产考核包括安全生产知识考核和管理能力考核。安全生产知识考核内容包括：建筑施工安全的法律法规、规章制度、标准规范，建筑施工安全管理基本理论等。安全生产管理能力考核内容包括：建立和落实安全生产管理制度、辨识和监控危险性较大的分部分项工程、发现和消除安全事故隐患、报告和处置生产安全事故等方面的能力。安全生产考核合格的，有关部门颁发安全生产考核证书，证书有效期为3年，在全国范围内有效，期满可申请续期。

县级以上人民政府住房城乡建设主管部门对"安管人员"持证上岗、教育培训和履行职责等情况进行监督检查。安全生产管理人员考核、持证上岗是为了保证安全生产管理能力的制度，考核不收取费用。

10.2.8 安全生产"三同时"制度

"三同时制度"是指凡是我国境内新建、改建、扩建的基本建设项目、技术改建项目和引进的建设项目，其安全生产设施必须符合国家规定的标准，必须与主体工程同时设计、同时施工、同时投入生产和使用。安全生产设施主要是指安全技术方面的设施、职业卫生方面的设置和生产辅助性设施。

我国《劳动法》规定："新建、改建、扩建工程的劳动安全卫生设施必须与主体工程同时设计、同时施工、同时投入生产和使用。"《安全生产法》也规定："生产经营单位新建、改建、扩建工程项目的安全设施，必须与主体工程同时设计、同时施工、同时投入生产和使用。安全设施投资应当纳入建设项目概算。"

新建、改建、扩建工程的初步设计要经过行业主管部门、安全生产管理部门、卫生部门和工会的审查，同意后方可进行施工。工程项目完成后，必须经过主管部门、安全生产行政主管部门、卫生部门和工会的竣工检验；建设工程项目投产后，不得将安全设施闲置不用，生产设施必须和安全设施同时使用。

10.3 相关主体的安全责任及从业人员的权利义务

《建设工程安全生产管理条例》对建设、施工、勘察设计、监理等相关单位的安全责任作了详细规定，《安全生产法》则明确了建筑业从业人员在安全生产方面的权利和义务，这些都是安全生产执法的重要依据。

10.3.1 建设单位的安全责任

1. 向施工单位提供资料的责任

建设单位应当向施工单位提供施工现场及毗邻区域内供水、排水、供电、供气、供热、通信、广播电视等地下管线资料，气象和水文观测资料，相邻建筑物和构筑物、地下工程的有关资料，并保证资料的真实、准确、完整。

建设单位因建设工程需要，向有关部门或者单位查询前款规定的资料时，有关部门或者单位应当及时提供。

2. 依法履行合同的责任

建设单位不得对勘察、设计、施工、工程监理等单位提出不符合建设工程安全生产法律、法规和强制性标准规定的要求，不得压缩合同约定的工期。

3. 提供安全生产费用的责任

建设单位在编制工程概算时，应当确定建设工程安全作业环境及安全施工措施所需费用。

4. 不得推销劣质材料设备的责任

建设单位不得明示或者暗示施工单位购买、租赁、使用不符合安全施工要求的安全防护用具、机械设备、施工机具及配件、消防设施和器材。

5. 提供安全施工措施资料的责任

建设单位在申请领取施工许可证时，应当提供建设工程有关安全施工措施的资料。

依法批准开工报告的建设工程，建设单位应当自开工报告批准之日起15日内，将保证安全施工的措施报送建设工程所在地的县级以上地方人民政府住房城乡建设行政主管部门或者其他有关部门备案。

6. 对拆除工程进行备案的责任

建设单位应当将拆除工程发包给具有相应资质等级的施工单位。

建设单位应当在拆除工程施工15日前，将下列资料报送建设工程所在地的县级以上地方人民政府建设行政主管部门或者其他有关部门备案：

(1) 施工单位资质等级证明；

(2) 拟拆除建筑物、构筑物及可能危及毗邻建筑的说明；

(3) 拆除施工组织方案；

(4) 堆放、清除废弃物的措施。

实施爆破作业的，应当遵守国家有关民用爆炸物品管理的规定。

10.3.2　施工单位的安全责任

1. 总承包单位和分包单位的安全责任

(1) 总承包单位的安全责任

建设工程实行施工总承包的，由总承包单位对施工现场的安全生产负总责。

总承包单位应当自行完成建设工程主体结构的施工。

(2) 总承包单位与分包单位的安全责任划分

总承包单位依法将建设工程分包给其他单位的，分包合同中应当明确各自的安全生产方面的权利、义务。总承包单位和分包单位对分包工程的安全生产承担连带责任。

分包单位应当服从总承包单位的安全生产管理，分包单位不服从管理导致生产安全事故的，由分包单位承担主要责任。

2. 安全生产教育培训

垂直运输机械作业人员、安装拆卸工、爆破作业人员、起重信号工、登高架设作业人员等特种作业人员，必须按照国家有关规定经过专门的安全作业培训，并取得特种作业操作资格证书后，方可上岗作业。

3. 施工单位应采取的安全措施

(1) 编制安全技术措施、施工现场临时用电方案和专项施工方案

施工单位应当在施工组织设计中编制安全技术措施和施工现场临时用电方案，对下列达到一定规模的危险性较大的分部分项工程编制专项施工方案，并附具安全验算结果，经施工单位技术负责人、总监理工程师签字后实施，由专职安全生产管理人员进行现场监督：

1) 基坑支护与降水工程；

2) 土方开挖工程；

3) 模板工程；

4) 起重吊装工程；

5) 脚手架工程；

6) 拆除、爆破工程；

7) 国务院住房城乡建设行政主管部门或者其他有关部门规定的其他危险性较大的工程。

对前款所列工程中涉及深基坑、地下暗挖工程、高大模板工程的专项施工方案，施工单位还应当组织专家进行论证、审查。

达到一定规模的危险性较大工程的标准，由国务院住房城乡建设行政主管部门会同国务院其他有关部门制定。

(2) 安全施工技术交底

建设工程施工前，施工单位负责项目管理的技术人员应当对有关安全施工的技术要求向施工作业班组、作业人员作出详细说明，并由双方签字确认。

(3) 施工现场安全警示标志的设置

施工单位应当在施工现场入口处、施工起重机械、临时用电设施、脚手架、出入通道口、楼梯口、电梯井口、孔洞口、桥梁口、隧道口、基坑边沿、爆破物及有害危险气体和液体存放处等危险部位，设置明显的安全警示标志。安全警示标志必须符合国家标准。

(4) 施工现场的安全防护

施工单位应当根据不同施工阶段和周围环境及季节、气候的变化，在施工现场采取相应的安全施工措施。施工现场暂时停止施工的，施工单位应当做好现场防护，所需费用由责任方承担，或者按照合同约定执行。

(5) 施工现场的布置应当符合安全和文明施工要求

施工单位应当将施工现场的办公、生活区与作业区分开设置，并保持安全距离；办公、生活区的选址应当符合安全性要求。职工的膳食、饮水、休息场所等应当符合卫生标准。施工单位不得在尚未竣工的建筑物内设置员工集体宿舍。

施工现场临时搭建的建筑物应当符合安全使用要求。施工现场使用的装配式活动房屋应当具有产品合格证。

(6) 对周边环境采取防护措施

施工单位对因建设工程施工可能造成损害的毗邻建筑物、构筑物和地下管线等，应当

采取专项防护措施。

施工单位应当遵守有关环境保护法律、法规的规定，在施工现场采取措施，防止或者减少粉尘、废气、废水、固体废物、噪声、振动和施工照明对人和环境的危害和污染。

在城市市区内的建设工程，施工单位应当对施工现场实行封闭围挡。

（7）施工现场的消防安全措施

施工单位应当在施工现场建立消防安全责任制度，确定消防安全责任人，制定用火、用电、使用易燃易爆材料等各项消防安全管理制度和操作规程，设置消防通道、消防水源，配备消防设施和灭火器材，并在施工现场入口处设置明显标志。

（8）安全防护设备管理

作业人员应当遵守安全施工的强制性标准、规章制度和操作规程，正确使用安全防护用具、机械设备等。

施工单位采购、租赁的安全防护用具、机械设备、施工机具及配件，应当具有生产（制造）许可证、产品合格证，并在进入施工现场前进行查验。

施工现场的安全防护用具、机械设备、施工机具及配件必须由专人管理，定期进行检查、维修和保养，建立相应的资料档案，并按照国家有关规定及时报废。

（9）起重机械设备管理

施工单位在使用施工起重机械和整体提升脚手架、模板等自升式架设设施前，应当组织有关单位进行验收，也可以委托具有相应资质的检验检测机构进行验收；使用承租的机械设备和施工机具及配件的，由施工总承包单位、分包单位、出租单位和安装单位共同进行验收。验收合格的方可使用。

《特种设备安全监察条例》规定的施工起重机械，在验收前应当经有相应资质的检验检测机构监督检验合格。

施工单位应当自施工起重机械和整体提升脚手架、模板等自升式架设设施验收合格之日起 30 日内，向住房城乡建设行政主管部门或者其他有关部门登记。登记标志应当置于或者附着于该设备的显著位置。

（10）办理意外伤害保险

施工单位应当为施工现场从事危险作业的人员办理意外伤害保险。

意外伤害保险费由施工单位支付。实行施工总承包的，由总承包单位支付意外伤害保险费。意外伤害保险期限自建设工程开工之日起至竣工验收合格止。

10.3.3　勘察、设计单位的安全责任

1. 勘察单位的安全责任

（1）确保勘察文件的质量，以保证后续工作安全的责任

勘察单位应当按照法律、法规和工程建设强制性标准进行勘察，提供的勘察文件应当真实、准确，满足建设工程安全生产的需要。

（2）科学勘察，以保证周边建筑物安全的责任

勘察单位在勘察作业时，应当严格执行操作规程，采取措施保证各类管线、设施和周边建筑物、构筑物的安全。

2. 设计单位的安全责任

（1）科学设计的责任

设计单位应当按照法律、法规和工程建设强制性标准进行设计，防止因设计不合理导致生产安全事故的发生。

（2）提出建议的责任

设计单位应当考虑施工安全操作和防护的需要，对涉及施工安全的重点部位和环节在设计文件中注明，并对防范生产安全事故提出指导意见。

采用新结构、新材料、新工艺的建设工程和特殊结构的建设工程，设计单位应当在设计中提出保障施工作业人员安全和预防生产安全事故的措施建议。

（3）对设计成果负责

设计单位和注册建筑师等注册执业人员应当对其设计负责。

10.3.4 工程监理单位的安全责任

1. 审查施工组织设计的责任

工程监理单位应当审查施工组织设计中的安全技术措施或者专项施工方案是否符合工程建设强制性标准。

2. 安全隐患报告的责任

工程监理单位在实施监理过程中，发现存在安全事故隐患的，应当要求施工单位整改；情况严重的，应当要求施工单位暂时停止施工，并及时报告建设单位。施工单位拒不整改或者不停止施工的，工程监理单位应当及时向有关主管部门报告。

3. 依法监理的责任

工程监理单位和监理工程师应当按照法律、法规和工程建设强制性标准实施监理，并对建设工程安全生产承担监理责任。

10.3.5 其他有关单位的安全责任

1. 机械设备和配件供应单位的安全责任

为建设工程提供机械设备和配件的单位，应当按照安全施工的要求配备齐全有效的保险、限位等安全设施和装置。

2. 出租机械设备和施工机具及配件单位的安全责任

出租的机械设备和施工机具及配件，应当具有生产（制造）许可证、产品合格证。

出租单位应当对出租的机械设备和施工机具及配件的安全性能进行检测，在签订租赁协议时，应当出具检测合格证明。

禁止出租检测不合格的机械设备和施工机具及配件。

3. 施工起重机械和自升式架设设施的安全管理

（1）安装与拆卸

在施工现场安装、拆卸施工起重机械和整体提升脚手架、模板等自升式架设设施，必须由具有相应资质的单位承担。

安装、拆卸施工起重机械和整体提升脚手架、模板等自升式架设设施，应当编制拆装方案、制定安全施工措施，并由专业技术人员现场监督。

施工起重机械和整体提升脚手架、模板等自升式架设设施安装完毕后，安装单位应当自检，出具自检合格证明，并向施工单位进行安全使用说明，办理验收手续并签字。

（2）检验检测机构的安全责任

施工起重机械和整体提升脚手架、模板等自升式架设设施的使用达到国家规定的检验检测期限的，必须经具有专业资质的检验检测机构检测。经检测不合格的，不得继续使用。

检验检测机构对检测合格的施工起重机械和整体提升脚手架、模板等自升式架设设施，应当出具安全合格证明文件，并对检测结果负责。

10.3.6　从业人员安全生产的权利和义务

1. 从业人员安全生产的权利

（1）对危险因素、防范措施和事故应急措施的知情权

生产经营单位的从业人员有权了解其作业场所和工作岗位存在的危险因素、防范措施及事故应急措施。

从业人员为企业创造效益，同时却面对着各种危险因素，他们有权保护自己的人身安全。他们有权知道哪里有危险，有权接受防范危险的培训，有权接受事故应急处理的培训。从另一个角度来看，施工企业理应承担相应的义务，应在危险位置设置安全警示标志，配置必要的安全设施和安全防护用具，将容易出现的事故及时通知从业人员，并对从业人员进行各种安全生产方面的培训。

（2）对本单位的安全生产工作的建议权

生产经营单位的从业人员有权对本单位的安全生产工作提出建议。

从业人员在一线工作，直接面对各种危险因素，对于生产中的危险因素及预防措施有着更深的了解，因此他们有权对本单位的安全生产工作提出建议，以更好地保护自身利益。这种建议权实施的方式可以有多种，一方面从业人员可以派代表与施工企业谈判，也可以通过宣传板、内部刊物等方式，还可以选派代表出席企业的安全会议，另一方面施工企业也可以积极主动地向从业人员进行调查了解。如果提出的合理建议不被接受，从业人员将有权依照该条向上级住房城乡建设行政主管部门反映。

（3）对安全生产工作中问题的批评权、检举权、控告权，对违章指挥和强令冒险作业的拒绝权

从业人员有权对本单位安全生产工作中存在的问题提出批评、检举、控告；有权拒绝违章指挥和强令冒险作业。

生产经营单位不得因从业人员对本单位安全生产工作提出批评、检举、控告或者拒绝违章指挥、强令冒险作业而降低其工资、福利等待遇或者解除与其订立的劳动合同。

（4）在紧急情况下的停止作业权和撤离现场权

从业人员发现直接危及人身安全的紧急情况时，有权停止作业或者在采取可能的应急措施后撤离作业场所。

生产经营单位不得因从业人员在前款紧急情况下停止作业或者采取紧急撤离措施而降低其工资、福利等待遇或者解除与其订立的劳动合同。

该条的制定就体现了"以人为本""生命重于一切"的精神，并为从业人员的自我保护提供了法律依据。需要注意的是，这条绝不是对从业人员撤离现场的免责条款。由于这种紧急局面后紧随着的可能就是生产安全事故，事故必然会造成巨大的经济损失。如果对于该条规定理解为撤离现场的从业人员对于该事故损失也不承担任何责任，那是不准确的。因为事故有可能正是从业人员造成或部分由其造成的，此时从业人员应对事故的损失承担相应的责任；如果这种紧急局面或事故并非由于该从业人员造成的，其可以依该条规

定撤离现场而不承担任何责任。

（5）请求赔偿权

因生产安全事故受到损害的从业人员，除依法享有工伤社会保险外，依照有关民事法律尚有获得赔偿的权利的，有权向本单位提出赔偿要求。

该条规定了事故发生后对从业人员权利的保护，从合同订立、施工过程至此形成了一个完整的法律保护体系。该条陈述了两个方面的内容，一是受工伤的从业人员可以依法享有工伤社会保险，保障了受工伤人员的基本生活条件；二是从业人员可依法向施工企业请求赔偿，更有效地维护了受工伤的从业人员的利益。

2. 从业人员安全生产的义务

（1）遵守安全生产规章制度的义务

从业人员在作业过程中，应当严格遵守本单位的安全生产规章制度和操作规程，服从管理，正确佩戴和使用劳动防护用品。

（2）接受安全生产教育培训的义务

从业人员应当接受安全生产教育和培训，掌握本职工作所需的安全生产知识，提高安全生产技能，增强事故预防和应急处理能力。

（3）危险报告义务

从业人员发现事故隐患或者其他不安全因素，应当立即向现场安全生产管理人员或者本单位负责人报告；接到报告的人员应当及时予以处理。

10.4 工程建设安全事故的调查处理及责任追究

10.4.1 工程建设安全生产的监督管理体制

1. 安全生产监督管理部门

根据《安全生产法》和《建设工程安全生产管理条例》的有关规定，国务院负责安全生产监督管理的部门（也就是应急管理部，原国家安全生产监督管理总局），对全国建设工程安全生产工作实施综合监督管理。国务院住房城乡建设行政主管部门对全国建设工程安全生产实施监督管理。国务院铁路、交通、水利等有关部门按照国务院的职责分工，负责有关专业建设工程安全生产的监督管理。

住房城乡建设行政主管部门或者其他有关部门可以将施工现场的监督检查委托给建设工程安全监督机构具体实施。

2. 安全生产监督管理职责

国务院住房城乡建设行政主管部门对全国的建设工程安全生产实施监督管理，主要表现在：

（1）贯彻执行国家有关安全生产的法规、政策，起草或者制定建设工程安全生产管理的法规、标准，并监督实施；

（2）制定建设工程安全生产的中、长期规划和近期目标，组织建设工程安全生产技术的开发和推广应用；

（3）指导和监督检查省、自治区、直辖市人民政府住房城乡建设行政主管部门对建设工程安全生产的监督管理工作；

（4）统计全国建筑职工因工伤亡人数，掌握并发布全国建设工程安全生产动态；

（5）负责对企业申报资质时安全条件的审查，行使安全生产否决权；

（6）组织建设工程安全生产大检查，总结交流安全生产管理经验，并表彰先进；

（7）检查和督促工程建设重大事故的调查处理，组织或者参与工程建设重大事故的调查。

县级以上地方人民政府住房城乡建设行政主管部门对本行政区域内的建设工程安全生产实施监督管理，主要表现在：

（1）贯彻执行国家和地方有关安全生产的法规、标准和政策，起草或者制定本行政区域内建设工程安全生产管理的实施细则或者实施办法；

（2）制定本行政区域内建设工程安全生产管理的中、长期规划和近期目标，组织建设工程安全生产技术的开发与推广应用；

（3）建立建设工程安全生产的监督管理体系，制定本行政区域内建设工程安全生产监督管理工作制度，组织落实安全生产责任制；

（4）负责本行政区域内建筑职工因工伤亡的统计和上报工作，掌握和发布本行政区域内建设工程安全生产动态，制定事故应急救援预案，并组织实施；

（5）负责对企业申报资质时的安全条件审查，行使安全生产否决权；

（6）组织和参与本行政区域内建设工程中施工生产安全事故的调查处理工作，并依照有关规定上报重大伤亡事故；

（7）组织开展本行政区域内建设工程安全生产大检查，总结交流建设工程安全生产管理经验，并表彰先进；

（8）监督检查施工现场、构配件生产车间等安全管理和防护设施，纠正违章指挥和违章作业；

（9）组织开展本行政区域内施工企业的生产管理人员、作业人员的安全生产教育、培训等工作，监督检查施工企业对安全施工措施费的使用；

（10）领导和管理建设工程安全监督管理机构的工作。

3. 安全生产监督检查人员的义务

安全生产监督检查人员应当忠于职守，坚持原则，秉公执法。安全生产监督检查人员执行监督检查任务时，必须出示有效的监督执法证件；对涉及被检查单位的技术秘密和业务秘密，应当为其保密。

4. 安全生产监督检查措施

县级以上人民政府负有建设工程安全生产监督管理职责的部门在各自的职责范围内履行安全监督检查职责时，有权采取下列措施：

（1）要求被检查单位提供有关建设工程安全生产的文件和资料；

（2）进入被检查单位施工现场进行检查；

（3）纠正施工中违反安全生产要求的行为；

（4）对检查中发现的安全事故隐患，责令立即排除；重大安全事故隐患排除前或者排除过程中无法保证安全的，责令从危险区域内撤出作业人员或者暂时停止施工。

10.4.2　工程建设安全事故的应急救援制度

为了减轻工程建设安全事故对人身、财产的损害，尽快消除对人们生产生活、社会安定、经济发展的负面影响，《安全生产法》规定了工程建设安全事故的应急救援制度。

1. 应急救援体系

县级以上地方各级人民政府应当组织有关部门制定本行政区域内特大生产安全事故应急救援预案，建立应急救援体系。

安全生产工作坚持"安全第一、预防为主"的方针。但由于各方面的原因，不可能做到百分之百地杜绝事故发生。作为地方人民政府，一方面要依法履行安全生产监督管理职责，根据本行政区域内的安全生产状况，组织安全生产监督管理部门和相关部门，对本行政区域内易发生重大生产安全事故的生产经营单位（包括建筑施工单位）进行严格检查，发现事故隐患，应尽快处理。另一方面，也要组织有关部门制定特大安全事故应急预案，建立应急救援体系。根据有关法规，市（地、州）、县（市、区）人民政府制定的特大安全事故应急预案，应报上一级人民政府备案。

2. 应急救援组织和人员

危险物品的生产、经营、储存单位以及矿山、建筑施工单位应当建立应急救援组织；生产经营规模较小，可以不建立应急救援组织的，应当指定兼职的应急救援人员。

建筑施工单位应当设立安全生产管理机构，配备专职安全生产管理人员。专职安全生产管理人员负责对安全生产进行现场监督检查，发现安全事故隐患，应当及时向项目负责人和安全生产管理机构报告；对违章指挥、违章操作的，应当立即制止。

根据有关法规，目前我国建筑施工企业应按企业资质类别和等级足额配备专职安全生产管理人员，根据企业的生产能力或施工规模，专职安全生产管理人员数量为：

（1）集团公司，1人/百万平方米·年（生产能力），或1人/10亿元施工总产值·年，且不少于4人；

（2）工程公司（分公司、区域公司），1人/10万平方米·年（生产能力），或1人/1亿施工总产值·年，且不少于3人；

（3）专业公司：1人/10万㎡·年（生产能力），或1人/1亿元施工总产值·年，且不少于3人；

（4）劳务公司：1人/50名施工人员，且不少于2人。

3. 应急救援设备和器材

危险物品的生产、经营、储存单位以及矿山、建筑施工单位应当配备必要的应急救援器材、设备，并进行经常性维护、保养，保证正常运转。

建筑施工企业的安全防护用具、机械设备、施工机具及配件必须由专人管理，定期进行检查、维修和保养，建立相应的资料档案，并按照国家有关规定及时报废。针对施工现场安全防护用具、机械设备和施工机具处于露天作业、移动频繁、工况差、易造成安全事故的特点，施工单位应采取措施加强对安全防护用具、机械设备和施工机具的管理。

10.4.3　工程建设安全事故的报告和调查处理制度

1. 安全事故的分级

生产安全事故根据造成的人员伤亡或者直接经济损失，一般分为以下等级：

（1）特别重大事故，是指造成30人以上死亡，或者100人以上重伤（包括急性工业中毒，下同），或者1亿元以上直接经济损失的事故；

（2）重大事故，是指造成10人以上30人以下死亡，或者50人以上100人以下重伤，或者 5000 万元以上 1 亿元以下直接经济损失的事故；

（3）较大事故，是指造成 3 人以上 10 人以下死亡，或者 10 人以上 50 人以下重伤，或者 1000 万元以上 5000 万元以下直接经济损失的事故；

（4）一般事故，是指造成 3 人以下死亡，或者 10 人以下重伤，或者 1000 万元以下直接经济损失的事故。

其中，"以上"包括本数，所称的"以下"不包括本数。

2. 安全事故报告和调查处理的原则

事故报告应当及时、准确、完整，任何单位和个人对事故不得迟报、漏报、谎报或者瞒报。

事故调查处理应当坚持实事求是、尊重科学的原则，及时、准确地查清事故经过、事故原因和事故损失，查明事故性质，认定事故责任，总结事故教训，提出整改措施，并对事故责任者依法追究责任。

3. 安全事故报告

生产经营单位发生生产安全事故后，事故现场有关人员应当立即报告本单位负责人。

单位负责人接到事故报告后，应当迅速采取有效措施，组织抢救，防止事故扩大，减少人员伤亡和财产损失，并按照国家有关规定立即如实报告当地负有安全生产监督管理职责的部门，不得隐瞒不报、谎报或者拖延不报，不得故意破坏事故现场、毁灭有关证据。

负有安全生产监督管理职责的部门接到事故报告后，应当立即按照国家有关规定上报事故情况。负有安全生产监督管理职责的部门和有关地方人民政府对事故情况不得隐瞒不报、谎报或者拖延不报。

有关地方人民政府和负有安全生产监督管理职责的部门的负责人接到重大生产安全事故报告后，应当立即赶到事故现场，组织事故抢救。

任何单位和个人都应当支持、配合事故抢救，并提供一切便利条件。

4. 安全事故调查

特别重大事故由国务院或者国务院授权有关部门组织事故调查组进行调查。

重大事故、较大事故、一般事故分别由事故发生地省级人民政府、设区的市级人民政府、县级人民政府负责调查。省级人民政府、设区的市级人民政府、县级人民政府可以直接组织事故调查组进行调查，也可以授权或者委托有关部门组织事故调查组进行调查。未造成人员伤亡的一般事故，县级人民政府也可以委托事故发生单位组织事故调查组进行调查。

事故调查组一般由有关人民政府、安全生产监督管理部门、负有安全生产监督管理职责的有关部门、监察机关、公安机关以及工会派人组成，并应当邀请人民检察院派人参加。事故调查组成员应当具有事故调查所需要的知识和专长，并与所调查的事故没有直接利害关系。

事故调查组履行下列职责：①查明事故发生的经过、原因、人员伤亡情况及直接经济损失；②认定事故的性质和事故责任；③提出对事故责任者的处理建议；④总结事故教训，提出防范和整改措施；⑤提交事故调查报告。

5. 安全事故处理

重大事故、较大事故、一般事故，负责事故调查的人民政府应当自收到事故调查报告之日起 15 日内作出批复；特别重大事故，30 日内作出批复，特殊情况下，批复时间可以适当延长，但延长的时间最长不超过 30 日。

有关机关应当按照人民政府的批复，依照法律、行政法规规定的权限和程序，对事故发生单位和有关人员进行行政处罚，对负有事故责任的国家工作人员进行处分。事故发生单位应当按照负责事故调查的人民政府的批复，对本单位负有事故责任的人员进行处理。负有事故责任的人员涉嫌犯罪的，依法追究刑事责任。

事故发生单位应当认真吸取事故教训，落实防范和整改措施，防止事故再次发生。防范和整改措施的落实情况应当接受工会和职工的监督。安全生产监督管理部门和负有安全生产监督管理职责的有关部门应当对事故发生单位落实防范和整改措施的情况进行监督检查。

10.4.4 工程建设特大安全事故的行政责任追究

为了有效地防范特大安全事故的发生，严肃追究特大安全事故的行政责任，保障人民群众生命、财产安全，《国务院关于特大安全事故行政责任追究的规定》对下列特大安全事故中相关责任主体的行政责任追究作了规定：

（1）特大火灾事故；

（2）特大交通安全事故；

（3）特大建筑质量安全事故；

（4）民用爆炸物品和化学危险品特大安全事故；

（5）煤矿和其他矿山特大安全事故；

（6）锅炉、压力容器、压力管道和特种设备特大安全事故；

（7）其他特大安全事故。

1. 地方政府领导和部门负责人失职、渎职的责任

地方人民政府主要领导人和政府有关部门正职负责人对特大安全事故的防范、发生，依照法律、行政法规和本规定的规定有失职、渎职情形或者负有领导责任的，依照本规定给予行政处分；构成玩忽职守罪或者其他罪的，依法追究刑事责任。

2. 特大事故防范主管人员的责任

地方人民政府和政府有关部门对特大安全事故的防范、发生直接负责的主管人员和其他直接责任人员，比照本规定给予行政处分；构成玩忽职守罪或者其他罪的，依法追究刑事责任。

3. 肇事单位和个人的责任

特大安全事故肇事单位和个人应承担民事责任和行政处罚，情节严重的，还应接受刑事处罚，具体依照有关法律、法规和规章的规定执行。

【案例 10-1】刘明诉铁道部第二十工程局二处第八工程公司、罗友敏工伤赔偿案

原告：刘明，男，1971 年 4 月 18 日出生，四川省南部县人，农民

被告：铁道部第二十工程局第二工程处第八工程公司

法定代表人：邵怀全，经理

委托代理人：朱忠顶，铁道部第二十工程局第二工程处第八工程公司工程科科长

被告：罗友敏，铁道部第二十工程局第二工程处第八工程公司职工

委托代理人：詹崇良，四川省眉山县法律服务中心法律工作者

原告刘明因与被告铁道部第二十工程局第二工程处第八工程公司（以下简称第八工程公司）、罗友敏发生工伤赔偿纠纷，向四川省眉山县人民法院提起诉讼。

原告诉称：我在两被告的工地上做工，因工伤事故致左手残废。请求判令两被告共同给我赔偿误工费 6000 元、住院生活补助费 250 元、鉴定费 450 元、交通费 1500 元、残疾人生活补助费 1.2 万元和再次医疗的费用；诉讼费由被告承担。

两被告辩称：原告违反安全操作规定造成工伤，不同意赔偿。

眉山县人民法院经审理查明：

1998 年 8 月 27 日，被告第八工程公司的眉山 106 线项目部与本公司职工、被告罗友敏签订工程承包合同，约定由罗友敏承包眉山 106 线西来堰大桥行车道板的架设安装，工程总价款 26 万余元，费用包干。该合同还约定，施工中发生伤、亡、残事故，由罗友敏负责。合同签订后，罗友敏即组织民工进行安装。

同年 9 月 2 日，原告刘明经人介绍至被告罗友敏处打工。为防止工伤事故，罗友敏曾召集民工开会强调安全问题，要求民工在安放道板下的胶垫时必须使用铁勾，防止道板坠落伤人。10 月 6 日下午 6 时许，刘明在安放道板下的胶垫时未使用铁勾，直接用手放置。由于支撑道板的千斤顶滑落，重达 10 多吨的道板坠下，将刘明的左手砸伤。罗友敏立即送刘明到医院住院治疗，21 天后出院。刘明住院期间的医疗费、护理费、交通费、伙食费，以及出院后的治疗费用总计 5308.91 元，已由罗友敏全部承担。

1999 年 3 月 5 日，四川省乐山市中级人民法院法医技术室对刘明的伤情进行鉴定，结论是：刘明左手第三、四掌骨骨折，食指、中指近节指骨粉碎性骨折，食指掌指关节脱位，进行左手食指近侧指间关节截指术及左手二、三掌骨钢针内固定手术后，左手中指屈伸活动功能完全丧失，伤残等级为工伤七级。

四川省眉山地区 1998 年职工年平均工资为 5014 元。

另查明，眉山 106 线西来堰大桥行车道板的架设安装工程，无论从现场环境还是从施工单位的技术与设备看，都允许使用吊车直接起吊道板进行安装。采用人工安装，虽然开支费用能减少，但是安全隐患增多。

眉山县人民法院认为：

《中华人民共和国宪法》第四十二条第二款规定："国家通过各种途径，创造劳动就业条件，加强劳动保护，改善劳动条件，并在发展生产的基础上，提高劳动报酬和福利待遇。"《中华人民共和国劳动法》第三条规定，劳动者有获得劳动安全卫生保护的权利。第四条规定："用人单位应当依法建立和完善规章制度，保障劳动者享有劳动权利和履行劳动义务。"被告罗友敏是眉山 106 线西来堰大桥道板架设安装工程的承包人，招收原告刘明在该工程工作后，双方形成了劳动合同关系。罗友敏作为工程承包人和雇主，依法对民工的劳动保护承担责任。采用人工安装桥梁行车道板本身具有较高的危险性，对此，罗友敏应采取相应的安全措施，并临场加以监督和指导，而罗友敏仅在作业前口头予以强调，疏于注意，以致刘明发生安全事故。虽然刘明在施工中也有违反安全操作规则的过失，但其并非铁道建设专业人员且违章情节较轻，故不能免除罗友敏应负的民事责任。

我国历来重视加强劳动保护工作。被告第八工程公司作为眉山 106 线西来堰大桥的施工企业，在有条件采用危险性较小的工作方法进行行车道板架设安装的情况下，为了降低

费用而将该项工程发包给个人，采用人工安装，增加了劳动者的安全风险。该公司在与被告罗友敏签订的承包合同中约定"施工中发生伤、亡、残事故，由罗友敏负责"，把只有企业才有能力承担的安全风险，推给能力有限的自然人承担，该条款损害了劳动者的合法权益，违反了我国《宪法》和《劳动法》前述有关规定，依照《中华人民共和国民法通则》第五十八条第一款（五）项的规定，该约定应当属于无效条款，不受法律保护。第八公司对原告刘明的工伤事故，依法应当承担连带责任。

《民法通则》第九十八条规定："公民享有生命健康权。"原告刘明因工伤事故致左手残废后，请求判令两被告共同赔偿误工费、住院生活补助费、残疾人生活补助费，符合《民法通则》第一百一十九条的规定，应予支持。刘明请求两被告给付再医费，因再医的事实尚未发生，该费用处于不确定状态，本案现不作处理；待再医事实发生后，原告另行提出。

综上，眉山县人民法院于 1999 年 3 月 18 日判决：

（1）被告罗友敏在本判决生效后 5 日内付给原告刘明医疗、误工、住院生活补助、护理、交通、伤残补助金、伤残就业补助金，共计 18679.56 元（已付 5308.91 元，执行时予以扣除）。

（2）被告铁道部第二十工程局第二工程处第八工程公司对上列费用承担连带责任。

案件受理费 757.18 元，鉴定费 450 元，由罗友敏负担。

第一审宣判后，原告刘明不服，以原判没有解决再次医疗问题，其他赔偿项目也不足为由提起上诉，要求改判增加再医费、误工费等，并补发拖欠的工资。

四川省眉山地区中级人民法院二审期间，除认定一审关于工伤经过的事实外，还查明：刘明住院 21 天期间，被上诉人罗友敏为其支付医疗费、住院费、交通费及其他费用等共计 6457.71 元。刘明因工伤受到的损失，除罗友敏已支付的外，尚有出院后的误工费 1500 元、再医费 2000 元（含住院医药费、误工费、营养费、护理费等）、伤残补助金 5014 元、伤残就业补助金 6254 元以及其他损失 2443 元未付。此外，被上诉人第八公司尚欠刘明 1998 年 9 月份的工资 1033 元。

眉山地区中级人民法院认为，上诉人刘明因工伤致残，两被上诉人应当承担赔偿责任。据此，眉山地区中级人民法院依照《中华人民共和国民事诉讼法》第一百五十五条的规定主持调解，双方当事人于 1999 年 5 月 17 日自愿达成如下协议：

除被上诉人罗友敏已支付的 6457.71 元以外，再由被上诉人第八工程公司于 1999 年 5 月 30 日前，一次性付给上诉人刘明出院后的误工费、伤残补助金、伤残就业补助金、再医费、其他损失费用和所欠工资等，共计 18244 元。

一审案件受理费 757.18 元、鉴定费 450 元，二审案件受理费 757.18 元，共计 1964.36 元，由第八工程公司负担。

【案例 10-2】广东省兴宁市大兴煤矿特大透水事故

背景：2005 年的广东省兴宁市大兴煤矿特大透水事故虽不是建筑施工安全事故，但是其影响力之大，令全国震动。其中的安全事故调查、责任处理等与建筑施工安全事故是相似的，可供借鉴。

案情：2005 年 8 月 7 日 13 时 13 分，广东省梅州市兴宁市大兴煤矿发生特别重大透水责任事故，造成 121 人死亡，直接经济损失 4725 万元。

经调查，该事故是一起责任事故。事故的直接原因是：由于煤层倾角大（75°左右），厚度大（3～4m），小断层发育，煤质松散易塌落，－290m 水平以下在产生过程中每层均发生过严重抽冒（即：在浅部厚煤层，急倾斜煤层及断层破碎带和基岩风化带附近采煤或掘巷时，顶板岩层或煤层本身在较小范围内垮落超过正常高度的现象），在此抽冒严重的情况下，大量出煤，超强度开采，致使－290m 水平至－180m 水平防水安全煤柱抽冒导通了－180m 水平至＋262m 水平的水淹区，造成上部水淹区的积水大量浸入大兴煤矿，导致事故的发生。

事故的间接原因是：大兴煤矿在证照不全的情况下，自建矿以来一直违法组织生产，严重超能力超强度开采，主要管理人员长期不下井，井下安全管理混乱，在防水煤柱托梁和采煤工作面发生大规模抽冒后不及时采取措施处理，仍然违章组织工人冒险作业；兴宁市煤炭局没有依法查处该矿无证生产问题，多次签署意见同意该矿复产，使该矿通过整顿验收，在该矿未取得采矿许可证的情况下，兴宁市煤炭局、梅州市经贸局同意其办理煤炭生产许可证；兴宁市、梅州市安全监管局、国土资源局没有依法查处该矿违法开采和无证生产问题，兴宁市国土资源局没有在该矿办理安全生产许可证过程中，越权为其出具证明材料；兴宁市公安局违反有关程序规定向该矿发放《爆炸物品使用许可证》和《爆炸物品储存许可证》，并违规超用量批准该矿购买爆炸物品，梅州市公安局对下级公安机关爆炸物品管理混乱问题监管不力；兴宁市工商局未依法有效查处该矿无照经营问题；广东省安全监管局和国土资源厅违反国家法律法规规定，联合下发《关于矿山安全生产许可证审核颁发工作有关采矿许可证问题的通知》，为大兴等非法煤矿办理安全生产许可证；黄槐镇政府不仅没有督促有关部门对大兴等非法煤矿依法取缔，而且放宽验收标准，致使该矿应关闭而未关闭。

据此，检察机关对广东省安全监管局副局长胡建昌等 23 人以涉嫌玩忽职守、滥用职权渎职犯罪立案侦查，其中厅级干部 1 人，处级干部 6 人，除两人因犯罪情节轻微，作相对不起诉外，其余 21 人已经由法院作出有罪判决并且发生法律效力。其中：

（1）广东省安监局副局长胡建昌玩忽职守、受贿案

胡建昌作为负责大兴等煤矿《煤炭生产许可证》颁发工作的领导，明知安监一处的叶某在领导未作同意指示的情况下，擅自将同意颁发《煤炭生产许可证》的批复的发文稿送办公室打印、编号，没有要求立即收回，只要求暂时不发；在违规发放《煤炭生产许可证》的事情暴露后，没有采取措施予以追回，相反下文要求梅州市安监部门对五个煤矿加强监督管理，从而默认了越权发放的《煤炭生产许可证》的有效性。省安监局将煤炭行业管理职能移交回省经贸委时，胡建昌亦未要求监管一处向省经贸委通报违规发放上述许可证的情况。被告人胡建昌作为管理全省煤矿企业安全生产的副局长，明知国家安监局颁布的《煤矿企业安全生产许可证实施办法》和省安监局制定的《煤矿企业安全生产许可证》必须具备采矿许可证、煤炭生产许可证、营业执照，但其为了解决煤矿及非煤矿山由于不能及时取得有效、合法的《采矿许可证》而导致《安全生产许可证》颁发进度缓慢的局面，未经局务会讨论，与国土厅联合签发了粤安监〔2005〕151 号文，降低了申领安全生产许可证的条件。随后，被告人胡建昌在审核签发安全许可证给大兴等煤矿时，未认真履行其职责，明知大兴煤矿没有采矿许可证，甚至只有县级市出具的"正在办理《采矿许可

证》证明"的情况下，仍同意签发安全生产许可证给大兴煤矿，使不具备安全生产条件的大兴煤矿得以继续非法生产。此外，大兴煤矿从建矿到透水事故的发生，一直未取得采矿许可证和营业执照，属于证照不齐的企业，按规定应予关闭。但由于被告人胡建昌等人的玩忽职守行为，使大兴煤矿取得了《煤炭生产许可证》《煤矿企业安全生产许可证》，为该煤矿的非法生产、超强度开采提供了合法依据，同时为"8.7"重大透水事故的发生埋下了重大隐患。2003 年 4 月至 2005 年 7 月，胡建昌利用职务之便收受贿赂合计人民币 14 万元。法院以玩忽职守罪，判处胡建昌免予刑事处罚；以受贿罪，判处有期徒刑三年，并处没收财产人民币 50000 元；决定执行有期徒刑三年，并处没收财产人民币 50000 元。

（2）梅州市安监局局长王卓雄玩忽职守案

2001 年 10 月至 2005 年 8 月间，时任梅州市安全生产监督管理局局长的王卓雄，在负责监督、管理全市矿山企业安全生产、煤炭行业管理工作过程中，未按法律法规的规定组织和督促查处大兴煤矿无证生产问题；对大兴煤矿申办《煤炭生产许可证》《煤矿安全生产许可证》的材料审核把关不严，对煤矿停产整顿工作检查和督促落实不力，对大兴煤矿安全生产管理监管不力，放任、支持证照不全的兴宁市大兴煤矿进行长期非法生产。致使兴宁市大兴煤矿于 2005 年 8 月 7 日中午发生特大透水事故，造成 121 名矿工死亡、直接经济损失 4700 多万元的严重后果。2006 年 3 月 7 日，法院以玩忽职守罪，判处王卓雄有期徒刑三年，缓刑五年。

（3）梅州市安监局副局长李振模玩忽职守案

李振模在任梅州市安全生产监督管理局副局长分管全市矿山安全生产和煤炭行业管理工作期间：① 自 2002 年 11 月始，明知大兴煤矿未取得《采矿许可证》《工商营业执照》，不具备煤矿开采生产条件，长期进行非法生产，依法应当提出立即予以取缔或关闭的意见和建议，但从未提出过取缔或关闭的意见和建议。② 2003 年 11 月，参与研究并同意以梅州市经济贸易局的名义，上报《关于要求尽快办理黄槐大径里等煤矿生产许可证》的报告给广东省经济贸易委员会，违法支持、催办不符合申领条件的大兴煤矿等申办《煤炭生产许可证》，致使大兴煤矿在无《采矿许可证》的情况下，于 2004 年 1 月领取了《煤炭生产许可证》。③ 2005 年 4 月，在大兴煤矿办理安全生产许可证的过程中，明知大兴煤矿没有《采矿许可证》和《工商营业执照》，不具备办证条件，仍参与研究并同意在大兴煤矿《矿山安全生产许可证申领材料补正意见表》中，签署"经县组织检查，同意申报"意见，致使大兴煤矿顺利通过广东省安监局审查，于 2005 年 6 月领取了《煤矿安全生产许可证》。④ 2005 年 5 月，明知大兴煤矿未取得《采矿许可证》和《工商营业执照》的情况下，违反相关的法律法规，同意梅州市安监局向市政府上报《关于煤矿停产整顿验收工作有关问题的请示》报告，为不具备复产条件、停产整顿验收督查不合格的大兴煤矿获准复产创造条件，从而埋下重大安全隐患。⑤ 于 2004 年至 2005 年 8 月间，在对大兴煤矿进行重大危险源专项检查中，明知大兴煤矿水淹区下采煤应特别注意防止抽冒引发透水，而不按制度规定的次数组织检查。对大兴煤矿的监测记录一直没有组织综合分析和论证，忽视安全生产的检查，忽视超强度开采必然会带来更多的安全隐患，忽视安全评价中介机构提出的该矿要特别重点防范矿井水灾事故的意见，对大兴煤矿自 2004 年以来超强度超能力开采监管不力，对 2005 年 3 至 7 月间大兴煤矿井下四煤层多次发生大量抽冒并伴有渗漏滴水异常情况没有掌握，因而未及时发现和处理应该发现的安全隐患和明显的事故苗头，造成大兴煤矿因抽冒而引发透水，造成"8·7"矿难。⑥ 2005 年 6 月，不认真执行经贸委关于做好煤矿生产能力核定工作的要求，在梅州市安监局发文要求兴宁市煤炭工业局对大兴煤矿下达限产通知后，没有跟踪检查大兴煤矿落实限产措施情况，在明知大兴煤矿已核定超产的情况下，没有责令兴宁市煤炭工业局对大兴煤矿实行停产整顿，放弃对大兴煤矿生产的监管，致使大兴煤矿严重超能力生产，最终引发特大矿难。2006 年 3 月 7 日，法院以玩忽职守罪，判处李振模有期徒刑三年，缓刑五年。

（4）兴宁市安全生产监督管理局副局长赖新泉玩忽职守案

赖新泉在任兴宁市安监局副局长期间：① 在 2002 年 5 月，明知大兴煤矿属证照不齐全的煤矿企业，根据有关法律文件的规定，应当立即予以取缔或关闭，但赖某没有正确履行自己的职责，监管不力，未提出取缔或关闭大兴煤矿的意见、建议，致使大兴煤矿长期在证照不齐的情况下非法生产。② 2004 年 11 月 4 日，在明知大兴煤矿没有《采矿许可证》和《工商营业执照》的情况下，不正确履行自己的职责，没有严格把关，仍然在《兴宁市煤矿企业停产整顿验收审批表》中的市安监局意见栏内签署"同意上报复产"的意见，使大兴煤矿取得《矿井复产通知书》，得以顺利复产，从而继续非法生产。③ 2005 年 4 月，在大兴煤矿办理安全生产许可证的过程中，明知大兴煤矿没有《采矿许可证》和《工商营业执照》的情况下，不正确履行自己的职责，监管不到位，仍在大兴煤矿的《矿山安全生产许可证申领材料补正意见表》中安监部门意见栏内签署"根据企业报告，我局组织市煤炭局、四望嶂矿山安全技术事务有限公司对该矿存在问题的整改落实情况进行逐项验收，该矿报告的情况属实，已达到办理安全生产许可证的条件，同意上报办证"的意见，致使大兴煤矿通过安全评价并获颁《煤矿企业安全生产许可证》。④ 在对大兴煤矿进行重大危险源专项检查时，不认真履行自己的职责，安全检查不到位，明知大兴煤矿水淹区下采煤设计方案中特别要求采煤时注意防止抽冒引发透水，忽视安全评价中介机构提出的该矿要特别重点防范矿井水灾事故的意见，不对大兴煤矿是否存在滴水、抽冒的情况进行专门调查，以致对大兴煤矿在 2005 年 6 月间发生的滴水、抽冒现象没有掌握，未能及时发现和处理此一安全隐患和明显的事故苗头，最终造成大兴煤矿因抽冒而引发矿难。⑤ 2005 年 6 月 10 日以后，全市煤矿实行停产整顿期间，没有按照要求对职责范围内应该督查的煤矿开展督查工作，也没有发现大兴煤矿在停产整顿期间的偷采行为，以致大兴煤矿在停产整顿期间发生矿难。2006 年 3 月 7 日，法院以玩忽职守罪，判处赖新泉有期徒刑三年六个月。

（5）兴宁市煤炭工业局副局长曾锡良玩忽职守、受贿案

2002 年 7 月至 2003 年 3 月，时任市煤炭工业局副局长的曾锡良，明知大兴煤矿证照不齐并超强度开采，未能履行职责，不依法向当地政府提出关闭的意见和建议。曾锡良作为市安全委员会驻四望嶂矿区安全监督员，在 2005 年 6 月 1 日，得知大兴煤矿矿井—290m 水平东托水梁四煤 6 号反眼发生渗漏滴水的异常情况后，未向市政府及安全监管职能部门报告，以引起重视。在 2005 年 7 月 14 日，福胜煤矿发生"7·14"矿难事故后，全市煤矿进行停产整顿期间，对大兴煤矿的停产整顿检查监管不到位，对偷采情况未能及时掌握并予以制止，2005 年 8 月 6 日大兴煤矿继续偷采，至 8 月 7 日中午 1 时许，终因井下发生重大透水，引发特大矿难事故。此外，曾锡良自任兴宁市煤炭工业局生产科科长后，多次收受贿赂合计人民币 87000 元。2006 年 3 月 7 日，法院以玩忽职守罪和受贿罪，

分别判处曾锡良有期徒刑三年和两年六个月，决定执行有期徒刑四年六个月。

（6）兴宁市国土资源局局长蓝定明玩忽职守、巨额财产来源不明案

2004 年 11 月 4 日，时任市国土资源局局长、党组书记的蓝定明明知大兴煤矿未取得采矿许可证进行非法生产，依法应关闭和取缔，却与该局党组副书记张某共同在该煤矿停产整顿验收审批表中签署了"该矿采矿许可证正在办理中"的意见，并签名和盖局章，致使大兴煤矿取得矿井复产通知书，得以顺利复产，继续从事非法开采。2005 年 4 月，大兴煤矿申请办理安全生产许可证，蓝某确知其无《采矿许可证》不符合申办条件，仍同意由该局矿管股出具"该矿办理采矿许可证手续正在申报中"的证明，致使其顺利通过省安监局审查，领取到《安全生产许可证》，继续非法生产，最终酿成"8·7"特大透水事故。另查明，被告人蓝定明还有巨额财产不能说明合法来源。2006 年 4 月 7 日，法院以玩忽职守罪、巨额财产来源不明罪，分别判处蓝定明有期徒刑三年和有期徒刑一年六个月，决定执行三年六个月。

（7）兴宁市黄槐镇党委书记练荣华玩忽职守案

2004 年 8 月至 2005 年 3 月，时任兴宁市黄槐镇党委副书记，镇人民政府主要负责人的练荣华，对证照不齐、不具备开采条件的大兴煤矿长期非法生产不认真履行监管职责，对煤矿停产整顿验收复产工作未把好第一关，使大兴煤矿取得矿井复产通知书。2005 年 4 月始，练荣华任兴宁市黄槐镇党委书记兼人大主席。2005 年 6 月，镇政府对矿山安全生产实行镇领导挂点和监督责任制，对深部开采的煤矿实行蹲矿监控。2005 年 8 月 2 日下午，练某未经上级部门批准，改变对煤矿的监控措施，削弱了监控力量，对挂矿领导和监控人员的衔接没有作出合理安排，对巡查监控干部的监控是否到位跟踪监督不力，致使大兴煤矿 8 月 6 日、7 日出现违规偷采行为未能及时发现制止，导致大兴煤矿发生特大透水事故。2006 年 3 月 7 日，法院以玩忽职守罪，判处练荣华有期徒刑两年，缓刑三年。

（8）兴宁市黄槐镇镇长黄益义玩忽职守案

2005 年 4 月至 8 月，时任兴宁市黄槐镇人民政府镇长的黄益义，既是黄槐镇安全生产第一责任人，又是落实煤矿停产整顿的监控责任人。2005 年 7 月下旬，黄槐镇按照市委领导的要求和部署采取了对每一个煤矿实行领导挂矿 24 小时驻矿蹲点的监控措施。该措施实施后，保证了黄槐镇辖区煤矿停产整顿工作的有效进行。2005 年 8 月 1 日，镇领导班子决定将 24 小时蹲点监控变更为镇领导带队巡查监控。其后，黄益义对挂矿领导及包矿干部的工作不负责任，没有跟踪监督，没有认真检查责任制的落实情况，致使包矿责任制未能发挥作用，造成大兴煤矿在 8 月 6 日、7 日出现无人监管的情况，以致大兴煤矿的偷采煤炭行为未能被及时发现制止。且对办公室人员收集的各煤矿停产整顿情况不认真核实，在 8 月 6 日大兴煤矿进行偷采的情况下，仍然上报已停产，导致 8 月 7 日大兴煤矿继续偷采。2005 年 8 月 7 日中午 1 时许，发生重大透水事故，造成严重后果。2006 年 3 月 7 日，法院以玩忽职守罪，判处黄益义有期徒刑两年，缓刑三年。

（9）兴宁市公安局副局长石兆琪玩忽职守案

2003 年 7 月至 2005 年 6 月，时任兴宁市公安局副局长的石兆琪，分管民用爆炸物品管理等治安工作，明知兴宁市黄槐镇大兴煤矿缺少《采矿许可证》和《工商营业执照》，所持 2001 年 4 月 25 日由兴宁市公安局发放的《爆炸物品使用许可证》和《爆炸物品储存许可证》在审批表中仅有派出所意见，没有经过兴宁市公安局的审批，且该"两证"自

2001 年 4 月以来一直使用没有更换和年审，却没有依法履行职责，督促治安股审查大兴煤矿使用爆炸物品的资格、条件，及时依法取消大兴煤矿持有上述"两证"的资格；没有依法对辖区内企业使用和储存爆炸物品进行安全监督和年度审查；同时，放弃对大兴煤矿购买民用爆炸物品的审查和监督，为大兴煤矿长期非法生产、超强度开采获取爆炸物品提供了便利条件，从而埋下重大安全隐患。2006 年 3 月 7 日，法院以玩忽职守罪，判处石兆琪有期徒刑三年，缓刑四年。

（10）矿主曾云高重大责任事故罪、非法采矿罪和单位行贿罪

法院审理查明，兴宁市大径里煤炭有限公司及曾云高、曾繁金等人在开采过程中，明知煤矿有安全隐患，却不采取有效措施，继续超强度开采。在开采过程中，大兴煤矿曾多次出事，但矿主曾云高等人视而不见。2005 年 7 月 14 日，兴宁市福胜煤矿发生透水事故后，梅州市政府已明令全市煤矿停产整顿，但大兴煤矿继续挖煤，最终因隔水煤层被挖穿而发生事故。

案发前，作为兴宁市大径里煤炭有限公司董事长的曾云高是梅州市和兴宁市的两级人大代表；副董事长曾桂祥是兴宁市人大代表、省政协委员；副董事长曾繁金是梅州市的政协委员。事发后，曾云高一边逃跑，一边打电话叫负责财会的曾文坤将公司的所有账本凭证处理掉，致使 60 多本公司财务资料烧毁。几天后，曾云高迫于压力自首。

此外，曾云高、曾繁金等人和其经营的兴宁市大径里煤炭有限公司，在未取得《采矿许可证》和《工商营业执照》的情况下，长期非法组织开采煤矿，造成煤矿资源估算经济损失 9 亿元。曾云高等人为其公司谋取非法利益，还先后向有关人员行贿人民币 52 万余元、港币 5 万元。

2005 年 12 月，梅州市兴宁法院一审公开宣判"8·7"矿难重大责任事故案。兴宁市大径里煤炭有限公司原总经理、董事长曾云高犯重大责任事故罪、非法采矿罪和单位行贿罪，数罪并罚，决定执行有期徒刑 10 年，并处罚金 500 万元。以非法采矿罪、单位行贿罪、偷税罪等罪名，数罪并罚，判处被告单位兴宁市大径里煤炭有限公司罚金 8800 万元。

思 考 题

1. 工程建设安全生产的基本方针是什么，有什么含义？
2. 建筑施工企业的主要负责人对本单位安全生产工作负有哪些职责？
3. 何谓安全生产的群防群治制度？
4. 安全生产许可证的取得条件是什么？
5. 什么是安全生产"三同时"制度？
6. 施工总承包单位和分包单位的安全责任是如何划分的？
7. 工程监理单位的安全生产责任包括哪些内容？
8. 建筑施工从业人员在安全生产方面享有哪些权利，应履行哪些义务？
9. 工程建设安全事故是如何分类的？
10. 对于工程建设特大安全事故，应追究哪几类人员的责任，如何认定？

第 11 章　城市房地产管理法律制度

11.1　概　　述

11.1.1　房地产管理法的基本概念

1. 房地产

房地产是房产和地产的统称。从物质属性看，房产即房屋，是指供人们居住、工作或者其他用途的建筑物和构筑物，以及有关的附属设施；地产即土地，是指用于建筑房屋的土地。从社会属性看，房地产这一概念又有特定的含义，即与商品经济相联系、具有商品属性的房产和地产。从法学角度分析，房地产又称不动产，历来是法律规范的重要对象。我国实行土地的公有制，因此在我国所称的地产只是土地的使用权，而不是土地所有权。房地产业是国民经济中的一个重要产业部门。发展房地产业对促进国民经济发展具有重要意义。

2. 房地产法

关于房地产的立法有两种不同的体例：一是"房地产法"，二是"房地产管理法"。前者一般比较详尽地规定房地产所有权、土地使用权、房地产抵押权和典权等不动产物权的内容、取得、变更、终止和保护，以及国家对房地产及房地产业管理等事项，是一种包括民法规范、经济法规范的综合性法律。后者则只规定国家对房地产和房地产业的管理事项，而不包括不动产物权方面的内容。我国房地产立法采用"房地产管理法"的体例模式。房地产管理法即调整在房地产开发、经营、管理和各种服务活动中所形成的一定的社会关系的法律规范的总称。

在我国，房地产管理法有狭义和广义之分。狭义的房地产管理法仅指 1994 年 7 月通过、1995 年 1 月 1 日起施行的，并于 2009 年修订的《中华人民共和国城市房地产管理法》（以下简称《城市房地产管理法》）。广义的房地产法则指包括《城市房地产管理法》在内的所有调整房地产相关法律关系的法律规范的总和。此类法律规范见于我国宪法、法律、行政法规、部门规章、地方性法规和地方政府规章之中。

11.1.2　房地产管理法立法的目的与现状

1. 房地产管理法立法的目的

（1）加强对房地产的管理

房地产是与社会生产和生活密切相关的基础性产业，为整个国民经济的发展提供了基本的物质保证，为劳动者提供了必要的生活条件；在繁荣城市经济、增加财政收入、促进建筑业及相关产业的发展方面发挥着重要作用。同时，房地产业还影响着社会消费结构，对社会投资起着引导作用。房地产业是我国经济发展的先导性产业，国家必须加强对房地产的管理。

（2）维护房地产市场秩序

房地产市场秩序是人们在从事房地产市场活动中应当遵循的准则。为防范和化解国家土地资源流失、房地产开发投资结构不合理、房地产市场行为不规范等问题，国家可以通过行政手段、经济手段、法律手段来加强管理，维护房地产市场秩序。较之于行政手段和经济手段，法律手段更具有严肃性、稳定性和权威性，所以必须加强房地产立法，以更为有效地维护房地产市场秩序。

（3）保障房地产权利人的合法权益、促进房地产业健康发展

房地产权利人是指在房地产法律关系中，依法享有权利、承担义务的国家、集体和个人。国家依法保障房地产权利人的合法权益，是保证房地产业健康发展的必要条件。

2. 房地产法的立法现状

改革开放以来，我国的房地产业得到了迅速发展，与之相适应的房地产立法工作也取得了很大成就。以《城市房地产管理法》为基本法，辅以一系列房地产单行法律和相关法规，结合宪法、民法、行政法共同调整房地产关系的房地产法律规范体系已基本形成。

（1）宪法中所含房地产法律规范

1988 年通过的《宪法修正案》第十条将原《宪法》中国有土地禁止转让的规定，修改为"……土地的使用权可以依照法律的规定转让"。这为我国国有土地使用权实行有偿有期使用制度提供了宪法依据。

（2）调整房地产关系的专门法律

1994 年 7 月 5 日，八届全国人大常委会第八次会议通过了《中华人民共和国城市房地产管理法》，并于 1995 年 1 月 1 日施行，其后于 2007 年、2009 年又分别进行了两次修订，规定了国有土地上房地产的征收制度，明确国家为了公共利益可以征收国有土地上的房屋，并应给予补偿。这是我国唯一的专门对房地产关系进行调整的法律。

（3）其他法律中所含的房地产法律规范

除《城市房地产管理法》外，其他法律中也包含与房地产相关的法律规范，如我国《民法总则》中包括房地产在内的财产权的规定，在"债权"部分关于包括房地产在内的财产抵押、留置的规定等；又如《土地管理法》中土地管理原则、土地所有权和使用权、土地的利用和保护、国家建设用地、乡（镇）村建设用地等法律制度。

（4）调整房地产关系的行政法规

调整房地产关系的行政法规主要包括《城市房地产开发经营管理条例》（1998 年 7 月发布，2011 年 1 月修订）、《中华人民共和国城镇国有土地使用权出让和转让暂行条例》（1990 年 5 月发布）、《国有土地上房屋征收与补偿条例》（2011 年 1 月发布）、《物业管理条例》（2003 年 6 月发布，并于 2007 年、2016 年两次修正）、《不动产登记暂行条例》（2014 年 11 月发布）等。

（5）调整房地产关系的部门规章

调整房地产关系的部门规章数量较多，其中较为重要的有《城市房地产转让管理规定》（1995 年建设部发布，2001 年修正）、《商品房销售管理办法》（2001 年 4 月建设部发布）、《城市房地产抵押管理办法》（1997 年建设部发布，2001 年修正）、《商品房屋租赁管理办法》（2010 年住房城乡建设部发布）、《不动产登记暂行条例实施细则》（2016 年国土

资源部发布）等。

（6）调整房地产关系的地方性法规和规章

有立法权的地方人民代表大会及其常务委员会和地方人民政府也相应地制定了部分与《城市房地产管理法》及相关行政法规相配套的地方性法规和地方政府规章。由于所涉地方众多，在此不一一举例。

11.1.3　《城市房地产管理法》的基本原则

1. 节约用地原则

土地是珍贵的自然资源，是人们赖以生产、生活，繁衍生息，发展开拓的根基。节约用地既是一项基本国策，也是《城市房地产管理法》的重要原则。

2. 国有土地有偿、有限期使用的原则

实行土地有偿使用制度，对于合理利用土地、增加政府财政收入等方面具有重要的意义。考虑到我国的基本国情和国际上的一些通行做法，《城市房地产管理法》在明确国家实行国有土地有偿、有限期使用这一原则的同时，也规定了土地划拨制度。国家机关用地和军事用地，城市基础设施用地和公益事业用地，国家重点扶持的能源、交通、水利等项目用地以及法律、行政法规规定的其他用地，可以由县级以上人民政府依法批准划拨。

3. 国家扶持发展居民住宅的原则

我国从 20 世纪 80 年代后期开始推进城镇住房制度改革，实行住房商品化，同时规定在房地产开发中，应当将解决城镇居民住房问题作为一项重要的任务，做好保障性住房建设，加快危旧房和棚户区改造，采取多种措施鼓励和支持房地产开发企业开发建设普通居民住宅和租赁住房，以保障大多数居民的住房需求。

4. 国家保护房地产权利人合法权益和房地产权利人必须守法的原则

在房地产市场中，房地产权利人的合法权益能否得到保护，直接影响到房地产开发、房地产交易等活动能否正常、有序、健康地进行；同样，房地产权利人在享受法律所赋予的权益的同时，也必须遵守法律和行政法规的规定，依法履行义务。

11.1.4　房地产管理体制

1. 国务院主管部门

《城市房地产管理法》第七条规定："国务院建设行政主管部门、土地管理部门依照国务院规定的职权划分，各司其职，密切配合，管理全国房地产工作。"按照国务院批准的住房城乡建设部"三定"方案，房地产业的行业管理由住房城乡建设部负责。

2. 地方人民政府主管部门

《城市房地产管理法》第七条还规定："县级以上地方人民政府房产管理、土地管理部门的机构设置及其职权由省、自治区、直辖市人民政府确定。"目前，我国一部分地方政府仍然实行房、地分管体制，由住房城乡建设厅（局）承担房产管理行政职能，由自然资源行政主管部门承担土地管理行政职能，但越来越多的地方已经建立起由自然资源行政主管部门统一管理的房地合一的管理体制。

《城市房地产管理法》第六十三条规定："经省、自治区、直辖市人民政府确定，县级以上地方人民政府由一个部门统一负责房产管理和土地管理工作的，可以制作、颁发统一的房地产权证书。"

11.2 房 地 产 开 发

11.2.1 房地产开发的概念

房地产开发是指在依法取得国有土地使用权的土地上进行基础设施、房屋建设的行为，其实质是以土地开发和房屋建设为投资对象所进行的生产经营活动。按照我国现行土地管理法律的规定，城市房地产开发只能在国有建设用地上进行。但为了鼓励租房租赁市场发展，国家在部分城市开展试点，探索利用集体建设用地建立租赁性住房，以便更好地满足中低收入人群的住房需求。

房地产开发包括土地开发和房屋开发。土地开发是房屋建设的前期准备过程，即把自然状态的土地变为可供建造房屋和各类设施的建设用地。土地开发有两种情形：一是新区土地开发，即把农业用地或者其他非城市用地改造为适合工商业、居民住宅、商品房以及其他城市用途的城市用地；二是旧城改造，也叫土地再开发或二次开发，即对城市原有土地进行改造，拆除原来的建筑物，调整城市规划，改变土地用途，完善城市基础设施，提高土地的利用效益。

房屋开发包括四个方面：①住宅开发；②生产与经营性建筑物开发，如工厂厂房、各类商店、各种仓库、办公用房等；③生产、生活服务性建筑物及构筑物的开发，如交通运输设施、公用事业和服务事业设施、娱乐设施；④城市其他基础设施的开发。

房地产开发是由专业化的房地产开发企业进行的一种经营行为。房地产开发企业从事的是房地产的投资和经营，即从政府手中获取土地使用权，经过勘察设计和建筑施工，最终将开发产品（房屋、基础设施及其相应的土地使用权）作为商品在房地产市场转让，寻求利润回报。房地产开发对于落实城市规划、改善投资环境和居住条件、提高城市的综合功能和总体效益、促进房地产业及城市社会经济的协调发展，都有着重要的作用。

11.2.2 房地产开发的原则

《城市房地产管理法》规定，房地产开发应当遵循以下原则：

（1）严格执行城市规划

城市规划，是指为确定城市的规模和发展方向，实现城市的发展目标而制定的一定时期内城市社会、经济发展的计划。它是城市建设的纲领，也是房地产开发所必须遵循的依据。

（2）坚持经济、社会和环境效益的统一

在市场经济条件下，房地产开发企业本身就是以营利为目的的经济实体，追求经济效益是房地产开发企业赖以生存和发展的必要条件，也是投资者投资房地产开发的直接目的。但是，追求经济效益不应该是房地产开发的唯一目的。房地产开发的宗旨，总体说来应该是改造、完善城市基础设施和公共服务设施，改善城市居民的居住条件和居住环境，提高城市综合服务功能，完善城市形象，造福人民，造福后代。所有这些，既是社会效益也是环境效益。只有取得这些效益，房地产开发才能得到社会各方面的支持，才有蓬勃发展的可能。当然，社会效益和环境效益的实现，在很大程度上取决于房地产开发的经济效益。房地产开发的经济效益、社会效益和环境效益是一个辩证统一的整体，三者相互依存，相互促进，缺一不可。因此，房地产开发必须坚持经济效益、社会效益、环境效益相统一的原则。

（3）全面规划、合理布局、综合开发、配套建设

房地产开发时，应当坚持旧区改建和新区建设相结合，注重开发基础设施薄弱、交通拥挤、环境污染严重以及危旧房屋集中的区域；保护和改善城市生态环境、保护历史文化遗产；统筹安排配套基础设施，坚持先地下、后地上的原则。

11.2.3 房地产开发的要求

1. 房地产开发必须使用国有建设用地

《土地管理法》规定，除兴办乡镇企业、建设乡村公益事业和公共设施以及村民建设住宅之外的任何建设项目需要使用土地的，都必须使用国有建设用地。因此，房地产开发必须在国有建设用地上进行。

为社会公共利益，进行经济、文化、国防建设以及兴办社会公共事业的，经县级以上人民政府的批准，建设单位可通过划拨的方式取得国有建设用地使用权，其他建设项目均须通过有偿出让的方式来取得国有建设用地使用权。出让的方式包括协议出让、拍卖、招标和挂牌四种。

除政策性、保障性住房开发外，房地产开发一般不具有公益性质，不能通过划拨方式获取建设用地使用权。所以绝大部分房地产开发项目只能通过出让方式获取土地使用权。从2004年8月31日起，住宅、商业、旅游、娱乐等经营性用地必须通过招标、拍卖或挂牌等方式向社会公开出让土地使用权。只有工业类房地产开发项目和公益性质的保障性住房项目可以通过协议出让获得土地使用权。开发建设单位在支付土地使用权出让金后，依照规定办理登记并领取土地使用证，取得出让期限内的土地使用权。

2017年，国土资源部、住房城乡建设部发布《利用集体建设用地建设租赁住房试点方案》，允许试点城市的农村集体经济组织利用集体建设用地开发建设租赁住房。这一改革探索打破了《土地管理法》对房地产开发必须使用国有建设用地的限制，扩大了租赁住房项目的土地来源。

2. 房地产开发按合同约定进行

土地是不可替代的稀缺资源，这一特点决定了必须节约和合理开发利用土地。为防范开发建设单位获得土地使用权后不及时开发、囤积土地、炒卖地皮的行为，《城市房地产管理法》规定，以出让方式取得土地使用权进行房地产开发的，必须按照土地使用权出让合同约定的土地用途、动工开发期限开发土地。超过出让合同约定的动工开发日期满一年未动工开发的，可以征收相当于土地使用权出让金20%以下的土地闲置费；满二年未动工开发的，可以无偿收回土地使用权；但是，因不可抗力或者政府、政府有关部门的行为或者动工开发必需的前期工作造成动工开发迟延的除外。

国土资源部于1999年发布、2012年修订的《闲置土地处置办法》对于闲置土地的调查和认定、处置和利用、预防和监管等方面作出了更为细致的规定。详见本书第6章建设用地一节相关内容。

3. 房地产开发项目的设计与施工必须符合法定标准

《城市房地产管理法》规定，房地产开发项目的设计、施工，必须符合国家的有定标准和规范。房地产项目同其他建设项目一样，具有投资量大、使用期限长等特点，必须按标准和规范进行设计、施工。否则，一旦出现质量问题，不仅直接影响项目的寿命，造成

巨大的经济损失，甚至会发生房毁人亡的悲剧。

4. 严格竣工验收

竣工验收是全面考核开发成果、检验设计和工程质量的重要环节，也是开发成果转入流通和使用阶段的标志。为了防止不符合质量要求的房屋、基础设施投入使用，保护使用者、消费者的合法权益，《城市房地产管理法》规定，房地产开发项目竣工，经国家验收合格后，方可交付使用。城市新建住宅小区的竣工综合验收，按住房城乡建设部发布的《房屋建筑和市政基础设施工程竣工验收规定》和《城市住宅小区竣工综合验收管理办法》进行。

11.2.4　房地产开发企业

1. 房地产开发企业的设立条件

房地产开发企业是以营利为目的、从事房地产开发和经营的企业。房地产开发企业分为专营企业、兼营企业和项目公司。专营企业是指以房地产开发经营为主业的企业；兼营企业是指以其他经营项目为主，兼营房地产开发经营业务的企业；项目公司是指以开发项目为对象从事单项房地产开发经营的公司。

根据《城市房地产管理法》及其他规定，设立房地产开发企业必须具备下列条件：

(1) 有自己的名称和组织机构

作为独立的法人，房地产开发企业只准使用一个名称。此外，房地产有限责任公司、房地产股份有限公司的名称中必须分别含有"有限责任"和"股份有限"的字样。企业名称须在企业设立登记时由工商行政主管部门核准。

房地产开发企业必须拥有完整的、系统的经营决策层，有职能明确、分工合理的生产经营组织以及相应的分支机构和下属机构。

(2) 有固定的经营场所

经营场所指开发企业主要办事机构所在的住所。一个企业登记的住所只能有一个。

(3) 满足房地产开发资质等级要求的条件

根据 2000 年 3 月建设部发布，2015 年 5 月住房城乡建设部修正的《房地产开发企业资质管理规定》，房地产开发企业必须向法定的建设行政主管部门提出资质申请，经核准并颁发资质等级证书后，才能从事许可经营范围内的房地产开发经营业务。

房地产开发企业分为四个资质等级，各资质等级的条件如下：

1) 一级资质

从事房地产开发经营 5 年以上；近 3 年房屋建筑面积累计竣工 30 万 m² 以上，或者累计完成与此相当的房地产开发投资额；连续 5 年建筑工程质量合格率达 100%；上 1 年房屋建筑施工面积 15 万 m² 以上，或者完成与此相当的房地产开发投资额；有职称的建筑、结构、财务、房地产及有关经济类的专业管理人员不少于 40 人，其中具有中级以上职称的管理人员不少于 20 人，持有资格证书的专职会计人员不少于 4 人；工程技术、财务、统计等业务负责人具有相应专业中级以上职称；具有完善的质量保证体系，商品住宅销售中实行了《住宅质量保证书》和《住宅使用说明书》制度；未发生过重大工程质量事故。

2) 二级资质

从事房地产开发经营 3 年以上；近 3 年房屋建筑面积累计竣工 15 万 m² 以上，或者累计完成与此相当的房地产开发投资额；连续 3 年建筑工程质量合格率达 100%；上 1 年房屋建筑施工面积 10 万 m² 以上，或者完成与此相当的房地产开发投资额；有职称的建筑、结构、财务、房地产及有关经济类的专业管理人员不少于 20 人，其中具有中级以上职称的管理人员不少于 10 人，持有资格证书的专职会计人员不少于 3 人；工程技术、财务、统计等业务负责人具有相应专业中级以上职称；具有完善的质量保证体系，商品住宅销售中实行了《住宅质量保证书》和《住宅使用说明书》制度；未发生过重大工程质量事故。

3）三级资质

从事房地产开发经营 2 年以上；房屋建筑面积累计竣工 5 万 m² 以上，或者累计完成与此相当的房地产开发投资额；连续 2 年建筑工程质量合格率达 100%；有职称的建筑、结构、财务、房地产及有关经济类的专业管理人员不少于 10 人，其中具有中级以上职称的管理人员不少于 5 人，持有资格证书的专职会计人员不少于 2 人；工程技术、财务等业务负责人具有相应专业中级以上职称，统计等其他业务负责人具有相应专业初级以上职称；具有完善的质量保证体系，商品住宅销售中实行了《住宅质量保证书》和《住宅使用说明书》制度；未发生过重大工程质量事故。

4）四级资质

从事房地产开发经营 1 年以上；已竣工的建筑工程质量合格率达 100%；有职称的建筑、结构、财务、房地产及有关经济类的专业管理人员不少于 5 人，持有资格证书的专职会计人员不少于 2 人；工程技术负责人具有相应专业中级以上职称，财务负责人具有相应专业初级以上职称，配有专业统计人员；商品住宅销售中实行了《住宅质量保证书》和《住宅使用说明书》制度；未发生过重大工程质量事故。

5）不同资质房地产开发企业的执业范围

一级资质的房地产开发企业承担房地产项目的建设规模不受限制，可以在全国范围承揽房地产开发项目；二级资质及二级资质以下的房地产开发企业可以承担建筑面积 25 万 m² 以下的开发建设项目，承担业务的具体范围由省、自治区、直辖市人民政府建设行政主管部门确定。

（4）法律、行政法规规定的其他条件

按照《公司法》的规定，设立房地产有限责任公司或股份有限公司的，股东或发起人必须符合法定人数。根据《外资企业法》的规定，设立外商投资的房地产开发企业，由国务院对外经济贸易主管部门或者国务院授权的机关审查批准。

2. 房地产开发企业的设立程序

（1）房地产开发企业的设立登记。设立房地产开发企业，应当向工商行政管理部门申请设立登记，工商行政管理部门对符合法律规定条件的，应当予以登记，发给营业执照。根据《房地产开发企业资质管理规定》，房地产开发企业在设立登记前，应经住房城乡建设行政主管部门的审查，获取相应房地产开发企业的资质等级证书。

（2）房地产开发企业的备案。房地产开发企业在办理工商登记后的一个月内应当到县级以上人民政府规定的部门备案。备案的目的是将设立登记后的房地产开发企业纳入房地产业的行业管理，以规范房地产开发企业的市场行为，促进房地产市场的健康发展。

（3）设立房地产开发有限责任公司和房地产开发股份有限公司的还须满足《中华人民共和国公司法》的有关规定。

11.3　房　地　产　交　易

11.3.1　一般规定

1. 房地产交易概述

(1) 房地产交易的含义

房地产交易有广义和狭义之分。狭义的房地产交易仅指当事人之间进行的房地产转让、抵押和租赁等活动。广义的房地产交易除了当事人之间进行的房地产转让、抵押、租赁等活动之外，还包括与房地产交易行为有着密切关系的房地产价格管理、房地产交易中介服务等活动。

(2) 房地产交易时权属不可分离的原则

房地产转让、抵押时，房屋的所有权和该房屋占用范围内的土地使用权应同时转让、抵押。房地产属于不动产，房屋一经建造完毕，就附着于该房屋占用范围内的土地上。要使用房屋，就必须使用该房屋占用范围内的土地，而要使用房屋占用范围内的土地，也必须使用该房屋。房屋所有权与该房屋占用范围内的土地使用权的享有者应当为同一主体。所以，《城市房地产管理法》规定，房地产转让时，房屋的所有权和该房屋占用范围内的土地使用权同时转让；房地产抵押时，房屋的所有权和该房屋占用范围内的土地使用权同时抵押。房地产转让、抵押时，当事人应当依法办理房地产权属登记。

2. 房地产交易的价格管理

关于房地产价格管理，《城市房地产管理法》规定了两种制度，即房地产价格评估制度和房地产成交价格申报制度。

(1) 房地产价格评估制度

1) 房地产价格评估的概念

房地产价格评估是指房地产专业估价人员根据估价目的，遵循估价原则，按照估价程序，采用科学的估价方法，并结合估价经验对影响房地产价格的因素进行分析，对房地产在假设用途和条件下最可能实现的合理价格所作出的推测与判断。房地产转让、抵押和租赁都离不开对标的房地产的估价，这是房地产交易过程中一项必不可少的基础性工作。

2) 房地产价格评估的原则

房地产价格评估应当遵循公正、公平、公开的原则。公正原则，是指房地产价格评估机构在进行房地产价格评估的过程中，应当公正地对待各利益相关方，不得有所偏向。公平原则，是指房地产价格评估中各方享有的权利和承担的义务必须公平。公开原则，是指房地产价格评估的程序、标准等应当向社会公开，以便于社会公众监督。

3) 房地产价格评估的方法

在进行房地产价格评估时，应当按照国家规定的技术标准，以基准地价、标定地价和各类房屋的重置价格为基础，参照当地的市场价格进行评估。

基准地价，是指按不同的土地级别、区域分别评估和测算的商业、工业、住宅等各类用地的平均价格。标定地价，是指在基准地价基础上，按土地使用年期、地块大小、形状、容积率、微观区位、市场行情条件，修订评估出的具体地块在某一时期的价格。房屋的重置价格，是指在当前的建筑技术和工艺水平、材料价格、人工和运输费用等条件下，重新建造同类结构、式样、质量标准的房屋所需花费的标准价格。

4）房地产估价师注册制度

房地产价格评估人员是指专门从事房地产经济价值评估并将其结果用价格来表示的专业技术人员。国家实行房地产价格评估人员资格认证制度，房地产价格评估人员须经房地产估价师资格考试合格，由注册管理部门审定注册，取得资格证书后才能独立承担房地产的估价业务。

（2）房地产成交价格申报制度

房地产成交价格申报制度，是指法律要求房地产权利人在转让房地产时，应当将转让房地产的实际成交价格向县级以上地方人民政府规定的部门申报的制度。

实行房地产成交价格申报制度，能够保障国家税收收入，确保房地产市场的各参与主体能够准确把握房地产市场的行情以作出正确的决策。任何一个房地产权利人在依法将其房地产转移给他人时，都应当向县级以上地方人民政府规定的部门如实申报成交价。该价格是政府征收房地产交易相关税收的计算基准。

2011 年，国家发改委发布《商品房销售明码标价规定》，要求对取得预售许可或者办理现房销售备案的房地产开发项目，商品房经营者要在规定时间内一次性公开全部销售房源，并严格按照申报价格明码标价对外销售。商品房销售明码标价实行一套一标。商品房经营者应当对每套商品房进行明码标价。按照建筑面积或者套内建筑面积计价的，还应当标示建筑面积单价或者套内建筑面积单价。

11.3.2 房地产转让

房地产转让是指房地产权利人通过买卖、赠与或其他合法方式将其房地产的所有权转移给他人的法律行为。

1. 房地产转让的条件

（1）房地产转让的一般条件

所有房地产转让都必须满足以下条件：

1）按照出让合同约定已经支付全部土地使用权出让金，并取得土地使用权证书。

2）按照出让合同约定进行投资开发，属于房屋建设工程的，完成开发投资总额的25％以上，属于成片开发土地的，形成工业用地或者其他建设用地条件。

3）转让房地产时房屋已经建成的，还应当持有房屋所有权证书。

（2）房地产转让的特殊条件

以划拨方式取得土地使用权的，转让房地产时，还必须符合下列要求：

1）应当按照国务院的有关规定，报有批准权的人民政府审查批准。

2）有批准权的人民政府批准后由受让方办理土地使用权出让手续，即办理使用权证书。

3）由受让方缴纳土地使用权出让金。

4）以划拨方式取得土地使用权的，转让房地产报批时，有批准权的人民政府按照国务院的规定和决定可以不办理土地使用权出让手续的，转让方应当按照国务院规定将转让房地产所获收益中的土地收益上缴国家或者作其他处理。

（3）不得转让的房地产

《城市房地产管理法》规定，下述房地产不得转让：

1）司法机关和行政机关依法裁定、决定查封或者以其他形式限制房地产权利的，不能转让。

这里的司法机关是指行使国家审判权、检察权和侦察权的人民法院、检察院、公安机关。这些机关按照有关法律规定有权查封或者以其他方式限制房地产权利人的权利。这里的行政机关是指法律规定的国家行使房地产管理相关职权的行政机关，比如房产管理部门、土地管理部门、税务机关等。这些机关也有权对房地产权利人的权利以法律规定的形式进行限制。

2）依法收回土地使用权的，不得转让。

土地使用权的行使是以土地使用权的存在而存在的。土地使用权被收回了，土地使用权人也就无权转让土地使用权。

3）共有的房地产，未经过其他共有人书面同意的，不得转让。

共有的房地产属于共有人共同享有，共有人中的任何人在行使这项权利时，均必须取得其他共有人的同意，否则不得转让。为减少纠纷，共有人同意转让共有的房地产时，必须以书面的形式进行。

4）权属有争议的，不得转让。

房地产的使用权或者所有权存在争议时，将其进行转让会引起新的纠纷，不利于争议的解决。

5）未依法登记领取权属证书的，不得转让。

依法取得的土地使用权和房屋的所有权，必须办理登记手续，领取使用权证书或者所有权证书。未领取者，法律不予承认其所享有的权利，因此不得进行转让。

6）法律、行政法规规定的其他禁止转让的情形。

2. 地产转让的程序与合同

（1）房地产转让程序

房地产转让双方必须同时到登记部门办理产权转移手续。转让双方应向房地产登记部门提交办理产权转移所需的合法证件及双方签订的房地产转让书面合同，核验无误后，办理房地产转让过户登记，并向有关机关缴纳税费。

（2）房地产转让合同

房地产转让合同是指房地产转让当事人就转让房地产的相关权利义务所达成一致的书面协议。房地产转让合同在向有关机关缴纳相应的税费、办理产权过户登记手续后才生效。房地产转让合同应当载明土地使用权取得的方式，这是法律对房地产转让合同的特殊要求。因为房地产转让必然涉及土地使用权的转让，由于土地使用权既可通过出让也可以通过划拨取得，而这两种取得的方式不同会影响到房地产转让的程序、条件及效果，因此法律要求当事人在签订该合同时，必须载明土地使用权取得的方式。

房地产转让是将房屋所有权与土地使用权同时转让。原土地出让合同的效力对国家和新的土地使用权人即受让方仍然有效。以出让方式取得土地使用权的使用年限，为原出让合同约定的土地使用权年限减去原土地使用者已使用年限后的剩余年限。房地产转让合同成立，土地使用权出让合同载明的权利、义务也随之转移。

受让人改变土地使用权出让合同约定土地用途的，必须经土地所在市、县人民政府规划行政主管部门和原土地出让方同意，并与出让方签订土地使用权出让合同变更协议或重新签订土地使用权出让合同，相应调整土地使用权出让金。

11.3.3 商品房预售

1. 商品房预售的概念

商品房预售是指房地产开发企业将正在建设中的房屋预先出售给承购人，由承购人支付定金或房价款的行为。

2. 商品房预售条件

《城市房地产管理法》规定，预售商品房须满足以下条件：

(1) 已交付全部土地使用权出让金，取得土地使用权证书。

商品房的出售，必然涉及房屋所有权及土地使用权同时转让的问题。所以，预售商品房时预售人应当是已经取得土地使用权的人，即已经足额支付土地使用权出让金，并领取土地使用权证书的人。

(2) 持有建设工程规划许可证和施工许可证。

预售的商品房必须是合法建筑，即只有经过城市规划及住房城乡建设行政管理部门批准，发给建设工程规划许可证及施工许可证的工程建筑才可出售。

(3) 按提供预售的商品房计算，投入开发建设的资金达到工程建设总投资的25%以上，并已确定施工进行和竣工交付日期。

这是以出让方式取得土地使用权的房地产转让的必备条件，目的是为了保证预售的商品房确实能按期建成交房，防止到期无法交房导致矛盾产生，同时也可抑制房地产市场炒作。由于投入开发建设的资金总量难以准确测算，为方便预售管理，各地方政府分别制定了对预售商品房的形象进度要求。大多数地方对预售商品房的形象进度要求相同，即规定经规划审批为七层（含七层）以下的商品房预售项目，需完成结构工程并封顶；经规划审批为七层以上的商品房预售项目，需完成地面七层以上结构工程，方可申请办理预售许可证。

(4) 向县级以上人民政府房产管理部门办理预售登记，取得商品房预售许可证明。

3. 商品房预售合同的备案

商品房预售人应当同认购人签订预售房屋的合同，合同订立后应当按照国家有关规定将预售合同报县级以上人民政府房产管理部门和土地管理部门备案，以便于对商品房预售活动的监督与管理。

4. 商品房预售款的使用

商品房预售收入应存入专门的独立账户中，在住房城乡建设行政主管部门的监管下，专门用于本项目工程建设的有关开支，主要用于支付工程款，不得挪用。预售人使用预售资金时，应当持工程监理机构按照工程实际进度出具的项目预售资金使用计划证明，向预售资金监管银行提出划款申请。未提供工程监理机构出具的证明，预售资金监管银行不得直接向预售人划款。

5. 商品房预售后再行转让

《城市房地产管理法》规定："商品房预售的，商品房预购人将购买的未竣工的预售商品房再行转让的问题，由国务院规定。"但国务院至今并未就此制定相关行政法规或规范性文件。相关法律纠纷主要依照《合同法》《担保法》等法律的规定和地方政府的具体规定进行处理。如部分地方政府规定：预购商品房再转让的，预购人应当书面告知预售人，再转让双方应当在原合同上记载有关合同权益转让事项，并向原登记备案的房地产交易管理机构办理合同登记备案变更。

11.3.4　房地产抵押

1. 房地产抵押的基本概念

房地产抵押，是指抵押人以其合法的房地产以不转移占有的方式向抵押权人提供债务履行担保的行为。债务人不履行债务时，抵押权人有权依法以抵押的房地产拍卖所得的价款优先受偿。

预购商品房贷款抵押，是指购房人在支付首期规定的房价款后，由贷款银行代其支付其余的购房款，将所购商品房抵押给贷款银行作为偿还贷款履行担保的行为。

在建工程抵押，是指抵押人为取得在建工程继续建造资金的贷款，以其合法方式取得的土地使用权连同在建工程的投入资产，以不转移占有的方式抵押给贷款银行作为偿还贷款履行担保的行为。

2. 房地产抵押的法律特征

(1) 房地产抵押具有从属性，其抵押权从属于债权。

只有在债务人不履行已到期的债务时债权人才可行使抵押权来处分该房地产。抵押权随着债权的成立而成立，随着债权的转移而转移。

(2) 房地产抵押不以抵押权人实际占有抵押房地产为条件。

由于抵押的房地产只是提供债务履行的担保，而不是提供给抵押权人实际支配，所以抵押人在用其合法的房地产进行抵押时，抵押人对该房地产的实际占有权并不转移。

(3) 房地产抵押权人享有从抵押房地产的价款中优先受偿的权利。

房地产抵押后，如果债务人到期不履行债务或债务人在抵押期间解散或被宣布破产，那么，抵押权人可以依法申请将被抵押的房地产拍卖。对拍卖抵押房地产所得价款，抵押权人有比其他债权人优先得到清偿债务的权利。

(4) 房地产抵押具有物上追及力。

在抵押人将房地产抵押后，如果抵押人将抵押房地产擅自转让他人，那么，抵押权人可以追及抵押的房地产行使权力。对于因抵押权人追及抵押的房地产行使权力而使受让人遭受损失的，非法转让抵押房地产的抵押人应当承担相应的责任。抵押权的物上追及力还表现在抵押人将抵押的房屋租赁给他人时，抵押权不受影响；抵押人非经债权人同意，将已抵押房地产就同一担保价值作重复抵押的，重复抵押无效；抵押人在已抵押房地产上再设定其他抵押时，只能在先设抵押担保价值之外的余额的范围内设定抵押。

3. 不得抵押的房地产范围

(1) 权属有争议的房地产；

(2) 用于教育、医疗、市政等公共福利事业的房地产；

(3) 列入文物保护的建筑物和有重要纪念意义的其他建筑物；

(4) 已依法公告列入拆迁范围的房地产；

(5) 被依法查封、扣押、监管或者以其他形式限制的房地产；

(6) 依法不得抵押的其他房地产。

4. 房地产抵押合同

房地产抵押合同应当载明下列主要内容：

①抵押人、抵押权人的名称或者个人姓名、住所；②主债权的种类、数额；③抵押房地产的处所、名称、状况、建筑面积、用地面积以及四至等；④抵押房地产的价值；⑤抵押房地产的占用管理人、占用管理方式、占用管理责任以及意外损毁、灭失的责任；⑥债务人履行债务的期限；⑦抵押权灭失的条件；⑧违约责任；⑨争议解决方式；⑩抵押合同订立的时间与地点；⑪双方约定的其他事项。

5. 房地产抵押的设定

房地产抵押的设定，是指抵押人和抵押权人根据我国有关法律法规的规定，就抵押的房地产及其担保的债务等有关事项协商一致达成协议，签订抵押合同，并到政府规定部门办理抵押登记的过程。

依法取得的房屋所有权、连同该房屋占用范围内的土地使用权可设定抵押权；以出让方式取得的土地使用权也可设定抵押权。设定房地产抵押权的土地使用权是以划拨方式取得的，依法拍卖该房地产后，应当从拍卖所得的价款中缴纳相当于应缴纳的土地使用权出让金的款额后，抵押权人方可优先受偿。

签订房地产抵押合同后土地上新增的房屋不属于抵押财产，需要拍卖该抵押的房地产时，可依法将土地上新增的房屋与抵押财产一同拍卖，但对拍卖新增房屋所得，抵押权人无权优先受偿。

同一房地产设定两个以上抵押权的，抵押人应当将已经设定过的抵押情况告知抵押权人。抵押人所担保的债权不得超出其抵押物的价值。房地产抵押后，该抵押房地产的价值大于所担保债权的余额部分，可以再次抵押，但不得超出余额部分。以两宗以上房地产设定同一抵押权的，视为同一抵押房地产。但抵押当事人另有约定的除外。

国有企业、事业单位法人以国家授予其经营管理的房地产抵押的，应当符合国有资产管理的有关规定。有经营期限的企业以其所有的房地产设定抵押的，所担保债务的履行期限不应当超过该企业的经营期限。

以具有土地使用年限的房地产设定抵押的，所担保债务的履行期限不得超过土地使用权出让合同规定的使用年限减去已经使用年限后的剩余年限。

预购商品房贷款抵押的，商品房开发项目必须符合房地产转让条件并取得商品房预售许可证。

抵押人以共同共有的房屋设定抵押的，应事先征得其他共有人的书面同意，所有共有人均为抵押人；以按份共有的房屋设定抵押时，抵押人应当书面通知其他共有人，并以其本人所占有的份额为限。

以已出租的房地产抵押的，抵押人应当将租赁情况告知抵押权人，并将抵押情况告知承租人。原租赁合同继续有效。

抵押权可以随债权转让。抵押权转让时，应当签订抵押权转让合同，并办理抵押权变更登记。抵押权转让后，原抵押权人应当告知抵押人。

抵押人以已抵押的房屋再作抵押时，必须征得在先的抵押权人的书面同意，否则，后设立的抵押无效。以房屋中未设置抵押的部分设定抵押时，抵押人应事先将已作抵押的状况告知拟接受抵押的当事人。

6. 房地产抵押的登记

房地产抵押合同自签订之日起 30 日内，抵押当事人应当到房地产所在地的不动产登记管理部门办理房地产抵押登记。依法以房地产设定抵押的，可以由当事人持不动产权属证书、抵押合同与主债权合同等必要材料，共同申请办理抵押登记。房地产抵押合同自抵押登记之日起生效。因主债权转让导致抵押权转让的，当事人可以持不动产权属证书、不动产登记证明、被担保主债权的转让协议、债权人已经通知债务人的材料等相关材料，申请抵押权的转移登记。

7. 抵押房地产的管理

已作抵押的房地产，由抵押人占用与管理。抵押人在抵押房地产占用与管理期间应当维护抵押房地产的安全与完好。抵押权人有权按照抵押合同的规定监督、检查抵押房地产的管理情况。

经抵押权人同意，抵押房地产可以转让或者出租。抵押房地产转让或者出租所得价款，应当向抵押权人提前清偿所担保的债权。超过债权数额的部分，归抵押人所有，不足部分由债务人清偿。

抵押人占用与管理的房地产发生损毁、灭失的，抵押人应当及时将情况告知抵押权人，并应当采取措施防止损失的扩大。抵押的房地产因抵押人的行为造成损失使抵押房地产价值不足以作为履行债务的担保时，抵押权人有权要求抵押人重新提供或者增加担保以弥补不足。抵押人对抵押房地产价值减少无过错的，抵押权人只能在抵押人因损害而得到的赔偿的范围内要求提供担保。抵押房地产价值未减少的部分，仍作为债务的担保。

8. 抵押房地产的处分

有下列情况之一的，抵押权人有权要求处分抵押的房地产：①债务履行期满，抵押权人未受清偿的，债务人又未能与抵押权人达成延期履行协议的；②抵押人死亡，或者被宣告死亡而无人代为履行到期债务的，或者抵押人的合法继承人、受遗赠人拒绝履行到期债务的；③抵押人被依法宣告解散或者破产的；④抵押人违反《城市房地产抵押管理办法》的有关规定，擅自处分抵押房地产的；⑤抵押合同约定的其他情况。

抵押当事人经协商一致，可以通过拍卖等合法方式处分抵押房地产。协议不成的，抵押权人可以向人民法院提起诉讼。处分抵押房地产所得金额，依下列顺序分配：①支付处分抵押房地产的费用；②扣除抵押房地产应缴纳的税款；③偿还抵押权人债权本息及支付违约金；④赔偿由债务人违反合同而对抵押权人造成的损害；⑤剩余金额交还抵押人。处分抵押房地产所得金额不足以支付债务和违约金、赔偿金时，抵押权人有权向债务人追索不足部分。

11.3.5　房屋租赁

1. 房屋租赁的含义

房屋租赁是指房屋所有权人作为出租人将其所有的房屋出租给承租人使用，由承租人向出租人支付租金的行为。

2. 租赁房屋范围

为保障租赁房屋的合法性、适用性和安全性，《商品房屋租赁管理办法》规定，有下列情形之一的房屋不得出租：①属于违法建筑的；②不符合安全、防灾等工程建设强制性标准的；③违反规定改变房屋使用性质的；④法律、法规规定禁止出租的其他情形。

出租住房应当以原设计的房间为最小出租单位，人均租住建筑面积不得低于当地人民政府规定的最低标准。具体标准由直辖市、市、县人民政府制定。厨房、卫生间、阳台和地下储藏室等非居住空间，不得出租用于居住。

3. 租赁合同

为了明确房屋租赁双方当事人的权利和义务，也为了便于房地产管理部门管理，房屋租赁当事人之间应当签订书面租赁合同，并向房屋所在地房产管理部门登记备案。

房屋租赁合同的内容由双方约定，一般应包含以下内容：

(1) 房屋租赁当事人的姓名（名称）和住所；

(2) 房屋的坐落、面积、结构、附属设施，家具和家电等室内设施状况；

(3) 租金和押金数额、支付方式；

(4) 租赁用途和房屋使用要求；

(5) 房屋和室内设施的安全性能；

(6) 租赁期限；

(7) 房屋维修责任；

(8) 物业服务、水、电、燃气等相关费用的缴纳；

(9) 争议解决办法和违约责任；

(10) 房屋被征收时的处理办法。

对于住房租赁，双方对租赁期限约定不明确的，出租人可以随时解除住房租赁合同，但应提前三个月通知承租人。住房租赁企业出租自有住房的，除承租人另有要求外，租赁期限不得低于三年。

4. 租赁双方的主要权利和义务

出租人应当按照合同约定履行房屋的维修义务并确保房屋和室内设施安全，出租人未及时修复损坏的房屋，影响承租人正常使用的，应当按照约定承担赔偿责任或者减少租金。

承租人应当按月支付租金，当事人另有约定的除外。租赁合同中未约定租金调整次数和幅度的，在房屋租赁合同期内出租人不得单方面提高租金。

承租人应当按照合同约定的租赁用途和使用要求合理使用房屋，不得擅自改动房屋承重结构和拆改室内设施，不得损害他人的合法权益。承租人因使用不当等原因造成承租房屋和设施损坏的，承租人应当负责修复或者承担赔偿责任。

承租人转租房屋的，应当经出租人书面同意。承租人未经出租人书面同意转租的，出租人可以解除租赁合同，收回房屋并要求承租人赔偿损失。

房屋租赁期间内，因赠与、析产、继承或者买卖转让房屋的，原房屋租赁合同继续有效。承租人在房屋租赁期间死亡的，与其生前共同居住的人可以按照原租赁合同租赁该房屋。

房屋租赁期间出租人出售租赁房屋的，应当在出售前合理期限内通知承租人，承租人在同等条件下有优先购买权。

租赁有效期限届满，承租人必须把租赁房屋及时返还给出租人。出租人不得采取暴力、威胁或者其他强制方式驱逐承租人，收回房屋。对于住房租赁，在办理住房租赁备案后，租赁期限届满时承租人享有同等条件下优先继续承租的权利。

5. 房屋租赁合同的备案

房屋租赁合同订立后的 30 日内，房屋租赁当事人应当到租赁房屋所在地直辖市、市、县人民政府住房城乡建设（房地产）主管部门办理房屋租赁登记备案。办理房屋租赁登记备案，房屋租赁当事人应当提交下列材料：①房屋租赁合同；②房屋租赁当事人身份证明；③房屋所有权证书或者其他合法权属证明；④直辖市、市、县人民政府建设（房地产）主管部门规定的其他材料。

6. 房屋租赁合同的解除

出租人在租赁期限内不得解除房屋租赁合同，但承租人有下列情形之一的除外：

（1）无正当理由未支付或者迟延支付租金，出租人要求承租人在合理期限内支付，承租人逾期不支付的；

（2）未经出租人同意将房屋转租或者出借给他人的；

（3）擅自改变房屋用途、结构或者实施其他违法建设行为的；

（4）利用租赁房屋从事违法犯罪活动的；

（5）法律、行政法规规定或者租赁合同约定的其他情形。

11.3.6　房地产中介服务机构

1. 房地产中介服务机构的概念

所谓房地产中介服务，是指在房地产市场上从事咨询、经纪和评估等业务的活动。房地产中介服务机构，就是指在房地产市场上为从事房地产投资、开发和交易等活动的主体提供咨询、经纪和评估等服务的机构。房地产中介服务机构主要有以下几种：

（1）房地产咨询服务机构。它是从事有关房地产业的投资、开发、经营决策和交易活动等咨询服务的机构。此类机构拥有相关专业人才，较为了解房地产市场动态，能够提出较有预见性的见解，以帮助房地产相关企业和从业者作出合理的经营决策。

（2）房地产价格评估机构。它是从事有关房地产的估价活动的机构，这种机构主要根据社会、经济、政治、地理和个人因素等，利用科学的评估方法，权衡土地价格、房屋价格，并参照市场价格对房地产价格作出科学合理的评定。

（3）房地产经纪机构。它是从事房地产代理活动（即根据其他人委托，代理其他人从事房地产交易、开发等法律行为）的机构。

2. 房地产中介服务机构的设立条件

（1）有自己的名称和组织机构。

（2）有固定的服务场所。

（3）有必要的财产和经费。

（4）有足够数量的专业人员。

（5）法律、行政法规规定的其他条件。

11.4　国有土地上房屋征收

11.4.1　概述

国有土地上房屋征收是指国家对城市中的国有土地使用权和地上附属物所有权的征收，也就是以前所说的"城市房屋拆迁"。《城市房地产管理法》第六条规定："为了公共利益的需要，国家可以征收国有土地上单位和个人的房屋，并依法给予拆迁补偿……具体办法由国务院规定。"自从1991年国务院制定第一部《城市房屋拆迁管理条例》以来，国有土地上房屋征收一直由国务院制定的行政法规加以规范。2011年，国务院颁布了《国有土地上房屋征收与补偿条例》，同时废止了2001年颁布的《城市房屋拆迁管理条例》。

11.4.2　征收用途限制

《土地管理法》第五十八条规定了可以收回国有土地使用权的几种情况，具体包括"（一）为公共利益需要使用土地的；（二）为实施城市规划进行旧城区改建，需要调整使用土地的；（三）土地出让等有偿使用合同约定的使用期限届满，土地使用者未申请续期或者申请续期未获批准的；（四）因单位撤销、迁移等原因，停止使用原划拨的国有土地的；（五）公路、铁路、机场、矿场等经核准报废的。"《城市房地产管理法》第6条规定："为了公共利益的需要，国家可以征收国有土地上单位和个人的房屋。"

《国有土地上房屋征收与补偿条例》对于征收的用途限制作出了明确的列举式规定。该条例第8条规定，为了保障国家安全、促进国民经济和社会发展等公共利益的需要，有下列情形之一，确需征收房屋的，由市、县级人民政府作出房屋征收决定：

（1）国防和外交的需要；

（2）由政府组织实施的能源、交通、水利等基础设施建设的需要；

（3）由政府组织实施的科技、教育、文化、卫生、体育、环境和资源保护、防灾减灾、文物保护、社会福利、市政公用等公共事业的需要；

（4）由政府组织实施的保障性安居工程建设的需要；

（5）由政府依照《城乡规划法》有关规定组织实施的对危房集中、基础设施落后等地段进行旧城区改建的需要；

（6）法律、行政法规规定的其他公共利益的需要。

这一条款用列举的方式，将征收的合法目的限定在国防、外交、基础设施、公共事业、保障性住房、旧城改造等六种类型之内，对于目前争议较多的旧城改造类的征收，该条款明确给出了旧城区的定义——危房集中、基础设施落后的地段。除满足这两个条件的地段外，地方政府不能随意把其他城区定义为"旧城区"并进行房屋征收。

11.4.3　征收补偿

为了公共利益的需要，征收国有土地上单位、个人的房屋，应当对被征收房屋所有权人（以下称被征收人）给予公平补偿。征收补偿的范围包括被征收的国有土地使用权、地上的房屋及其附属物。征收未超过批准期限的临时建筑，按临时建筑在使用期限内的残存价值并参考剩余期限，给予适当补偿。

国有土地上房屋征收补偿包括以下三个部分：①被征收房屋价值的补偿；②因征收房屋造成的搬迁、临时安置的补偿；③因征收房屋造成的停产停业损失的补偿。

国有土地上房屋征收补偿的形式有货币补偿和产权调换两种。一般情况下，可由被征收人自行选择任意一种补偿方式。

1. 货币补偿

货币补偿是指政府对征收的房屋，按其价值，以付给货币的方式对被征收人的经济损失进行补偿。按照等价有偿的基本原则，货币补偿的金额根据被征收房屋的区位、用途、建筑面积等因素，以房地产市场评估价格确定。

被征收房屋的区位，是指房屋的地理位置，主要包括在城市或区域中的地位，与市中心、机场、港口、车站、政府机关等重要场所的距离、往来交通的便捷性及其房屋周围环境、景观等。

被征收房屋的用途是指其所有权证书上所标明的用途，所有权证书上未标明用途的，以产权档案中记录的用途为准。产权档案中也未记录用途的，以实际用途为准，但其实际用途必须是已依法征得规划部门同意，并取得合法手续的方为有效。

在确定补偿金额时，除房屋的区位、用途和建筑面积外，还应考虑被拆迁房屋的成新程度、权益状况、建筑结构形式、使用率、楼层、朝向等因素。

对被征收房屋价值的补偿，不得低于房屋征收决定公告之日被征收房屋类似房地产的市场价格。被征收房屋的价值应由具有相应资质的房地产价格评估机构按照房屋征收评估办法评估确定。一般情况下，被征收房屋的价值应当通过市场比较评估法确定。市场比较评估法是由房地产评估机构按照《房地产估价规范》的要求对被征收房地产按照市场上同地段、同类参考物业的价格进行评估，并结合各项调整因素进行调整后得出估价的方法。被征收房屋室内装饰装修价值，机器设备、物资等搬迁费用，以及停产停业损失等补偿，由征收当事人协商确定；协商不成的，可以委托房地产价格评估机构通过评估确定。将前述各项金额相加，再根据各地方的具体规定加上部分奖励和补助金额，最终即可计算出对被征收者的补偿。

为确保评估机构的公正立场，《国有土地上房屋征收与补偿条例》规定"房地产价格评估机构由被征收人协商选定；协商不成的，通过多数决定、随机选定等方式确定，具体办法由省、自治区、直辖市制定。"在已经采用市场评估法确定补偿金额的地区，一般采取由被拆迁人投票选择或者抽签决定这两种方式来确定评估机构。

房地产价格评估机构应当独立、客观、公正地开展房屋征收评估工作，任何单位和个人不得干预。为了规范国有土地上房屋征收中的估价行为，住房城乡建设部制定了《国有土地上房屋征收评估办法》。

2. 产权调换

被征收人可以选择货币补偿，也可以选择房屋产权调换。产权调换就是房屋征收部门以其他的房屋与被征收人的被征收房屋相交换，使被征收人对房屋征收部门提供的房屋拥有所有权。

产权调换补偿的本质与货币补偿相同。在法律上相当于征收者先向被征收者支付货币补偿，然后被征收者再用货币购买征收者提供的调换房屋。因此，采用产权调换方式进行补偿时，房屋征收部门应与被征收人计算、结清被征收房屋价值与用于产权调换房屋价值的差价。

因旧城区改建征收个人住宅，被征收人选择在改建地段进行房屋产权调换的，作出房屋征收决定的市、县级人民政府应当提供改建地段或者就近地段的房屋。

3. 房屋征收补助

采用产权调换方式进行补偿时，房屋征收部门还应对被征收人因房屋征收而产生的一些费用提供必要的补助，包括：搬迁费，临时安置费和停产、停业补偿费。由于采用货币补偿方式进行补偿时，这些费用已经包含在补偿金额之中，所以不再单独提供房屋征收补助。

（1）搬迁费

由于房屋被征收，该房屋的使用人必须搬迁至其他地方，而这必然会发生一定的费用，征收人对此理应承担一定的责任。《国有土地上房屋征收与补偿条例》规定，因征收房屋造成搬迁的，房屋征收部门应当向被征收人支付搬迁费。

（2）临时安置费

选择房屋产权调换的，产权调换房屋交付前，房屋征收部门应当向被征收人支付临时安置费或者提供周转用房。临时安置费是指房屋征收部门对被征收人在过渡期内自行安排住处可能发生费用的补助。临时安置费的支付期限为自征收协议中约定的将被征收房屋交由房屋征收部门之日起至搬迁至房屋征收部门提供的新安置用房之日止的时间。补助标准由各省、自治区、直辖市人民政府规定。

（3）停产、停业补偿

停产、停业补偿是指在征收生产、经营用房时，房屋征收部门给予被征收人因征收而造成的停产、停业损失的适当补偿。《国有土地上房屋征收与补偿条例》规定，对因征收房屋造成停产停业损失的补偿，根据房屋被征收前的效益、停产停业期限等因素确定。具体办法由省、自治区、直辖市制定。

11.4.4　征收程序

《国有土地上房屋征收与补偿条例》对原有的城市房地产征收程序进行了较大的修改，新的征收程序在制约政府的征收权力、保障被征收者的财产权利上有了显著的进步。这种进步主要体现在两个方面：①允许被征收者就征收用途的正当性提起行政复议或诉讼；②取消了行政强制拆迁制度。

《国有土地上房屋征收与补偿条例》规定的征收程序可以分为前期准备、征收公告、确定补偿、完成征收四个阶段。

1. 前期准备

市、县级政府的房屋征收部门应当根据国民经济和社会发展规划、土地利用总体规划、城乡规划和专项规划，制订征收土地的年度计划。保障性安居工程建设和旧城改造的计划，应当纳入市、县级国民经济和社会发展年度计划中。

需要征收土地时，由房屋征收部门拟订征收方案，报市、县级政府批准。政府应当组织有关部门（规划、土地、房管、建设、发展改革等部门）对征收方案进行论证，政府应当对征收项目的影响进行社会稳定风险评估，并检查征收补偿款项是否足额到位，专户存储、专款专用。

政府应当将征收方案公布并征求公众意见。征求意见期限不得少于 30 日。政府应将征求意见情况和根据公众意见修改的情况及时公布。如果多数被征收人认为征收补偿方案不合法，应当组织由被征收人和公众代表参加的听证会，并根据听证会情况修改方案。

目前，一些地方政府已经制定了关于征收许可听证的地方法规，确定了听证程序的细节。有的地区还将听证范围扩大到了所有的房屋征收项目。

2. 征收公告

市、县级政府批准房屋征收方案后，应当及时发布征收公告。公告应当载明征收项目内容、征收范围、补偿方案以及被征收人的各项权利。

发布公告的同时，房屋征收部门应当书面通知土地、规划、市政、工商等有关部门暂停办理涉及被征收房地产的相关手续，并在征收范围内公布。

同时，房屋征收部门还要会同有关部门，对拟征收范围内房屋的权属、区位、用途、建筑面积等情况进行调查摸底登记，对未经登记的建筑进行调查、认定和处理。调查结果应当在拟征收范围内向被征收人公布。

被征收人对于政府作出的房屋征收决定存在不同意见的，可以申请行政复议或提起行政诉讼。

3. 确定补偿

征收公告发布之后，房屋征收部门组织被征收人选定房地产评估机构。如果被征收人协商不能取得一致，则采用投票方式或随机抽取的方式选出评估机构。由评估机构对被征收房屋的市场交易价格进行评估，评估应尽量采用市场比较法和收益法。被征收人对评估确定的被征收房屋价值有异议的，可以向房地产价格评估机构申请复核评估。对复核结果有异议的，可以向房地产价格评估专家委员会申请鉴定。

征收双方在评估结果的基础上谈判达成征收补偿协议。如果在征收补偿方案确定的签约期限内达不成补偿协议，或者被征收房屋所有权人不明确的，由房屋征收部门报请作出房屋征收决定的市、县级政府依照本条例的规定，按照征收补偿方案作出补偿决定，并在房屋征收范围内予以公告。

被征收人对于政府作出的补偿决定不服的，可以申请行政复议或直接提起行政诉讼。

4. 完成征收

如果征收双方达成征收补偿协议，或者虽然双方未能达成征收补偿协议，但被征收人没有对政府作出的补偿决定申请行政复议或提起行政诉讼的，在支付征收补偿或完成产权调换后，被征收人向房屋征收部门转移被征收房屋的权利和占有，征收完成。

如果征收双方无法达成协议，房屋征收部门作出征收补偿决定后，被征收人申请行政复议或提起行政诉讼，则市、县级政府应当按照行政复议的结果或行政诉讼的判决重新确定补偿方案。在政府支付了相应的补偿后，被征收人应当向房屋征收部门转移被征收房屋的权利和占有。如果被征收人拒绝履行法院的判决，市、县级政府可以申请法院强制执行。

如果被征收人在法定期限内不申请行政复议或者不提起行政诉讼，在补偿决定规定的期限内又不搬迁的，由作出房屋征收决定的市、县级政府依法申请法院强制执行。

11.5　房地产登记管理

11.5.1　概述

1. 基本概念

房地产登记管理，是指国家有关房地产行政主管部门代表政府对房地产产权及其合法变动情况，予以审查、确认、记载，并颁发相应证书的管理活动。《城市房地产管理法》第 59 条明确规定：“国家实行土地使用权和房屋所有权登记发证制度。”2007 年颁布实施的《物权法》明确要求建立不动产统一登记制度。2014 年 11 月国务院颁布《不动产登记暂行条例》(本节内简称《条例》)，同时明确由国土资源部承担不动产登记职责。《条例》在整合吸收土地登记办法、房屋登记办法等有关内容基础上，结合近年来不动产登记实践，按照既尊重现实又继承、提升的思路，对不动产统一登记制度作了多方面的整合和创新，建立起了统一的不动产登记制度，改变了我国长久以来多部门分散管理不动产登记的状况。国土资源部随后于 2016 年 1 月发布《不动产登记暂行条例实施细则》，对不动产登记的具体实施作出了细致的规定。

《条例》规定，不动产是指土地、海域以及房屋、林木等定着物。这一定义将土地并入了不动产概念中，体现出土地是不动产的基础和根源，房屋所有权、林地使用权、草地使用权等其他不动产物权的存续都必须以土地权利作为依托。

2. 不动产登记范围

明确登记范围，是开展登记工作的前提。《条例》对不动产权利体系按照所有权、用益物权、担保物权的基本分类，进行了组合优化，使之更加有利于登记工作的开展。《条例》规定，统一登记的不动产权利包括以下类型：①集体土地所有权；②房屋等建筑物、构筑物所有权；③森林、林木所有权；④耕地、林地、草地等土地承包经营权；⑤建设用地使用权；⑥宅基地使用权；⑦海域使用权；⑧地役权；⑨抵押权；⑩法律规定需要登记的其他不动产权利。

3. 不动产登记管理机关

国土资源部负责指导、监督全国不动产登记工作，县级以上地方人民政府应确定一个部门负责本行政区域不动产登记工作，并接受上级不动产登记主管部门的指导和监督。不动产登记由不动产所在地的县级人民政府不动产登记机构办理。对于跨行政区域的不动产登记，《条例》规定了分别办理、协商办理和指定办理等不同办理方式。

11.5.2 不动产登记簿

1. 不动产登记簿的概念

不动产登记簿是记载不动产的权利状况并备存于特定机关的簿册，不动产登记簿是物权归属和内容的根据，其存在使权利人产权有了实质性体现。

不动产单元，是指权属界线封闭且具有独立使用价值的空间。不动产登记以不动产单元作为基本单位，不动产单元具有唯一编码。

不动产单元的划分规则为：没有房屋等建筑物、构筑物以及森林、林木定着物的，以土地、海域权属界线封闭的空间为不动产单元；有房屋等建筑物、构筑物以及森林、林木定着物的，以该房屋等建筑物、构筑物以及森林、林木定着物与土地、海域权属界线封闭的空间为不动产单元。前述房屋包括独立成幢、权属界线封闭的空间，以及区分套、层、间等可以独立使用、权属界线封闭的空间。

2. 不动产登记簿的内容

不动产登记簿登记以下内容：不动产的坐落、界址、空间界线、面积、用途等自然状况；不动产权利的主体、类型、内容、来源、期限、权利变化等权属状况；涉及不动产权利限制、提示的事项；其他相关事项。

《条例》要求登记机构设立统一的不动产登记簿，将不动产准确、完整、清晰地予以记载；规范了登记形式，要求登记簿原则上采用电子介质，暂不具备条件的，可以采用纸质介质；细化了保管责任，要求登记机构建立健全相应的安全责任制度，永久保存登记簿，配备安全保护设施，任何人不得损毁登记簿，除依法予以更正外不得修改登记事项，登记簿损毁、灭失的，要依据原有登记资料予以重建。

3. 不动产登记簿的作用

（1）就权利人而言，不动产登记簿是有效表明权利人就不动产所享有的权利的证明文件，能够清晰地展现不动产上的权利变动状况，具有法律权威性；

（2）就第三人而言，不动产登记簿具有公信力；

（3）就国家来说，不动产登记簿便于国家对有关不动产进行监督与管理，便于人民法院在发生损害赔偿纠纷时确定责任的归属。

11.5.3 登记程序

1. 申请

因买卖、设定抵押权等申请不动产登记的，应当由当事人双方共同申请。属于下列情形的，可以由当事人单方申请：

（1）尚未登记的不动产首次申请登记的；

（2）继承、接受遗赠取得不动产权利的；

（3）人民法院、仲裁委员会生效的法律文书或者人民政府生效的决定等设立、变更、转让、消灭不动产权利的；

（4）权利人姓名、名称或者自然状况发生变化，申请变更登记的；

（5）不动产灭失或者权利人放弃不动产权利，申请注销登记的；

（6）申请更正登记或者异议登记的；

（7）法律、行政法规规定可以由当事人单方申请的其他情形。

申请人应当向不动产所在地的登记机构提出申请，提交申请登记材料，并对材料的真实性、合法性、有效性负责。共有不动产申请登记的，应当经占份额 2/3 以上的按份共有人或者全体共同共有人共同申请，但共有人另有约定的除外；无民事行为能力人、限制民事行为能力人的不动产，应当由其监护人代为申请登记；委托代理人申请房屋登记的，代理人应当提交授权委托书和身份证明；因继承、受遗赠取得不动产申请登记的，应当提交死亡证明材料、遗嘱或者不动产分配协议以及亲属关系材料等，也可以提交有效文书或公证材料。

2. 受理与审核

申请人提交的申请登记材料齐全且符合法定形式的，不动产登记机构予以受理并出具书面凭证。申请人提交的申请登记材料不齐全或者不符合法定形式的，不动产登记机构应当不予受理，并告知申请人需要补正的内容。

受理登记申请后，不动产登记机构须查验申请人、委托代理人身份证明材料、授权委托书与申请主体是否一致，权属来源材料或者登记原因文件与申请登记的内容是否一致，以及申请登记材料中须进一步明确的其他有关事项。询问申请人的结果应当经申请人签字确认并存档保留。不动产登记机构认为登记事项存在异议的，应当依法向有关机关提出审查建议。

对于以下情况，不动产登记机构在审核登记内容时还应该进行实地查看：

（1）房屋等建筑物、构筑物所有权首次登记，查看房屋坐落及其建造完成等情况；

（2）在建建筑物抵押权登记，查看抵押的在建建筑物坐落及其建造等情况；

（3）因不动产灭失导致的注销登记，查看不动产灭失等情况。

有下列情形之一的，不动产登记机构无需审核，可直接办理不动产登记：

（1）人民法院持生效法律文书和协助执行通知书要求不动产登记机构办理登记的；

（2）人民检察院、公安机关依据法律规定持协助查封通知书要求办理查封登记的；

（3）人民政府依法作出征收或者收回不动产权利决定生效后，要求不动产登记机构办理注销登记的；

（4）法律、行政法规规定的其他情形。

3. 公告

有下列情形之一的，不动产登记机构应当在登记事项记载于登记簿前进行公告，但涉及国家秘密的除外：

（1）政府组织的集体土地所有权登记；

（2）宅基地使用权及房屋所有权，集体建设用地使用权及建筑物、构筑物所有权，土地承包经营权等不动产权利的首次登记；

（3）依职权更正登记；

（4）依职权注销登记；

（5）法律、行政法规规定的其他情形。

不动产登记公告的主要内容包括：拟予登记的不动产权利人的姓名或者名称；拟予登记的不动产坐落、面积、用途、权利类型等；提出异议的期限、方式和受理机构；需要公告的其他事项。

公告应当在不动产登记机构门户网站以及不动产所在地等指定场所进行，公告期不少于15个工作日。公告期满无异议或者异议不成立的，应当及时记载于不动产登记簿。

4. 登记发证

登记申请符合条件的，不动产登记机构应当予以登记，将不动产自然状况、权利状况、权限限制状况及其他依法应当登记的事项记载于房屋登记簿。登记簿原则上采用电子介质。不动产登记机构根据不动产登记簿的记载，缮写并向权利人发放不动产权属证书或不动产登记证明。其中，办理抵押权登记、地役权登记和预告登记、异议登记，登记机构向申请人核发不动产登记证明；其余情况下，登记机构向申请人核发不动产权属证书。

11.5.4　国有建设用地使用权及房屋所有权登记

具有国有建设用地使用权的，可以单独申请国有建设用地使用权登记。依法利用国有建设用地建造房屋的，可以申请国有建设用地使用权及房屋所有权登记。具有独立利用价值的特定空间以及码头、油库等其他建筑物、构筑物所有权的登记，参照房屋所有权登记有关规定办理。

申请国有建设用地使用权及房屋所有权首次登记的，应当提交下列材料：①不动产权属证书或者土地权属来源材料，根据权利取得方式的不同，土地权属来源材料包括国有建设用地划拨决定书、国有建设用地使用权出让合同、国有建设用地使用权租赁合同以及国有建设用地使用权作价出资（入股）、授权经营批准文件等；②建设工程符合规划的材料；③房屋已经竣工的材料；④房地产调查或者测绘报告；⑤相关税费缴纳凭证；⑥其他必要材料。根据《物权法》对建筑物区分所有权的相关规定，办理房屋所有权首次登记时，申请人应当将建筑区划内依法属于业主共有的道路、绿地、其他公共场所、公用设施和物业服务用房及其占用范围内的建设用地使用权一并申请登记为业主共有。业主转让房屋所有权的，其对共有部分享有的权利依法一并转让。

申请国有建设用地使用权及房屋所有权变更登记的，应当根据不同情况，提交下列材料：①不动产权属证书；②发生变更的材料；③有批准权的人民政府或者主管部门的批准文件；④国有建设用地使用权出让合同或者补充协议；⑤国有建设用地使用权出让价款、税费等缴纳凭证；⑥其他必要材料。

申请国有建设用地使用权及房屋所有权转移登记的，应当根据不同情况，提交下列材料：①不动产权属证书；②买卖、互换、赠与合同；③继承或者受遗赠的材料；④分割、合并协议；⑤人民法院或者仲裁委员会生效的法律文书；⑥有批准权的人民政府或者主管部门的批准文件；⑦相关税费缴纳凭证。

不动产买卖合同依法应当备案的，申请人申请登记时须提交经备案的买卖合同。

11.6　物　业　管　理

11.6.1　物业管理概述

1. 物业管理的概念

物业管理又称物业服务，是指业主（房屋所有权人）通过选聘物业服务企业，由业主和物业服务企业按照物业服务合同约定，对房屋及配套的设施设备和相关场地进行维修、养护、管理，维护物业管理区域内的环境卫生和相关秩序的活动。

为规范物业管理服务行为，明确物业所有权人、使用权人和物业服务企业之间的法律关系和责任，保障业主和物业服务企业的合法权益，推进物业管理服务的市场化，促进和谐社区建设，实现社会效益、经济效益和环境效益的共同提高，国家先后发布了一系列重要的物业管理法规和部门规章，其中比较重要的有《物业服务条例》（2003 年 6 月国务院发布，于 2007 年、2016 年两次修订）、《物业服务企业资质管理办法》（2004 年 3 月建设部发布，2007 年 11 月修正。）和《物业服务收费管理办法》（国家发改委、建设部 2003 年发布）。

2. 物业管理的性质

物业管理是一种社会化、专业化、经营型的管理服务。

物业管理是一种社会化的管理服务，它是由物业服务企业进行的，作为管理主体的物业服务企业不享有国家公权力，这种管理与由政府部门和派出机关进行的街道、社区行政管理存在着明显的区别。

物业管理是一种专业化的管理服务，它是由专门的物业服务企业按照法律法规的规定和合同的约定，根据产权人的要求，利用专门的技术和管理手段，对合同中约定的物业，在其职权范围内提供的专业化管理服务。

物业管理是一种经营型的管理服务。物业服务活动也是物业企业的经营活动。物业服务企业通过提供管理和服务，使业主的权利和利益得到保障和增值，作为收益人的业主则应按合同的约定向物业服务企业支付报酬。

3. 物业管理的职能

（1）服务

服务是物业管理的主要职能。物业管理服务的内容主要有：公共服务，即为物业的产权人和使用人提供经常性基本服务，如治安、消防、绿化、环卫等；专项服务，如各种设备、设施的维修等；特约服务，即为满足特定的物业产权人的特别需求而提供的服务，如代管房屋、寄养宠物、收寄邮件等。

（2）管理

管理是物业管理为完成服务职能而必须具有的另一职能，它是依据物业服务企业与物业所有权人签订的合同进行的综合管理，内容主要有：制定物业管理服务的各种规章制度，如管理标准、操作规范、服务标准、物业区管理办法等；协调物业所有人相互之间的关系；管理物业档案等。

（3）经营

物业服务企业在物业服务合同的约束下，可以开展多种经营活动以获取收益。物业服务企业利用物业共用部位、共用设施设备开展经营，应取得相关业主、业主大会或业主委员会的授权，其收益应主要用于补充专项维修资金，也可以按照业主大会的决定使用。

11.6.2 业主及其组织

1. 业主的权利和义务

业主是房屋的所有权人，业主的财产权利是物业管理的基础。《物业管理条例》规定，业主在物业管理活动中享有以下权利：

（1）按照物业服务合同的约定，接受物业服务企业提供的服务；

（2）提议召开业主大会会议，并就物业管理的有关事项提出建议；

（3）提出制定和修改管理规约、业主大会议事规则的建议；

（4）参加业主大会会议，行使投票权；

（5）选举业主委员会委员，并享有被选举权；

（6）监督业主委员会的工作；

（7）监督物业服务企业履行物业服务合同；

（8）对物业共用部位、共用设施设备和相关场地使用情况享有知情权和监督权；

（9）监督物业共用部位、共用设施设备专项维修资金的管理和使用；

（10）法律、法规规定的其他权利。

业主在物业管理活动中，履行下列义务：

（1）遵守业主规约、业主大会议事规则；

（2）遵守物业管理区域内物业共用部位和共用设施设备的使用、公共秩序和环境卫生的维护等方面的规章制度；

（3）执行业主大会的决定和业主大会授权业主委员会作出的决定；

（4）按照国家有关规定缴纳专项维修资金；

（5）按时缴纳物业服务费用；

（6）法律、法规规定的其他义务。

2. 业主大会

业主大会由物业管理区域内的全体业主组成，业主大会应当代表和维护物业管理区域内全体业主在物业管理活动中的合法权益。一个物业管理区域只成立一个业主大会。物业管理区域的划分应当考虑物业的共用设施设备、建筑物规模、社区建设等因素。

业主大会会议分为定期会议和临时会议。业主大会定期会议应当按照业主大会议事规则的规定召开。业主大会议事规则应当就业主大会的议事方式、表决程序、业主委员会的组成和成员任期等事项作出约定。经20%以上的业主提议，业主委员会应组织召开业主大会临时会议。召开业主大会会议，应当于会议召开15日以前通知全体业主。住宅小区

245

的业主大会会议，应当同时告知相关的居民委员会。

业主大会会议可以采用集体讨论的形式，也可以采用书面征求意见的形式，但应当有物业管理区域内专有部分占建筑物总面积过半数且占业主总人数过半数的业主参加。

业主大会履行以下职责：

（1）制定和修改业主大会议事规则；

（2）制定和修改管理规约；

（3）选举业主委员会或者更换业主委员会成员；

（4）选聘和解聘物业服务企业；

（5）筹集和使用专项维修资金；

（6）改建、重建建筑物及其附属设施；

（7）有关共有和共同管理权利的其他重大事项。

以上第（5）、第（6）项必须经专有部分占建筑物总面积 2/3 以上的业主且占业主总人数 2/3 以上的业主同意方可通过，其余事项须经专有部分占建筑物总面积过 1/2 的业主且占业主总人数过 1/2 的业主同意方可通过。业主大会作出的决定对物业管理区域内的全体业主都具有约束力。

3. 业主委员会

业主委员会是业主大会的执行机构。业主委员会委员应当由热心公益事业、责任心强、具有一定组织能力的业主担任，业主委员会主任、副主任在业主委员会会员中推选产生。只有一个业主，或业主人数较少且经全体业主一致同意，决定不成立业主大会的，由业主共同履行业主大会、业主委员会职责。业主委员会应当自选举产生之日起 30 日内，向物业所在地的区、县人民政府房地产行政主管部门和街道办事处、乡镇人民政府备案。

业主委员会履行下列职责：

（1）召集业主大会会议，报告物业管理的实施情况；

（2）代表业主与业主大会选聘的物业服务企业签订物业服务合同；

（3）及时了解业主、物业使用人的意见和建议，监督和协助物业服务企业履行物业服务合同；

（4）监督管理规约的实施；

（5）业主大会赋予的其他职责。

4. 物业管理规约

物业管理规约是为了维护和增进物业管理区域内全体业主的共同利益、由业主大会制定并通过的、对全体业主具有约束力的行为公约。管理规约的效力不局限于参与订立规约和表决通过规约的业主，对于同一物业管理区域内的全体业主及其继承人，以及代管人、承租人、借用人等非业主的物业实际使用人，管理规约同样有效。

对于管理规约的法律性质，学术界一般有"契约说"、"协约说"和"法律规则说"等三种观点。管理规约的效力及于未签约的业主，与一般的契约明显不同；管理规约的内容具有较强的强制性，也不同于劳动协议等协约。相对来说，管理规约的性质更类似于企业的章程，属于业主团体的"自治规则"，其法律效力来自于《物权法》、《物业管理条例》等法律法规的授权，应属于一种"准法律规则"。

管理规约对物业的使用、维护、管理，业主的共同利益，业主应当履行的义务，违反管理规约应当承担的责任等事项依法作出约定。管理规约应当尊重社会公德，不得违反法律、法规或者损害社会公共利益。业主认为物业规约的内容、业主大会或者业主委员会作出的决定侵害业主合法权益的，可以向法院起诉，请求法院予以撤销。在法院撤销之前，管理规约的规定和业主大会或业主委员会作出的决定均为有效，业主应严格遵守。

由于法律并未授予物业服务企业、业主大会和业主委员会对业主采取强制措施的权力，因此在业主行为违反管理规约时，物业服务企业、业主大会、业主委员会不能采取强制措施，而只能采用说服劝告、在本物业管理区域内公布违约业主或物业使用人的姓名及违约事实等措施，要求其改正违约行为，并可要求其承担规约中规定的责任。如果业主拒不改正或拒绝承担责任，物业服务企业、业主大会、业主委员会或其他业主可以向有行政执法权的相关政府部门和机构举报其违法行为，请求行政机关采取行政强制措施或作出行政处罚；或者直接向法院起诉。

11.6.3 物业管理服务

1. 前期物业管理

在业主、业主大会选聘物业服务企业之前，建设单位可以选聘物业服务企业提供前期物业管理服务。住宅物业的建设单位应当通过招投标的方式选聘具有相应资质的物业服务企业。建设单位应当在销售物业之前，制定临时管理规约，对有关物业的使用、维护、管理，业主的共同利益，业主应当履行的义务，违反临时管理规约应当承担的责任等事项依法作出约定。建设单位应当按照规定在物业管理区域内配置必要的物业管理用房。业主依法享有的物业共用部位、共用设施设备的所有权或者使用权，建设单位不得擅自处分。

在物业销售前，建设单位应将临时管理规约向物业买受人明示并予以说明。物业买受人在与建设单位签订物业买卖合同时，应当书面承诺遵守临时管理规约。前期物业服务合同可以约定期限；但是业主委员会与物业服务企业签订的物业服务合同生效的，前期物业服务合同自动终止。

2. 物业服务合同

业主委员会应当与业主大会选聘的物业服务企业订立书面的物业服务合同。物业服务合同应当对物业管理事项、服务质量、服务费用、双方的权利义务、专项维修资金的管理与使用、物业管理用房、合同期限、违约责任等内容进行约定。

物业服务企业应当按照物业服务合同的约定，提供相应的服务，未能履行物业服务合同的约定，导致业主人身、财产安全受到损害的，应当依法承担相应的法律责任。

3. 物业服务收费

物业服务收费应当遵循合理、公开以及费用与服务水平相适应的原则，区别不同物业的性质和特点分别实行政府指导价和市场调节价。具体定价形式由省、自治区、直辖市人民政府价格主管部门会同房地产行政主管部门确定。

业主和物业服务企业应按照《物业服务收费管理办法》，在物业服务合同中约定物业服务收费的标准。业主与物业管理企业可以采取包干制或者酬金制等形式约定物业服务费用。

物业管理企业应当按照政府价格主管部门的规定实行明码标价，在物业管理区域内的显著位置，将服务内容、服务标准以及收费项目、收费标准等有关情况进行公示。

业主应当根据物业服务合同的约定缴纳物业服务费用。已竣工但尚未出售或者尚未交给物业买受人的物业，物业服务费用由建设单位缴纳。

4. 专项维修资金

住宅物业、住宅小区内的非住宅物业或者与单幢住宅楼结构相连的非住宅物业的业主，应当按照国家有关规定缴纳专项维修资金。专项维修资金属于业主所有，专项用于物业保修期满后物业共用部位、共用设施设备的维修和更新、改造，不得挪作他用。

5. 物业服务企业的法定义务

物业服务企业的义务由物业服务合同确定，物业服务企业应当按照物业服务合同的约定，提供相应的服务。《物业管理条例》对物业管理服务的法定义务作出了以下规定：

（1）物业服务企业承接物业时，应当与业主委员会办理物业验收手续。

（2）未经业主大会同意，物业服务企业不得改变物业管理用房的用途。物业服务合同终止时，物业服务企业应当将物业管理用房和竣工总平面图，单体建筑、结构、设备竣工图，配套设施、地下管网工程竣工图等竣工验收资料交还给业主委员会。

（3）物业服务合同终止时，业主大会选聘了新的物业服务企业的，物业服务企业之间应当做好交接工作。

（4）物业服务企业可以将物业管理区域内的专项服务业务委托给专业性服务企业，但不得将该区域内的全部物业管理一并委托给他人。

案 例 分 析

【案例 11-1】2013 年 2 月 26 日，某市发改局向该市建设局下发《关于下达××市 2013 年保障性安居和旧城区改造工程房屋征收计划的通知》，其中保障性安居工程（棚户区改造）项目表包括某小区东侧棚户区。2013 年 7 月，该市政府组织相关部门对《××市××小区东侧棚户区地块（二期）房屋征收补偿方案》进行论证，同时发布选择评估机构的公告。多数被征收人选择该市××房地产评估测绘有限公司（以下简称××评估公司）为评估机构。2013 年 9 月 27 日，该市政府作出《关于对××小区东侧棚户区地块（二）房屋征收的决定》。王某 67.2m² 砖木结构有照住宅房屋和 46m² 无照房屋在征收范围内。根据航拍图可以证明，王某的 46m² 无照房屋建成于 2006 年 9 月 1 日之前，但王某不能举证证明其无照房屋建成于 1990 年 4 月 1 日前。评估时，对其无照房屋按照临时建筑予以评估。2013 年 11 月 1 日，××评估公司对王某有照住宅房屋、无照房屋、装修及附属价值作出《房地产征收估价报告》。王某对评估结果有异议，但未申请复核评估。在规定的签约期限内，房屋征收部门与王某经多次协商，双方未能达成补偿协议。2013 年 12 月 20 日，该市政府作出《关于对王某房屋征收补偿的决定》。王某不服征收补偿决定，向省人民政府提出行政复议申请。省人民政府维持了该市政府作出的补偿决定。王某仍不服提起诉讼，请求撤销征收补偿决定，并对因房屋征收造成的停产停业损失和从业人员的工资予以合理补偿。另查明，王某 67.2m² 有照房屋是其 2006 年从他人手中购买的，当时双方签订的买卖协议中注明"附属 48m² 在内"。又查明，××评估公司在 2002 年以前是该市住房保障和房产管理局的一个部门，2002 年改制后独立。在该公司注册的评估师保留了原单位事业编制。2015 年 6 月 23 日，该省住建厅作出《关于责令××评估公司限期改正有关问题的通知》。该公司于 2015 年 7 月解散。

【分析】本案是一起由房屋征收引发的法律纠纷，分析如下：

(1)《国有土地上房屋征收评估办法》（以下简称《征收评估办法》）第四条第一款规定："房地产价格评估机构由被征收人在规定时间内协商选定；在规定时间内协商不成的，由房屋征收部门通过组织被征收人按照少数服从多数的原则投票决定，或者采取摇号、抽签等随机方式确定。具体办法由省、自治区、直辖市制定。"该市政府根据多数被征收人的意见，选定××评估公司作为本案征收补偿行为的评估单位，选定评估机构的主要程序合法。《征收评估办法》第二十条第一款规定："被征收人或者房屋征收部门对评估结果有异议的，应当自收到评估报告之日起 10 日内，向房地产价格评估机构申请复核评估。"《国有土地上房屋征收与补偿条例》第十九条第一款规定："对被征收房屋价值的补偿，不得低于房屋征收决定公告之日被征收房屋类似房地产的市场价格。被征收房屋的价值，由具有相应资质的房地产价格评估机构按照房屋征收评估办法评估确定。"××评估公司依照法定程序作出评估结论，王某主张该评估报告对其被征收财产的价值认定不合理，但未在法定期限内依法申请复核。在一、二审及法院审查期间，王某亦未举证证明，××评估公司对其被征收财产的评估价格，明显低于当地类似房地产的市场价格。综上，尽管××评估公司自身存在不符合行业行政管理相关规定的问题，但不足以否认评估结论的合法性。王某主张评估不合法申请再审，不予支持。

(2) 无照房屋性质认定的主要时间节点为 1990 年 4 月 1 日，也即《城市规划法》施行之日。该法第四十条规定，在城市规划区内未取得城市规划主管部门核发的建设许可证或者未按照建设工程规划许可证的规定进行建设的建筑物，属于违法建筑物。但改正后保留的建筑物，不认定为违法建筑物。本案征收补偿方案规定，被征收人能够提供真实有效的原始凭证，证明其房屋为 1990 年 4 月 1 日前建成，具备居住条件的无照房屋，可以参照正式有照房屋予以补偿，但不享受赠送、奖励等其他优惠；对 1990 年 4 月 1 日至 2006 年 9 月 1 日之间建设的房屋，视为合法临时建筑，参照建筑成本价给予合理补偿；2006 年 9 月 1 日之后建设的房屋，视为违法建筑，不予补偿。征收补偿方案的规定，与法律的规定不冲突，应当认定为合法有效。王某主张其 46m² 无照房屋建于 2006 年 9 月 1 日之前，但没有证据证明该房屋建成于 1990 年 4 月 1 日以前，该市政府在调查核实的基础上，按照合法临时建筑对其 46m² 无照房屋予以评估补偿，主要事实清楚，符合本案征收补偿方案的规定，已经充分保障了王某的合法权益。王某主张对其 46m² 无照房屋应按照有照房屋予以补偿，理由不能成立。

(3)《征收评估办法》第九条第三款规定，对于已经登记的房屋，其性质、用途和建筑面积，一般应当以房屋权属证书和房屋登记簿的记载为准。国务院办公厅国办发 [2003] 42 号《关于认真做好城镇房屋拆迁工作维护社会稳定的紧急通知》（以下简称 42 号通知）第四条规定："对拆迁范围内产权性质为住宅，但已依法取得营业执照经营性用房的补偿，各地可根据其经营情况、经营年限及纳税等实际情况给予适当补偿。"依照以上规定，产权证记载为住宅用房，尽管被征收人实际用于经营，已取得营业执照并能够提供纳税证明，但从房的性质上讲仍应认定为住宅。42 号通知同时授权地方人民政府对此类房屋的补偿标准作出具体规定。该市政府制定的本案征收补偿方案规定，不临主要街路自行改变用途的住宅房屋，工商税务手续齐全，实际用于经营的，按照住宅标准予以补偿安置；选择货币补偿，营业损失按照被征收房屋价值的 10% 予以一次性补偿。征收补偿方案的上述规定，与法律、行政法规不相冲突，应当认定为合法有效。王某的 67.2m²

有照房屋登记为住宅，实际用于经营，征收补偿决定按照住宅予以评估补偿，并给予住宅总价值 10％的营业损失补偿，符合征收补偿方案的规定。王某主张应当按照经营性用房的标准予以补偿，没有事实和法律依据，不予支持。

思 考 题

1. 简述我国房地产管理相关法律、法规和部门规章的立法现状。
2. 简述房地产开发的概念、特点和原则。
3. 成立房地产开发企业应具备哪些条件？
4. 哪些房地产不能转让？
5. 商品房预售应满足哪些条件？
6. 哪些房地产不可抵押？
7. 什么情况下抵押权人可以处分抵押房地产？
8. 房屋租赁双方应履行哪些法定义务？
9. 住房租赁中双方的权利义务与其他房屋租赁有何区别？
10. 为了哪些用途，可以进行国有土地上房屋征收？
11. 国有土地上房屋征收的补偿标准如何确定？
12. 征收国有土地上的房屋应遵循什么法定程序？
13. 简述不动产统一登记的意义和程序。
14. 申请国有建设用地使用权及房屋所有权首次登记，需要提交哪些材料？
15. 什么是物业服务，业主享有什么权利，承担哪些义务？
16. 业主大会和业主委员会分别履行哪些职责，哪些事项需要经专有部分占建筑物总面积 2/3 以上的业主且占总人数 2/3 以上的业主同意方可通过，为什么？

第12章 风景名胜区法律制度

12.1 概　述

12.1.1 风景名胜区的概念

1. 风景名胜区的概念

广义上的风景名胜区，是具有较高美学、科学与历史文化价值，以自然景观为主，融人文景观为一体，有国家典型性、代表性的特殊地域。我国的风景名胜区则是特指具有观赏、文化或者科学价值，自然景观、人文景观比较集中，环境优美，经县级以上人民政府审定命名、划定范围，可供人们游览或者进行科学、文化活动的区域。它分为国家级，省级和市、县级三级。风景资源可分为自然资源与人文资源两大类，自然资源是指：山川、河流、湖泊、海滨、岛屿、森林、动植物、特殊地质、地貌、溶洞、化石、天文气象等自然景观。人文资源包括文物古迹、历史遗址、革命纪念地、园林、古建筑、工程设施、宗教寺庙等人文景物和它们所处环境以及风土人情。

风景名胜区与自然保护区、森林公园、地质公园、湿地公园等，都属于保护地的类型。保护地，即受到保护的区域（地区），也被称为保护区、保护区域等。世界自然保护联盟（IUCN）将其定义为：一个为实现自然界及相关的生态系统服务和文化价值得到长期保护而通过法律或其他有效途径，明确规定的、公认的、专设的、获得管理的地理空间。与自然保护区、森林公园、地质公园、湿地公园主要为保护特定的生物资源、地质资源、生态环境等不同，风景名胜区的主要目的在于保护特定的自然景观或人文资源。这几类保护地中，自然保护区的保护力度最强，原则上不允许参观、游览；风景名胜区的保护力度较低，允许在保护自然、生态环境的前提下开展旅游和参观活动；其他几种，如森林公园、地质公园、湿地公园等的保护力度介于两者之间，既需要保护特定的自然或生态资源，又可以适度开展游览。

我国的风景名胜区和国际上的国家公园既有联系，也有区别。国际上最负盛名的国家公园，也是世界上第一个国家公园当属美国的黄石国家公园。100多年来，世界上已有124个国家建立了2600多个国家公园，其面积约占地球陆地面积的2.6％。但国家公园的主要目的在于自然环境和生态资源保护，次要目的在于旅游参观。例如，我国有些特定区域，既有着独特的地质地貌、生物资源和自然环境，需要实行严格的保护，也有着优美的景观可对游客适度开放。例如，神农架同时设立了国家级自然保护区、国家森林公园、国家地质公园、国家湿地公园和省级风景名胜区，目前正在整合上述保护地，创建一个统一的国家公园，该国家公园将分为严格保护区、生态保育区、游憩展示区和传统利用区四个不同的主体功能区，其中90％面积为严格保护区和生态保育区，承担保护功能，不足10％为游憩展示区和传统利用区，允许适度的参观游览。也有些地区主要以景观为主，如故宫、承德避暑山庄等，是纯粹的风景名胜区，不具备自然和生态保护功能。

2. 风景名胜区的特点

风景名胜区真正的价值在于人与自然的交流，是欣赏自然和陶冶情操的场所，也是获得爱国主义激情的瑰宝之地。

风景名胜区与一般城市公园、经济开发区、度假区相比，有其自身的特点：

(1) 风景名胜区是一个珍贵的资源库，它是自然遗产或是前人的文化遗产。后人的首要任务是对这些珍贵的遗产给予加倍的保护，使之传于后世。

(2) 风景名胜区的这类资源是可供人欣赏，能给人以美感或精神熏陶的自然景物或人文景物，具有社会效益、环境效益，又具有经济效益。

(3) 风景名胜区的资源既是珍贵的，又是脆弱的，不可再生。

因此，其特点决定了对风景名胜区的保护是第一位的。

国际上对国家公园的认同价值是，认为国家公园是"生物基因库"、环境的指示器和自然博物馆，是研究生态系统的实验室和环境教育的课堂。现在，各国也都从以上几个方面的价值趋向对国家公园予以审定。

3. 我国风景名胜区概况

我国地域辽阔、历史悠久，风景名胜资源也遍布各地，这是大自然和前人留给我们的宝贵财富。自 20 世纪 80 年代以来，我国加大了对风景名胜区的保护力度。1982 年 11 月，国务院审定公布了第一批 44 个国家级风景名胜区，总面积约 1.4 万 km^2，占国土面积的 0.15%。1988 年，公布了第二批共 40 个国家级风景名胜区，面积 3 万 km^2，加上省、市县级风景名胜区共 512 处，各级风景名胜区总面积为 9.6 万 km^2，占国土面积的 1%。1993 年，国务院公布了第三批共 35 处国家级风景名胜区，面积约为 2.1 万 km^2。2002 年 5 月，国务院公布了第四批 32 处。截至 2016 年 9 月，全国风景名胜区已有 962 个，其中国家级风景名胜区有 225 个，基本形成了国家级、省级风景名胜区的管理体系。

这些风景名胜区集中了我国风景名胜的精华，包括了山岳、峡谷、江河、湖泊、瀑布、溶洞、冰川、火山、海滨、岛屿、森林、草原珍贵动植物、历史遗迹、革命圣地、民俗风情等各种类型的代表性景观。其中，泰山、黄山、神农架、武陵源、九寨沟、黄龙、峨眉山、庐山、武夷山、云南"三江并流"、南方喀斯特和三清山等风景区，被列为世界遗产，还有一些风景区正在申报世界遗产。

风景名胜区具有山河壮丽、文化灿烂、历史积淀非常深厚、民俗风情十分丰富的特点，吸引了大量游人前去访胜猎奇，陶冶情操，锻炼体魄，进而激发热爱祖国的激情。同时，还是研究地球变化、生物进化等自然科学的天然实验室和博物馆，其中人文景观为研究人类文明进步提供了直接的标本。通过严格保护下的合理利用，它们还能作为旅游资源加以开发，从而带动地方的经济建设，并通过开展科研文化活动产生社会效益。

12.1.2　风景名胜区管理法规现状

我国风景名胜区管理的立法工作是与国家法制的健全和完善进程同步发展的。

1983 年 3 月，国务院批转国家城建总局、国务院环境保护领导小组、国家文物局和国家旅游局《关于加强风景名胜区保护管理工作的报告》，报告系统地阐述了有关风景名胜区工作的方针、政策，并对风景名胜区资源的调查、管理体制、机构设置和规划建设等都作了明确规定。这是国家推进风景名胜区工作的一个重要的指导性文件。

1985 年 6 月 7 日，国务院颁布了《风景名胜区管理暂行条例》（以下简称《条例》）共十七条。这是我国第一个关于风景名胜区工作的行政法规。《条例》的颁布为我国风景名胜区资源保护，以及规划、建设、管理工作提供了科学的法律依据，对指导和保障风景名胜区事业健康发展起了十分重要的作用。

1985 年，全国人大批准我国加入联合国教科文组织的《保护世界文化和自然遗产公约》，这样，使得我国的风景名胜区管理工作有了国际标准，我国的风景名胜将以其珍贵的价值和绚丽的风姿展现于世界。

1987 年 6 月，城乡建设环境保护部颁布了《风景名胜区管理暂行条例实施办法》，对贯彻执行国务院的《条例》作了具体规定。

1992 年 11 月，建设部发布《风景名胜区环境卫生管理标准》。1993 年 12 月 20 日，建设部发布《风景名胜区建设管理规定》。1994 年 3 月 4 日，建设部发布《中国风景名胜区形势与展望》绿皮书，回顾了风景名胜区事业十五年来的发展历程，并对未来的发展方向及需要采取的措施作了明确的规定。

之后，国家陆续发布了其他一系列风景名胜区管理的法规。1994 年 11 月，建设部发布《风景名胜区管理处罚规定》；1995 年 3 月，建设部发布《风景名胜区安全管理标准》；1995 年 3 月，国务院办公厅印发《关于加强风景名胜区保护管理工作的通知》；2000 年 9 月，建设部发布《城市古树名木保护管理办法》；2001 年 4 月，建设部发布《国家重点风景名胜区规划编制审批管理办法》；2003 年 10 月，建设部和国家文物局发布《关于公布中国历史文化名镇（村）（第一批）的通知》；2004 年 1 月，建设部发布《国家重点风景名胜区审查办法》；2006 年 1 月，建设部发布《关于命名国家园林城市的决定》。

2006 年 9 月，国务院发布了《风景名胜区条例》，取代了原《风景名胜区管理暂行条例》，对风景名胜区的管理体制、设立、规划、保护、利用和管理、法律责任等内容作出了规定，是我国当前风景名胜区管理的主要依据。

2015 年 9 月，住房城乡建设部修订和重新发布了《国家级风景名胜区规划编制审批办法》，对国家级风景区规划编制的内容、要求、审批程序、执行等予以了详细规定。

此外，各地方人大、地方政府结合本地实际情况，制定颁布了地方性的风景名胜区管理法规、规章，如江苏、四川、湖北、黑龙江等省都颁布了本省的风景名胜区管理条例。一些风景名胜区管理机构，如杭州西湖、苏州寒山寺、安徽黄山、云南石林等风景名胜区管理部门也都颁发了各地的风景名胜区管理办法或实施细则。

12.2 风景名胜区的设立

12.2.1 风景名胜区设立的标准

依据《风景名胜区条例》，设立风景名胜区，应当有利于保护和合理利用风景名胜资源，因而风景名胜区的设立应具备一定的标准。1991 年，联合国国际自然保护联合会通过了关于确定国家公园标准的主要原则。我国已于 1985 年加入联合国《保护世界文化和自然遗产公约》；中国风景园林学会风景名胜专业委员会和中国城市规划学会风景环境学术委员会 1992 年 11 月 18 日在杭州西湖通过的《国家风景名胜区宣言》（《西湖宣言》）确定对我国的国家风景名胜区的审定，也基本上采用国际标准。依据此标准，风景名胜区应满足以下几个方面的要求：

(1) 面积不少于 $10km^2$，具有优美景观、特殊生态或地形，具有国家代表性；

(2) 为长期保护优美自然景观、原生动植物、特殊生态系统而设置；

(3) 应由国家权力机构采取措施，限制工商业及聚居的开发，禁止伐木、采矿、建厂、放牧及狩猎等行为，以便有效地维护自然景观和生态；

(4) 要维护现有的自然景观，作为现代及未来的旅游审美、科研、教育及启智的资源。根据联合国教科文组织世界遗产委员会的确定标准，世界遗产地应该具有以下条件：

(1) 反映地球进化历史主要阶段的突出范例；

(2) 重要的地质过程、生物进化和人与自然环境关系的突出代表者；

(3) 独特、珍稀濒危生物物种的栖息地。

12.2.2 风景名胜区设立的程序

风景名胜区划分为国家级风景名胜区和省级风景名胜区。自然景观和人文景观能够反映重要自然变化过程和重大历史文化发展过程，基本处于自然状态或者保持历史原貌，具有国家代表性的，可以申请设立国家级风景名胜区；具有区域代表性的，可以申请设立省级风景名胜区。

申请设立风景名胜区应当提交包含下列内容的有关材料：

(1) 风景名胜资源的基本状况；

(2) 拟设立风景名胜区的范围以及核心景区的范围；

(3) 拟设立风景名胜区的性质和保护目标；

(4) 拟设立风景名胜区的游览条件；

(5) 与拟设立风景名胜区内的土地、森林等自然资源和房屋等财产的所有权人、使用权人协商的内容和结果。

设立国家级风景名胜区，由省、自治区、直辖市人民政府提出申请，国务院住房城乡建设主管部门会同国务院环境保护主管部门、林业主管部门、文物主管部门等有关部门组织论证，提出审查意见，报国务院批准公布。

设立省级风景名胜区，由县级人民政府提出申请，省、自治区人民政府住房城乡建设主管部门或者直辖市人民政府风景名胜区主管部门，会同其他有关部门组织论证，提出审查意见，报省、自治区、直辖市人民政府批准公布。

12.3 风景名胜区的规划

12.3.1 风景名胜区规划的原则

风景名胜区规划应遵循以下原则：

1. 全面调查，整体保护

风景名胜区的规划应建立在该区域的自然资源、历史人文、综合环境和社会经济条件全面系统的调查研究基础上，揭示其整体价值，制定优化的技术措施，提出有效的保护措施。规划应充分发挥风景名胜区的环境、社会和经济上的效益，协调各项事业之间的关系。

2. 因地制宜，因景制宜

风景名胜区的规划必须坚持因地制宜，因景制宜，突出本风景名胜区特性和自然环境的主导作用，切忌大搞"人工化"造景。

3. 恰当、合理布置配套设施

风景名胜区的规划要对区域内的基础设施进行全面评估，提出改进和完善的意见，对商业、服务等设施提出分级分类设置的方案，避免损害景观价值的行为。

12.3.2　风景名胜区规划的种类与内容

依据《风景名胜区条例》，风景名胜区规划分为总体规划和详细规划。风景名胜区总体规划的编制，应当体现人与自然和谐相处、区域协调发展和经济社会全面进步的要求，坚持保护优先、开发服从保护的原则，突出风景名胜资源的自然特性、文化内涵和地方特色。风景名胜区应当自设立之日起 2 年内编制完成总体规划。总体规划的规划期一般为20 年。

风景名胜区总体规划应当包括下列内容：

（1）风景资源评价；

（2）生态资源保护措施、重大建设项目布局、开发利用强度；

（3）风景名胜区的功能结构和空间布局；

（4）禁止开发和限制开发的范围；

（5）风景名胜区的游客容量；

（6）有关专项规划。

风景名胜区详细规划应当根据核心景区和其他景区的不同要求编制，确定基础设施、旅游设施、文化设施等建设项目的选址、布局与规模，并明确建设用地范围和规划设计条件。风景名胜区详细规划，应当符合风景名胜区总体规划。

12.3.3　风景名胜区规划的编制与审批

1. 风景名胜区规划的编制

国家级风景名胜区规划由省、自治区人民政府住房城乡建设主管部门或者直辖市人民政府风景名胜区主管部门组织编制。省级风景名胜区规划由县级人民政府组织编制。

编制风景名胜区规划，应当采用招标等公平竞争的方式选择具有相应资质等级的单位承担。风景名胜区规划应当按照经审定的风景名胜区范围、性质和保护目标，依照国家有关法律、法规和技术规范编制。

编制风景名胜区规划，应当广泛征求有关部门、公众和专家的意见；必要时，应当进行听证。风景名胜区规划报送审批的材料应当包括社会各界的意见以及意见采纳的情况和未予采纳的理由。

2. 风景名胜区规划的审批

国家级风景名胜区的总体规划，由省、自治区、直辖市人民政府审查后，报国务院审批。国家级风景名胜区的详细规划，由省、自治区人民政府建设主管部门或者直辖市人民政府风景名胜区主管部门报国务院住房城乡建设主管部门审批。

省级风景名胜区的总体规划，由省、自治区、直辖市人民政府审批，报国务院建设主管部门备案。省级风景名胜区的详细规划，由省、自治区人民政府住房城乡建设主管部门或者直辖市人民政府风景名胜区主管部门审批。

12.3.4　风景名胜区规划的执行

风景名胜区规划经批准后，应当向社会公布，任何组织和个人有权查阅。风景名胜区内的单位和个人应当遵守经批准的风景名胜区规划，服从规划管理。

经批准的风景名胜区规划不得擅自修改。确需对风景名胜区总体规划中的风景名胜区范围、性质、保护目标、生态资源保护措施、重大建设项目布局、开发利用强度以及风景名胜区的功能结构、空间布局、游客容量进行修改的，应当报原审批机关批准；对其他内容进行修改的，应当报原审批机关备案。风景名胜区详细规划确需修改的，应当报原审批机关批准。政府或者政府部门修改风景名胜区规划对公民、法人或者其他组织造成财产损失的，应当依法给予补偿。

风景名胜区总体规划的规划期届满前 2 年，规划的组织编制机关应当组织专家对规划进行评估，作出是否重新编制规划的决定。在新规划批准前，原规划继续有效。

12.4　风景名胜区的保护

12.4.1　风景名胜区保护的原则

风景名胜区的各种自然资源和人文资源组成的各具特色的景观是风景名胜区的宝贵财富。鉴于风景名胜区资源的珍贵性和脆弱性以及其不可再生性等特性，对风景名胜区资源的保护必须是第一位的，在任何情况下都应贯彻"严格保护，统一管理，合理开发，永续利用"的方针。开发利用风景名胜资源应该是保护性开发和合理地利用。对风景名胜区的保护必须遵循下列原则。

1. 整体保护原则

风景名胜区是自然与历史文化相融合的有机整体，是一个地域概念。保护不仅仅是保护区域内的几个点或是几条线。保护，首先应该是整体观念上的保护，是区域的保护。

2. 自然的保护方法原则

保护风景名胜区应尽可能采取自然的方法，在修复遭受破坏的风景或名胜地时，也应尽量恢复其原貌。要保护风景名胜区的典型性、代表性的自然景观，保护其特有的空间尺度感和自然美的感染力，保护好自然景观的"天生丽质"。

3. 维护自然生态原则

要保护山岳、水流及植物不受破坏，水体、空气等环境不受污染。大力提倡植树绿化，封山育林，防止水土流失，保护好名木古树。

4. 尊重历史文化原则

保护有历史文化价值的史迹、古建筑、摩崖石刻、名人故居等名胜古迹，要保护好历史文化的氛围。对历史文化遗迹的修复要慎重，原则应是修旧如旧。

12.4.2　风景名胜区的建设活动管理

1. 风景名胜区建设活动管理的基本原则

风景名胜区的建设与一般意义的开发建设不同，它服从于风景资源保护这一首要任务。风景名胜区建设既要考虑经济效益，更要考虑社会效益和环境保护。因此，风景名胜区建设有其特定的含义：首先是对处于原始状态的景物及周围环境的清理整治，包括对古建筑、古迹文物的修复和绿化工程设施的建设等；其次是对风景名胜区内的道路、交通、供水、供电、排水、排污、环境卫生等基础设施的建设；再次是对风景名胜区内旅馆、索道、停车场、商店等旅游设施和生活设施的建设。

风景名胜区建设的基本原则可归纳为：

（1）以保护为主的原则。风景名胜区的建设是我国风景名胜区历史的延续，是对自然景观和人文景观的必要的保护和合理利用。

（2）遵循规划原则。风景名胜区规划是切实地保护、合理地开发建设和科学地管理风景名胜区的综合部署。经批准的规划就是风景名胜区开发建设的依据，所有开发建设都必须遵循总体规划和详细规划。

（3）风格协调和谐的原则。风景名胜区的建设应充分认识到现有的自然景观和历史文化遗产是主体，是根本性的，人造的物质形象只能是从属于主体，服务于风景环境的需要。因此，风景名胜区的建设应力求风格协调和谐，防止和制止损害景区、景点审美价值的"破坏性"建设。

2. 风景名胜区建设活动管理的措施

依据《风景名胜区条例》，对风景名胜区内的建设活动要严格管理。风景名胜区规划未经批准的，不得在风景名胜区内进行各类建设活动。

禁止违反风景名胜区规划，在风景名胜区内设立各类开发区和在核心景区内建设宾馆、招待所、培训中心、疗养院以及与风景名胜资源保护无关的其他建筑物；已经建设的，应当按照风景名胜区规划，逐步迁出。在风景名胜区内从事建设活动，应当经风景名胜区管理机构审核后，依照有关法律、法规的规定办理审批手续。在国家级风景名胜区内修建缆车、索道等重大建设工程，项目的选址方案应当报国务院住房城乡建设主管部门核准。

国家级风景名胜区的建设活动控制更为严格。应先进行合理的功能分区，各类建设活动都应列入规划，而核心景区内的建设活动更是要严格控制。依据《国家级风景名胜区规划编制审批办法》，不得在核心景区内安排下列项目、设施或者建筑物：

（1）索道、缆车、铁路、水库、高等级公路等重大建设工程项目；

（2）宾馆、招待所、培训中心、疗养院等住宿疗养设施；

（3）大型文化、体育和游乐设施；

（4）其他与核心景区资源、生态和景观保护无关的项目、设施或者建筑物。

在风景名胜区内开展建设活动，同样要遵循工程建设的基本程序要求，需要通过可行性研究和立项审批，再通过土地批复、规划许可、施工图审查、施工许可、工程质量监督、环境影响评价等各种审批手续。与一般工程建设项目不同的是，这些建设程序的审查会更为严格，尤其是土地批复、环境影响评价等，工程建设项目立项的难度会远高于一般项目。而且，立项批复以后，对于勘察设计、施工的过程监管也会更为严格。依据《风景名胜区条例》，风景名胜区内的建设项目应当符合风景名胜区规划，并与景观相协调，不得破坏景观、污染环境、妨碍游览。在风景名胜区内进行建设活动的建设单位、施工单位应当制定污染防治和水土保持方案，并采取有效措施，保护好周围景物、水体、林草植被、野生动物资源和地形地貌。

12.4.3 风景名胜区保护的其他措施

保护国家风景名胜人人有责。在风景名胜区内的所有机关、单位、部队、居民和游人都必须爱护风景名胜区的景物、林木、设施和环境。为达到保护的目的，各风景名胜区应采取以下几方面的措施。

1. 严格保护景观和资源环境

风景名胜区内的景观和自然环境，应当根据可持续发展的原则，严格保护，不得破坏或者随意改变。风景名胜区管理机构应当建立健全风景名胜资源保护的各项管理制度，应当对风景名胜区内的重要景观进行调查、鉴定，并制定相应的保护措施。风景名胜区内的居民和游览者应当保护风景名胜区的景物、水体、林草植被、野生动物和各项设施。

2. 风景名胜区内的禁止行为

在风景名胜区内禁止进行下列活动：

（1）开山、采石、开矿、开荒、修坟立碑等破坏景观、植被和地形地貌的活动；

（2）修建储存爆炸性、易燃性、放射性、毒害性、腐蚀性物品的设施；

（3）在景物或者设施上刻划、涂污；

（4）乱扔垃圾。

3. 风景名胜区内的严格控制行为

在风景名胜区内进行下列活动，应当经风景名胜区管理机构审核后，依照有关法律、法规的规定报有关主管部门批准：

（1）设置、张贴商业广告；

（2）举办大型游乐等活动；

（3）改变水资源、水环境自然状态的活动；

（4）其他影响生态和景观的活动。

4. 风景名胜区的信息管理

国家建立风景名胜区管理信息系统，对风景名胜区规划实施和资源保护情况进行动态监测。

国家级风景名胜区所在地的风景名胜区管理机构应当每年向国务院住房城乡建设主管部门报送风景名胜区规划实施和土地、森林等自然资源保护的情况；国务院住房城乡建设主管部门应当将土地、森林等自然资源保护的情况，及时抄送国务院有关部门。

12.5　风景名胜区的利用与管理

12.5.1　风景名胜区的管理体制

对风景名胜区这一法定区域实行统一管理，这是由风景名胜资源的特点所决定的。风景名胜资源是土地、森林、水体、动植物、文物等各种资源的有机结合体，不可分割。这种综合资源的价值不仅大大高于单项资源的价值，也高于各项资源价值的简单叠加。只有实行统一管理，才能科学、合理地配置各类资源，充分发挥资源的综合性功能，避免造成资源破坏。

依据《风景名胜区条例》，国家对风景名胜区实行科学规划、统一管理、严格保护、永续利用的原则。

各级人民政府按管理职能分工，对不同类型的风景名胜区设立、规划、保护、管理等活动进行管理：

（1）国务院住房城乡建设主管部门负责全国风景名胜区的监督管理工作。国务院其他有关部门按照国务院规定的职责分工，负责风景名胜区的有关监督管理工作。

（2）省、自治区人民政府住房城乡建设主管部门和直辖市人民政府风景名胜区主管部门，负责本行政区域内风景名胜区的监督管理工作。省、自治区、直辖市人民政府其他有关部门按照规定的职责分工，负责风景名胜区的有关监督管理工作。

（3）风景名胜区所在地县级以上地方人民政府设置的风景名胜区管理机构，负责风景名胜区的保护、利用和统一管理工作。

12.5.2　风景名胜区的主要管理制度

1. 合理利用景观资源制度

风景名胜区管理机构应当根据风景名胜区的特点，保护民族民间传统文化，开展健康有益的游览观光和文化娱乐活动，普及历史文化和科学知识。

风景名胜区管理机构应当根据风景名胜区规划，合理利用风景名胜资源，改善交通、服务设施和游览条件。

2. 依法管理特殊资源与文化制度

风景名胜区内宗教活动场所的管理，依照国家有关宗教活动场所管理的规定执行。风景名胜区内涉及自然资源保护、利用、管理和文物保护以及自然保护区管理的，还应当执行国家有关法律、法规的规定。

3. 参观游览安全保障制度

风景名胜区管理机构应当建立健全安全保障制度，加强安全管理，保障游览安全，并督促风景名胜区内的经营单位接受有关部门依据法律、法规进行的监督检查。

风景名胜区管理机构应当在风景名胜区内设置风景名胜区标志和路标、安全警示等标牌。

禁止超过允许容量接纳游客和在没有安全保障的区域开展游览活动。

4. 景区特许经营和公益性保障制度

进入风景名胜区的门票，由风景名胜区管理机构负责出售。门票价格依照有关价格的法律、法规的规定执行。风景名胜区内的交通、服务等项目，应当由风景名胜区管理机构依照有关法律、法规和风景名胜区规划，采用招标等公平竞争的方式确定经营者。风景名胜区管理机构应当与经营者签订合同，依法确定各自的权利义务。经营者应当缴纳风景名胜资源有偿使用费。

风景名胜区的门票收入和风景名胜资源有偿使用费，实行收支两条线管理。风景名胜区的门票收入和风景名胜资源有偿使用费应当专门用于风景名胜资源的保护和管理以及风景名胜区内财产的所有权人、使用权人损失的补偿。具体管理办法，由国务院财政部门、价格主管部门会同国务院住房城乡建设主管部门等有关部门制定。

风景名胜区管理机构不得从事以营利为目的的经营活动，不得将规划、管理和监督等行政管理职能委托给企业或者个人行使。风景名胜区管理机构的工作人员，不得在风景名胜区内的企业兼职。

【**案例 12-1**】宜昌景区位于长江三峡的西陵峡段，是三峡大坝蓄水后长江三峡风光中唯一原貌保存的百里山水峡谷画廊，拥有中外驰名的三峡水利枢纽工程和葛洲坝水利枢纽工程，景区旅游中心城市宜昌市有"世界电都"之称，在整个长江三峡风景名胜区和长江三峡旅游格局中占有举足轻重的地位。

宜昌景区内的经济、文化发展水平比较落后，当地居民长期以采掘（采石、采矿等）采伐、垦殖为生，人们缺乏生态环保意识，使得景区的资源环保利益与社区的经济利益存在尖锐的矛盾与冲突，这给景区的环境保护管理工作带来很大难度。长期以来，宜昌景区的风景资源保护开发利用与管理体制上存在许多问题，各种利益矛盾盘根错节，屡屡发生冲突。有的景点景段隶属多家领导，条块分割，管理权限虚置，不能形成统一的管理体制和行之有效的管理运行机制。为解决这一老大难问题，宜昌市政府组建成立了长江三峡风景名胜区宜昌景区管理局，深入实地调查研究，取得了大量第一手资料，对症下药，综合治理，探索出统一建制下实行有效管理的方法与途径。

宜昌景区的环境保护管理工作，首先从狠抓法制建设和宣传教育入手。"一手硬"，即重拳出击，严厉打击破坏生态环保的各种劣行，取缔景区内开山炸石的违法行为，拆迁景区内严重污染环境的企业；"一手软"，即开展法制宣传教育，做好深入细致的思想教育工作，兼顾部门利益与社区利益，妥善处理各种利益矛盾，取得了各部门和社区民众的广泛支持。"硬软兼施"，双管齐下，各部门齐抓共管，有效地扼制了景区内破坏生态环境的不良行为。其次，完善规划，规范管理。宜昌景区在环境保护管理工作中，认真修订和完善景区规划，用规划带动管理。通过完善景区规划，建章立制，为风景资源和生态环境保护提供了依据，使景区的资源与环境保护管理工作有章可循；加强景区的硬件建设与软件建设，使景区生态环境保护管理工作有了坚实的支撑条件，提高了景区资源开发与生态环境保护的综合管理水平。此外，充分调动社区民众参与景区风景资源与生态环境保护的积极性。例如，结合退耕还林，进行农业结构调整，促进景区的绿化与水土保持工作；加强景区水、电、路等基础设施建设，积极改善群众生产生活条件，帮助解决了当地居民生产生活的部分困难，把保护与开发有机结合起来，引导景区农民积极参与旅游开发，捧起旅游经济的"金饭碗"，促成了当地居民思想观念和生产生活方式的转变。

【分析】从宜昌景区生态环境保护管理工作的成功经验，可得到以下启示：

（1）应坚持风景名胜资源国家产权管理的原则

从传统管理体制来看，风景名胜资源名义上为国家所有，但实际上是"产权虚置"，"谁占有，谁开发；谁开发，谁所有"。所有权被化为各地方、各部门所有，往往找不到产权管理的责任人。"产权虚置"导致许多景区的资源与环境破坏，国有资产的流失，为了有效地实施景区的资源与生态环境保护管理工作，应更新思想观念，大力进行体制改革，把风景资源和生态环境看成是国有资产的重要组成部分，对其进行资产化管理，并建立相应的管理体制，加强风景资源核算工作，这是今后风景名胜区管理体制改革的一个重要方面。只有这样，才能保证我国景区资源与环境保护管理工作的可持续发展。

（2）充分发挥政府部门在旅游业和风景名胜区环境保护管理中的作用

旅游业综合性强，涉及领域广，同时旅游产品具有公共性，同一旅游资源谁都想分享并可能加以利用，从而会产生"搭便车"的现象，加之景区内的生态环境保护管理工作牵涉到多部门多地域的利益矛盾，需要统筹、协调解决，单靠景区管理部门往往无能为力，这就需要发挥政府的主导作用与调控、协调职能。否则，景区的生态环境保护管理工作就难以取得成效。实行政府主导型战略，在法制的基础上建立起统一高效和权威的风景名胜区管理体制，是实现旅游业可持续发展和景区生态环保管理工作可持续发展的保证。

（3）把严格执法和宣传教育工作有机结合

景区的资源和生态环境遭到破坏的原因与执法不严和宣传教育不力都有很大关系，在严格执法的同时，应对景区的居民和游客大力开展环境保护法规知识的宣传工作，努力增强人们的环保意识。有了地方居民和游客的支持和配合，景区的环境管理工作将顺利得多。

（4）公众参与，民主管理是景区环境保护管理的重要方向

景区的生态环境保护管理工作应增强民主管理意识，重视利益相关者的介入；搞好利益协调，实行利益分享或景区与社区的"双赢"，增强景区居民环保工作的责任感，发挥其能动作用。这对有效地搞好景区环境保护管理工作具有十分重要的作用和意义。

（5）景区生态环境保护工作是一项系统工程，必须统筹兼顾，综合治理

景区生态环境保护管理工作的研究对象是人与自然这个相互作用的复杂系统，管理工作涉及自然、环境、社会、人口、资源、经济、体制、法律、科技、文化、宣传、教育等诸多因素，牵涉到多部门、跨地域的复杂利益关系，是一项复杂的系统工程，必须持综合的观点、系统的思想，采取灵活多样的方法与措施，统筹兼顾，硬软结合，综合治理。只有这样，才能收到较理想的效果。

（6）景区资源与环境保护管理工作是一项艰巨、长期、持续、渐进的工作

风景名胜区的资源与生态环境保护管理工作，应以可持续发展的理念为指导，它既不是一朝一夕式的工作，也不可能是一蹴而就、一劳永逸的，而是一项艰巨、长期、持续、渐进的工作，风景名胜区管理部门应积极、主动地在景区推行 ISO 14000 环境管理体系，使风景名胜区的资源保护和环境管理工作步入自我完善、不断提高、持续发展的良性循环轨道。

思 考 题

1. 什么是风景名胜区，有哪些特点？
2. 简述风景名胜区设立的标准和程序。
3. 简述风景名胜区的保护原则和措施。
4. 风景名胜区规划有哪些种类，分别包括什么内容？
5. 风景名胜区规划编制、审批和执行的程序和要求是什么？
6. 风景名胜区内禁止的建设活动有哪些？
7. 简述风景名胜区内的禁止行为和严格控制行为。
8. 简述风景名胜区的管理体制和主要管理制度。

第13章 市政公用事业法律制度

13.1 概　　述

13.1.1 市政公用事业的概念及分类

1. 市政公用事业的概念

市政公用事业是指城镇人民政府管理的，为城镇居民生产生活提供必需的普遍服务的行业。市政公用事业既有行业的含义，也有活动的含义。

从行业含义说，市政公用事业包括市政工程、公用事业、园林绿化、市容和环境卫生四大行业。市政公用事业是城镇的重要基础设施，是城镇经济和社会发展的主要载体，是重要的社会公共事业，直接关系到社会公共利益，关系到人民群众生活质量，关系到城镇经济和社会的可持续发展，具有显著的基础性、先导性、公用性等特点。

从活动的含义说，市政公用事业包括供水、供气、供热、公共交通、园林绿化、市容和环境卫生、排水、防洪、道路、桥涵、路灯等与城镇发展、公民生产生活密切相关的活动。

2. 市政公用事业的分类

（1）市政工程业

市政工程业是指从事道路、桥涵、排水、污水处理、防洪、路灯等建设的行业。市政工程业可划分为：城镇道路、城镇排水、城镇防洪三部分。

（2）城镇公用事业

城镇公用事业是指从事城镇供水、供热、供气、公共交通（公共汽车、电车、地铁、轮渡、出租汽车及索道缆车）等建设与管理的行业。

（3）园林和绿化业

园林与绿化业是指从事各类园林、苗圃、树木、花草等城镇绿化建设与管理的行业。

（4）市容和环境卫生

市容和环境卫生业是指从事城镇容貌、环境卫生设施、城镇生活垃圾及卫生填埋、城镇公共厕所等建设与管理的行业。

13.1.2 市政公用事业市场化改革

我国的市政公用事业是在计划经济时期建立起来的，在我国实行市场经济后，计划经济时期的管理和运行方式与市场经济的要求产生了许多冲突。建设部在 2002 年 12 月 27 日发布了《关于加快市政公用行业市场化进程的意见》，认为开放市政公用行业投资建设、运营、作业市场，建立政府特许经营制度，是为保证公众利益和公共工程的安全，促进市政公用事业发展，提高市政公用行业的运行效率而建立的一种新型制度。各级住房城乡建设行政主管部门应妥善处理好改革、发展、稳定的关系，解决好市场化过程中出现的实际问题，积极稳妥地推进市政公用行业市场化进程。具体的改革措施包括以下几个方面：

1. 开放市政公用行业市场

第一，鼓励社会资金、外国资本采取独资、合资、合作等多种形式，参与市政公用设施的建设，形成多元化的投资结构。对供水、供气、供热、污水处理、垃圾处理等经营性市政公用设施的建设，应公开向社会招标选择投资主体。

第二，允许跨地区、跨行业参与市政公用企业经营。采取公开向社会招标的形式选择供水、供气、供热、公共交通、污水处理、垃圾处理等市政公用企业的经营单位，由政府授权特许经营。

第三，通过招标发包方式选择市政设施、园林绿化、环境卫生等非经营性设施日常养护作业单位或承包单位。逐步建立和实施以城镇道路为载体的道路养护、绿化养护和环卫保洁综合承包制度，提高养护效率和质量。

第四，市政公用行业的工程设计、施工和监理、设备生产和供应等必须从主业中剥离出来，纳入建设市场统一管理，实行公开招标和投标。

2. 建立市政公用行业特许经营制度

市政公用事业特许经营，是指政府按照有关法律、法规规定，通过市场竞争机制选择市政公用事业投资者或者经营者，明确其在一定期限和范围内经营某项市政公用事业产品或者提供某项服务的制度。建设部在 2004 年 3 月 19 日发布了《市政公用事业特许经营管理办法》（2015 年 1 月 22 日，住房城乡建设部进行了修改），对这一制度作出了具体规定。

3. 转变政府管理方式

城市人民政府负责本行政区域内特许经营权的授予工作。各城市市政公用行业主管部门由当地政府授权代表城市政府负责特许经营的具体管理工作，并行使授权方相关权利，承担授权方相关责任。

市政公用行业主管部门要进一步转变管理方式，从直接管理转变为宏观管理，从管行业转变为管市场，从对企业负责转变为对公众负责、对社会负责。

市政公用行业主管部门的主要职责是认真贯彻国家有关法律法规，制定行业发展政策、规划和建设计划；制定市政公用行业的市场规则，创造公开、公平的市场竞争环境；加强市场监管，规范市场行为；对进入市政公用行业的企业资格和市场行为、产品和服务质量、企业履行合同的情况进行监督；对市场行为不规范、产品和服务质量不达标和违反特许经营合同规定的企业进行处罚。

4. 供热体制改革

供热体制改革的重心有四个方面：一是"暗补"变"明补"的热费制度改革。二是解决好低收入群体的供热保障。三是供热热计量的改革与创新。四是供热企业的改革。

供热体制改革的目的不是为了单纯的收费改革，而主要是在基本保证采暖需求的前提下促进节能，减少能源消耗，利用价格机制这个杠杆，促进建筑节能，降低成本，提高服务水平和能力。

5. 加强领导，积极稳妥推进市场化进程

加快市政公用行业市场化进程，建立特许经营制度是建立社会主义市场经济体制的必然要求，是市政公用行业的一项重大改革，各地要加强领导，积极稳妥地推进。

城市人民政府及其行业主管部门要本着对人民、对事业高度负责的精神，精心组织、统筹规划，妥善处理好改革、发展、稳定的关系，积极稳妥地推进市政公用行业市场化进程。要制定总体实施方案，落实相关配套政策。要从本地实际情况出发，因地制宜、分类指导，切实解决好市场化过程中出现的实际问题。在实施产权制度改革时，要按照国家和当地政府的相关政策，妥善解决好职工养老、医疗等社会保险问题。

13.1.3　市政公用事业特许经营制度

1. 市政公用事业特许经营的适用范围和管理分工

城镇供水、供气、供热、公共交通、污水处理、垃圾处理等行业，可以依法实施特许经营。实施特许经营的项目由省、自治区、直辖市通过法定形式和程序确定。

国务院住房城乡建设主管部门负责全国市政公用事业特许经营活动的指导和监督工作。省、自治区人民政府住房城乡建设主管部门负责本行政区域内的市政公用事业特许经营活动的指导和监督工作。直辖市、市、县人民政府市政公用事业主管部门依据人民政府的授权，负责本行政区域内的市政公用事业特许经营的具体实施。

2. 参与市政公用事业特许经营权竞标者的条件

参与特许经营权竞标者应当具备以下条件：①依法注册的企业法人；②有相应的设施、设备；③有良好的银行资信、财务状况及相应的偿债能力；④有相应的从业经历和良好的业绩；⑤有相应数量的技术、财务、经营等关键岗位人员；⑥有切实可行的经营方案；⑦地方性法规、规章规定的其他条件。

3. 市政公用事业特许经营权投资者或者经营者的选择程序

实施特许经营，应该通过规定的程序公开向社会招标选择投资者和经营者。要按照《中华人民共和国招标投标法》的规定，首先向社会发布特许经营项目的内容、时限、市场准入条件、招标程序及办法，在规定的时间内公开接受申请；要组织专家根据市场准入条件对申请者进行资格审查和严格评议，择优选择特许经营权授予对象。

主管部门应当依照下列程序选择投资者或者经营者：①提出市政公用事业特许经营项目，报直辖市、市、县人民政府批准后，向社会公开发布招标条件，受理投标；②根据招标条件，对特许经营权的投标人进行资格审查和方案预审，推荐出符合条件的投标候选人；③组织评审委员会依法进行评审，并经过质询和公开答辩，择优选择特许经营权授予对象；④向社会公示中标结果，公示时间不少于 20 天；⑤公示期满，对中标者没有异议的，经直辖市、市、县人民政府批准，与中标者签订特许经营协议。

4. 市政公用事业特许经营协议

（1）特许经营协议的内容

特许经营协议应当包括以下内容：①特许经营内容、区域、范围及有效期限；②产品和服务标准；③价格和收费的确定方法、标准以及调整程序；④设施的权属与处置；⑤设施维护和更新改造；⑥安全管理；⑦履约担保；⑧特许经营权的终止和变更；⑨违约责任；⑩争议解决方式；⑪双方认为应该约定的其他事项。

（2）主管部门的责任

主管部门应当履行下列责任：①协助相关部门核算和监控企业成本，提出价格调整意见；②监督获得特许经营权的企业履行法定义务和协议书规定的义务；③对获得特许经营权企业的经营计划实施情况、产品和服务的质量以及安全生产情况进行监督；④受理公众对获得特许经营权企业的投诉；⑤向政府提交年度特许经营监督检查报告；⑥在危及或者可能危及公共利益、公众安全等紧急情况下，临时接管特许经营项目；⑦协议约定的其他责任。

（3）获得特许经营权企业的责任

获得特许经营权的企业应当履行下列责任：①科学合理地制定企业年度生产、供应计划；②按照国家安全生产法规和行业安全生产标准规范，组织企业安全生产；③履行经营协议，为社会提供足量的、符合标准的产品和服务；④接受主管部门对产品和服务质量的监督检查；⑤按规定的时间将中长期发展规划、年度经营计划、年度报告、董事会决议等报主管部门备案；⑥加强对生产设施、设备的运行维护和更新改造，确保设施完好；⑦协议约定的其他责任。

（4）特许经营期限

特许经营期限应当根据行业特点、规模、经营方式等因素确定，最长不得超过30年。

（5）特许经营协议的变更与解除

在协议有效期限内，若协议的内容确需变更的，协议双方应当在共同协商的基础上签订补充协议。获得特许经营权的企业确需变更名称、地址、法定代表人的，应当提前书面告知主管部门，并经其同意。

获得特许经营权的企业承担政府公益性指令任务造成经济损失的，政府应当给予相应的补偿。

获得特许经营权的企业在协议有效期内单方提出解除协议的，应当提前提出申请，主管部门应当自收到获得特许经营权的企业申请的3个月内作出答复。在主管部门同意解除协议前，获得特许经营权的企业必须保证正常的经营与服务。

获得特许经营权的企业在特许经营期间有下列行为之一的，主管部门应当依法终止特许经营协议，取消其特许经营权，并可以实施临时接管：①擅自转让、出租特许经营权的；②擅自将所经营的财产进行处置或者抵押的；③因管理不善，发生重大质量、生产安全事故的；④擅自停业、歇业，严重影响到社会公共利益和安全的；⑤法律、法规禁止的其他行为。

特许经营权发生变更或者终止时，主管部门必须采取有效措施保证市政公用产品供应和服务的连续性与稳定性。

5. 市政公用事业特许经营的监管

（1）特许经营协议的备案

主管部门应当在特许经营协议签订后30日内，将协议报上一级市政公用事业主管部门备案。

未经直辖市、市、县人民政府批准，获得特许经营权的企业不得擅自停业、歇业。获得特许经营权的企业擅自停业、歇业的，主管部门应当责令其限期改正，或者依法采取有效措施督促其履行义务。

（2）特许经营的中期评估

在项目运营的过程中，主管部门应当组织专家对获得特许经营权的企业经营情况进行中期评估。评估周期一般不得低于两年，特殊情况下可以实施年度评估。

（3）审定和监管市政公用事业产品和服务价格

直辖市、市、县人民政府有关部门按照有关法律、法规规定的原则和程序，审定和监管市政公用事业产品和服务价格。

（4）特许经营项目的临时接管制度

主管部门应当建立特许经营项目的临时接管应急预案。对获得特许经营权的企业取消特许经营权并实施临时接管的，必须按照有关法律、法规的规定进行，并召开听证会。

（5）法律责任

对以欺骗、贿赂等不正当手段获得特许经营权的企业，主管部门应当取消其特许经营权，并向国务院住房城乡建设主管部门报告，由国务院住房城乡建设主管部门通过媒体等形式向社会公开披露。被取消特许经营权的企业在三年内不得参与市政公用事业特许经营竞标。

主管部门或者获得特许经营权的企业违反协议的，由过错方承担违约责任，给对方造成损失的，应当承担赔偿责任。

主管部门及其工作人员有下列情形之一的，由对其授权的直辖市、市、县人民政府或者监察机关责令改正，对负主要责任的主管人员和其他直接责任人员依法给予行政处分；构成犯罪的，依法追究刑事责任：①不依法履行监督职责或者监督不力，造成严重后果的；②对不符合法定条件的竞标者授予特许经营权的；③滥用职权、徇私舞弊的。

13.1.4　市政公用事业的监督管理

市政公用事业是自然垄断性行业。为维护人民群众的利益，保证市政公用事业的安全运行，政府必须切实加强对市政公用事业的监管。加强市政公用事业监管是推进市政公用事业市场化的重要内容，健全的市政公用事业监管体系是推进市场化的重要保障，市政公用事业监管应贯穿于市政公用事业市场化的全过程。

1. 市场准入的监督管理

市场准入是市政公用事业监管的首要环节，必须科学制定标准，严格操作程序，把好市场准入关。各地方政府市政公用事业主管部门要严格按照市场准入条件和程序，结合项目的特点，认真组织编制招标文件。要明确招标主体、招标范围、招标程序、开标、评标和中标规则，进行公开招标。要将特许经营协议的核心内容作为招标的基本条件，综合考虑成本、价格、经营方案、质量和服务承诺、特殊情况的紧急措施等因素，择优选择中标者。

各地要制定和完善市场退出规则，明确规定市场退出的申请和批准程序。经营期限届满，应按照准入程序和准入条件，重新进行招标。

2. 产品和服务质量的监督管理

产品和服务质量监管是市政公用事业监管的重要内容。市政公用事业主管部门应定期对市政公用事业的产品和服务质量进行检验、检测和检查。

地方政府市政公用事业主管部门要按照有关产品和服务质量标准的要求，建立市政公用事业产品和服务质量监测制度，对企业提供的产品和服务质量实施定点、定时监测。监测结果要按有关规定报上级主管部门。

要加强对特许经营项目的评估工作，建立定期评估机制。对评估中发现的产品和服务质量问题，要提出整改意见并监督企业限期整改。评估的结果应与费用支付和价格调整挂钩。评估结果要及时报上一级主管部门备案。

要尊重社会公众的知情权，鼓励公众参与监督，建立通畅的信息渠道，完善公众咨询、监督机制，及时将产品和服务质量检查、监测、评估结果和整改情况以适当的方式向社会公布。

对于供水、供气、污水和垃圾处理等行业，市政公用事业主管部门可派遣人员驻场监管。监管员不应干预企业正常的生产和经营活动。

3. 安全防范措施监督管理

市政公用事业的安全运行关系到公共安全和社会稳定，责任重大。市政公用事业主管部门要切实加强对生产运营和作业单位安全生产的监管，监督企业建立和完善各项安全保障制度，严格执行安全操作规程，确保市政公用事业生产、供应和服务的连续性、稳定性。

市政公用事业主管部门要制定安全生产紧急情况应对预案，建立健全安全预警和应急救援工作机制。

要制定特殊情况下临时接管的应急预案。实施临时接管，必须报上一级主管部门批准。必要时，上一级主管部门可跨区域组织技术力量，为临时接管提供支持和保障。

4. 成本监督管理

成本监管是合理确定市政公用事业价格，促进企业提高效率的重要手段。各地市政公用事业主管部门要加强对市政公用事业产品和服务的成本监管，配合物价管理部门加快供水、供气、供热等价格的改革，形成科学合理的价格形成机制。

要通过完善相关定额和标准、进行区域同行业成本比较和绩效评价、定期公布经营状况和成本信息等措施，建立健全成本约束机制，激励经营和作业者改进技术、开源节流、降低成本。要建立市政公用事业产品和服务成本定期监审制度，及时掌握企业经营成本状况，为政府定价提供基础依据，防止成本和价格不合理上涨。

要完善污水、垃圾处理收费政策，提高收缴率。加强污水和生活垃圾处理费的使用管理，保证处理费专项用于污水和生活垃圾的收集、输送和处理。

5. 市场竞争秩序的监督管理

市政公用事业企业应当遵守国家法律的规定，不得利用自身的优势地位妨碍其他经营者的公平竞争，也不得侵害消费者的合法权益。市政公用事业在市场交易中，不得实施下列限制竞争的行为：①限定用户、消费者只能购买和使用其附带提供的相关商品，而不得购买和使用其他符合技术标准要求的同类商品；②限定用户、消费者只能购买和使用其指定的经营者生产或者经销的商品，而不得购买和使用其他经营者提供的符合技术标准要求的同类商品；③强制用户、消费者购买其提供的不必要的商品及配件；④强制用户、消费者购买其指定的经营者提供的不必要的商品；⑤以检验商品质量、性能等为借口，阻碍用户、消费者购买、使用其他经营者提供的符合技术标准要求的其他商品；⑥对不接受其不合理条件的用户、消费者拒绝、中断或者削减供应相关商品，或者滥收费用；⑦其他限制竞争的行为。

市政公用事业企业实施上述行为的，由工商行政管理机关责令停止违法行为，并可以根据情节，处以五万元以上、二十万元以下罚款。市政公用事业企业拒不执行处罚决定，继续实施前条所列行为的，视为新的违法行为，从重予以处罚。

13.2　市政工程法律制度

13.2.1　市政工程的范围

市政工程主要是指城镇基础设施建造，一般是由政府投资的公益性项目，其产品为公众使用。随着科学技术和经济的发展，市政工程的范围不断扩大。市政工程主要服务于城镇区域，政府的目标、交通的限制、便利市民的要求，市政工程的工期一般不会太长。原城乡建设环境保护部于 1982 年 8 月 21 日发布了《市政工程设施管理条例》，规定了建设领域的市政工程的范围。

1. 城市道路

城市道路包括机动车道、非机动车道、人行道、广场、街头空地、路肩等。

2. 城市桥涵

城市桥涵包括桥梁、涵洞、立体交叉桥、过街人行桥、城市道路与铁路两用桥等。

3. 城市排水设施

城市排水设施包括雨水管道、污水管道、雨水污水合流管道、明渠、泵站、污水处理厂及其附属设施等。

4. 城市防洪设施

城市防洪设施包括城市防洪堤岸、河坝、防洪墙、排涝泵站、排洪道及其附属设施等。

5. 城市道路照明设施

城市道路照明设施包括城市道路、桥梁、广场、不售票的公共绿地等处的照明设施等。

13.2.2　城市道路工程

规范城市道路工程的主要法律依据是国务院 1996 年 6 月 4 日发布的《城市道路管理条例》（2011 年 1 月 8 日第一次修正，2017 年 3 月 1 日第二次修正）。按照《城市道路管理条例》的界定，城市道路，是指城市供车辆、行人通行的，具备一定技术条件的道路、桥梁及其附属设施。因此，城市道路工程又包括了城市桥涵、城市道路照明设施。

1. 城市道路的规划和建设

（1）城市道路规划

县级以上城市人民政府应当组织市政工程、城乡规划、公安交通等部门，根据城市总体规划编制城市道路发展规划。市政工程行政主管部门应当根据城市道路发展规划，制定城市道路年度建设计划，经城市人民政府批准后实施。

城市供水、排水、燃气、热力、供电、通信、消防等依附于城市道路的各种管线、杆线等设施的建设计划，应当与城市道路发展规划和年度建设计划相协调，坚持先地下、后地上的施工原则，与城市道路同步建设。

（2）城市道路建设资金

城市道路建设资金可以按照国家有关规定，采取政府投资、集资、国内外贷款、国有土地有偿使用收入、发行债券等多种渠道筹集。

政府投资建设城市道路的，应当根据城市道路发展规划和年度建设计划，由市政工程行政主管部门组织建设。

单位投资建设城市道路的，应当符合城市道路发展规划。

城市住宅小区、开发区内的道路建设，应当分别纳入住宅小区、开发区的开发建设计划配套建设。

国家鼓励国内外企业和其他组织以及个人按照城市道路发展规划，投资建设城市道路。

（3）城市道路的设计和施工

城市道路的建设应当符合城市道路技术规范。城市道路的设计、施工，应当严格执行国家和地方规定的城市道路设计、施工的技术规范。

承担城市道路设计、施工的单位，应当具有相应的资质等级，并按照资质等级承担相应的城市道路的设计、施工任务。

城市道路施工，实行工程质量监督制度。城市道路工程竣工，经验收合格后，方可交付使用；未经验收或者验收不合格的，不得交付使用。

城市道路实行工程质量保修制度。城市道路的保修期为1年，自交付使用之日起计算。保修期内出现工程质量问题，由有关责任单位负责保修。

（4）城市道路与铁路、河道相交

新建的城市道路与铁路干线相交的，应当根据需要在城市规划中预留立体交通设施的建设位置。城市道路与铁路相交的道口建设应当符合国家有关技术规范，并根据需要逐步建设立体交通设施。建设立体交通设施所需投资，按照国家规定由有关部门协商确定。

建设跨越江河的桥梁和隧道，应当符合国家规定的防洪、通航标准和其他有关技术规范。

（5）过桥收费制度

市政工程行政主管部门对利用贷款或者集资建设的大型桥梁、隧道等，可以在一定期限内向过往车辆（军用车辆除外）收取通行费，用于偿还贷款或者集资款，不得挪作他用。

收取通行费的范围和期限，由省、自治区、直辖市人民政府规定。

2. 城市道路的养护和维修

（1）城市道路养护和维修资金

市政工程行政主管部门对其组织建设和管理的城市道路，按照城市道路的等级、数量及养护和维修的定额，逐年核定养护、维修经费，统一安排养护、维修资金。

（2）城市道路养护和维修的基本要求

承担城市道路养护、维修的单位，应当严格执行城市道路养护、维修的技术规范，定期对城市道路进行养护、维修，确保养护、维修工程的质量。

城市道路的养护、维修工程应当按照规定的期限修复竣工，并在养护、维修工程施工现场设置明显标志和安全防围设施，保障行人和交通车辆安全。

城市道路养护、维修的专用车辆应当使用统一标志；执行任务时，在保证交通安全畅通的情况下，不受行驶路线和行驶方向的限制。

（3）城市道路养护和维修责任的划分

市政工程行政主管部门组织建设和管理的道路，由其委托的城市道路养护、维修单位负责养护、维修。单位投资建设和管理的道路，由投资建设的单位或者其委托的单位负责养护、维修。城市住宅小区、开发区内的道路，由建设单位或者其委托的单位负责养护、维修。

设在城市道路上的各类管线的检查井、箱盖或者城市道路附属设施，应当符合城市道路养护规范。因缺损影响交通和安全时，有关产权单位应当及时补缺或者修复。

（4）城市道路养护和维修责任的监督检查

市政工程行政主管部门负责对养护、维修工程的质量进行监督检查，保障城市道路完好。

3. 城市道路照明设施的管理

（1）城市道路照明设施的概念和主管部门

城市道路照明设施，是指用于城市道路（含里巷、住宅小区、桥梁、隧道、广场、公共停车场）、不售票的公园和绿地等处的路灯配电室、变压器、配电箱、灯杆、地上地下管线、灯具、工作井以及照明附属设备等。

国务院住房城乡建设行政主管部门主管全国城市道路照明设施工作。县级以上地方人民政府住房城乡建设行政主管部门负责本行政区域城市道路照明设施工作。城市人民政府住房城乡建设行政主管部门可以委托有关机构，负责本城市规划区内道路照明设施的日常管理工作。

（2）照明设施的规划和建设

城市道路照明设施规划、建设和改造计划应当纳入城市道路建设、改造规划和年度建设计划，并与其同步实施。城市建设行政主管部门负责制定城市道路照明设施规划和建设计划，报同级人民政府批准后由城市道路照明设施管理机构负责具体实施。需要改造的城市道路照明设施，由城市道路照明设施管理机构负责编制改造规划，报住房城乡建设行政主管部门批准后由城市道路照明设施管理机构负责具体实施。

城市新建和改建的城市道路照明设施必须符合有关设计安装规程规定，并积极采用新光源、新技术、新设备。城市道路照明设施的新建、改建工程必须符合国家有关标准规范，并经验收合格后交付使用。住房城乡建设部在 2011 年 11 月 4 日发布了《"十二五"城市绿色照明工程规划纲要》，要求以构建绿色生态与健康文明的城市照明光环境为目标，以保障和改善民生作为加快转变城市照明发展方式的基本出发点，倡导绿色照明消费方式，在满足城市照明基本功能的前提下降低照明的单位能耗，提高城市照明的质量和节能水平，实现城市照明发展方式的转变。

厂（矿）或者其他单位投资建设的城市道路照明设施，需移交城市道路照明设施管理机构的，应当报住房城乡建设行政主管部门审核同意，并应当具备下列条件：①符合道路照明安装及施工质量标准；②提供必要的维修、运行条件。对符合上述条件的城市道路照明设施，由住房城乡建设行政主管部门组织验收，合格后方可办理资产移交手续。

城市道路照明设施的改建和维护，应当按照现有资金渠道安排计划。住宅小区和旧城改造中的城市道路照明设施应当同步建设。城市道路照明设施中的灯杆，可以分为专用杆和合用杆。对道路两侧符合城市道路照明设施条件的电力杆和无轨电车杆在不影响其功能和交通的前提下应当予以利用。

（3）照明的维护和管理

城市道路照明设施的维护和管理应当坚持安全第一，认真执行各项规章制度，保证城市道路照明设施的完好、运行正常。住房城乡建设行政主管部门必须对道路照明设施管理机构建立严格的检查和考核制度，及时督促更换和修复破损的照明设施，使亮灯率不低于95%。

各地根据其具体情况可以采用以下节能方式：①根据道路的行人、车辆流量等因素实行分时照明；②对气体放电灯采用无功补偿；③采用先进的停电、送电控制方式；④推广和采用高光效光源，逐步取代低光效光源；⑤采用节能型的镇流器和控制电器；⑥采用高效率的照明灯具，并定期对照明灯具进行清扫，提高照明效果；⑦其他行之有效的节能措施。

任何单位和个人在进行可能触及、迁移、拆除城市道路照明设施或者影响其安全运行的地上、地下施工时，应当经住房城乡建设行政主管部门审核同意后，由城市道路照明设施管理机构负责其迁移或拆除工作，费用由申报单位承担。

城市道路照明设施附近的树木距带电物体的安全距离不得小于1.0m。因自然生长而不符合安全距离标准影响照明效果的树木，由城市道路照明设施管理机构与城市园林绿化管理部门协商后剪修；因不可抗力致使树木严重危及城市道路照明设施安全运行的，城市道路照明设施管理机构应当采取紧急措施进行剪修，并同时通知城市园林绿化管理部门。任何单位和个人在损坏道路照明设施后，应当保护事故现场，防止事故扩大，并立即通知城市道路照明设施管理机构及有关单位。

4. 城市道路的路政管理

（1）城市道路路政管理的含义

城市道路路政管理，是指市政工程行政主管部门或者其设置的城市道路管理机构，为维护城市道路管理者、使用者的合法权益，根据法律、行政法规和规章的规定，实施保护城市道路及附属设施的行政管理。城市道路路政管理的任务是：制定城市道路管理规章，负责城市道路的日常管理，制止一切破坏城市道路和妨碍城市道路正常使用的行为。

市政工程行政主管部门执行路政管理的人员执行公务，应当按照有关规定佩戴标志，持证上岗。

（2）城市道路范围内的禁止行为

城市道路范围内禁止下列行为：①擅自占用或者挖掘城市道路；②履带车、铁轮车或者超重、超高、超长车辆擅自在城市道路上行驶；③机动车在桥梁或者非指定的城市道路上试刹车；④擅自在城市道路上建设建筑物、构筑物；⑤在桥梁上架设压力在0.4MPa以上的燃气管道、10kV以上的高压电力线和其他易燃易爆管线；⑥擅自在桥梁或者路灯设施上设置广告牌或者其他挂浮物；⑦其他损害、侵占城市道路的行为。

（3）城市道路范围内的限制行为

履带车、铁轮车或者超重、超高、超长车辆需要在城市道路上行驶的，事先须征得市政工程行政主管部门同意，并按照公安交通管理部门指定的时间、路线行驶。

军用车辆执行任务需要在城市道路上行驶的，可以不受前款限制，但是应当按照规定采取安全保护措施。

依附于城市道路建设各种管线、杆线等设施的，应当经市政工程行政主管部门批准，方可建设。

（4）城市道路占用、挖掘管理

未经市政工程行政主管部门和公安交通管理部门批准，任何单位或者个人不得占用或者挖掘城市道路。

1）临时占用城市道路的批准和使用要求。因特殊情况需要临时占用城市道路的，须经市政工程行政主管部门和公安交通管理部门批准，方可按照规定占用。经批准临时占用城市道路的，不得损坏城市道路；占用期满后，应当及时清理占用现场，恢复城市道路原状；损坏城市道路的，应当修复或者给予赔偿。

2）因工程建设需要挖掘城市道路的批准和限制。因工程建设需要挖掘城市道路的，应当持城市规划部门批准签发的文件和有关设计文件，到市政工程行政主管部门和公安交通管理部门办理审批手续，方可按照规定挖掘。新建、扩建、改建的城市道路交付使用后5 年内，大修的城市道路竣工后3 年内不得挖掘；因特殊情况需要挖掘的，须经县级以上城市人民政府批准。埋设在城市道路下的管线发生故障需要紧急抢修的，可以先行破路抢修，并同时通知市政工程行政主管部门和公安交通管理部门，在 24 小时内按照规定补办批准手续。

3）占用、挖掘城市道路的要求。经批准挖掘城市道路的，应当在施工现场设置明显标志和安全防围设施；竣工后，应当及时清理现场，通知市政工程行政主管部门检查验收。经批准占用或者挖掘城市道路的，应当按照批准的位置、面积、期限占用或者挖掘。需要移动位置、扩大面积、延长时间的，应当提前办理变更审批手续。

4）城市道路占用、挖掘收费管理。占用或者挖掘由市政工程行政主管部门管理的城市道路的，应当向市政工程行政主管部门交纳城市道路占用费或者城市道路挖掘修复费。城市道路占用费的收费标准，由省（自治区）人民政府的住房城乡建设行政主管部门、直辖市人民政府的市政工程行政主管部门拟订，报同级财政、物价主管部门核定；城市道路挖掘修复费的收费标准，由省（自治区）人民政府的住房城乡建设行政主管部门、直辖市人民政府的市政工程行政主管部门制定，报同级财政、物价主管部门备案。根据城市建设或者其他特殊需要，市政工程行政主管部门可以对临时占用城市道路的单位或者个人决定缩小占用面积、缩短占用时间或者停止占用，并根据具体情况退还部分城市道路占用费。

13.2.3　城镇排水与污水处理工程

1. 城镇排水与污水处理的概念

城镇排水与污水处理是指由城镇排水系统收集、输送、处理和排放城镇污水和雨水的排水方式。城镇排水工程与污水处理是指为收集、输送、处理和排放城镇污水和雨水而兴建的各种工程设施。含污染物的生活污水和工业废水，通称城镇污水。城镇污水，一般应当通过城镇排水管网输送到城镇污水处理厂进行净化，达到规定的水质标准后，再加以利用或排入水体。城镇排水设施，是保证城镇地面水排除，防治城镇水污染，并使城镇水资源保护得以良性循环的必不可少的基础设施。由于城镇排水与污水处理设施的功能和特性，使其工程规模大，投资额大，施工难度大，工期长，且在运行中消耗大量的能源和资源。在社会经济尚未得到充分发展前，城镇往往不易做到具有完善的排水与污水处理设施和良好的水环境。2013 年 9 月 18 日，国务院常务会议通过了《城镇排水与污水处理条例》，自 2014 年 1 月 1 日起施行。

2. 城镇排水与污水处理的规划和建设

国务院住房城乡建设主管部门会同国务院有关部门，编制全国的城镇排水与污水处理规划，明确全国城镇排水与污水处理的中长期发展目标、发展战略、布局、任务以及保障措施等。城镇排水主管部门会同有关部门，根据当地经济社会发展水平以及地理、气候特征，编制本行政区域的城镇排水与污水处理规划，明确排水与污水处理目标与标准，排水量与排水模式，污水处理与再生利用、污泥处理处置要求，排涝措施，城镇排水与污水处理设施的规模、布局、建设时序和建设用地以及保障措施等；易发生内涝的城市、镇，还应当编制城镇内涝防治专项规划，并纳入本行政区域的城镇排水与污水处理规划。

城镇排水与污水处理规划的编制，应当依据国民经济和社会发展规划、城乡规划、土地利用总体规划、水污染防治规划和防洪规划，并与城镇开发建设、道路、绿地、水系等专项规划相衔接。城镇内涝防治专项规划的编制，应当根据城镇人口与规模、降雨规律、暴雨内涝风险等因素，合理确定内涝防治目标和要求，充分利用自然生态系统，提高雨水滞渗、调蓄和排放能力。

城镇排水主管部门应当将编制的城镇排水与污水处理规划报本级人民政府批准后组织实施，并报上一级人民政府城镇排水主管部门备案。城镇排水与污水处理规划一经批准公布，应当严格执行；因经济社会发展确需修改的，应当按照原审批程序报送审批。

县级以上地方人民政府应当按照城镇排涝要求，结合城镇用地性质和条件，加强雨水管网、泵站以及雨水调蓄、超标雨水径流排放等设施建设和改造。新建、改建、扩建市政基础设施工程应当配套建设雨水收集利用设施，增加绿地、砂石地面、可渗透路面和自然地面对雨水的滞渗能力，利用建筑物、停车场、广场、道路等建设雨水收集利用设施，削减雨水径流，提高城镇内涝防治能力。新区建设与旧城区改建，应当按照城镇排水与污水处理规划确定的雨水径流控制要求建设相关设施。

城镇排水与污水处理规划范围内的城镇排水与污水处理设施建设项目以及需要与城镇排水与污水处理设施相连接的新建、改建、扩建建设工程，城乡规划主管部门在依法核发建设用地规划许可证时，应当征求城镇排水主管部门的意见。城镇排水主管部门应当就排水设计方案是否符合城镇排水与污水处理规划和相关标准提出意见。建设单位应当按照排水设计方案建设连接管网等设施；未建设连接管网等设施的，不得投入使用。城镇排水主管部门或者其委托的专门机构应当加强指导和监督。

城镇排水与污水处理设施建设工程竣工后，建设单位应当依法组织竣工验收。竣工验收合格的，方可交付使用，并自竣工验收合格之日起 15 日内，将竣工验收报告及相关资料报城镇排水主管部门备案。

城镇排水与污水处理设施竣工验收合格后，由城镇排水主管部门通过招标投标、委托等方式确定符合条件的设施维护运营单位负责管理。特许经营合同、委托运营合同涉及污染物削减和污水处理运营服务费的，城镇排水主管部门应当征求环境保护主管部门、价格主管部门的意见。国家鼓励实施城镇污水处理特许经营制度。具体办法由国务院住房城乡建设主管部门会同国务院有关部门制定。

3. 排水

县级以上地方人民政府应当根据当地降雨规律和暴雨内涝风险情况，结合气象、水文资料，建立排水设施地理信息系统，加强雨水排放管理，提高城镇内涝防治水平。城镇排水主管部门应当按照城镇内涝防治专项规划的要求，确定雨水收集利用设施建设标准，明确雨水的排水分区和排水出路，合理控制雨水径流。

除干旱地区外，新区建设应当实行雨水、污水分流；对实行雨水、污水合流的地区，应当按照城镇排水与污水处理规划要求，进行雨水、污水分流改造。雨水、污水分流改造可以结合旧城区改建和道路建设同时进行。在雨水、污水分流地区，新区建设和旧城区改建不得将雨水管网、污水管网相互混接。在有条件的地区，应当逐步推进初期雨水收集与处理，合理确定截流倍数，通过设置初期雨水贮存池、建设截流干管等方式，加强对初期雨水的排放调控和污染防治。

城镇排水设施覆盖范围内的排水单位和个人，应当按照国家有关规定将污水排入城镇排水设施。在雨水、污水分流地区，不得将污水排入雨水管网。从事工业、建筑、餐饮、医疗等活动的企业事业单位、个体工商户（以下称排水户）向城镇排水设施排放污水的，应当向城镇排水主管部门申请领取污水排入排水管网许可证。城镇排水主管部门应当按照国家有关标准，重点对影响城镇排水与污水处理设施安全运行的事项进行审查。排水户应当按照污水排入排水管网许可证的要求排放污水。

城镇排水主管部门应当加强对排放口设置以及预处理设施和水质、水量检测设施建设的指导和监督；对不符合规划要求或者国家有关规定的，应当要求排水户采取措施，限期整改。城镇排水主管部门委托的排水监测机构，应当对排水户排放污水的水质和水量进行监测，并建立排水监测档案。排水户应当接受监测，如实提供有关资料。列入重点排污单位名录的排水户安装的水污染物排放自动监测设备，应当与环境保护主管部门的监控设备联网。环境保护主管部门应当将监测数据与城镇排水主管部门共享。

因城镇排水设施维护或者检修可能对排水造成影响的，城镇排水设施维护运营单位应当提前24小时通知相关排水户；可能对排水造成严重影响的，应当事先向城镇排水主管部门报告，采取应急处理措施，并向社会公告。设置于机动车道路上的窨井，应当按照国家有关规定进行建设，保证其承载力和稳定性等符合相关要求。排水管网窨井盖应当具备防坠落和防盗窃功能，满足结构强度要求。

4. 污水处理

城镇排水主管部门应当与城镇污水处理设施维护运营单位签订维护运营合同，明确双方权利义务。城镇污水处理设施维护运营单位应当依照法律、法规和有关规定以及维护运营合同进行维护运营，定期向社会公开有关维护运营信息，并接受相关部门和社会公众的监督。

城镇污水处理设施维护运营单位应当保证出水水质符合国家和地方规定的排放标准，不得排放不达标污水。城镇污水处理设施维护运营单位应当按照国家有关规定检测进出水水质，向城镇排水主管部门、环境保护主管部门报送污水处理水质和水量、主要污染物削减量等信息，并按照有关规定和维护运营合同，向城镇排水主管部门报送生产运营成本等信息。城镇污水处理设施维护运营单位应当按照国家有关规定向价格主管部门提交相关成本信息。城镇排水主管部门核定城镇污水处理运营成本，应当考虑主要污染物削减情况。

城镇污水处理设施维护运营单位或者污泥处理处置单位应当安全处理处置污泥，保证处理处置后的污泥符合国家有关标准，对产生的污泥以及处理处置后的污泥去向、用途、用量等进行跟踪、记录，并向城镇排水主管部门、环境保护主管部门报告。任何单位和个人不得擅自倾倒、堆放、丢弃、遗撒污泥。

城镇污水处理设施维护运营单位不得擅自停运城镇污水处理设施，因检修等原因需要停运或者部分停运城镇污水处理设施的，应当在 90 个工作日前向城镇排水主管部门、环境保护主管部门报告。城镇污水处理设施维护运营单位在出现进水水质和水量发生重大变化可能导致出水水质超标，或者发生影响城镇污水处理设施安全运行的突发情况时，应当立即采取应急处理措施，并向城镇排水主管部门、环境保护主管部门报告。城镇排水主管部门或者环境保护主管部门接到报告后，应当及时核查处理。

排水单位和个人应当按照国家有关规定缴纳污水处理费。向城镇污水处理设施排放污水、缴纳污水处理费的，不再缴纳排污费。排水监测机构接受城镇排水主管部门委托从事有关监测活动，不得向城镇污水处理设施维护运营单位和排水户收取任何费用。

污水处理费应当纳入地方财政预算管理，专项用于城镇污水处理设施的建设、运行和污泥处理处置，不得挪作他用。污水处理费的收费标准不应低于城镇污水处理设施正常运营成本。因特殊原因，收取的污水处理费不足以支付城镇污水处理设施正常运营成本的，地方人民政府给予补贴。污水处理费的收取、使用情况应当向社会公开。

13.2.4 城镇防洪设施工程

1. 城镇防洪工程措施

城镇防洪工程措施可分为挡洪、泄洪、蓄（滞）洪、排涝及泥石流防治等五类：①挡洪工程主要包括堤防、防洪闸等工程设施；②泄洪工程主要包括河道整治、排洪河道、截洪沟等工程设施；③蓄（滞）洪工程主要包括分蓄洪区、调洪水库等工程设施；④排涝工程主要包括排水沟渠、调蓄水体、排涝泵站等工程设施；⑤泥石流防治工程主要包括拦挡坝、排导沟、停淤场等工程设施。

城镇防洪是城镇建设的重要组成部分，同时又是河流流域防洪的一部分，并且是河流流域防洪的重点。做好城镇防洪工作，对确保城镇建设和城镇公民的生命财产安全具有重要的意义。

2. 城镇防洪的规划和建设

城镇防洪规划是城镇防洪建设的前提，应按有关规程、规范的要求，进行深入的调查研究，达到一定的深度。要遵循全面规划，综合治理，因地制宜，防治结合，以防为主的原则。城镇防洪规划期限、范围应与城镇总体规划期限、范围相一致。

城镇防洪规划应包括下列主要内容：①确定城镇防洪、排涝规划标准；②确定城镇用地防洪安全布局原则，明确城镇防洪保护区和蓄滞洪区范围；③确定城镇防洪体系，制定城镇防洪、排涝工程方案与城镇防洪非工程措施。

城镇防洪设施的建设应当根据轻重缓急、近远期相结合、分期分批建设城镇防洪设施，充分起到防御洪水灾害的作用。

3. 城镇防洪设施的维护

城镇防洪设施是确保城镇人民生命、财产的重要设施，主管部门和有关单位都要积极维护河岸、堤坝、排洪道和泵站的完好。在防洪设施防护带内，不准乱挖、乱填、搭盖、堆放物料，不准进行有损防洪设施的任何作业。凡因工程需要，在管理范围内立杆、架线、埋设管道者，必须事先报请市政工程管理部门批准，并按防洪要求施工。

在防洪设施的防护带内，禁止在非码头区装卸或堆放货物。机械装卸设备需要装设在护岸、防水墙或排洪道上时，应报经市政工程管理部门批准，并采取相应的安全措施。

13.3 城市公用事业法律制度

城市公用事业单位，是指从事市政公用设施的养护、监护、管理以及提供相关服务的组织机构。其主要特征是：维护城市公用设施建设为宗旨，其中的部分单位受政府委托承担市政执法监督职能，但不具有行政处罚权。城市公用事业单位的主要类别是：园林绿化事业单位，包括园林绿化队（站）、公园等；城市环卫事业单位，包括环卫所、清洁卫生队（站）、管道疏通队（站）等；市政维护管理事业单位；房地产服务事业单位，包括房管所、房地产交易中心、房屋安全鉴定所（站）、住房公积金管理中心、房屋建设服务中心等；市政设施维护管理事业单位；其他城市公用事业单位。

13.3.1 城市供水

1. 城市供水概述

（1）城市供水的概念

城市供水，包括城市公共供水和自建设施供水。城市公共供水，是指城市自来水供水企业以公共供水管道及其附属设施向单位和居民的生活、生产和其他各项建设提供用水。自建设施供水，是指城市的用水单位以其自选建设的供水管道及其附属设施主要向本单位的生活、生产和其他各项建设提供用水。

（2）城市供水的原则

城市供水工作实行开发水源和计划用水、节约用水相结合的原则。

（3）国家推进城市供水

国家实行有利于城市供水事业发展的政策，鼓励城市供水科学技术研究，推广先进技术，提高城市供水的现代化水平。县级以上人民政府应当将发展城市供水事业纳入国民经济和社会发展计划。

2. 城市供水水源

（1）编制城市供水水源开发利用规划

县级以上城市人民政府应当组织城市规划行政主管部门、水行政主管部门、城市供水行政主管部门和地质矿产行政主管部门等共同编制城市供水水源开发利用规划，作为城市供水发展规划的组成部分，纳入城市总体规划。

编制城市供水水源开发利用规划要符合以下原则：第一，应当从城市发展的需要出发，并与水资源统筹规划和水长期供求计划相协调；第二，应当根据当地情况，合理安排利用地表水和地下水；第三，应当优先保证城市生活用水，统筹兼顾工业用水和其他各项建设用水。

（2）饮用水水源的保护

县级以上地方人民政府环境保护部门应当会同城市供水行政主管部门、水行政主管部门和卫生行政主管部门等共同划定饮用水水源保护区，经本级人民政府批准后公布；划定跨省、市、县的饮用水水源保护区，应当由有关人民政府共同商定并经其共同的上级人民政府批准后公布。在饮用水水源保护区内，禁止一切污染水质的活动。

饮用水水源保护区一般划分为一级保护区和二级保护区，必要时可增设准保护区。各级保护区应有明确的地理界线。饮用水水源各级保护区及准保护区均应规定明确的水质标准并限期达标。

饮用水地表水源保护区包括一定的水域和陆域，其范围应按照不同水域特点进行水质定量预测并考虑当地具体条件加以确定，保证在规划设计的水文条件和污染负荷下，供应规划用水量时，保护区的水质能满足相应的标准。饮用水地表水源取水口附近划定一定的水域和陆域作为饮用水地表水源一级保护区。在饮用水地表水源一级保护区外划定一定的水域和陆域作为饮用水地表水源二级保护区。根据需要可在饮用水地表水源二级保护区外划定一定的水域及陆域作为饮用水地表水源准保护区。准保护区的水质标准应保证二级保护区的水质能满足规定标准。

饮用水地下水源保护区应根据饮用水水源地所处的地理位置、水文地质条件、供水的数量、开采方式和污染源的分布划定。饮用水地下水源保护区的水质均应达到国家规定的生活饮用水卫生标准的要求。各级地下水源保护区的范围应根据当地的水文地质条件确定，并保证开采规划水量时能达到所要求的水质标准。饮用水地下水源一级保护区位于开采井的周围，其作用是保证集水有一定滞后时间，以防止一般病原菌的污染。直接影响开采井水质的补给区地段，必要时也可划为一级保护区。饮用水地下水源二级保护区位于饮用水地下水源一级保护区外，其作用是保证集水有足够的滞后时间，以防止病原菌以外的其他污染。饮用水地下水源准保护区位于饮用水地下水源二级保护区外的主要补给区，其作用是保护水源地的补给水源水量和水质。

3. 城市供水工程建设

城市供水工程的建设，应当按照城市供水发展规划及其年度建设计划进行。

城市新建、扩建、改建工程项目需要增加用水的，其工程项目总概算应当包括供水工程建设投资；需要增加城市公共供水量的，应当将其供水工程建设投资交付城市供水行政主管部门，由其统一组织城市公共供水工程建设。

城市供水工程的设计、施工，应当委托持有相应资质证书的设计、施工单位承担，并遵守国家有关技术标准和规范。禁止无证或者超越资质证书规定的经营范围承担城市供水工程的设计、施工任务。

城市供水工程竣工后，应当按照国家规定组织验收；未经验收或者验收不合格的，不得投入使用。

4. 城市供水经营

(1) 城市供水企业的资质管理

城市供水企业系指专门从事向社会供水的企业和其他向社会供水的企业。城市自来水供水企业和自建设施对外供水的企业，必须经资质审查合格并经工商行政管理机关登记注册后，方可从事经营活动。

城市供水企业资质按日综合供水能力实行分级审批。日综合供水能力在 100 万 m^3 以上（含 100 万 m^3）企业的资质，由省、自治区、直辖市、计划单列市人民政府住房城乡建设行政主管部门进行预审并提出意见，报国务院住房城乡建设行政主管部门审查批准并发证；也可委托省、自治区、直辖市、计划单列市人民政府住房城乡建设行政主管部门审查同意，由住房城乡建设部核准并发证。日综合供水能力不足 100 万 m^3 企业的资质由省、自治区、直辖市人民政府住房城乡建设行政主管部门审查批准并发证；也可根据企业规模大小，委托企业所在地人民政府住房城乡建设行政主管部门审查同意，由省、自治区、直辖市住房城乡建设行政主管部门核准并发证，报住房城乡建设部备案。

（2）城市供水企业的检测制度

城市自来水供水企业和自建设施对外供水的企业，应当建立、健全水质检测制度，确保城市供水的水质符合国家规定的饮用水卫生标准。

城市自来水供水企业和自建设施对外供水的企业，应当按照国家有关规定设置管网测压点，做好水压监测工作，确保供水管网的压力符合国家规定的标准。

（3）城市供水企业的供水要求

城市自来水供水企业和自建设施对外供水的企业应当保持不间断供水。由于工程施工、设备维修等原因确需停止供水的，应当经城市供水行政主管部门批准并提前 24 小时通知用水单位和个人；因发生灾害或者紧急事故，不能提前通知的，应当在抢修的同时通知用水单位和个人，尽快恢复正常供水，并报告城市供水行政主管部门。

禁止在城市公共供水管道上直接装泵抽水。

（4）对用水者的要求

用水单位和个人应当按照规定的计量标准和水价标准按时缴纳水费。禁止盗用或者转供城市公共供水。

5. 城市供水设施维护

城市自来水供水企业和自建设施供水的企业对其管理的城市供水的专用水库、引水渠道、取水口、泵站、井群、输（配）水管网、进户总水表、净（配）水厂、公用水站等设施，应当定期检查维修，确保安全运行。

用水单位自行建设的与城市公共供水管道连接的户外管道及其附属设施，必须经城市自来水供水企业验收合格并交其统一管理后，方可合作使用。在规定的城市公共供水管理及其附属设施的地面和地下的安全保护范围内，禁止挖坑取土或者修建建筑物、构筑物等危害供水设施安全的活动。因工程建设确需改装、拆除或者迁移城市公共供水设施的，建设单位应当报经县级以上人民政府城市规划行政主管部门和城市供水行政主管部门批准，并采取相应的补救措施。

涉及城市公共供水设施的建设工程开工前，建设单位或者施工单位应当向城市自来水供水企业查明地下供水管网情况。施工影响城市公共供水设施安全的，建设单位或者施工单位应当与城市自来水供水企业商定相应的保护措施，由施工单位负责实施。

禁止擅自将自建的设施供水管网系统与城市公共供水管网系统连接；因特殊情况确需连接的，必须经城市自来水供水企业同意，报城市供水行政主管部门和卫生行政主管部门批准，并在管道连接处采取必要的防护措施。禁止产生或者使用有毒有害物质的单位将其生产用水管网系统与城市公共供水管网系统直接连接。

13.3.2 城市供热管理

1. 城市供热概述

城市供热，是指我国北方地区的城市对市民的工作、生活建筑物在冬季提供暖气的活动。目前我国的城市供热以集中供热为主导，多种方式相结合。国家鼓励发展热电联产和集中供热，允许非公有资本参与供热设施的投资、建设与经营，逐步推进供热商品化、货币化。

在市场经济条件下，煤炭的市场价格波动，对于供热企业因煤价上涨而导致的成本增支，按照政府财政、企业和用户共同负担的原则，综合采取价格、财政、税收措施予以适当缓解。在价格方面，适当调整供热价格，各城市按照定价分工管理权限和规定的程序，适当调整供热价格。各地调整供热价格前，应对供热企业的成本、经营状况进行认真调查，需要听证的，按照规定程序召开价格听证会，广泛听取社会各界意见。在财政方面，加大财政补贴力度，加大对困难地区转移支付力度，进一步完善一般性转移支付测算办法，加大对相关采暖困难地区转移支付力度。各城市也应当增加地方财政对供热专项补贴资金。在税收方面，给予供热企业相关税收优惠政策。

2. 城市供热价格管理

城市供热价格（以下简称热价）是指城市热力企业（单位）通过一定的供热设施将热量供给用户的价格。国家鼓励发展热电联产和集中供热，允许非公有资本参与供热设施的投资、建设与经营，逐步推进供热商品化、货币化。热价原则上实行政府定价或者政府指导价，由省（区、市）人民政府价格主管部门或者经授权的市、县人民政府（以下简称热价定价机关）制定。经授权的市、县人民政府制定热价，具体工作由其所属价格主管部门负责。供热行政主管部门协助价格主管部门管理热价。具备条件的地区，热价可以由热力企业（单位）与用户协商确定。

（1）热价分类与构成

城市供热价格分为热力出厂价格、管网输送价格和热力销售价格。热力出厂价格是指热源生产企业向热力输送企业销售热力的价格；管网输送价格是指热力输送企业输送热力的价格；热力销售价格是指向终端用户销售热力的价格。

城市供热实行分类热价。用户分类标准及各类用户热价之间的比价关系由城市人民政府价格主管部门会同城市供热行政主管部门结合实际情况确定。

城市供热价格由供热成本、税金和利润构成。供热成本包括供热生产成本和期间费用。供热生产成本是指供热过程中发生的燃料费、电费、水费、固定资产折旧费、修理费、工资以及其他应当计入供热成本的直接费用；供热期间费用是指组织和管理供热生产经营所发生的营业费用、管理费用和财务费用。税金是指热力企业（单位）生产供应热力应当缴纳的税金。利润是指热力企业（单位）应当取得的合理收益。现阶段按成本利润率核定，逐步过渡到按净资产收益率核定。输热、配热等环节中的合理热损失可以计入成本。

（2）热价的制定和调整

热价的制定和调整（以下简称制定）应当遵循合理补偿成本、促进节约用热、坚持公平负担的原则。成本是指价格主管部门经过成本监审核定的供热定价成本。热电联产企业应当将成本在电、热之间进行合理分摊。利润按成本利润率计算时，成本利润率按不高于3％核定；按净资产收益率计算时，净资产收益率按照高于长期（5年以上）国债利率2～3个百分点核定。

制定和调整居民供热价格时，应当举行听证会听取各方面意见，并采取对低收入居民热价不提价或少提价，以及补贴等措施减少对低收入居民生活的影响。符合以下条件的热力企业（单位）可以向政府价格主管部门提出制定或调整热价的书面建议，同时抄送城市供热行政主管部门：①按照国家法律、法规合法经营，热价不足以补偿供热成本致使热力企业（单位）经营亏损的；②燃料到厂价格变化超过 10% 的。消费者可以依法向政府价格主管部门提出制定或调整热价的建议。

政府价格主管部门和供热行政主管部门对调价建议进行统筹研究，拟订调价方案。因燃料价格下跌、热力生产企业利润率明显高于规定利润率时，价格主管部门可以直接提出降价方案报当地人民政府审批。政府价格主管部门受理热力企业（单位）关于制定和调整热价的建议后，要按规定进行成本监审。

制定和调整热价的方案经人民政府批准后，由政府价格主管部门向社会公告，并报上级人民政府价格主管部门和供热行政主管部门备案。

（3）热价执行与监督

价格主管部门应当建立供热成本监审制度，促进热力企业（单位）建立有效的成本约束机制。省、市供热行政主管部门要逐步建立、健全城市供热质量监管体系，加强对各类计量器具和供热质量的监管，维护供、用热双方的合法权益。

热力企业（单位）应当严格执行政府制定的供热价格，不得擅自提高热价或变相提高热价。应当按照规定的热价按时交纳供热费用。对无正当理由拒交供热费用的用户，供热企业可以按有关规定加收滞纳金。热力企业（单位）的供热质量必须符合规定的供热质量标准。达不到规定供热质量标准的，热力企业（单位）应当按照供用热合同的约定对用户进行补偿或赔偿。

各级价格主管部门应当加强对本行政区域内供热价格执行情况的监督检查。鼓励群众举报热力企业（单位）的价格违法行为。群众举报属实的，价格主管部门应给予适当奖励。加强新闻舆论对供热价格执行情况的监督。

3. 供热的节能管理

2008 年 7 月 23 日国务院第十八次常务会议通过了《民用建筑节能条例》（简称《条例》），自 2008 年 10 月 1 日起施行。《条例》第 9 条规定："国家积极推进供热体制改革，完善供热价格形成机制，鼓励发展集中供热，逐步实行按照用热量收费制度。"《条例》还规定，在具备太阳能利用条件的地区，有关地方人民政府及其部门应当采取有效措施，鼓励和扶持单位、个人安装使用供热系统等太阳能利用系统，县级以上人民政府应当安排民用建筑节能资金，用于支持民用建筑节能的科学技术研究和标准制定、既有建筑围护结构和供热系统的节能改造、可再生能源的应用，以及民用建筑节能示范工程、节能项目的推广。

（1）新建建筑供热节能

实行集中供热的建筑应当安装供热系统调控装置、用热计量装置和室内温度调控装置；公共建筑还应当安装用电分项计量装置。居住建筑安装的用热计量装置应当满足分户计量的要求。计量装置应当依法检定合格。

设计单位应当严格按照国家有关工程建设标准进行供热计量工程的设计，并对其设计质量全面负责。施工图设计文件审查机构在进行施工图设计文件审查时，应当按照工程建设强制性标准对供热计量设计文件进行审查，不符合工程建设强制性标准的不得出具施工图设计文件审查合格证明。建设单位申请施工许可证时，应当提交包含供热计量内容的施工图设计文件审查合格证明，否则建设主管部门不予颁发施工许可证。

（2）既有建筑供热节能改造

既有建筑供热节能改造应当根据当地经济、社会发展水平和地理气候条件等实际情况，有计划、分步骤地实施分类改造。县级以上地方人民政府建设主管部门应当对本行政区域内既有建筑的建设年代、结构形式、用能系统、能源消耗指标、寿命周期等组织调查统计和分析，制定既有建筑节能改造计划，明确节能改造的目标、范围和要求，报本级人民政府批准后组织实施。为了推动既有建筑供热节能改造，住房城乡建设部和财政部于2008年5月21日发布了《关于推进北方采暖地区既有居住建筑供热计量及节能改造工作的实施意见》，要求做好改造各项工作：①做好建筑现状调查和能耗统计；②编制改造实施方案；③组织实施节能改造；④建立完善的评估机制；⑤总结经验，积极宣传推广。

为了推动既有建筑供热节能改造，国家财政安排资金专项用于对北方采暖地区开展既有居住建筑供热计量及节能改造工作进行奖励。奖励资金使用范围：①建筑围护结构节能改造奖励；②室内供热系统计量及温度调控改造奖励；③热源及供热管网热平衡改造等改造奖励；④财政部批准的与北方采暖地区既有居住建筑供热计量及节能改造相关的其他支出。奖励资金采用因素法进行分配，即综合考虑有关省（自治区、直辖市、计划单列市）所在气候区、改造工作量、节能效果和实施进度等多种因素以及相应的权重。

4. 民用建筑供热计量管理

新建建筑和进行节能改造的既有建筑必须按照规定安装供热计量装置、室内温度调控装置和供热系统调控装置，实行按用热量收费的制度。用于热费结算的热能表，应当依法取得制造计量器具许可证并通过安装前的首次检定；进口的用于热费结算的热能表应当取得国家质检总局颁发的《中华人民共和国进口计量器具型式批准证书》，并通过进口计量器具检定。用于热量分摊的装置应当符合国家有关标准。

供热单位是供热计量收费的责任主体，应按照供热计量的工作目标积极推进供热计量工作。

供热单位应当按照供热计量的要求，对供热系统进行技术改造并实施供热计量管理。供热单位应依法做好能源消耗统计工作，并确保统计数据真实、完整。供热主管部门应当根据建筑的建设年代、结构形式、设计能耗指标以及供热系统的能源利用率，对各单位能源消耗进行监管，对供热单位负责人进行考核。

供热主管部门应当指导供热单位逐步建立健全供热计量户籍热费管理系统，建立包括用户热费、职工补贴、房屋建筑等基本信息的用户个人账户档案，实现个人账户热费网络化管理。供热单位应与用户签订供用热合同，约定双方的权利和义务，合同中应包含供热计量装置管理、维护、更换及供热价格、收费方式、纠纷处理等内容。

5. 供热企业资质管理

城市供热企业资质按供热能力实行分级审批。供热能力在 500 万 m^2 以上（含 500 万 m^2）的供热企业，其资质由省、自治区、直辖市人民政府住房城乡建设行政主管部门预审并提出审查意见，报国务院住房城乡建设行政主管部门审批；也可由国务院住房城乡建设行政主管部门委托省、自治区、直辖市人民政府住房城乡建设行政主管部门审批，报国务院住房城乡建设行政主管部门核准发证。供热能力在 500 万 m^2 以下的供热企业，其资质由省、自治区、直辖市人民政府住房城乡建设行政主管部门审批，报国务院住房城乡建设行政主管部门备案。

13.3.3　城市燃气管理

城市燃气是指人工煤气、天然气和液化石油气等气体燃料的总称。城市燃气的发展应当遵循统一规划、配套建设、因地制宜、合理利用能源、建设和管理并重的原则。国家鼓励和支持城市燃气科学技术研究，推广先进技术，提高城市燃气的科学技术水平。

1. 城市燃气的规划和建设

县级以上地方人民政府应当组织规划、城建等部门根据城市总体规划编制本地区燃气发展规划。城市燃气新建、改建、扩建项目以及经营网点的布局要符合城市燃气发展规划，并经住房城乡建设行政主管部门批准后，方可实施。城市燃气建设资金可以按照国家有关规定，采取政府投资、集资、国内外贷款、发行债券等多种渠道筹集。

燃气工程的设计、施工，应当由持有相应资质证书的设计、施工单位承担，并应当符合国家有关技术标准和规范。住宅小区内的燃气工程施工可以由负责小区施工的具有相应资质的单位承担。民用建筑的燃气设施，应当与主体工程同时设计、同时施工、同时验收。燃气表的安装要符合规范，兼顾室内美观，方便用户。

燃气工程施工实行工程质量监督制度。燃气工程竣工后，应当由住房城乡建设行政主管部门组织有关部门验收；未经验收或者验收不合格的，不得投入使用。

在燃气设施的地面和地下规定的安全保护范围内，禁止修建建筑物、构筑物，禁止堆放物品和挖坑取土等危害供气设施安全的活动。确需改动燃气设施的，建设单位应当报经县级以上地方人民政府城乡规划行政主管部门和住房城乡建设行政主管部门批准。改动燃气设施所发生的费用由建设单位负担。

2. 城市燃气经营

用管道供应城市燃气的，实行区域性统一经营。瓶装燃气可以多家经营。

燃气供应企业应当遵守下列规定：①燃气的气质和压力应当符合国家规定的标准，保证安全稳定供气，不得无故停止供气；②禁止向无《城市燃气企业资质证书》的单位提供经营性气源；③不得强制用户到指定的地点购买指定的燃气器具；④禁止使用超过检验期限和检验不合格的钢瓶；⑤禁止用槽车直接向钢瓶充装液化石油气；⑥其他应当遵守的规定。

燃气供应企业和燃气用具安装、维修单位的职工应当实行持证上岗制度。燃气供应企业及分销站点需要变更、停业、歇业、分立或者合并的，必须提前 30 日向住房城乡建设行政主管部门提出申请。经批准后，方可实施。

3. 城市燃气器具

燃气器具的生产实行产品生产许可或者安全质量认证制度。燃气器具必须取得国家燃气器具的产品生产许可证或者安全质量认证后，方可生产。燃气器具必须经销售地住房城乡建设行政主管部门指定的检测机构的气源适配性检测，符合销售地燃气使用要求，颁发准销证后方可销售。取得准销证的产品由住房城乡建设行政主管部门列入当地《燃气器具销售目录》，并向用户公布。

燃气器具安装、维修单位，必须经住房城乡建设行政主管部门资质审核合格，方可从事燃气器具的安装、维修业务。燃气器具生产、经营企业在销售地必须有产品售后维修保证措施。

4. 城市燃气使用

燃气供应企业应当建立燃气用户档案，与用户签订供气用气合同，明确双方的权利和义务。燃气用户未经燃气供应企业批准，不得擅自接通管道使用燃气或者改变燃气使用性质、变更地址和名称。

燃气计量应当采用符合国家计量标准的燃气计量装置，按照规定定期进行校验。燃气用户应当按时交纳气费。燃气用户有权就燃气经营的收费和服务向燃气供应企业查询，对不符合收费和服务标准的，可以向其行政主管部门投诉。

5. 城市燃气安全

燃气供应企业必须建立安全检查、维修维护、事故抢修等制度，及时报告、排除、处理燃气设施故障和事故，确保正常供气。燃气供应企业必须向社会公布抢修电话，设置专职抢修队伍，配备防护用品、车辆器材、通信设备等。

燃气供应企业应当实行每日 24 小时值班制度，发现燃气事故或者接到燃气事故报告时，应当立即组织抢修、抢险。燃气供应企业必须制定有关安全使用规则，宣传安全使用常识，对用户进行安全使用燃气的指导。燃气供应企业应当按照有关规定，在重要的燃气设施所在地设置统一、明显的安全警示标志，并配备专职人员进行巡回检查。

任何单位和个人发现燃气泄漏或者燃气引起的中毒、火灾、爆炸等事故，有义务通知燃气供应企业以及消防等部门。发生燃气事故后，燃气供应企业应当立即向住房城乡建设行政主管部门报告，重大燃气事故要及时报国务院住房城乡建设行政主管部门。

除消防等紧急情况外，未经燃气供应企业同意，任何人不得开启或者关闭燃气管道上的公共阀门。

6. 燃气供应企业资质管理

燃气供应企业是指燃气生产、储运、输配、供应的企业。燃气供应企业，必须经资质审查合格并经工商行政管理机关登记注册，方可从事经营活动。资质审查办法按《城市燃气和集中供热企业资质管理规定》执行。

城市燃气企业资质按供气能力实行分级审批。供气能力在 20 万户以上（含 20 万户）的燃气企业，其资质由省、自治区、直辖市人民政府住房城乡建设行政主管部门预审并提出审查意见，报国务院住房城乡建设行政主管部门审批；也可由国务院住房城乡建设行政主管部门委托省、自治区、直辖市人民政府住房城乡建设行政主管部门审批，报国务院住房城乡建设行政主管部门核准发证。供气能力在 20 万户以下的燃气企业，其资质由省、自治区、直辖市人民政府住房城乡建设行政主管部门审批，报国务院住房城乡建设行政主管部门备案。

13.3.4　城市公共交通管理

城市公共交通是公益性事业。城市人民政府应当优先发展城市公共交通，采取有效措施，提高线网密度和站点覆盖率，优化运营结构，确立城市公共交通在城市交通中的主体地位，为公众提供安全可靠、方便周到、经济舒适的公共交通服务。城市公共交通应当遵循统筹规划、政府主导、积极扶持、有序竞争、方便群众的原则。国家鼓励利用高新技术和先进的管理方式，改进公共交通系统，推进智能化公共交通体系建设。

1. 城市公共交通的规划

城市人民政府应当组织编制城市综合交通体系规划和城市公共交通专项规划；建设城

市轨道交通的，应当组织编制城市轨道交通专项规划。

城市综合交通体系规划和城市公共交通专项规划应当与城市的经济发展、环境保护、防灾减灾和人民生活水平相适应，并保证各种交通方式协调发展。城市综合交通体系规划应当确定公共交通在城市综合交通体系中的比例和规模、优先发展公共交通的措施、城市交通与区域交通的衔接和优化方案。

城市公共交通专项规划应当包括：各种城市公共交通方式的构成比例和规模、公共交通设施的用地范围、枢纽和场站布局、线路布局、设施配置、公共汽车和电车专用道、无障碍设施配置等。

城市轨道交通专项规划应当包括：轨道交通建设的远期目标和近期建设任务、投资估算及资金筹集方案、线路走向、站点选址、沿线土地利用及用地规划控制、换乘站、枢纽站建设以及与其他交通方式的衔接方案等。

组织编制机关在编制规划过程中应当采取论证会、听证会或者其他形式，广泛征求有关部门、公众和专家的意见。城市综合交通体系规划和城市公共交通专项规划应当纳入城市总体规划，并按照城市总体规划的审批程序一并报批。报批时应当附具社会各界对城市综合交通体系规划和城市公共交通专项规划的意见和意见采纳的情况以及未予采纳的理由。

城市公共交通发展和建设必须符合城市综合交通体系规划、城市公共交通专项规划以及城市轨道交通专项规划。

2. 城市公共交通的设施建设

城市公共交通设施，是指公共交通场站、换乘枢纽、公共交通专用道、优先通行信号装置、轨道交通设施等。建设航空港、铁路客运站、公路客运站、客运码头、城市道路、居住区和大型公共活动场所，应当按照标准配套建设相应的城市公共交通设施。

城市人民政府应当加大对城市公共交通的投入，在轨道交通、换乘枢纽、场站建设以及车辆和设施装备配置与更新等方面，给予必要的资金和政策扶持。城市公用事业附加费、基础设施配套费等政府性基金应当按照国家有关规定用于城市交通建设，并向城市公共交通倾斜。

城市人民政府应当在城市规划中确定相关的城市公共交通设施用地。城市公共交通规划确定的停车场、车辆段、保养场、首末站、调度中心、控制中心、换乘枢纽等设施用地，符合《划拨用地目录》的，可以以划拨方式取得。城市公共交通设施用地应当符合国家关于城市公共交通设施用地定额指标的规定。

城市人民政府应当依据城市公共交通专项规划，建设换乘枢纽，并配套相应的机动车、非机动车停车场，配备指向标识、线路图、时刻表、换乘指南等服务设施。城市人民政府应当依据城市公共交通专项规划，建设公共交通线路运行显示系统、多媒体综合查询系统、乘客服务信息系统。

公共交通场站的所有权人应当采用招标方式确定场站管理单位。场站管理单位应当制定运营管理制度，维护公共交通场站内的运营秩序，保障安全畅通。

3. 城市公共交通线路经营

城市公共交通线路的设置、调整，应当符合城市公共交通专项规划确定的线路布局和客流需要，并广泛听取公众、专家和有关部门的意见。

国家实行城市公共交通线路经营许可制度。对新开辟的线路、经营期限届满需要重新确定经营者的线路或者在经营期限内需要重新确定经营者的线路，城市人民政府公共交通主管部门应当与经营者签订线路经营协议，并核发线路经营许可证。禁止拍卖、重复授予线路经营许可证。

线路经营协议应当包括线路走向、经营期限、站点、载客量、发车频率、首发车和末班车时间、车辆数、车型等内容。其中，线路走向和经营期限应当在线路经营许可证中予以注明。城市人民政府公共交通主管部门可以根据实际需要，对线路经营协议中的发车频率、首发车和末班车时间作出调整。

线路经营者因破产、解散或者其他原因不能正常运营时，城市人民政府公共交通主管部门应当及时采取措施，保证公共交通服务的连续、稳定。城市人民政府应当对城市公共交通企业因实行低票价、月票以及老年人、残疾人等减免票措施形成的政策性亏损给予补贴。

从事出租汽车经营的企业或者个人，应当符合运营车辆、资金、停车场所、驾驶员资格等有关条件，并依法取得出租汽车经营许可证后，方可从事出租汽车经营。

4. 城市公共交通的服务质量和安全责任

城市人民政府公共交通主管部门应当组织有关部门和乘客对经营者运营服务质量进行评议，并将评议结果记入信用档案。城市人民政府公共交通主管部门应当将评议结果向社会公布，并作为撤销线路经营许可的依据之一。

经营者应当加强对运营车辆的检查、保养和维修，保证运营车辆符合技术、卫生等要求。经营者应当加强对驾驶员、售票员、调度员的管理，提高服务质量。

经营者应当建立、健全安全管理制度，定期检查各项安全防范措施落实情况，保证运营安全，及时消除事故隐患，并制定具体的城市公共交通突发事件应急预案。

轨道交通建设单位和经营者应当保证安全资金投入，设立相应的安全管理机构，配备专职安全管理人员，制定轨道交通突发事件应急预案，建立应急救援组织，配备救援器材设备，定期组织演练，并依法承担轨道交通建设和运营的安全责任。轨道交通经营者应当采取多种形式，向乘客宣传安全乘运的知识和要求。轨道交通建设单位应当按照有关规定建设安全监测保障系统，并设置消防、防汛、防护、报警、救援等器材和设备。轨道交通经营者定期对轨道交通安全保障系统进行检测、维修、更新和改造，保证其处于良好的运行状态。轨道交通建设单位应当按照国家有关规定设置安全保护区。在安全保护区内进行可能影响安全运营作业的，作业单位应当制定有效的安全防护方案，在征得轨道交通经营者的同意后，方可申请办理有关的行政许可手续。

发生自然灾害、城市公共交通运营安全事故以及其他突发事件后，经营者应当启动城市公共交通突发事件应急预案，抢救伤者、排除障碍、恢复正常运行，并及时、如实向有关部门报告。

经营者应当按照规定的收费标准向乘客收取费用，并出具省级税务部门监制的税务发票。

13.4 城市市容和环境卫生法律制度

13.4.1 城市市容和环境卫生管理概述

城市市容和环境卫生管理是城市管理的重要组成部分，我国各级政府对这一工作十分重视。1982 年，城乡建设环境部颁布了《城市市容和环境卫生管理条例》，经过十年的试行后，国务院于 1992 年 6 月 28 日正式发布了《城市市容和环境卫生管理条例》，自 1992 年 8 月 1 日起正式施行（2011 年 1 月第一次修订，2017 年 3 月 1 日第二次修订）。随后，各省、自治区、直辖市纷纷颁布了城市市容和环境卫生管理的地方立法。建设部在 2004 年 8 月 18 日发布了《市容环境卫生术语标准》CJJ/T 65—2004，住房和城乡建设部于 2008 年 10 月 15 日发布了《城市容貌标准》GB 50449—2008。

1. 城市市容和环境卫生管理的必要性

(1) 创造清洁、优美的城市工作、生活环境

城市市容和环境卫生直接影响着城市居民的身体健康，同时也是一个城市文明程度的重要体现。清洁、优美的城市环境能提高城市居民的工作效率和生活质量。

目前，我国仍有部分城市或城市中的部分地区给人的印象是脏、乱、差。未来改变这种状况，必须加强城市市容和环境卫生管理，提高对市容和环境卫生事业地位和作用的认识，提高全民族的环境卫生意识，完善管理机构，增加人员、设备和资金。

(2) 促进城市社会主义物质文明和精神文明建设

清洁、优美的城市环境能提高公民的工作效率，促进城市社会主义物质文明建设，同时，还可以改善人的精神面貌和生活方式，可以改变、破除某些人的旧习惯、旧风俗，促进城市社会主义精神文明建设。物质文明和精神文明的提高是搞好城市市容和环境卫生工作的基础，伴随着社会生产力的发展和人民物质生活水平的提高，必然要求有一个与之相适应的城市容貌和环境卫生。

(3) 城市社会经济发展的必然要求

改革开放以来，我国各个城市的社会经济快速发展，对城市市容和环境卫生管理不断提出新要求。第一，城乡一体化发展，城镇化区域不断扩大。同时，这一发展趋势会加快，按照城市进行市容和环境卫生管理的范围应当不断扩大，原来的规定难以适应。第二，城市市容和环境卫生的管理方式需要不断创新。城市一些主要街道和重点地区的街景和城雕的管理，城市道路、城市灯光的管理，环境卫生责任区的划分和责任，环境卫生作业服务的市场化确定方法，餐饮垃圾、宠物垃圾的管理，生活垃圾的分类管理，垃圾的资源化利用等，都需要加强城市市容和环境卫生管理。第三，城市市民生活质量的日益提高，对城市市容和环境卫生管理的标准提出了更高的要求。

2. 城市市容和环境卫生管理的原则

城市市容和环境卫生工作，实行统一领导、分区负责、专业人员管理与群众管理相结合的原则。所谓"统一领导"，即由国务院住房城乡建设行政主管部门主管全国城市市容和环境卫生工作。省、自治区人民政府住房城乡建设行政主管部门负责本行政区域的城市市容和环境卫生管理工作。城市人民政府市容环境卫生行政主管部门负责本行政区域的城市市容和环境卫生管理工作。所谓"分区负责"，即分地区负责，要求建立和完善市容和环境卫生责任区制度，以明确管理部门、企业和个人在城市市容和环境卫生方面的权利义务关系。

城市市容和环境卫生管理涉及城市的每一个居民，必须采取专业人员管理和群众管理相结合的原则。城市人民政府应当重视市容和环境卫生管理专业人员的培养和发展，并结合本地的实际情况，积极推进环境卫生用工制度的改革，并采取措施，逐步提高环境卫生

工作人员的工资福利待遇。

13.4.2 城市市容管理

城市市容管理，既包括对城市中建筑物和设施美观程度的管理，同时也包括对城市中各种与市容有关活动的管理，如广告、运输、施工等活动。

1. 建筑物和城市设施的市容管理

城市中的建筑物和设施，应当符合国家规定的城市容貌标准。对外开放城市、风景旅游城市和有条件的其他城市，可以结合本地具体情况，制定严于国家规定的城市容貌标准；建制镇可以参照国家规定的城市容貌标准执行。

城市中的市政公用设施，应当与周围环境相协调，并维护和保持设施完好、整洁。

一切单位和个人都应当保持建筑物的整洁、美观。在城市人民政府规定街道的临街建筑物的阳台和窗外，不得堆放、吊挂有碍市容的物品。搭建或者封闭阳台必须符合城市人民政府市容环境卫生行政主管部门的有关规定。

2. 户外广告等的市容管理

在城市中设置户外广告、标语牌、画廊、橱窗等，应当内容健康、外形美观，并定期维修、油饰或者拆除。大型户外广告的设置必须征得城市人民政府市容环境卫生行政主管部门同意后，按照有关规定办理审批手续。

有下列情形之一的，不得设置户外广告：①利用交通安全设施、交通标志的；②影响市政公共设施、交通安全设施、交通标志使用的；③妨碍生产或者人民生活，损害市容市貌的；④国家机关、文物保护单位和名胜风景点的建筑控制地带；⑤当地县级以上地方人民政府禁止设置户外广告的区域。

3. 街道两侧和公共场地的市容管理

主要街道两侧的建筑物前，应当根据需要与可能，选用透景、半透景的围墙、栅栏或者绿篱、花坛（池）、草坪等作为分界。临街树木、绿篱、花坛（池）、草坪等，应当保持整洁、美观。栽培、整修或者其他作业留下的渣土、枝叶等，管理单位、个人或者作业者应当及时清除。

任何单位和个人都不得在街道两侧和公共场地堆放物料，搭建建筑物、构筑物或者其他设施。因建设等特殊需要，在街道两侧和公共场地临时堆放物料，搭建非永久性建筑物、构筑物或者其他设施的，必须征得城市人民政府市容环境卫生行政主管部门同意后，按照有关规定办理审批手续。

4. 交通运输工具的市容管理

在市区运行的交通运输工具，应当保持外形完好、整洁，货运车辆运输的液体、散装货物，应当密封、包扎、覆盖，避免泄漏、遗撒。

5. 工程施工现场的市容管理

城市的工程施工现场的材料、机具应当堆放整齐，渣土应当及时清运；临街工地应当设置护栏或者围布遮挡；停工场地应当及时整理并作必要的覆盖；竣工后，应当及时清理和平整场地。

13.4.3 城市环境卫生管理

1. 城市环境卫生设施的建设和设置

城市中的环境卫生设施，应当符合国家规定的城市环境卫生标准。城市环境卫生设施包括公共厕所、化粪池、垃圾管道、垃圾容器、果皮箱、垃圾转运站、垃圾处理场、小区环卫专用车辆停放场地和工人休息室等。

城市人民政府在进行城市新区开发或者旧区改造时，应当依照国家有关规定，建设生活废弃物的清扫、收集、运输和处理等环境卫生设施，所需经费应当纳入建设工程概算。

2. 公共厕所的管理

公共厕所，是指供城市居民和流动人口共同使用的厕所，包括公共建筑（如车站、码头、商店、饭店、影剧院、体育场馆、展览馆、办公楼等）附设的公厕。

(1) 公共厕所的规划

城市人民政府市容环境卫生行政主管部门，应当根据城市居住人口密度和流动人口数量以及公共场所等特定地区的需要，制定公共厕所建设规划。城市公厕应当按照"全面规划、全面布局、改建并重、卫生适用、方便群众、水厕为主、有利排运"的原则，进行规划建设。

城市公厕规划是城市环境卫生规划的组成部分，应当由城市人民政府环境卫生行政主管部门会同城市规划行政主管部门，依照《城市公共厕所设计标准》CJJ 14—2016 及公共建筑设计规范进行编制。

下列城市公共场所应当设置公厕，并应当设立明显的标志或指路牌：①广场的主要干道两侧；②车站、码头、展览馆等公共建筑物附近。城市公厕应当修建在明显易找、便于粪便排放或机器抽运的地段。新修建的公厕外观应当与周围环境相协调。

(2) 公共厕所的建设和维修管理

城市人民政府市容环境卫生行政主管部门，应当按照规定的标准，建设、改造或者支持有关单位建设、改造公共厕所。城市人民政府市容环境卫生行政主管部门，应当配备专业人员或者委托有关单位和个人负责公共厕所的保洁和管理；有关单位和个人也可以承包公共厕所的保洁和管理。公共厕所的管理者可以适当收费。对不符合规定标准的公共厕所，城市人民政府应当责令有关单位限期改造。

城市公厕的建设和维修管理，按照下列分工，分别由城市环境卫生单位和有关单位负责：①城市主次干道两侧的公厕由城市人民政府环境卫生行政主管部门指定的管理单位负责；②城市各类集贸市场的公厕由集贸市场经营管理单位负责；③新建、改建居民楼群和住宅小区的公厕由其管理单位负责；④风景名胜、旅游点的公厕由其主管部门或经营管理单位负责；⑤公共建筑附近附设的公厕由产权单位负责。

新建的公厕应当以水冲式厕所为主。对于原有不符合卫生标准的旱厕，应当逐步进行改造。影剧院、商店、饭店、车站等公共建筑没有附设公厕或者原有公厕及其卫生设施不足的，应当按照城市人民政府环境卫生行政主管部门的要求进行新建、扩建或者改造。公共建筑附设公厕及其卫生设施的设计和安装，应当符合国家和地方的有关标准。

(3) 公共厕所的保洁和使用管理

城市公厕的保洁工作，应当分别由有关单位负责或者与城市环境卫生单位商签协议，委托代管。城市公厕的保洁，应当逐步做到规范化、标准化，保持公厕的清洁、卫生和设备设施完好。城市人民政府环境卫生行政主管部门应当对公厕的卫生及设备设施等进行检查，对于不符合规定的，应当予以纠正。

在旅游景点、车站、繁华商业区等公共场所独立设置的较高档次公厕，可以适当收费。具体收费办法由省、自治区人民政府主管部门和直辖市人民政府环境卫生行政主管部门提出方案，经同级人民政府物价、财政部门批准。所收费用专项用于公厕的维修和管理。

3. 公共场所和主要街道、广场、公共水域的环境卫生管理

公共场所、主要街道、广场、公共水域等涉及的单位多，人员杂，国家规定了环境责任制：

（1）按国家行政建制设立的市的主要街道、广场和公共水域的环境卫生，由环境卫生专业单位负责。

（2）居住区、街巷等地方，由街道办事处负责组织专人清扫保洁。

（3）飞机场、火车站、公共汽车始末站、港口、影剧院、博物馆、展览馆、纪念馆、体育馆（场）和公园等公共场所，由本单位负责清扫保洁。

（4）机关、团体、部队、企事业单位，应当按照城市人民政府市容环境卫生行政主管部门划分的卫生责任区负责清扫保洁。

（5）城市集贸市场，由主管部门负责组织专人清扫保洁。

（6）各种摊点，由从业者负责清扫保洁。

（7）城市港口客货码头作业范围内的水面，由港口客货码头经营单位责成作业者清理保洁。

（8）在市区水域行驶或者停泊的各类船舶上的垃圾、粪便，由船上负责人依照规定处理。

城市道路和公共场所的清扫、保洁工作应当与城市道路和公共场所的建设、改造相协调。住房城乡建设行政主管部门应当把城市道路和公共场所的清扫、保洁所需经费纳入城市维护建设资金使用计划，并根据需要，每年适当增加或调整。

城市人民政府市容环境卫生行政主管部门应当不断改善道路和公共场所清扫作业条件，积极开展机械化清扫，有条件的城市要对道路、公共场所地面实行水洗和建立进城车辆清洗站。在炎热季节，适时组织对重点道路实行洒水、降温、压尘。并与有关科研单位进行协作，对城市道路清扫、冲洗、除雪机械化等技术进行研究和开发。

负责清扫、保洁本责任区的道路和公共场所的单位，应当配备足够的垃圾容器和运输工具。城市清扫的垃圾、冰雪，应当运到指定的堆放场地。凡从事城市道路和公共场所经营性清扫、保洁和进城车辆冲洗等经营性服务的单位和个人，必须向城市市容环境卫生行政主管部门申请资质审查，经批准后方可从事经营性服务。单位或者个人承担的责任区的清扫保洁工作，可以委托环境卫生专业单位或者经城市市容环境卫生行政主管部门资质审查批准的、从事城市道路和公共场所经营性清扫、保洁和进城车辆清洗等经营性服务的企业代办。企业代办双方应当签订协议，并认真履行各自的责任。

城市中的单位和个人，必须维护城市道路和公共场所的清洁，并严格遵守下列规定：①不随地吐痰、便溺，不乱丢烟蒂、纸屑、瓜果皮核及各类包装等废弃物；②不在道路和公共场所堆放杂物；③车辆运载散体、流体物资时，不准沿街撒落；④凡是在道路和公共场所作业产生的废弃物、渣土等，必须及时清除，并运到指定地点；⑤施工现场的运输车辆禁止挟带泥土，保持道路清洁。

城市人民政府市容环境卫生行政主管部门和监察队伍或检查人员，负责对各单位（包

括环境卫生专业单位、服务经营单位）、个人分工负责的道路和公共场所清扫、保洁进行监督和检查。

4. 城市生活垃圾的管理

（1）城市生活垃圾的治理原则

城市生活垃圾的治理，实行减量化、资源化、无害化和谁产生、谁依法负责的原则。国家采取有利于城市生活垃圾综合利用的经济、技术政策和措施，提高城市生活垃圾治理的科学技术水平，鼓励对城市生活垃圾实行充分回收和合理利用。

产生城市生活垃圾的单位和个人，应当按照城市人民政府确定的生活垃圾处理费收费标准和有关规定缴纳城市生活垃圾处理费。城市生活垃圾处理费应当专项用于城市生活垃圾收集、运输和处置，严禁挪作他用。

（2）城市生活垃圾的治理规划与设施建设

直辖市、市、县人民政府住房城乡建设（环境卫生）主管部门应当会同城市规划等有关部门，依据城市总体规划和本地区国民经济和社会发展计划等，制定城市生活垃圾治理规划，统筹安排城市生活垃圾收集、处置设施的布局、用地和规模。制定城市生活垃圾治理规划，应当广泛征求公众意见。

城市生活垃圾收集、处置设施用地应当纳入城市黄线保护范围，任何单位和个人不得擅自占用或者改变其用途。城市生活垃圾收集、处置设施建设，应当符合城市生活垃圾治理规划和国家有关技术标准。从事新区开发、旧区改建和住宅小区开发建设的单位，以及机场、码头、车站、公园、商店等公共设施、场所的经营管理单位，应当按照城市生活垃圾治理规划和环境卫生设施的设置标准，配套建设城市生活垃圾收集设施。

城市生活垃圾收集、处置设施工程建设的勘察、设计、施工和监理，应当严格执行国家有关法律、法规和技术标准。城市生活垃圾收集、处置设施工程竣工后，建设单位应当依法组织竣工验收，并在竣工验收后三个月内，依法向当地人民政府住房城乡建设主管部门和环境卫生主管部门报送建设工程项目档案。未经验收或者验收不合格的，不得交付使用。

（3）城市生活垃圾的清扫、收集、运输

城市生活垃圾应当逐步实行分类投放、收集和运输。单位和个人应当按照规定的地点、时间等要求，将生活垃圾投放到指定的垃圾容器或者收集场所。废旧家具等大件垃圾应当按规定时间投放在指定的收集场所。城市生活垃圾实行分类收集的地区，单位和个人应当按照规定的分类要求，将生活垃圾装入相应的垃圾袋内，投入指定的垃圾容器或者收集场所。

宾馆、饭店、餐馆以及机关、院校等单位应当按照规定单独收集、存放本单位产生的餐厨垃圾，并交符合相关办法要求的城市生活垃圾收集、运输企业运至规定的城市生活垃圾处理场所。

禁止随意倾倒、抛撒或者堆放城市生活垃圾。

从事城市生活垃圾经营性清扫、收集、运输的企业，应当取得城市生活垃圾经营性清扫、收集、运输服务许可证。未取得城市生活垃圾经营性清扫、收集、运输服务许可证的企业，不得从事城市生活垃圾经营性清扫、收集、运输活动。直辖市、市、县住房城乡建设（环境卫生）主管部门应当通过招投标等公平竞争方式作出城市生活垃圾经营性清扫、收集、运输许可的决定，向中标人颁发城市生活垃圾经营性清扫、收集、运输服务许可证。直辖市、市、县住房城乡建设（环境卫生）主管部门应当与中标人签订城市生活垃圾清扫、收集、运输经营协议。城市生活垃圾清扫、收集、运输经营协议应当明确约定经营期限、服务标准等内容，作为城市生活垃圾清扫、收集、运输服务许可证的附件。

从事城市生活垃圾经营性清扫、收集、运输服务的企业，应当具备以下条件：①具备企业法人资格，从事垃圾清扫、收集的企业注册资本不少于人民币 100 万元，从事垃圾运输的企业注册资本不少于人民币 300 万元；②机械清扫能力达到总清扫能力的 20% 以上，机械清扫车辆包括洒水车和清扫保洁车辆，机械清扫车辆应当具有自动洒水、防尘、防遗撒、安全警示功能，安装车辆行驶及清扫过程记录仪；③垃圾收集应当采用全密闭运输工具，并应当具有分类收集功能；④垃圾运输应当采用全密闭自动卸载车辆或船只，具有防臭味扩散、防遗撒、防渗沥液滴漏功能，安装行驶及装卸记录仪；⑤具有健全的技术、质量、安全和监测管理制度并得到有效执行；⑥具有合法的道路运输经营许可证、车辆行驶证；⑦具有固定的办公及机械、设备、车辆、船只停放场所。

从事城市生活垃圾经营性清扫、收集、运输的企业应当履行以下义务：①按照环境卫生作业标准和作业规范，在规定的时间内及时清扫、收运城市生活垃圾；②将收集的城市生活垃圾运到直辖市、市、县人民政府住房城乡建设（环境卫生）主管部门认可的处理场所；③清扫、收运城市生活垃圾后，对生活垃圾收集设施及时保洁、复位，清理作业场地，保持生活垃圾收集设施和周边环境的干净整洁；④用于收集、运输城市生活垃圾的车辆、船舶应当做到密闭、完好和整洁。

从事城市生活垃圾经营性清扫、收集、运输的企业，禁止实施下列行为：①任意倾倒、抛撒或者堆放城市生活垃圾；②擅自停业、歇业；③在运输过程中沿途丢弃、遗撒生活垃圾。

（4）城市生活垃圾的处置

城市生活垃圾应当在城市生活垃圾转运站、处理厂（场）处置。任何单位和个人不得任意处置城市生活垃圾。城市生活垃圾处置所采用的技术、设备、材料，应当符合国家有关城市生活垃圾处理技术标准的要求，防止对环境造成污染。

从事城市生活垃圾经营性处置的企业，应当向所在地直辖市、市、县人民政府住房城乡建设（环境卫生）主管部门取得城市生活垃圾经营性处置服务许可证。未取得城市生活垃圾经营性处置服务许可证，不得从事城市生活垃圾经营性处置活动。直辖市、市、县住房城乡建设（环境卫生）主管部门应当通过招投标等公平竞争方式作出城市生活垃圾经营性处置许可的决定，向中标人颁发城市生活垃圾经营性处置服务许可证。直辖市、市、县住房城乡建设（环境卫生）主管部门应当与中标人签订城市生活垃圾处置经营协议，明确约定经营期限、服务标准等内容，并作为城市生活垃圾经营性处置服务许可证的附件。

从事城市生活垃圾经营性处置服务的企业，应当具备以下条件：①具备企业法人资格，规模小于 100t/ 日的卫生填埋场和堆肥厂的注册资本不少于人民币 500 万元，规模大于 100t/ 日的卫生填埋场和堆肥厂的注册资本不少于人民币 5000 万元，焚烧厂的注册资本不少于人民币 1 亿元；②卫生填埋场、堆肥厂和焚烧厂的选址符合城乡规划，并取得规划许可文件；③采用的技术、工艺符合国家有关标准；④有至少 5 名具有初级以上专业技术职称的人员，其中包括环境工程、机械、环境监测等专业的技术人员，技术负责人具有 5

年以上垃圾处理工作经历，并具有中级以上专业技术职称；⑤具有完善的工艺运行、设备管理、环境监测与保护、财务管理、生产安全、计量统计等方面的管理制度并得到有效执行；⑥生活垃圾处理设施配备沼气检测仪器，配备环境监测设施如渗沥液监测井、尾气取样孔，安装在线监测系统等监测设备并与住房城乡建设（环境卫生）主管部门联网；⑦具有完善的生活垃圾渗沥液、沼气的利用和处理技术方案，具有卫生填埋场对不同垃圾进行分区填埋方案、生活垃圾处理的渗沥液、沼气、焚烧烟气、残渣等处理残余物达标处理排放方案；⑧有控制污染和突发事件的预案。

从事城市生活垃圾经营性处置的企业应当履行以下义务：①严格按照国家有关规定和技术标准，处置城市生活垃圾；②按照规定处理处置过程中产生的污水、废气、废渣、粉尘等，防止二次污染；③按照所在地住房城乡建设（环境卫生）主管部门规定的时间和要求接收生活垃圾；④按照要求配备城市生活垃圾处置设备、设施，保证设施、设备运行良好；⑤保证城市生活垃圾处置站、场（厂）环境整洁；⑥按照要求配备合格的管理人员及操作人员；⑦对每日收运、进出场站、处置的生活垃圾进行计量，按照要求将统计数据和报表报送所在地住房城乡建设（环境卫生）主管部门；⑧按照要求定期进行水、气、土壤等环境影响监测，对生活垃圾处理设施的性能和环保指标进行检测、评价，向所在地住房城乡建设（环境卫生）主管部门报告检测、评价结果。

（5）监督管理

国务院住房城乡建设主管部门和省、自治区人民政府住房城乡建设主管部门应当建立健全监督管理制度，对相关办法的执行情况进行监督检查。直辖市、市、县人民政府住房城乡建设（环境卫生）主管部门应当对本行政区域内城市生活垃圾经营性清扫、收集、运输、处置企业执行相关办法的情况进行监督检查；根据需要，可以向城市生活垃圾经营性处置企业派驻监督员。

直辖市、市、县人民政府住房城乡建设（环境卫生）主管部门实施监督检查时，有权采取下列措施：①查阅复制有关文件和资料；②要求被检查的单位和个人就有关问题作出说明；③进入现场开展检查；④责令有关单位和个人改正违法行为。有关单位和个人应当支持配合监督检查并提供工作方便，不得妨碍与阻挠监督检查人员依法执行职务。

直辖市、市、县人民政府住房城乡建设（环境卫生）主管部门应当委托具有计量认证资格的机构，定期对城市生活垃圾处理场站的垃圾处置数量、质量和环境影响进行监测。

城市生活垃圾经营性清扫、收集、运输、处置服务许可有效期届满需要继续从事城市生活垃圾经营性清扫、收集、运输、处置活动的，应当在有效期届满 30 日前向原发证机关申请办理延续手续。准予延续的，直辖市、市、县住房城乡建设（环境卫生）主管部门应当与城市生活垃圾经营性清扫、收集、运输、处置企业重新订立经营协议。

有下列情形之一的，可以依法撤销许可证书：①住房城乡建设（环境卫生）主管部门工作人员滥用职权、玩忽职守作出准予城市生活垃圾清扫、收集、运输或者处置许可决定的；②超越法定职权作出准予城市生活垃圾清扫、收集、运输或者处置许可决定的；③违反法定程序作出准予城市生活垃圾清扫、收集、运输或者处置许可决定的；④对不符合许可条件的申请人作出准予许可的；⑤依法可以撤销许可的其他情形。申请人以欺骗、贿赂等不正当手段取得许可的，应当予以撤销。

有下列情形之一的，从事城市生活垃圾经营性清扫、收集、运输或者处置的企业应当向原许可机关提出注销许可证的申请，交回许可证书；原许可机关应当办理注销手续，公告其许可证书作废：①许可事项有效期届满，未依法申请延期的；②企业依法终止的；③许可证依法被撤回、撤销或者吊销的；④法律、法规规定的其他应当注销的情形。

从事城市生活垃圾经营性清扫、收集、运输、处置的企业需停业、歇业的，应当提前半年向所在地直辖市、市、县人民政府住房城乡建设（环境卫生）主管部门报告，经同意后方可停业或者歇业。直辖市、市、县人民政府住房城乡建设（环境卫生）主管部门应当在城市生活垃圾经营性清扫、收集、运输、处置企业停业或者歇业前，落实保障及时清扫、收集、运输、处置城市生活垃圾的措施。

直辖市、市、县人民政府住房城乡建设（环境卫生）主管部门应当会同有关部门制定城市生活垃圾清扫、收集、运输和处置应急预案，建立城市生活垃圾应急处理系统，确保紧急或者特殊情况下城市生活垃圾的正常清扫、收集、运输和处置。从事城市生活垃圾经营性清扫、收集、运输和处置的企业，应当制定突发事件生活垃圾污染防范的应急方案，并报所在地直辖市、市、县人民政府住房城乡建设（环境卫生）主管部门备案。

从事城市生活垃圾经营性清扫、收集、运输或者处置的企业应当按照国家劳动保护的要求和规定，改善职工的工作条件，采取有效措施，逐步提高职工的工资和福利待遇，做好职工的卫生保健和技术培训工作。

5. 城市建筑垃圾的管理

（1）城市建筑垃圾的概念和处置原则

城市建筑垃圾，是指建设单位、施工单位新建、改建、扩建和拆除各类建筑物、构筑物、管网等以及居民装饰装修房屋过程中所产生的弃土、弃料及其他废弃物。

建筑垃圾处置实行减量化、资源化、无害化和谁产生、谁承担处置责任的原则。国家鼓励建筑垃圾综合利用，鼓励建设单位、施工单位优先采用建筑垃圾综合利用产品。

（2）城市建筑垃圾处置计划

建筑垃圾消纳、综合利用等设施的设置，应当纳入城市市容环境卫生专业规划。城市人民政府市容环境卫生主管部门应当根据城市内的工程施工情况，制定建筑垃圾处置计划，合理安排各类建设工程需要回填的建筑垃圾。

（3）城市建筑垃圾处置的申请和核准

处置建筑垃圾的单位，应当向城市人民政府市容环境卫生主管部门提出申请，获得城市建筑垃圾处置核准后，方可处置。

城市人民政府市容环境卫生主管部门应当在接到申请后的20日内作出是否核准的决定。予以核准的，颁发核准文件；不予核准的，应当告知申请人，并说明理由。

禁止涂改、倒卖、出租、出借或者以其他形式非法转让城市建筑垃圾处置核准文件。

（4）城市建筑垃圾处置的要求

任何单位和个人不得将建筑垃圾混入生活垃圾，不得将危险废物混入建筑垃圾，不得擅自设立弃置场收纳建筑垃圾。建筑垃圾储运消纳场不得收纳工业垃圾、生活垃圾和有毒有害垃圾。

居民应当将装饰装修房屋过程中产生的建筑垃圾与生活垃圾分别收集，并堆放到指定地点。建筑垃圾中转站的设置应当方便居民。装饰装修施工单位应当按照城市人民政府市容环境卫生主管部门的有关规定处置建筑垃圾。施工单位应当及时清运工程施工过程中产生的建筑垃圾，并按照城市人民政府市容环境卫生主管部门的规定处置，防止污染环境。施工单位不得将建筑垃圾交给个人或者未经核准从事建筑垃圾运输的单位运输。

处置建筑垃圾的单位在运输建筑垃圾时，应当随车携带建筑垃圾处置核准文件，按照城市人民政府有关部门规定的运输路线、时间运行，不得丢弃、遗撒建筑垃圾，不得超出核准范围承运建筑垃圾。任何单位和个人不得随意倾倒、抛撒或者堆放建筑垃圾。

建筑垃圾处置实行收费制度，收费标准依据国家有关规定执行。

6. 环境卫生管理的社会化服务

随着市场经济的发展，环境卫生管理应当逐步实行社会化服务。环境卫生管理的社会化服务，有以下两个途径：

(1) 成立环境卫生专业服务单位

有条件的城市，可以成立环境卫生服务公司。凡委托环境卫生专业单位清扫、收集、运输和处理废弃物的，应当交纳服务费。

(2) 由物业管理公司提供环境卫生服务

物业管理公司需要对各类房屋建筑和附属配套设施及场地，以经营的方式进行管理。物业管理公司的管理涉及多个方面，环境卫生管理也是其重要的一个方面。

13.5　城市园林绿化法律制度

13.5.1　城市园林绿化概述

1. 城市园林绿化的作用

园林绿化泛指城市园林绿地和风景名胜区。园林绿化是为人们提供一个良好的休息、文化娱乐、亲近大自然、满足人们回归自然愿望的场所，是保护生态环境、改善城市生活环境的重要措施。

城市园林绿化有以下具体作用：

(1) 美化环境。园林绿化是美化城市的一个重要手段。一个城市的美丽，除了在城市规划设计、施工上善于利用城市的地形、道路、河边、建筑配合环境，灵活巧妙地体现城市的美丽外，还可以运用树木花草不同的形状、颜色、用途和风格，配置出一年四季色彩丰富，乔木、灌木、花卉、草皮层层叠叠的绿地，镶嵌在城市、工厂的建筑群中。

(2) 净化空气。园林植物对净化空气有独特的作用，它能吸滞烟灰和粉尘，能吸收有害气体，吸收二氧化碳并放出氧气，这些都对净化空气起了很好的作用。

(3) 调节气候。树木具有吸热、遮荫和增加空气湿度的作用。树木能够提高空气湿度，蒸腾水分，提高空气的相对湿度。树木还能够调节气温，绿化地区的气温常较建筑地区低，这是由于树木可以减少阳光对地面的直射，能消耗许多热量用以蒸腾从根部吸收来的水分和制造养分。

2. 城市园林绿化立法概述

国家十分重视城市园林绿化的立法工作。《宪法》第二十六条规定："国家组织和鼓励植树造林，保护林木。"《森林法》《环境保护法》《城乡规划法》等法律中也对城市绿化的规划、建设、保护和管理作出了规定。1992 年 6 月 22 日国务院发布了《城市绿化条例》（2011 年 1 月修订），对城市绿化作出了全面规定。

　　住房城乡建设部则对城市园林绿化的具体要求作出了详细的规定，如住房城乡建设部发布的《城市园林绿化企业资质标准》，对城市园林绿化企业资质标准作出了具体规定。住房城乡建设部发布的《国家园林城市申报与评审办法》《国家园林城市标准》，对国家园林城市标准以及国家园林城市申报与评审办法作出了规定。住房城乡建设部发布的《关于建设节约型城市园林绿化的意见》，充分论证了建设节约型城市园林绿化的重要意义，提出了建设节约型城市园林绿化的主要措施。

　　3. 城市园林绿化企业资质标准

　　（1）一级企业

　　资质标准：①注册资金 2000 万元以上；②6 年以上的经营经历，获得二级企业资质 3 年以上，独立的专业的园林、绿化施工的法人企业；③近 3 年独立承担过不少于 5 个 5 万 m² 且工程造价在 450 万元以上的已验收合格的园林绿化综合性工程；④苗圃生产培育基地在 200 亩以上，并具有一定规模的园林绿化苗木、花木、盆景、草坪的培育、生产、养护能力；⑤企业经理具有 8 年以上的从事园林绿化经营管理工作的资历或具有园林绿化专业高级技术职称，企业总工程师具有园林绿化专业高级技术职称，总会计师、总经济师具有中级以上技术职称；⑥园林绿化专业人员以及工程、管理、经济等相关专业类的专职管理和技术人员不少于 30 人，具有中级以上职称的人员不少于 18 人，其中园林专业中级职称人员不少于 8 人，园林专业高级职称人员不少于 2 人，建筑、结构、水、电工程师各不少于 1 人；⑦企业中级以上专业技术工人 30 人以上，其中高级专业技术工人 10 人以上，包括绿化工、花卉工、瓦工、木工、电工等相关工种；⑧企业固定资产现值在 2000 万元以上，企业年工程产值在 4000 万元以上。

　　经营范围：可承揽各种规模以及类型的园林绿化工程。包括：综合性公园、植物园、动物园、主题公园、郊野公园等各类公园，单位附属绿地、居住区绿地、道路绿地、广场绿地、风景林地等各类绿地；可承揽园林绿化工程中的整地、栽植、建筑及小品、花坛、园路、水系、喷泉、假山、雕塑、广场铺装、驳岸、桥梁、码头等园林设施及设备安装项目；可承揽各种规模以及类型的园林绿化综合性养护管理工程；可从事园林绿化苗木、花卉、盆景、草坪的培育、生产和经营；可从事园林绿化技术咨询、培训和信息服务。

　　（2）二级企业

　　资质标准：①注册资金 1000 万元以上；②3 年以上的经营经历，并获得三级企业资质 3 年以上，独立的专业的园林、绿化施工的法人企业；③近 3 年独立承担过不少于 5 个 2 万 m² 以上且工程造价在 200 万元以上的已验收合格的园林绿化综合性工程；④苗圃生产培育基地在 100 亩以上，并具有一定规模的园林绿化苗木、花木、盆景、草坪的培育、生产、养护能力；⑤企业经理具有 5 年以上的从事园林绿化经营管理工作的资历或具有园林绿化专业高级技术职称，企业总工程师具有园林绿化专业高级技术职称，总会计师、经济师具有中级以上技术职称；⑥园林绿化专业人员以及工程、管理、经济等相关专业类的专职管理和技术人员不少于 20 人，具有中级以上职称的人员不少于 12 人，其中园林专业中级职称人员不少于 5 人，园林专业高级职称人员不少于 1 人，建筑、水、电工程师各不少于 1 人；⑦企业中级以上专业技术工人 20 人以上，其中高级专业技术工人 6 人以上，包括绿化工、花卉工、瓦工、木工、电工等相关工种；⑧企业固定资产现值在 1000 万元以上，企业年工程产值在 2000 万元以上。

经营范围：可承揽 8 万 m² 且工程造价在 800 万元以下的园林绿化工程。包括：综合性公园、植物园、动物园、主题公园、郊野公园等各类公园，单位附属绿地、居住区绿地、道路绿地、广场绿地、风景林地等各类绿地；可承揽园林绿化工程中的整地、栽植、建筑及小品、花坛、园路、水系、喷泉、假山、雕塑、广场铺装、驳岸、桥梁、码头等园林设施及设备安装项目；可承揽 20 万 m² 以下的园林绿化养护管理工程；可从事园林绿化苗木、花卉、盆景、草坪的培育、生产和经营，园林绿化技术咨询和信息服务。

（3）三级企业

资质标准：①注册资金 200 万元以上；②企业经理具有 2 年以上的从事园林绿化经营管理工作的资历或具有园林绿化专业中级以上技术职称，企业总工程师具有园林绿化专业中级以上技术职称，总会计师、经济师具有初级以上技术职称；③园林绿化专业人员以及工程、管理、经济等相关专业类的专职管理和技术人员不少于 12 人，具有中级以上职称的人员不少于 8 人，其中园林专业中级职称人员不少于 3 人，建筑工程师 1 人；④企业中级以上专业技术工人 10 人以上，其中高级专业技术工人 3 人以上。

经营范围：可承揽 3 万 m² 且工程造价在 300 万元以下园林绿化工程。包括：单位附属绿地、居住区绿地、道路绿地、风景林地等各类绿地；可承揽园林绿化工程中的整地、栽植、建筑及小品、花坛、园路、水系、喷泉、假山、雕塑、广场铺装、驳岸、码头等园林设施及设备安装项目；可承揽 10 万 m² 以下的园林绿化养护管理工程；可从事园林绿化苗木、花卉、草坪的培育、生产和经营。

4. 建设节约型城市园林绿化

建设节约型城市园林绿化是要按照自然资源和社会资源循环与合理利用的原则，在城市园林绿化规划设计、建设施工、养护管理、健康持续发展等各个环节中最大限度地节约各种资源，提高资源使用效率，减少资源消耗和浪费，获取最大的生态、社会和经济效益。建设节约型城市园林绿化是落实科学发展观的必然要求，是构筑资源节约型、环境友好型社会的重要载体，是城市可持续性发展的生态基础，是我国城市园林绿化事业必须长期坚持的发展方向。建设部于 2007 年 8 月 30 日发布了《关于建设节约型城市园林绿化的意见》，提出了建设节约型城市园林绿化的措施。

（1）严格保护现有绿化成果

保护现有绿地是建设节约型园林绿化的前提，要加强对城市所依托的山坡林地、河湖水系、湿地等自然生态敏感区域的保护，维持城市地域自然风貌，反对过分改变自然形态的人工化、城市化倾向。在城市开发建设中，要保护原有树木，特别要严格保护大树、古树；在道路改造过程中，反对盲目地大规模更换树种和绿地改造，禁止随意砍伐和移植行道树；坚决查处侵占、毁坏绿地和随意改变绿地性质等破坏城市绿化的行为。

（2）合理利用土地资源

土地资源是城市园林绿化的基础，要确保城市园林绿化用地，同时按照节约和集约利用土地的原则，合理规划园林绿化建设用地。在有效整合城市土地资源的前提下，尽最大可能满足城市绿化建设用地的需求；在建设中要尽可能保持原有的地形地貌特征，减少客土使用，反对盲目改变地形地貌、造成土壤浪费的建设行为；要通过合理配置绿化植物、改良土壤等措施，实现植物正常生长与土壤功效的提高。

（3）加强科学规划设计

要通过科学的植物配置，增加乔灌木、地被种植量，努力增加单位绿地生物量，充分利用有限的土地资源实现绿地生态效益的最大化。要适当降低草坪比例，减少雕塑等建筑小品和大型喷泉的使用。对现有草坪面积过大的绿地，要合理补植乔灌木、地被植物和宿根花卉。要加强城市绿化隔离带、城市道路分车带和行道树的绿化建设，增加隔离带上乔木种植的比重，建设林荫道路。要推广立体绿化，在一切可以利用的地方进行垂直绿化，有条件的地区要推广屋顶绿化。

（4）推动科技进步

要加大节约型园林绿化各项相关技术的攻关力度，针对不同地区建设节约型园林绿化的突出矛盾和优势，建设一批示范工程，对相关的新技术、新工艺、新设备、新材料等研究成果，进行广泛推广和应用。要加大对园林绿化科研工作的投入，落实科研经费，充实科研队伍，增强科研人员的素质，提高科学研究和成果推广能力，推动城市开展节约型园林绿化工作。

（5）积极提倡应用乡土植物

在城市园林绿地建设中，要优先使用成本低、适应性强、本地特色鲜明的乡土树种，积极利用自然植物群落和野生植被，大力推广宿根花卉和自播能力较强的地被植物，营造具有浓郁地方特色和郊野气息的自然景观。反对片面追求树种高档化、不必要的反季节种树，以及引种不适合本地生长的外来树种等倾向。要推进乡土树种和适生地被植物的选优、培育和应用，培养一批耐旱、耐碱、耐阴、耐污染的树种。

（6）大力推广节水型绿化技术

在水资源匮乏地区，推广节水型绿化技术是必然选择。要加快研究和推广使用节水耐旱的植物；推广使用微喷、滴灌、渗灌等先进节水技术，科学合理地调整灌溉方式；积极推广使用中水；注重雨水拦蓄利用，探索建立集雨型绿地。

（7）实施自然生态建设

要积极推进城市河道、景观水体护坡驳岸的生态化、自然化建设与修复。建设生态化广场和停车场，尽量减少硬质铺装的比例，植树造荫。铺装地面尽量采用透气透水的环保型材料，提高环境效益。鼓励利用城市湿地进行污水净化。通过堆肥、发展生物质燃料、有机营养基质和深加工等方式处理修剪的树枝，减少占用垃圾填埋库容，实现循环利用。坚决纠正在绿地中过多使用高档材料、配置昂贵灯具、种植假树假花等不良倾向。

13.5.2 城市绿化管理

1. 概述

（1）国家促进城市绿化的措施

国家促进城市绿化的措施包括：

1）城市人民政府应当把城市绿化建设纳入国民经济和社会发展计划。

2）国家鼓励和加强城市绿化的科学研究，推广先进技术，提高城市绿化的科学技术和艺术水平。

3）国家规定，城市中的单位和有劳动能力的公民，应当依照国家有关规定履行植树或者其他绿化义务。对在城市绿化工作中成绩显著的单位和个人，由人民政府给予表彰和奖励。

（2）城市绿化管理体制

　　国务院设立全国绿化委员会，统一组织领导全国城乡绿化工作，其办公室设在国务院林业行政主管部门。

　　国务院住房城乡建设行政主管部门和国务院林业行政主管部门等，按照国务院规定的职权划分，负责全国城市绿化工作。

　　地方绿化管理体制，由省、自治区、直辖市人民政府根据本地实际情况规定。

　　城市人民政府城市绿化行政主管部门主管本行政区域内城市规划区的城市绿化工作。

　　在城市规划区内，有关法律、法规规定由林业行政主管部门等管理的绿化工作，依照有关法律法规执行。

　　2. 城市绿化的规划和建设

　　(1) 城市绿化的规划

　　城市人民政府应当组织城市规划行政主管部门和城市绿化行政主管部门等共同编制城市绿化规划，并纳入城市总体规划。

　　城市绿化规划应当从实际出发，根据城市发展需要，合理安排同城市人口和城市面积相适应的城市绿化用地面积。

　　城市人均公共绿地面积和绿化覆盖率等规划指标，由国务院住房城乡建设行政主管部门根据不同城市的性质、规模和自然条件等实际情况规定。

　　城市绿化规划应当根据当地的特点，利用原有的地形、地貌、水体、植被和历史文化遗址等自然、人文条件，以方便群众为原则，合理设置公共绿地、居住区绿地、防护绿地、生产绿地和风景林地等。

　　(2) 城市绿化工程的设计

　　城市绿化工程的设计，应当委托持有相应资格证书的设计单位承担。工程建设项目的附属绿化工程设计方案，按照基本建设程序审批时，必须有城市人民政府城市绿化行政主管部门参加审查。城市的公共绿地、居住区绿地、风景林地和干道绿化带等绿化工程的设计方案，必须按照规定报城市人民政府城市绿化行政主管部门或者其上级行政主管部门审批。

　　城市绿化工程的设计，应当借鉴国内外先进经验，体现民族风格和地方特色。城市公共绿地和居住区绿地的建设，应当以植物造景为主，选用适合当地自然条件的树木花草，并适当配置泉、石、雕塑等景物。

　　(3) 单位附属绿地的绿化规划和建设

　　城市绿化规划应当因地制宜地规划不同类型的防护绿地。各有关单位应当依照国家有关规定，负责本单位管界内防护绿地的绿化建设。

　　单位附属绿地的绿化规划和建设，由该单位自行负责，城市人民政府城市绿化行政主管部门应当监督检查，并给予技术指导。

　　(4) 城市绿化工程的施工

　　建设单位必须按照批准的设计方案进行施工。设计方案确需改变时，须经原批准机关审批。

　　城市绿化工程的施工，应当委托持有相应资格证书的单位承担。绿化工程竣工后，应当经城市人民政府城市绿化行政主管部门或者该工程的主管部门验收合格后，方可交付使用。

城市新建、扩建、改建工程项目和开发住宅区项目，需要绿化的，其基本建设投资中应当包括配套的绿化建设投资，并统一安排绿化工程施工，在规定的期限内完成绿化任务。

3. 城市绿化的保护和管理

（1）城市绿化的责任单位

城市的公共绿地、风景林地、防护绿地、行道树及干道绿化带的绿化，由城市人民政府城市绿化行政主管部门管理；各单位管界内的防护绿地的绿化，由该单位按照国家有关规定管理；单位自建的公园和单位附属绿地的绿化，由该单位管理；居住区绿地的绿化，由城市人民政府城市绿化行政主管部门根据实际情况确定的单位管理；城市苗圃、草圃和花圃等，由其经营单位管理。

（2）城市绿地的保护

任何单位和个人都不得擅自改变城市绿化规划用地性质或者破坏绿化规划用地的地形、地貌、水体和植被。

任何单位和个人都不得擅自占用城市绿化用地；占用的城市绿化用地，应当限期归还。因建设或者其他特殊需要临时占用城市绿化用地，须经城市人民政府城市绿化行政主管部门同意，并按照有关规定办理临时用地手续。

在城市的公共绿地内开设商业、服务摊点的，必须向公共绿地管理单位提出申请，经城市人民政府城市绿化行政主管部门或者其授权的单位同意后，持工商行政管理部门批准的营业执照，在公共绿地管理单位指定的地点从事经营活动，并遵守公共绿地和工商行政管理的规定。

（3）城市树木花草和绿化设施的保护

任何单位和个人都不得损坏城市树木花草和绿化设施。砍伐城市树木，必须经城市人民政府城市绿化行政主管部门批准，并按照国家有关规定补植树木或者采取其他补救措施。

城市的绿地管理单位，应当建立、健全管理制度，保持树木花草繁茂及绿化设施完好。为保证管线的安全使用需要修剪树木时，必须经城市人民政府城市绿化行政主管部门批准，按照兼顾管线安全使用和树木正常生长的原则进行修剪。承担修剪费用的办法，由城市人民政府规定。

因不可抗力致使树木倾斜危及管线安全时，管线管理单位可以先行修剪、扶正或者砍伐树木，但是，应当及时报告城市人民政府城市绿化行政主管部门和绿地管理单位。

百年以上树龄的树木，稀有、珍贵树木，具有历史价值或者重要纪念意义的树木，均属古树名木。对城市古树名木实行统一管理，分别养护。城市人民政府城市绿化行政主管部门，应当建立古树名木的档案和标志，划定保护范围，加强养护管理。在单位管界内或者私人庭院内的古树名木，由该单位或者居民负责养护，城市人民政府城市绿化行政主管部门负责监督和技术指导。严禁砍伐或者迁移古树名木。因特殊需要迁移古树名木，必须经城市人民政府城市绿化行政主管部门审查同意，并经同级或者上级人民政府批准。

13.5.3　城市园林管理

1. 城市园林的概念和分类

城市园林是一种立体空间综合艺术品，是在城市通过人工构筑手段加以组合的具有树木、山水、建筑结构和多种功能的空间艺术实体。园林的结构主要由树木、山水和建筑三项要素所构成。而且三个要素呈有机的组合状态，构成完整的缺一不可的空间艺术境界。

从布置方式上说，园林可分为三大类：规则式、自然式、混合式。从开发方式上说，园林可分为两大类：一类是利用原有自然风致，去芜理乱，修整开发，开辟路径，布置园林建筑，不费人事之工就可形成的自然园林；另一类是人工园林，即在一定的地域范围内，为改善生态、美化环境、满足游憩和文化生活需要而创造的环境，如小游园、花园、公园等。

2. 城市园林的规划建设

城市园林规划是城市总体规划的组成部分，由城乡规划部门会同城市园林部门共同编制，城市园林部门组织实施。城市园林规划要根据当地的特点和条件，合理布局，远、近期结合，点、线、面结合。

城市园林的建设，应当按照规划有计划地进行。园林建设所需资金应当纳入投资计划。城市园林的设计和施工应当由具备相应资质的单位承担。

3. 国家园林城市标准

国家园林城市应当具备以下标准：

(1) 组织领导

1) 认真执行国务院《城市绿化条例》和国家有关方针、政策，认真落实《国务院关于加强城市绿化建设的通知》的要求；

2) 城市政府领导重视城市园林绿化工作，创建工作指导思想明确，组织保障，政策措施实施有力；

3) 结合城市园林绿化工作实际，创造出丰富经验，对全国有示范、推动作用；

4) 按照国务院职能分工的要求，建立健全城市园林绿化行政管理机构，职能明确，行业管理到位；

5) 近三年城市园林绿化建设资金逐年增加，园林绿化养护经费有保障，并随绿地增加逐年增长；

6) 管理法规和制度配套、齐全，执法严格有效，无非法侵占绿地、破坏绿化成果的严重事件；

7) 园林绿化科研队伍和资金落实，科研成效显著。

(2) 管理制度

1) 城市绿地系统规划编制（修编）完成，并获批准纳入城市总体规划，严格实施，取得良好的生态、环境效益；

2) 严格实施城市绿线管制制度，并向社会公布；

3) 城市各类绿地布局合理、功能健全、形成科学合理的绿地系统；

4) 各类工程建设项目符合《城市绿化规划建设指标的规定》；

5) 编制和实施城市规划区生物（植物）多样性保护规划，城市常用的园林植物以乡土物种为主，物种数量不低于150种（西北、东北地区80种）。

(3) 景观保护

1) 注重城市原有自然风貌的保护；

2) 突出城市文化和民族特色，保护历史文化措施有力，效果明显，文物古迹及其所处环境得到保护；

3）城市布局合理，建筑和谐，容貌美观；

4）城市古树名木保护管理法规健全，古树名木保护建档立卡，责任落实，措施有力；

5）户外广告管理规范，制度健全完善，效果明显。

（4）绿化建设的指标要求

1）城市园林绿化工作成果达到全国先进水平，各项园林绿化指标近三年逐年增长；

2）经遥感技术鉴定核实，城市绿化覆盖率、建成区绿地率、人均公共绿地面积指标达到基本指标要求；

3）各城区间的绿化指标差距逐年缩小，城市绿化覆盖率、绿地率相差在 5 个百分点以内、人均绿地面积差距在 2m² 以内；

4）城市中心区人均公共绿地达到 5m² 以上。

（5）道路绿化

1）城市道路绿化符合《城市道路绿化规划与设计规范》CJJ 75—1997，道路绿化普及率、达标率分别在 95％和 80％以上，市区干道绿化带面积不少于道路总用地面积的 25％；

2）全市形成林荫路系统，道路绿化具有本地区特点。

（6）居住区绿化

1）新建居住小区绿化面积占总用地面积的 30％以上，辟有休息活动园地，旧居住区改造，绿化面积不少于总用地面积的 25％；

2）全市"园林小区"占 60％以上；

3）居住区园林绿化养护管理资金落实，措施得当，绿化种植维护落实，设施保持完好。

（7）单位绿化

1）市内各单位重视庭院绿化美化，全市"园林单位"占 60％以上；

2）城市主干道沿街单位 90％以上实施拆墙透绿。

（8）苗圃建设

1）全市生产绿地总面积占城市建成区面积的 2％以上；

2）城市各项绿化美化工程所用苗木自给率达 80％以上，出圃苗木规格、质量符合城市绿化工程需要；

3）园林植物引种、育种工作成绩显著，培育和应用一批适应当地条件的具有特性、抗性优良品种。

（9）城市全民义务植树

1）认真组织全民义务植树活动，实施义务植树登记卡制度，植树成活率和保存率均不低于 85％，尽责率在 80％以上；

2）组织开展城市绿地认建、认养、认管等群众性绿化活动，成效显著。

（10）立体绿化

1）积极推广建筑物、屋顶、墙面、立交桥等立体绿化，取得良好的效果；

2）立体绿化具有一定规模和较高水平的城市，其立体绿化可按一定比例折算成城市绿化面积。

（11）园林建设

1）城市公共绿地布局合理，分布均匀，服务半径达到 500m（1000m² 以上公共绿地）的要求；

2）公园设计符合《公园设计规范》GB 51192—2016 的要求，突出植物景观，绿化面积应占陆地总面积的 70% 以上，植物配置合理，富有特色，规划建设管理具有较高水平；

3）制定保护规划和实施计划，古典园林、历史名园得到有效保护；

4）城市广场建设要突出以植物造景为主，绿地率达到 60% 以上，植物配置要乔灌草相结合，建筑小品、城市雕塑要突出城市特色，与周围环境协调美观，充分展示城市历史文化风貌；

5）近三年，大城市新建综合性公园或植物园不少于 3 处，中小城市不少于 1 处。

（12）生态环境

1）城市大环境绿化扎实开展，效果明显，形成城郊一体的优良环境；

2）按照城市卫生、安全、防灾、环保等要求建设防护绿地，城市周边、城市功能分区交界处建有绿化隔离带，维护管理措施落实，城市热岛效应缓解，环境效益良好；

3）城市环境综合治理工作扎实开展，效果明显，生活垃圾无害化处理率达 60% 以上，污水处理率达 55% 以上；

4）城市大气污染指数小于 100 的天数达到 240 天以上，地表水环境质量标准达到三类以上；

5）江、河、湖、海等水体沿岸绿化效果较好，注重自然生态保护，按照生态学原则进行驳岸和水底处理，生态效益和景观效果明显，形成城市特有的风光带；

6）城市湿地资源得到有效保护，有条件的城市建有湿地公园；

7）城市新建建筑按照国家标准普遍采用节能措施和节能材料，节能建筑和绿色建筑所占比例达到 50% 以上。

（13）市政设施

1）燃气普及率 80% 以上；

2）万人拥有公共交运车辆达 10 辆（标台）以上；

3）公交出行比率大城市不低于 20%，中等城市不低于 15%；

4）实施城市照明工程，景观照明科学合理，城市道路照明装置率 98% 以上，城市道路亮灯率 98% 以上；

5）人均拥有道路面积 9m² 以上；

6）用水普及率 90% 以上，水质综合合格率 100%；

7）道路机械清扫率 20%，每万人拥有公厕 4 座。

案 例 分 析

【案例 13-1】蒋某于 2017 年 9 月 12 日 8 时 40 分，在 ×× 省 ×× 县城 ×× 路路段，驾驶皖 C/××× 绿色环保车，运输建筑垃圾，轮胎带泥，污染路面。以上事实有现场勘验笔录、询问调查笔录、现场照片为证，当事人在法定期限内未要求陈述和申辩。

鉴于以上情况，×× 县城市管理行政执法局作出行政处罚决定书（五）城管（市容）罚 ［2017］ AJ××× 号，决定给予以下行政处罚：①责令立即改正；②罚款人民币 500

元整。

《城市市容和环境卫生管理条例》第十五条规定："在市区运行的交通运输工具，应当保持外形完好、整洁，货运车辆运输的液体、散装货物，应当密封、包扎、覆盖，避免泄漏、遗撒。"第 34 条规定："有下列行为之一者，城市人民政府市容环境卫生行政主管部门或者其委托的单位除责令其纠正违法行为、采取补救措施外，可以并处警告、罚款：……（六）运输液体、散装货物不作密封、包扎、覆盖，造成泄漏、遗撒的……"

根据以上规定，××省××县城市管理行政执法局作出了处罚决定。

【案例 13-2】××实业有限公司在实施广东省××市城市轨道交通××线一期工程土建二标段的建设施工过程中，在工地范围私自设置口径为 20cm 的 2 条 PVC（塑料管）排水口，并擅自连接市政排水管网，直接向××区××路（××大道-××南路）段市政排水管网排放未经处理的施工泥浆，其行为违反了《城镇污水排入排水管网许可管理办法》第 13 条第二款："排水户不得有下列危及城镇排水设施安全的行为：堵塞城镇排水设施或者向城镇排水设施内排放、倾倒垃圾、渣土、施工泥浆、油脂、污泥等易堵塞物。"《城镇污水排入排水管网许可管理办法》第 31 条规定："违反本办法规定，从事危及城镇排水设施安全的活动的，由城镇排水主管部门责令停止违法行为，限期恢复原状或者采取其他补救措施，并给予警告；逾期不采取补救措施或者造成严重后果的，对单位处 10 万元以上 30 万元以下罚款，对个人处 2 万元以上 10 万元以下罚款；造成损失的，依法承担赔偿责任；构成犯罪的，依法追究刑事责任。"

2017 年 12 月 4 日，××省××市××区国土城建和水务局对××实业有限公司作出以下行政处罚：责令限期清疏管道内泥浆，恢复管道原状，并罚款人民币 150000 元。

思 考 题

1. 我国市政公用事业是如何分类的？
2. 参与市政公用事业特许经营权竞标者必须具备哪些条件？
3. 城市道路的养护和维修责任是如何规定的？
4. 城市排水有哪些禁止行为？
5. 哪些地方禁止设置户外广告？
6. 哪些地方应设置城市公共厕所，其保洁和维修责任是如何规定的？
7. 城市园林的种类是如何划分的？

第14章　其他国家以及我国台湾和
香港地区建设法律制度简介

各个国家的建设法律都有特定的历史、政治、文化、国情背景，因此不存在普遍适用于各国的法规制度。但通过对部分国家（地区）建设法律的介绍和比较，可以为完善我国建设立法、促进建设法治提供有益的借鉴。

14.1　美国建设法律简介

14.1.1　美国建设法规体系

美国是一个比较特别的国家，专门针对某一行业和某一市场领域的法规很少，企业行为的基本规则一般都受《合同法》、《公司法》、《劳动法》、《商业职业法》等综合性经济法规的制约。美国没有专门针对建筑业管理的法律，也没有专门管理建筑业的部门。建筑业的管理主要是通过综合性法规及行业技术标准和规范来进行管理，如图14-1所示。

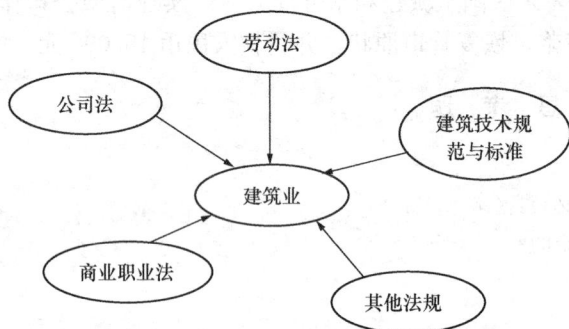

图14-1　美国建设法律体系

美国行业组织颁布的技术标准和规范对各州的建筑立法起到指导作用。例如，《统一建筑示范法》（Uniform Building Code，简称UBC）是由国际建筑工作者联合会、国际卫生工程和机械工程工作者协会及国际电气检查人员协会共同发起、联合制定的。该法规仅为各州立法的指南，本身不具备法律效力。

美国各州都有规范建筑活动的立法。各州根据本地的实际情况，参考《统一建筑示范法》等，制定本州的建筑法规、技术标准和规范。

14.1.2　美国《统一建筑示范法》（节选）

美国《统一建筑示范法》第一版于1994年5月颁布。它的内容涵盖了建筑活动的行政管理、市场规则、合同规则等。由于资料有限，本节仅对美国《统一建筑示范法》的第一章"行政管理"中的主要条款进行介绍。我国建筑法也是关于建设工程参与主体、建筑活动、市场行为的行政管理法。因此，这两者是具有对比性的。

1. 立法目的和调整范围

立法目的和调整范围犹如一部法规的大脑，它决定了法规的法律效力和作用，也影响着法规中的各项具体条款。因此，掌握一部法规首先应准确理解其立法目的和调整范围。

该法规的立法目的是通过调节和控制本管辖范围内所有房屋或建筑物，或法规具体规定的设备、施工、材料质量、使用和占地、地点及维修，为保护人的生命及肢体、健康、财产及公益提供最低限度的标准。

该法规的条款适用于其管辖范围内任何建筑物的施工、改建、迁移、拆毁、维修、保护及使用，除了不在本法特别规定之内的优先公共工程、公共水塔和电线杆、机械设备以及防洪建筑以外。这一调整范围与我国现行《建筑法》的调整范围是相似的，主要局限于房屋建筑工程领域。

2. 不安全建筑物

美国《统一建筑示范法》将结构上不安全，或没有提供适当的出口，或具有或在隐患，或在其他方面对人的生命具有危险的任何建筑物，通称为不安全建筑物；而将维护不当、年久失修、常年不用、火灾、灾害、破坏或遗弃不用而对安全、卫生或公众福利造成的建筑物使用，通称为不安全使用；女儿墙、上檐柱、塔尖、水池、雕塑和其他附属建筑物或构件，若其在支撑、依附或者成为某建筑物的一部分时，毁坏或在其他方面不能承受设计荷载，通称为不安全附属建筑。

所有上述不安全建筑或附属建筑被统称为公害，应依据法定程序进行修理、还原和拆毁。

3. 违章行为

任何公司在装配、建筑、扩建、修理、迁移、改进、拆除、转变或者拆卸、安装、使用、占用和维护任何建筑物过程中不依照该法规的要求、程序实施的，都属于违章行为。建筑官员或其他在此范围内的管理机构指定的雇员或官员可以采取适当的行动来阻止、抑制、纠正或减少违章现象。

4. 组织和实施

（1）主管机关。建筑主管机关接受政府和公众委托，指导和监督本法规的实施。它有权对法规内容进行解释，并有权为澄清法规条款的适用性制定和实施一些规则和附加规定。

（2）监管职责。建筑主管机关依据法定程序，可以任命一定数量的技术官员、检查员及其他雇员，建筑官员可以向检查员或其他雇员分配必要的职责以履行法规实施机构的职能。

（3）现场进入权。每当依据法规程序对建筑物进行检查，或者当建筑主管机关有正当理由认为在建造中的建筑或已建成的房屋内部存在着使这些建筑物或房屋不安全、危险或危害的，建筑主管机关可选择任何适当时间进入这些建筑物或房屋，进行现场检查或履行法规赋予的其他监督职责。

（4）停工命令。每当任何工程的施工违反了有关建筑法律、法规，建筑主管机关可以书面通知任何从事这项工作或将造成违章工程的人，命令其停止工作，直至建筑主管机关批准继续工作时为止。

（5）制止违法使用。每当依法管理的任何房屋、建筑物或设备的使用与本法规的条款相悖时，建筑主管机关可书面通知使用人，命令其停止或部分停止对该房屋、建筑物的使用。

（6）法律责任。建筑主管官员依法、忠实地和无恶意地履行其监督职责的，对可能造成生命或财产的损失不承担任何个人的法律责任。不论这些损失是他采取行动的结果，或者由于任何一种行动，或者是由于他履行职责时的疏忽，或在实施相关法规时疏忽而引起的诉讼案件，都应受到其管辖范围内的法院保护，直至终审。由此进行的任何判决都由其主管机关承担。

但是，这一规定不应解释为那些拥有、经营或支配任何房屋、建筑物或附属服务设施的人，减轻或为其开脱由于存在各种缺陷造成人身或财产的损失应负的责任。

5. 申诉委员会

为了妥善处理建筑活动中的诉讼问题，保证市场公平、公正，设立了申诉委员会。委员会的成员都是具有丰富建筑施工技术和经验的人员，且不是当地管辖区的雇员。建筑主管官员是申诉委员会的当然成员，并应担任委员会的秘书，但在委员会召开的会议中没有投票权。

申诉委员会应依据有关规定组成办事机构，制订合理的规章和条例以进行其业务，并且将所有的决定和研究结果，以书面形式提交给建筑主管机关，并将副本交给申诉者。

6. 建筑执照

在美国对建筑物实施组装、建造、扩充、改造、修理、移动、改进、运走、调换或拆毁等活动，都需要领取建筑执照。任何没有事先从建筑主管机关处获得每个房屋的单独执照而进行的相关建筑活动，都是非法的。

美国建筑执照与我国《建筑法》规定的建筑工程许可是相似的。《统一建筑示范法》也详细规定了需要领取建筑执照的建筑物的范围，明确了建筑执照的领取程序、有效期限、终止和吊销等管理规定。

7. 监督和检查

所有领取了建筑执照的建筑工程项目，均需要接受建筑主管机关的监督和检查。执照申请人则应负责合理布置工程现场，使其易于接近和检查。为了满足检查的需要发生搬移或还原任何建筑材料的费用，既不能由建筑主管机关负担，也不能由本管辖范围内的其他机构承担。

（1）检查记录卡片。需要领取建筑执照的工程，在执照者或其代理人没有在明显位置贴出记录卡片以前，不得开始施工。粘贴卡片的位置应便于建筑主管机关在卡片上填写有关检查工作需要记载的事项。这张记录卡片应由持照者保持，直到建筑主管机关发给最后同意的批件为止。

（2）检查申请。接受执照委托进行建筑施工的单位，应做好接受检查的准备，并向建筑主管机关提出检查申请。

（3）检查验收。在接受建筑主管机关的验收之前，工程的任何部分不能超越接受检查所规定的界限。建筑主管机关在接到通知后应进行所要求的检查，并作出哪些部分令人满意、那些地方不符合法律规定的判断。当房屋或建筑物全部完工，并已为移交和使用做好准备时，建筑主管机关应进行最后一次检查，并予以验收。

14.2　英国建设法律简介

14.2.1　英国建设法规体系

英国联邦机构规范建筑活动的法规数量多、分类细，构成了一套完整的法规体系，可分为三个层次：

第一层为国会通过的法律（Act），一般由议会制定或由议会授权政府或社团机构制定，最后由议会审议通过。在法律中，与建筑业密切相关的部分法规如下所示：

《健康安全法 1974》（Health and Safety at Work Act 1974）

《建筑法 1984》（Building Act 1984）

《住宅法 1996》（Housing Act 1996）

《建筑工程法 1998》（Construction Act 1998）

《仲裁法》（Arbitration Act）

《建筑师注册法》（Architects Registration Act）

《新城镇法》（New Towns Act）

《城镇规划法》（Town and Country Planning Act）

《消防法 1971》（Fire Precautions Act 1971）

《爆破法 1875 和 1923》（Explosives Acts 1875 and 1923）

《商品销售法 1979》（Sale of Goods Act 1979）

《建筑团体法 1997》（Building Societies Act 1997）

第二层为政府部门制定的实施条例（Statutory Instrument，简称 SI），是根据法律（Act）中的某些条款的授权制定的，对法律中的一些条款进行更加详细的规定，以便于法律的实施。例如，《建筑条例》（Building Regulation）是英国建筑业一项比较重要的条例，由环境、交通和区域部（DETER）下设的建筑条例处（Building Regulation Division—BR）根据《建筑法》的授权条款制定。其目的是通过提供对设计与施工的要求，保证建设与使用建筑物者的健康与安全，其内容涉及与建筑业有关的安全、能源、环境问题，还涉及满足伤残人的要求。

英国建筑业相关的主要条例有：

《建造者遗漏条例 1984》（Builder's Skips Regulation SI 1984）

《建造条例 1991》（Building Regulation SI 1991）

《建筑总条例》（Construction Regulations generally）

《建筑（设计与管理）条例》〔Construction (Design and Management) Regulations SI 1994〕

《建筑基本规定条例 1961》〔Construction (General Provision) Regulations SI 1961〕

《建筑头部保护条例 1989》〔Construction (Head Protections) Regulations SI 1989〕

《建筑健康、安全、福利条例 1996》〔Construction (Health, Safety and Welfare) Regulations SI 1996〕

《建筑起重条例 1961》〔Construction (Lift Operations) Regulations SI 1961〕

《施工工作位置条例 1996》〔Construction (Working Places) Regulations SI 1966〕

《工作攀登控制条例 1987》（Control of Asbestos at Work Regulations SI 1987）

《有害健康控制条例 1994》（Control of Substances Hazardous to Health Regulations SI 1994）

《电起重机控制条例 1991》（Electrically Operated Lifts Regulations 1991）

《保证付款条例 1994》（Guarantee Payments SI 1994）

《健康安全实施当局条例 1989》［Health and Safety（Enforcing Authority）Regulations SI 1989］

《起重设备条例 1992》（Management of Health and Safety at Work Regulations SI 1992）

《健康安全管理工作条例 1992》（Management of Health and Safety at Work Regulations SI 1992）

《工作噪声条例 1989》（Noise at Work Regulations SI 1989）

《人员保护设备条例 1992》（Personal Protective Equipment Regulations SI 1992）

《眼睛保护条例 1974》（Protection of Eyes Regulations SI 1974）

《工作设备供应和使用条例 1992》（Provisions and Use of Work Equipment Regulations SI 1992）

《公共安全条例 1995》（Public Offer of Securities Regulations SI 1995）

《伤害、病害和危险发生的报告条例 1996》（Reporting of Injures，Diseases and Dangerous Occurrences Regulations SI 1996）

《有关工作位置的健康安全福利条例 1992》［Workplace（Health，Safety and welfare）Regulations SI 1992］

第三层次为地方立法（Bye Law），是由地方议会在国会授权范围内制定的地方法规。

此外，行业组织编制的技术规范与标准有些是强制性的，在中央和地方的法规中有明确规定；有些是指南性的，建筑业参与各方可以根据自己的具体情况和条件选择执行。

14.2.2　英国《建筑条例》

英国《建筑条例》根据英国《建筑法规 1984》和国务大臣的授权，在向建筑条例咨询委员会和其他类似机构咨询之后，于 2000 年颁布，并于 2001 年 1 月 1 日起实施。

该条例一共分为六章。第一章总则主要对条例中的各种名词作出了解释；第二章明确了建筑工程的含义、建筑施工相关要求、使用功能重大变更的含义及相关要求等；第三章是对免除公共机构在程序上要求的规定；第四章是对降低公共机构在程序上要求的规定；第五章主要是对建筑工程或使用功能重大调整应发出的通知及详细实施方案；第六章其他包括建筑工程检测、建材取样、违章建筑处理等。

该条例只是英国《建筑法规》及相关条例的解释和补充规定，它本身的内容是并不完整、不全面、不系统的。但是，条例的规定却非常细致，有着许多详细的技术、程序方面的限制措施，具有很强的可操作性。例如，条例对建筑工程的定义也就是条例的调整范围，明确如下：

（1）新建或扩建建筑物；

（2）在建筑物内或与建筑物相关联的受控设施或配置的安装或扩展；

（3）关于建筑物的重大改造、受控设施或配置的安装；

（4）使用功能重大变更的相应工作；

（5）在建筑物的空墙内嵌入绝缘材料；

（6）建筑物基础加固。

再如，对建筑施工原料和工艺的要求为：

（1）具备充分适当的原材料，应适合所用的环境，应经过充分的搅拌和配制，还应被正确使用或安装以便充分发挥设计功能；

(2) 要运用精湛的技术。

由此可见，英国的建筑活动相关条例的规定十分细致、可行，为上层的建筑法律形成了良好的补充。这也说明了建筑法律法规体系的完善，绝不仅仅是上层法律法规的完整和全面，还必须有下层条例、规则、办法的细致和周密。当前，我国建设法规体系在法律、法规一层已经比较全面，但是在规章、标准、规范的立法层面还有大量工作要做的。

14.3 德国建设法律简介

14.3.1 德国建设法规体系

德国的建筑法规体系可分为三个层次。

第一层是联邦法律，它具有最高法律效力，一般由联邦议会制定。在联邦法律中，与建筑业有关的法律如下所示：

《德国民法典》有关建筑活动的章节

《联邦房屋建筑法》(Federal Building Act)

《建筑产品法》

《建筑价格法》

《联邦环境保护法》(Federal Emission Control Act)

《联邦土壤保护法》(Federal Soil Protection Act)

例如，《德国民法典》中有关建筑活动的章节主要对业主与承包方的权利义务进行约定。第 631 条"工程合同的基本义务"规定："①在工程合同中，承包方应按约定完成工程或提供服务，业主应按约定支付报酬；②工程合同的主要对象，可以为生产或加工的产品，也可以为劳务或服务的成果。"

第二层次是各州议会根据联邦议会制定的建筑法规为模本，制定的本州的建筑法规。这些条例制定的依据是由联邦议会制定的建筑条例规定的统一模本。与建筑业有关的部分条例包括：

《建筑技术审核条例》

关于技术审核条例的管理条例

由国家认可的专业人士或资深人士进行的特殊建筑物的技术装备和公共设施审核条例

根据建筑产品法对检测、监督与发证机构的认可条例

第三层为行业组织编制的技术标准或规范。德国的技术规范与标准的编制主要是由建筑行业协会或学会编制的，政府不直接制定技术规范与标准。比较重要的标准主要有以下三个：

DIN 标准 (Deutsch Industrie Normen)

欧洲标准 (European Code)

VDI 标准

其中以 DIN 标准最为著名。前联邦德国共有约 4 万本技术规则，本身都是自愿采用的。其中有 19459 本是由德国工业标准局（DIN）根据与联邦政府的协议代表政府制定的，属于国家标准；而其他 2 万多本则由各种专业协会制定。在全部 DIN 标准中约有

1800 本已被法律或行政规定引用，占 9%；而在 DIN 的 635 本建筑标准中，已有 179 本被法律引用，这些标准则具有强制采用的性质。在前联邦德国，以感兴趣各方自愿参加的"圆桌会议"方式制定标准，政府部门不直接制定标准，只在"圆桌"上占有一席一位。

从以上层次可以看出，德国的建筑法规具有以下特点：

（1）许多建筑法规由联邦议会制定统一模本，各州根据模本和自己情况进一步制定实施细则，采用中央与地方相结合的方式。

（2）建筑技术规范与标准的制定由专业机构制定，政府不直接参与。

14.3.2　德国建筑法（主要条款）

德国建筑法典于 1986 年 12 月 8 日颁布，至今经过多次修订，其中最后一次修订时间未为 1994 年 11 月 23 日。其主要规定有：

（1）总体建筑规划的任务、概念，提出和审批的程序；

（2）制定总体建筑规划时，公众和代表公共利益人士的参与；

（3）场地使用计划的内容、批准和调整；

（4）房屋建筑计划的用途、批准、通告和生效的规定；

（5）临时变更禁令的内容、有效期和赔偿标准等；

（6）房屋、建筑物的一般优先购买权和特殊优先购买权；

（7）对于建造房屋等活动的许可制度；

（8）对失信引起损失赔偿的情形、程序及标准；

（9）建筑设施、园地和其他设施的分配、补偿及贴补平衡；

（10）地产的分配计划的制定和修改；

（11）有关诉讼的规定，等。

14.4　日本建设法律简介

14.4.1　日本建设法规体系

日本调整建筑活动的法规有三个层次：法律，政令和省令。法律有《建设业法》、《建筑基准法》、《建筑士法》；相应的政令有《建设业法施行令》、《建筑基准法施行令》、《建筑士法施行令》。

日本《建设业法》于 1925 年 5 月 24 日以法律第 100 号颁布。其目的是该法的第一条"为提高建设业经营者的素质，谋求建设工程承包合同的合理化，在确保建设工程的顺利施工，保护发包者利益的同时，促进建设业的健康发展，增进社会公共福利。"它的主要内容包括建设业的许可、建设工程承包合同以及对建设业者经营事项的审查监督等。

建筑基准法是日本建筑法律制度的基本法律，于 1926 年制定颁布，共分 7 章 102 条，其中包括总则；建筑物的用地、结构及建筑设备；城市规划区内的建筑物的用地、结构及建筑设备；建筑协定；建筑审查会；杂则和罚则等内容。该法律的目的是通过规定有关建筑物的用地、构造、设备及用途的最低标准，实现保护国民生命健康及财产，从而有利于增进社会公共福利。

日本《建筑师法》于 1926 年 5 月 24 日颁布。其目的是通过规定从事建筑物设计、工程监理等技术人员的资格，保证其正当开展业务，促进提高建筑物质量。其内容主要包括总则、证书、考试、业务、建筑师事务所、建筑师审查会、杂则和罚则等。

14.4.2　日本建设业法

日本建设业法是关于建设行业内建筑主体、建筑活动的行政管理法，与我国《建筑法》的性质类似。其主要规定有：

1. 立法目的

该法是为提高建设业经营者的素质，谋求建设工程承包合同的公正化，在确保建设工程的正确施工，保护发包者的同时，促进建设业健康发展，增进社会福利为目的。

2. 调整范围

该法第 2 条规定："本法中的建设工程，是指有关土木建筑工程，由附表所列工程。"而其附表中所列工程为土木工程、建筑工程、电气工程、园林工程、钻井工程、给水设施工程、消防设施工程、管道工程等 28 种。

"建设业"是指以总包、分包或以其他名义承揽建设工程并完成建设工程的行业，"建设业者"是承担建设工程建筑活动的经营者。

3. 建设业的许可

日本建设业划分为一般建设业和特殊建设业。无论从事哪种建设业，都需要经过许可。

希望经营建设业者，拟于两个以上都道府县区域内设立营业所并开展业务的，须经建设大臣许可；只在一个都道府县区域内设立营业所并开展业务的，须经管辖该营业所所在地的都道府县知事的许可。但是，只以承包政令规定的小型工程为业的经营者，不受本规定限制。

希望取得一般建设业许可者，按建设省令规定，在两个以上都道府县区域内设立营业所并开展业务时，须向建设大臣提出许可的申请书，只在一个都道府县区域内设立营业所并开展业务时，须向管辖该营业所所在地的都道府县知事提出许可的申请书，申请书必须包括下列事项：

（1）商号或名称；

（2）营业所的名称及所在地；

（3）是法人时，其资本额（包括出资总额，下同）及负责人的姓名；

（4）是个人时，其姓名，有支配人时，其姓名；

（5）希望得到许可的建设业业种；

（6）进行其他营业时，其营业种类。

4. 建设工程承包合同

建设工程承包合同当事者，必须基于对等的立场，在双方一致的基础上，缔结公正的合同，必须信守合同，诚实地履行合同。

（1）合同内容

建设工程承包合同的当事者，遵照前条原则，在订立合同时，必须在合同书中明确下列事项并签名盖章，相互交换文本。

① 工程内容；

② 承包价款数额；

③ 工程开工和完工时间；

④ 承包价款的全部或部分以预付款或按工程形象进度进行支付时，其支付时间和支付方法；

⑤ 确定因当事者中的一方，提出设计变更或开工时间延期及工程部分或全部停建时，而造成的整个工程工期变更、承包价款数额变更以及由此带来的经济损失和损失数额计算方法有关规定；

⑥ 由于天灾及其他不可抗力造成的工期变更或经济损失的负担及损失数额的计算方法的有关规定；

⑦ 由于价格等变动而造成的承包价款或工程内容的变更，由于工程施工而使第三者受到损害时赔偿金负担的有关规定，以及发包方提供工程所用材料或出租施工机械及其他机械时，其内容和方法的有关规定；

⑧ 发包方为确认工程全部或部分完成，所需的检查时间、方法及交工时间；

⑨ 工程完工后承包价款的支付日期和方法；

⑩ 各当事者履行的推迟和其他债务的不履行时，延迟利息，违约金和其他损失金的规定；

⑪ 关于合同纠纷的解决方法。

（2）合同禁止行为

发包方不得利用自己在交易上的有利地位，对其所发包工程通常施工所必需的价格，作为承包价款，签订承包合同。

发包方在承包合同订立后，不得利用自己在交易上有利地位，使承包者购买自己指定的建设工程所需材料、机械器具或指定供应商，损害承包者的利益。

（3）建设工程报价

建设业者在签订建设工程承包合同时，应根据工程内容，对每一项工程业务的材料费、劳务费及其他经费的细目加以明确，必须做好建设工程的报价。

当建设工程发包者有所请求时，建设业者必须在签订合同前，向发包者提出建设工程的报价。

建设工程的发包者在签订承包合同前采取招标方式进行竞争时，在招标之前，应对有关内容尽可能具体地进行提示，必须从该提示开始到签订合同或进行招标为止，给建设业者按政令规定的必要的时间，进行该建设工程的报价。

（4）禁止一揽子分包的规定

建设业者无论以任何方法获取承包的建设工程，不得一揽子地转包给他人。相反建设业经营者，不得一揽子地承包从其他建设业者手中承包该建设业者承包的建设工程。但是，总包人事先得到发包方书面承诺的情况除外。

这一规定与我国《建筑法》禁止肢解分包的规定是相似的。

5. 总承包人的义务

（1）分包单位意见的听取

总承包人为对其承包的建设工程进行施工，在制定必要的工程细目、施工方法及其他由总承包人必须决定的决定事项时，必须事先听取分包人的意见。

（2）分包价款的支付

总承包人在承包价款按工程形象部分支付或完工后支付时，则总承包人对作为该付款对象，已经开始施工的分包人必须按工程完成形象的比例支付工程价款和与该分包人已经完工部分相当的分包款，一个月内，而且以尽可能短的时间内支付。

总承包人在取得预付款后，必须适当考虑分包人购买材料、招募劳动者及其他工程开工所需要的费用，支付预付款。

（3）特定建设业者对分包单位的指导

从发包者那里直接承包建设工程的特定建设业者，要努力做好对该项工程分包者的指导，以使其不违反在施工方面的有关法律规定及使用从事建设工程施工的劳动者的有关法令、政令的规定。

6. 建设工程承包合同纠纷的处理

为解决建设工程承包合同的纠纷，设立建设工程纠纷审查会。建设工程纠纷审查会根据本法律的规定，对建设工程承包合同纠纷有权进行斡旋、调停和仲裁。审查会分中央建设工程纠纷审查会和都道府县建设工程纠纷审查会，中央审查会设在建设省，都道府县审查会设在都道府县。

7. 施工技术的确保

建设业者必须努力确保施工技术。为有助于确保前项的施工技术。建设大臣根据实际需要，应实施讲座、提供资料和采取其他措施。

建设业者在进行其所承包工程的施工时，必须在该建设工程的施工现场设置该建设工程主持施工技术的管理者（也称为主任技术者）。直接从发包者那里承包建设工程的特定建设业者，在为进行该建设工程施工而签订的分包合同价款超过该法规定的金额时，无论前项的规定如何，在该建设工程的施工现场，必须设置该建设工程主持施工技术的管理者（也称为监理技术者）。

主任技术者和监理技术者为保证工程现场工程施工的正确实施，必须对该建设工程制订施工计划，进行进度管理、质量管理及其他技术上的管理，以及对从事该建设工程施工人员进行技术上的指导监督，诚实地履行职务。

在施工现场从事施工的人员，必须服从主任技术者或监理技术者执行职务的指导。

8. 技术审定和考试

建设大臣为谋求施工技术的提高，可以根据政令规定，对从事或将要从事建设工程的施工者进行技术审定。技术审定按学科考试和实地考试进行。经审定合格者，由建设大臣发给合格证明书。

考试程序为：

（1）指定考试机关根据建设省令规定，对有关实施考试工作的事项，制订考试工作规程，并必须得到建设大臣的认可，在准备更改此规程时也必须得到建设大臣的认可。

（2）建设大臣认为按前项的规定已认可的考试工作规程在考试工作的公正性和确切实施上存在不适用时，可对指定考试机关发出必须对此变更的命令。

（3）建设大臣根据前项规定认可的考试工作规程，如认为考试工作的公正、确实性有不适当时，可以命令指定的考试机关进行更改。

9. 对建设业者有关经营事项的审查

准备直接从发包者那里承包政令规定公共性设施或公共性工作设施建设工程建设业者，根据建设省令的规定，必须就其有关经营的客观事项，接受授与其许可的建设大臣或都道府县知事的审查。

前项的审查，必须认定其经营规模，分析经营状况，并且对上述认定及分的结果进行分析，以对客观事项的整体作出综合评定。

10. 建设业者团体

为了开展建设业有关的调查、研究和指导等项工作，确保工程施工的顺利进行，以促进建设业的健康发展为目的而设立的社会团体或财团（以下简称建设业者团体），必须按照建设省令的规定，向建设大臣或都道府县知事提出建设省令规定事项的报告。

建设大臣或都道府县知事可对前条提出申请的建设业者团体，要求其提供为确保工程的正确实施，为建设业健康发展所必要的有关事项的报告。

11. 监督

（1）处罚类型

建设大臣或都道府县知事在得到许可的建设业者违反法律规定时，可采取指示及停止营业、取消许可、禁止营业、公布监督处分、申报不正当事实、报告及检查、听取参考人意见等中的一种处理方式。

（2）中央建设业审议会及都道府县建设业审议会

建设省设立中央建设业审议会，对建设大臣提供咨询，调查审议有关改善建设业的重要事项，并处理关于其他法律权限内的事项。

对建设业的有关事项，中央建设业审议会可向有关各厅提出建议。中央建设业审议会可制定建设工程标准承包合同条款，参加投标者的资格标准，以及除构成或工程预定价款的材料费、劳务费以外的诸经费标准，并劝告建设业者按此标准实施。

为调查审议建设业有关的专业事项，中央建设业审议会内设置专业委员。

14.5　韩国建设法律简介

14.5.1　韩国建设法规体系

韩国调整建筑活动的有《建设业法》（Act of Construction Industry）、《建筑法》、《建筑士法》。

韩国《建设业法》规定，建设业是指承包《建设业法》适用对象的建设工程的营利业，建设业可以划分为一般建设业、特殊建设业和专门建设业。它的经营种类和内容由总统令规定。韩国《建设业法》对建设业的许可、建设业的转让、建设工程承包及契约、施工技术管理、经营管理合理化以及对建设业者的监督管理等方面作了具体规定。

《建筑法》是房屋建筑工程的技术性法，对有关建筑物的用地、构造、设备及用途的标准等都作出了规定。

《建筑士法》对建筑士的业务、建筑士的审批、建筑士的开业等作了具体规定。

14.5.2　韩国建设行业基本法规

《韩国建设行业基本法规》于 1996 年 12 月颁布，并经过了近十次修改。它也是规范建筑市场管理和主体行为的行政管理法，与我国《建筑法》的性质类似。该法共包括十二章，分别为：总则、建筑企业注册、承包及分包合同、施工及技术管理、合理化经营和对中小建筑企业的支援事项、建筑企业协会、与建筑企业相关的互助组织、建筑纠纷调解委员会、整改指示、附则、处罚和杂则。

1. 总则

(1) 立法目的

该法规以对建筑工程项目进行调查、施工、监理、日常管理以及技术管理方面的基本事项和建筑企业登记、建筑工程承包等事项进行规定而便于谋求对建筑方面的合理化施工和建筑企业的健康发展为目的。

(2) 调整范围

该法调整范围是"建筑工程"领域中"建筑企业"和"建筑服务企业"的市场经济行为。

"建筑工程"是指把土木工程、施工工程、工业设备工程、环境美化工程及环境设施工程等设施进行安装、维护、修理的工程（这里包括为了安装设施而进行的占地填平工程）和机器设备及其他构造物进行的安装及拆除工程。但不包括适用于电气工程的电器工程和适用于信息通信工程事业的信息通信工程。

"建筑企业"是指进行建筑工程的企业。"建筑服务企业"是指对建筑工程项目提供调查、设计、监理、现场管理、支援管理等建筑工程业务和相关服务的企业。

(3) 建筑施工企业的振兴计划

为了建筑施工企业的培养、建筑技术的开发、建筑施工工程的安全及质量保证等事项，建设交通部每五年要制定和实施建筑施工企业振兴基本计划。该法对韩国建筑施工企业的振兴计划作了明文规定，体现了政府对扶持建筑业、培育有竞争力的建筑施工企业的重视。

建筑施工企业振兴基本计划必须包括如下几个方面内容：

① 建筑施工企业振兴决策的基本方向；

② 在建筑技术开发及建筑技术人力培养方面的对策；

③ 建筑施工企业国际化和国外发展方面的支援；

④ 建筑施工工程中的安全、环境及质量保证对策；

⑤ 中小建筑施工企业和中小建筑施工服务行业的培养对策；

⑥ 其他根据国家发布的法令的规定事项。

2. 建筑施工企业的注册

(1) 建筑施工企业的种类

建筑施工企业一般分为普通建筑施工企业和特殊建筑施工企业。普通建筑施工企业是在综合计划、管理及调整下，对建筑物进行施工的建筑施工企业，其种类是根据国家有关法令来制定的。特殊建筑施工企业是对建筑物的一部分或者特殊行业进行施工的建筑施工企业，其种类根据国家有关法令来制定。

(2) 建筑施工企业的注册

① 建筑施工企业的自然人要申请普通建筑施工企业时，要向建设交通部提出申请，申请特殊建筑施工企业时，要向直辖市市长、计划单列市市长和道知事（以下简称为市政府、道政府）按照国家有关法令的行业种类进行登记注册。但是根据从事国家有关法令进行轻微建筑施工工程时，可以不用按照上述的程序申请。

② 根据第一项的规定，拟申请建筑施工企业登记注册的单位和个人是要根据建设交

通部的指示向建设交通部或者市政府、道政府提出申请。

③ 对国家或者地方自治团体出资 50％以上资本金的，非营利为目的的法人或者盈利为目的的法人是除了在其他法律条款上特别规定之外，根据第一项规定不允许申请建筑施工企业登记注册。

（3）建筑施工企业的经营限制

除了国家有关法令上规定之外，申请普通建筑施工企业登记注册的单位和个人（简称普通建筑施工企业者）不允许登记注册特殊建筑施工企业。

（4）建筑施工企业的经营范围

不允许普通建筑施工企业承包应该由特殊建筑施工企业来施工的工程项目（简称特殊工程）。但是，如果这是普通建筑施工企业已经承包而施工的工程或者普通施工项目中附带的工程，而性质上是应该由普通建筑施工企业承包时，由特殊建筑施工企业来施工的除外。

不允许特殊建筑施工企业承包应该由普通建筑施工企业承包的工程项目。但是如果符合如下情况时除外：

① 由普通建筑施工企业进行综合计划、管理及调整的工程中，以由特殊建筑施工企业进行施工的条件来共同承包时；

② 同时承包特殊工程及其附带工程时；

③ 同时注册两个行业以上的特殊建筑施工企业承包符合当年行业的有关施工工程来组成复合工程时；

④ 根据第二项和第三项第二款规定的附带工程范围是以国家有关法令来规定（修改1999 年 4 月 15 日）。

3. 承包及分包合同

（1）与建筑施工工程相关的承包合同原则

与建筑施工工程相关的承包合同（包括分包合同），当事人应该在平等互利立场上公正地签订合同，并以守信的原则来诚实地履行合同。

（2）施工能力的评价及发布

为了让项目建设单位认真选定建筑施工企业，项目建设单位申请建筑施工企业时，建设交通部按着建筑施工企业的建筑施工工程实绩、资本金、建筑施工安全、环境及质量管理层次来评价施工能力而予以发布。

接受施工能力评价和发布的建筑施工企业，按照建设交通部的有关办法把建筑施工工程实绩、技术力量拥有状况、财务状况以及其他建设交通部有关办法上所要求的事项上报给建设交通部。施工能力评价方法上报资料的具体事项、发布顺序和必要的其他事项由建设交通部制定有关办法。

韩国施工能力的评价与发布制度，与我国建设业从业单位资质等级制度在本质上是类似的。

（3）建筑工程监理业务的委托

有必要时，项目建设单位可以把建筑施工监理业务的全部或者部分业务委托给具有专业知识和技术能力的相关单位。

在项目建设单位的委托之下，执行建筑施工工程监理的企业（以下简称为建筑施工工程监理单位）对建筑施工工程监理的业务内容根据该法规或者相关法规需要办理申报、登记注册时，如果没有按照当年的法规申报或者登记注册就不允许履行此业务。

建筑施工工程监理单位必须以善意的监理工作职业道德来为项目建设单位履行所委托的任务。禁止建筑施工工程监理单位让自己所属公司承包当年的建筑施工工程而劝告或游说。

建筑施工工程监理单位在建筑施工工程监理工作中，因故意或者过失给项目建设单位造成财产损失是必须如实进行赔偿。

（4）建筑工程施工企业的质量担保责任

承包施工企业为项目建设单位建设的建筑施工工程标的物是砖瓦结构、钢筋混凝土结构、钢骨架结构、钢骨架钢筋混凝土结构和其他类似结构时，从建筑施工工程完工日开始10年之内，其他结构来施工的建筑施工完工日开始 5 年之内，按着工程种类在国家有关法令上所规定的期限内出现的质量问题具有质量保证责任。

对承包施工企业在如下各个原因发生的质量问题，无论第一项上怎么规定都不承担质量保证责任。

① 由项目建设单位所提供的材料的质量或者规格未达到标准而引起质量问题时；

② 根据项目建设单位的指示进行施工时；

③ 项目建设单位把建筑施工工程施工的标的物使用为超过相关法规设计年限或者超过设计构造的结构限度而使用时。

（5）建筑工程的分包限制

禁止建筑施工企业把自己所承包的全部或者国家有关法令上所规定的主要建筑部分的大部分施工任务分包给其他建筑施工企业。

承包方要把自己承包的有关建筑工程进行分包时，要把工程分包给能够进行当年特殊工程的特殊工程施工企业。但是，特殊工程施工企业的承包施工企业把所承包的一部分工程在分包给施工参与者进行施工时除外。

承包施工企业不允许把自己承包的建筑施工工程的一部分分包给普通建筑施工企业。但是，项目建设单位为了提高工程质量或施工效率而有必要而以书面形式承诺时除外。

工程分包企业不允许把自己分包的建筑施工工程在分包给其他人。

把工程进行分包时根据国家有关法令必须把有关情况通知给项目建设单位。

（6）分包企业的地位

分包企业对他们所分包的建筑施工工程施工上，对项目建设单位具有与承包施工企业一样的义务。

承包施工企业对自己所承包的建筑施工工程进行施工时，有分包企业时，对建筑施工工程的施工方法及工程其他有必要确认的事项要听取分包企业的意见。

4. 施工及技术管理

（1）建筑技术人员的安排

为了实施对建筑施工工程施工方面的施工管理及其他技术上的管理，根据国家有关规定，在建设工程现场必须安排一人以上的建筑技术人员。被安排在建筑施工现场的建筑施工技术人员在没有获得项目建设单位的同意下不允许擅自离开建筑施工现场。

（2）建筑施工企业的损害赔偿责任

① 建筑施工企业因故意或者过失而发生建筑施工质量问题而造成损害时，必须进行赔偿。

② 根据第一项规定，项目建设单位的重大过错而发生损失时，建筑施工企业可对项目建设单位行使赔偿的权力。

③ 承包施工企业因为分包企业的故意或者过失而分包的建筑工程上存在质量问题而给别人造成损害时，具有分包企业的连带责任。

④ 承包人根据第三项规定进行赔偿时，对有赔偿责任的分包企业可以行使赔偿的权力。

5. 合理化经营和对中小企业的支援

(1) 合理化经营方面的努力

建筑施工企业必须为了确立承包次序、合理进行建筑施工、健全财务管理等合理化经营和开发建筑技术而尽最大努力。

(2) 对中小建筑企业的支援措施

为了实施中小建筑施工企业支援工作，有必要时，建设交通部和进行招标的国家机关、地方自治团体或者政府投资机关进行协商，采取措施扩大中小建筑施工企业的参与机会。

中小建筑施工企业支援事项上建设交通部认为有必要时，根据国家有关法令，可以降低只有大型建筑施工企业才能承包的建筑施工工程的工程限额标准。

6. 建筑企业协会

(1) 协会的成立

为了树立建筑施工企业的品位和形象，建筑技术的开发和其他建筑业的健全发展，建筑施工企业可以成立建筑施工企业团体。

需要成立协会时，必须由具有互助会员资格的五个以上的建筑施工企业来发起，在具有互助会员资格的建筑施工企业中得到半数以上的同意并在创立总会编制章程后，再向建设交通部申请批准。

(2) 协会的职能

① 协会可以向政府提出建筑行业相关的建议，也必须回应对与建筑行业相关的政府的咨询。

② 协会发现互助会员或者具有互助会员资格的建筑施工企业违反该法规的事实时，可进行调查，也可以向建设交通部汇报。

7. 与建筑相关的互助组织

(1) 互助组织的成立

为了通过建筑施工企业相互之间的协助组织来谋求自律性的经济活动，建筑施工企业享受所必要的各种保证和融资活动，建筑施工企业可成立互助组织。

要成立互助组织时，必须至少由拥有互助会员资格的 200 个建筑施工企业来发起，在具有互助会员资格的建筑施工企业中获得国家有关法令的半数以上同意，并在筹备会上编制章程后，方可向建设交通部申请批准。

(2) 互助组织的工作

韩国建筑业的互助组织，对我国应是具备很强借鉴意义的。

① 互助会员在建筑施工企业享受所必要的投标担保、合同担保（包括工程履行担保）、损失赔偿担保、质量问题维修担保、定金担保、分包担保和在国家有关法令上的其他担保；

② 互助会员在建筑施工上可享受必要的资金融资；

③ 作为互助会员在建筑施工工程定金的汇票贴现；

④ 互助会员工程用材料采购业务的推荐；

⑤ 被互助会员雇用的人员的福利待遇和工作上的各种损害而提供补偿的互助事业；

⑥ 关于建筑施工企业经营及建筑技术方面的改善，提高和相关研究及教育方面的事业；

⑦ 参加与建筑施工相关的活动；

⑧ 互助会员共享设施并向其他互助会员提供方便；

⑨ 提供对互助会员的信息处理及电脑运用方面的相关服务；

⑩ 为了达到组织的相关目的而进行投资；

⑪ 国家、地方自治团体和章程上所规定的公共团体所委托的事业；

⑫ 作为第一号或第十一号事业的附带事业，在章程上所规定的事业。

8. 建筑纠纷调解委员会

（1）建筑纠纷调解委员会的设立

为了调解建筑施工企业和建筑施工服务企业的纠纷，在建设交通部所属下设置中央建筑施工纠纷调解委员会（简称为中央委员会），在市政府、道政府所属下设置地方建筑施工纠纷调解委员会（简称为地方委员会）。

（2）调解纠纷的范围

中央委员会和地方委员会根据当事人的单方或者双方的申请，审查和调解如下各个纠纷：

① 设计、施工、监理等与建设工程相关的单位之间责任方面的纠纷；

② 项目建设单位和承包施工企业关于建筑施工工程的纠纷，但是，把国家当作当事人的有关合同法规的解释和相关方面的纠纷除外；

③ 承包施工企业和分包企业之间有关建设工程方面的分包相关的纠纷，但是，这里与分包往来工程相关的法规上适用的事项除外；

④ 承包施工企业和第三者之间有关施工责任方面的纠纷；

⑤ 建设工程承包合同当事人和担保人之间担保责任方面的纠纷；

⑥ 其他按照国家有关法令的事项方面的纠纷。

9. 整改指示

（1）处罚类型

根据建筑施工企业违反法律规定的性质和后果严重程度，建设交通部或者市政府、道政府可给予整改指示、罚款、停业、注销企业登记证等处罚。

（2）整改指示

建设交通部或者市政府、道政府发现建筑施工企业存在如下情况时，必须在规定时间内提出整改命令或者下达其他指示。

① 无故对已经承包的建筑施工工程不进行施工时，无故情况下不按规定进行上报时；

② 没有按规定履行质量担保责任时；

③ 承包建筑施工工程时，分包合同当事人中的一方无故拒绝签订应该按照预算内容执行的分包合同时；

④ 没有承担建筑施工企业的义务时；

⑤ 不把建筑施工技术人员安排在建筑施工现场或者认为所安排的建树施工技术人员在工程的施工管理上不适合时；

⑥ 无故情况下，不申报该法第四十九条第一项规定的情况时；

⑦ 不按规定进行施工而担心在施工上存在质量问题时。

10. 建筑工人退职互助制度的施行

(1) 建筑施工劳动者退职互助制度

根据国家有关法令，进行建筑施工的建筑施工企业必须依照建筑施工劳动者雇佣改善方面的有关法规制定和实行建筑施工劳动者退职互助制度。

(2) 禁止行为

禁止建筑施工企业扣押所承包的建筑施工工程承包金额中相当于当年进行施工工程（包括分包工程）劳务费部分的工人薪水。

除了特殊规定之外禁止将在工作过程中所接触和知道的建筑施工企业的财产及业务状况泄露给企业外部。

14.6　台湾地区建设法律简介

14.6.1　台湾地区建设法规体系

1. 法规体系

台湾建筑法规体系大致可划分为三个部分。

第一部分为建筑法及其相关法规，主要用于对工程建设中用地、开发、营造、拆除等建筑活动进行管理，具体包括：

《建筑法》

《台湾省建筑管理条例》

《台北市建筑管理条例》

《高雄市建筑管理自治条例》

《台湾省畸零地使用规则》

《台北市畸零地使用规则》

《高雄市畸零地使用自治条例》

《建筑基地法定空地分割办法》

《实施区域计划地区建筑管理办法》

《山坡地开发建筑管理办法》

《建造执照预审办法》

《建筑物部分使用执照核发办法》

《营造业管理规则》

《违章建筑处理办法》

《台湾省违章建筑拆除认定基准》

《台北市拆除违章建筑认定基准》

《高雄市旧有违章建筑处理办法》

《建筑技术规则子法》（如：台北市九二一地震灾后合法建筑物重建审查作业要点、内政部建筑技术审议委员会设置要点、台北市现有巷道废止或改道申请办法、高雄市现有巷道申请改道或废止自治条例、未实施容积管制地区综合设计鼓励办法、实施都市计划地区建筑基地综合设计鼓励办法、基隆市都市计划区骑楼设置标准、台北县骑楼及无遮檐人行道设置标准等）

第二部分为建筑师法及其相关法规，主要对建筑业从业人员许可管理作出规定，具体包括：

《建筑师法》

《建筑师法施行细则》

《省市建筑师公会建筑师业务章则》

《建筑师雇佣外国技术人员许可及管理办法》等

第三部分为与建筑业相关的城市规划、区域规划等方面的法规，具体包括：

《区域计划法及其相关法规》

《都市计划法及其相关法规》

《国家公园法及其相关法规》等

2. 台湾地区建筑法规的种类

台湾地区建设法规可按不同标准，划分为不同的种类。

（1）依适用之地区范围不同，可将建设法规划分为所谓"中央"建设法规和地方法规。

（2）依法规的命名情形，分为法、条例、规则、办法、细则、规程等。

（3）依法规的体系分为母法（如建筑法）、子法（如建筑技师法）以及姐妹法。

（4）依法规的性质可分为救济性法规、永久性法规、临时性法规、限制性法规等。

（5）依法规内容的不同，可将建设法规分为实质上的规定和制度上的规定。

实质上的规定可分为个别规定、集体规定，是对建筑物数字上的规定。

个别规定又可称单体规定。本项规定应衡视国家社会的经济状况及生活水准、建筑技术及施工技术水准、建筑材料等现实条件，制定建筑物本身的安全、防火、环境通风、卫生等基准事项、基地构造及有关建筑设计等规定。包括基地、建筑物的构造材料、结构等规定。

集体规定又称国体规定，是基于都市计划及整个都市发展的观点，制定建筑物基地构造、建筑设计应配合的都市建设及道路等公共设施的有关事项。主要包括使用分区限制的规定；道路限制的规定；空地限制的规定；高度和容积限制的规定；防火、防空限制的规定；美观地区和保护地区限制的规定。

制度上的规定是要确保实质上规定的内容均能收到预期的效果，而使用行政措施以确立管理制度。其内容包括有关建筑许可申报的手段及说明书等，均有统一规定，以利申表人有所遵循，例如：

（1）有关主管建筑机关的审查人员资格及施工中管理的规定，严格限制设计人、监造人、起造人及使用人等都能按照实质上规定办理。

（2）有关使用上罚则的规定，令凡不依照手续办理者停工、修改、拆除，不予营业登记，勒令禁止使用，甚至采取罚金、强制拆除或恢复原状。

具体来说，一方面，建筑法中对建筑许可、建筑基地使用限制、建筑物设计准则、防火及消防措施、防空及避难设备、特定建筑物及限制、建筑物工程管理中的工程期限管理、变更申报管理、工程勘验管理、监造人监造之责任以及建筑物使用与拆迁管理等方面作出了具体规定。另一方面，我国台湾地区于 1971 年 12 月 27 日制定的《建筑师法》对建筑师资格、建筑师的主管机关、建筑师资格的撤销、建筑师的开业、建筑师的业务与责任、建筑师公会以及建筑师的奖惩等方面都作出了具体规定。

14.6.2　台湾地区《建筑法》

台湾地区《建筑法》共分为 9 章，分别为总则、建筑许可、建筑基地、建筑界限、施工管理、使用管理、拆除管理、罚则和附则。

1. 总则

（1）立法目的

为实施建筑管理，以维护公共安全、公共交通、公共卫生及增进市容观瞻特制定该法。

（2）主管建筑机关

主管建筑机关，在"中央"为"内政部"；在"直辖市"为"直辖市政府"；在县（市）为县（市）政府。

（3）调整范围

台湾地区《建筑法》的调整对象为建筑物，因此建筑物的含义也就是该法的调整范围。

建筑物，是指定着于土地上或地面下具有顶盖、梁柱或墙壁，供个人或公众使用之构造物或杂项工作物。其中，供公众使用之建筑物，是指供公众工作、营业、居住、游览、娱乐及其他供公众使用之建筑物。公有建筑物，是指政府机关、公营事业机构、自治团体及具有纪念性之建筑物。杂项工作物，是指营业炉、水塔、瞭望台、招牌广告、树立广告、散装仓、广播塔、烟囱、围墙、机械游乐设施、游泳池、地下储藏库、建筑所需驳、挖填土石方等工程及建筑物兴建完成后增设之中央系统空气调节设备、升降设备、机械停车设备、防空避难设备、污物处理设施等。建筑物之主要构造，是指基础、主要梁柱、承重墙壁、楼地板及屋顶之构造。

（4）建造类型

① 新建：为新建造之建筑物或将原建筑物全部拆除而重行建筑者。

② 增建：于原建筑物增加其面积或高度者。但以过廊与原建筑物连接者，应视为新建。

③ 改建：将建筑物之一部分拆除，于原建筑基地范围内改造，而不增高或扩大面积者。

④ 修建建筑物之基础、梁柱、承重墙壁、楼地板、屋架或屋顶，其中任何一种有过半之修理或变更者。

2. 建筑执照

（1）公有建筑之领照

公有建筑应由起造机关将核定或决定之建筑计划、工程图样及说明书，向"直辖市"、县（市）（局）主管建筑机关请领建筑执照。

（2）建筑执照种类

建筑执照分下列4种：

① 建造执照：建筑物之新建、增建、改建及修建，应请领建造执照。

② 杂项执照：杂项工作物之建筑，应请领杂项执照。

③ 使用执照：建筑物建造完成后之使用或变更使用，应请领使用执照。

④ 拆除执照：建筑物之拆除，应请领拆除执照。

3. 建筑基地

建筑基地与建筑线应相连接，其接连部分之最小宽度，由"直辖市"、县（市）主管建筑机关统一规定。但因该建筑物周围有广场或永久性之空地等情形，经直辖市、县（市）主管建筑机关认为安全上无碍者，其宽度则不受限制。

4. 建筑界线

（1）建筑界限

"直辖市"、县（市）（局）主管建筑机关，应指定已经公告道路之境界线为建筑线。但都市细部计画规定须退缩建筑时，从其规定。

前项以外之现有巷道，"直辖市"、县（市）（局）主管建筑机关，认有必要时得另定建筑线；其办法于建筑管理规则中定之。

（2）建筑界线退让

在依法公布尚未辟筑或拓宽之道路线两旁建造建筑物，应依照"直辖市"、县（市）（局）主管建筑机关指定之建筑线退让。

"直辖市"、县（市）主管建筑机关基于维护交通安全、景致观瞻或其他需要，对于道路交叉口及面临河湖、广场等地带之申请建筑，得订定退让办法令其退让。

5. 施工管理

（1）开工期限

"直辖市"、县（市）主管建筑机关，于发给建造执照或杂项执照时，应依照建筑期限基准之规定，核定其建筑期限。

起造人自领得建造执照或杂项执照之日起，应于6个月内开工；并应于开工前，会同承造人及监造人将开工日期，连同姓名或名称、住址、证书字号及承造人施工计画书，申请主管建筑机关备查。

起造人因故不能于前项期限内开工时，应叙明原因，申请展期一次，期限为三个月。未依规定申请展期，或已逾展期期限仍未开工者，其建造执照或杂项执照自规定得展期之期限届满之日起，失其效力。

（2）变更之备案

起造人领得建造执照或杂项执照后，如有下列各款情事之一者，应即申报该管主管建筑机关备案：

① 变更起造人。

② 变更承造人。

③ 变更监造人。

④ 工程中止或废止。

（3）停工、修改、强制拆除

建筑物在施工中，直辖市、县（市）（局）主管建筑机关认为有必要时，得随时加以勘验，发现下列情事之一者，应以书面通知承造人或起造人或监造人，勒令停工或修改；必要时，得强制拆除：

① 妨碍都市计画者。

② 碍区域计画者。

③ 危害公共安全者。

④ 妨碍公共交通者。

⑤ 妨碍公共卫生者。

⑥ 主要构造或位置或高度或面积与核定工程图样及说明书不符者。

⑦ 违反本法其他规定或基于本法所发布之命令者。

（4）赔偿责任

建筑物由监造人负责监造，其施工不合规定或肇致起造人蒙受损失时，赔偿责任，依下列规定：

① 监造人认为不合规定或承造人擅自施工，致必须修改、拆除、重建或予补强，经主管建筑机关认定者，由承造人负赔偿责任。

② 承造人未按核准图说施工，而监造人认为合格经直辖市、县（市）、（局）主管建筑机关勘验不合规定，必须修改、拆除、重建或补强者，由承造人负赔偿责任，承造人之专任工程人员及监造人负连带责任。

（5）安全、环境管理

建筑物施工场所，应有维护安全、防范危险及预防火灾之适当设备或措施。

建筑物施工时，其建筑材料及机具之堆放，不得妨碍交通及公共安全。

二层以上建筑物施工时，其施工部分距离道路境界线或基地境界线不足二公尺半者，或五层以上建筑物施工时，应设置防止物体坠落之适当围篱。

主管建筑机关对于建筑工程施工方法或施工设备，发生激烈震动或噪音及灰尘散播，有妨碍附近之安全或安宁者，得令其作必要之措施或限制其作业时间。

建筑物在施工中，邻接其他建筑物施行挖土工程时，对该邻接建筑物应视需要作防护其倾斜或倒坏之措施。挖土深度在一公尺半以上者，其防护措施之设计图样及说明书，应于申请建造执照或杂项执照时一并送审。

（6）施工注意事项

承造人在建筑物施工中，不得损及道路，沟渠等公共设施；如必须损坏时，应先申报各该主管机关核准，并规定施工期间之维护标准与责任，及损坏原因消失后之修复责任与期限，始得进行该部分工程。

前项损坏部分，应在损坏原因消失后即予修复。

6. 使用管理

（1）竣工查验

建筑工程完竣后，应由起造人会同承造人及监造人申请使用执照。"直辖市"、县

（市）（局）主管建筑机关应自接到申请之日起，10 日内派员查验完竣。其主要构造、室内隔间及建筑物主要设备等与设计图样相符者，发给使用执照，并得核发誊本；不相符者，一次通知其修改后，再报请查验。但供公众使用建筑物之查验期限，得展延为 20 日。建筑物无承造人或监造人，或承造人、监造人无正当理由，经建筑争议事件评审委员会评审后而拒不会同或无法会同者，由起造人单独申请之。

（2）使用执照申请

申请使用执照，应备具申请书，并检附下列各件：

① 原领之建造执照或杂项执照。

② 建筑物竣工平面图及立面图。

建筑物与核定工程图样完全相符者，免附竣工平面图及立面图。

供公众使用之建筑物，依第七十条之规定申请使用执照时，"直辖市"、县（市）（局）主管建筑机关应会同消防主管机关检查其消防设备，合格后方得发给使用执照。

申请变更使用执照，应备具申请书并检附左列各件：

① 建筑物之原使用执照或誊本。

② 变更用途之说明书。

③ 变更供公众使用者，其结构计算书与建筑物室内装修及设备图说。

（3）建筑物使用检查

非供公众使用建筑物变更为供公众使用，或原供公众使用建筑物变更为他种公众使用时，直辖市、县（市）（局）主管建筑机关应检查其构造、设备及室内装修。其有关消防安全设备部分应会同消防主管机关检查。

建筑物所有权人、使用人应维护建筑物合法使用与其构造及设备安全。

"直辖市"、县（市）（局）主管建筑机关对于建筑物得随时派员检查其有关公共安全与公共卫生之构造与设备。

供公众使用之建筑物，应由建筑物所有权人、使用人定期委托"中央主管建筑机关"认可之专业机构或人员检查签证，其检查签证结果应向当地主管建筑机关申报。非供公众使用之建筑物，经内政部认有必要时亦同。

前项检查签证结果，主管建筑机关得随时派员或定期会同各有关机关复查。

检查签证事项、检查期间、申报方式及施行日期，由内政部定之。

（4）对室内装修的限制

建筑物室内装修应遵守下列规定：

① 供公众使用建筑物之室内装修应申请审查许可，非供公众使用建筑物，经"内政部"认有必要时，亦同。但"中央主管机关"得授权建筑师公会或其他相关专业技术团体审查。

② 装修材料应合于建筑技术规则之规定。

③ 不得妨害或破坏防火避难设施、消防设备、防火区划及主要构造。

④ 不得妨害或破坏保护民众隐私权设施。

前项建筑物室内装修应由经内政部登记许可之室内装修从业者办理。

室内装修从业者应经内政部登记许可，并依其业务范围及责任执行业务。

前三项室内装修申请审查许可程序、室内装修从业者资格、申请登记许可程序、业务范围及责任，由"内政部"定之。

7. 拆除管理

(1) 拆除执照之请领

建筑物之拆除应先请领拆除执照。但下列各款之建筑物，尤第八十三条规定情形者不在此限：

① 第十六条规定之建筑物及杂项工作物。

② 因实施都市计画或拓辟道路等经主管建筑机关通知限期拆除之建筑物。

③ 倾颓或朽坏有危险之虞必须立即拆除之建筑物。

④ 违反本法或基于本法所发布之命令规定，经主管建筑机关通知限期拆除或由主管建筑机关强制拆除之建筑物。

(2) 停止使用及拆除

"直辖市"、县（市）（局）主管建筑机关对倾颓或朽坏而有危害公共安全之建筑物，应通知所有人或占有人停止使用，并限期命所有人拆除；逾期未拆者，得强制拆除之。

前项建筑物所有人住址不明无法通知者，得经予公告强制拆除。

14.6.3　台湾地区《营造业法》

台湾地区《营造业法》是对营造业中营造活动实施管理的法律。台湾的营造业类似于大陆的建筑施工行业。该法的主要规定有：

1. 立法目的

为提高营造业技术水准，确保营缮工程施工品质，促进营造业健全发展，增进公共福祉，特制定本法。

2. 主管机关

主管机关：在"中央"为"内政部"；在"直辖市"为直辖市政府；在县（市）为县（市）政府。

3. 调整范围

该法的调整对象是营造业，范围是营缮工程，因此，这两个名次的含义也就是该法的调整范围。

营缮工程，是指土木、建筑工程及其相关业务。营造业，是指经向"中央"或"直辖市"、县（市）主管机关办理许可、登记，承揽营缮工程之厂商。

4. 重要名词

台湾地区《营造业法》中规定的综合营造业、专业营造业等，与大陆总承包商、专业承包商等概念是对应的，具有相似含义。

综合营造业，系指经向"中央主管机关"办理许可、登记，综理营缮工程施工及管理等整体性工作之厂商。专业营造业，系指经向中央主管机关办理许可、登记，从事专业工程之厂商。土木包工业，系指经向"直辖市"、县（市）主管机关办理许可、登记，在当地或毗邻地区承揽小型综合营缮工程之厂商。统包，系指基于工程特性，将工程规划、设计、施工及安装等部分或全部合并办理招标。联合承揽，系指二家以上之综合营造业共同承揽同一工程之契约行为。

5. 营造业许可制度

营造业非经许可，领有登记证书，并加入营造业公会，不得营业。前项入会之申请，营造业公会不得拒绝。

营造业公会无故拒绝营造业入会者，营造业经中央人民团体主管机关核准后，视同已入会。

6. 营造业的产业序列

营造业分综合营造业、专业营造业及土木包工业。

综合营造业分为甲、乙、丙三等。

专业营造业分为钢构工程、挡土支撑及土方工程、基础工程等13个专业工程项目。

7. 营造业的资格条件

综合营造业、专业营造业、土木包工业都需具备一定的条件，才能取得承揽业务的资格，例如专业营造业应具下列条件：

（1）有符合各专业工程项目规定之专任工程人员。

（2）资本额在一定金额以上；选择登记二项以上专业工程项目者，其资本额以金额较高者为准。

8. 营造业登记证书

营造业应于办妥公司或商业登记后六个月内，检附相关文件，向"中央主管机关"或"直辖市"、县（市）主管机关申请营造业登记、领取营造业登记证书及承揽工程手册，始得营业；届期未办妥者，由"中央主管机关"或"直辖市"、县（市）主管机关废止其许可。

9. 营造业资格复查

营造业自领得营造业登记证书之日起，每满五年应申请复查，"中央主管机关"或"直辖市"、县（市）主管机关并得随时抽查之；受抽查者，不得拒绝、妨碍或规避。

前项复查之申请，应于期限届满三个月前六十日内，检附营造业登记证书及承揽工程手册或相关证明文件，向"中央主管机关"或"直辖市"、县（市）主管机关提出。

第一项复查及抽查项目，包括营造业负责人、专任工程人员之相关证明文件、财务状况、资本额及承揽工程手册之内容。

10. 承揽工程的规模限制

营造业承揽工程，应依其承揽造价限额及工程规模范围办理；其一定期间承揽总额，不得超过净值20倍。

前项承揽造价限额之计算方式、工程规模范围及一定期间之认定等相关事项之办法，由中央主管机关定之。

11. 总承包

综合营造业应结合依法具有规划、设计资格者，始得以统包方式承揽。

综合营造业承揽之营缮工程或专业工程项目，除与定作人约定需自行施工者外，得交由专业营造业承揽，其转交工程之施工责任，由原承揽之综合营造业负责，受转交之专业营造业并就转交部分，负连带责任。

12. 联合承包

营造业联合承揽工程时，应共同具名签约，并检附联合承揽协议书，共负工程契约之责。

前项联合承揽协议书内容包括如下：

(1) 工作范围；

(2) 出资比率；

(3) 权利义务。

参与联合承揽之营造业，其承揽限额之计算，应受前条之限制。

13. 对营造业项目管理人员的限制

营造业负责人不得为其他营造业之负责人、专任工程人员或工地主任。

技术士应于工地现场依其专长技能及作业规范进行施工操作或品质控管。

工地主任应符合该法规定的有关条件，并经"中央主管机关"会同"中央劳工主管机关"评定合格，领有"中央主管机关"核发之执业证者，始得担任。在项目中，工地主任负责办理依施工计划书执行按图施工、按日填报施工日志等工作。

营造业之专任工程人员，应为继续性之从业人员，不得为定期契约劳工，并不得兼任其他业务或职务。专任工程人员负责办理查核施工计划书并于认可后签名或盖章，开工、竣工报告文件及工程查报表签名或盖章等工作。

14. 承揽工程手册登记

台湾地区的承揽工程手册登记制度，有利于记录施工承包商的履约行为，实施对它的制约。

营造业于承揽工程开工时，应将该工程登记于承揽工程手册，由定作人签章证明；并于工程竣工后，检同工程契约、竣工证件及承揽工程手册，送交工程所在地之直辖市或县（市）主管机关注记后发还之。

15. 营造业的定期评鉴

"中央主管机关"对综合营造业及认有必要之专业营造业得就其工程实绩、施工品质、组织规模、管理能力、专业技术研究发展及财务状况等，定期予以评鉴，评鉴结果分为三级。

16. 营造业公会

营造业公会分综合营造业公会、专业营造业公会及土木包工业公会。前项专业营造业公会，得依第八条所定专业工程项目，分别设立之。专业营造业公会未设立前，专业营造业得暂加入综合营造业公会。

营造业公会得受委托，办理对营造业之调查、分析、评选、研究及其他相关业务。

17. 中央主管机关的职责

"中央主管机关"为改善营造业经营能力，提升其技术水准，得协调相关主管机关就下列事项，采取辅导措施：

(1) 市场调查及开发。

(2) 改善产业环境。

(3) 强化技术研发及信息整合。

(4) 提升产业国际竞争力。

(5) 健全人力培训机制。

(6) 其他经中央主管机关指定之辅导事项。

14.7 香港特区建设法律简介

14.7.1 香港特区建设法规体系

由于特定的历史情况和经济地理位置，香港对建筑市场的监管，发端于英国的管理模式，后在长期的实践和探索中形成了一套有别于英国模式的独具特色的管理模式。

根据投资来源的不同，香港把建设工程分为政府工程和私营工程两大类，对其实施不同的管理。政府投资工程实行由政府直接组织实施的管理体制，从工程项目立项、建设、到竣工验收，都有一套严格的约束规则。私营工程主要由香港特区政府颁发的《建筑物条例》及其一系列附属规则调整。

香港特区建筑法规体系主要有以下作用：

（1）建筑工程专业人员的资格管制，有关建筑工程专业人员的注册登记制度。

（2）对建设工程项目的规制。

（3）对有关建筑物的具体技术限制。

这方面是大量技术性的要求，体现在《建筑物（设计）规程》、《建筑物（建造）规例》、《建筑物（卫生设施、水管、水渠及厕所标准）规例》等一系列的规例当中。主要包括如下几个方面：①建筑物的规划及设计；②房屋结构标准；③对各种用途的房屋供水；④其他具体规定，如电梯、自动扶梯以及与此相关的工程等。

香港特区具体有关建筑物方面的主要技术立法如下所示：

（1）《建筑物条例》，其中包括：

《建筑物（设计）规程》

《建筑物（管理）规例》

《建筑物（建造）规例》

《建筑物（拆卸工程）规例》

《建筑物（电梯）规例》

《建筑物（升降机）规例》

《建筑物（专用街道及道路）规例》

《建筑物（垃圾槽）规例》

《建筑物（卫生设施、水管、水渠及厕所标准）规例》

《建筑物（通风系统）规例》

《建筑物（储油装置）规例》

《建筑物（上诉）规例》

《建筑物（能源效率）规例》

（2）《建筑物（新界适用）条例》

（3）《已拆卸建筑物（原地重新发展条例）》。本条例对破损楼房的审查、拆除、重建、赔偿及其他缮后工作等有关问题作出规定。

14.7.2 香港特区《建筑物条例》

香港特区《建筑物条例》于 1997 年 6 月颁行，共包括 55 条，长达七万余字，规定十分详尽。其中的主要规定有：

1. 立法目的

旨在就建筑物及相关工程的规划、设计和建造订定条文，就使危险建筑物及危险土地安全订定条文，以及就相关事宜订定条文。

2. 调整范围

《建筑物条例》的调整对象是建筑工程和建筑物，因此"建筑工程"、"建筑物"的含义就是该条例的调整范围。

"建筑工程"（building works）包括任何种类的建筑物建造工程、地盘平整工程、附表所列地区内的土地勘测、基础工程、修葺、拆卸、改动、加建，以及各类建筑作业，此外，亦包括排水工程。

"建筑物"（building）包括任何住用或公共建筑物或经建造或改装作公众娱乐用途的建筑物、拱门、桥梁、经改装或建造以用作贮存石油产品的洞穴、烟囱、厨房、牛棚、船坞、工厂、车房、飞机库、围板、厕所、茅棚、办公室、贮油装置、外屋、码头、遮蔽处、店铺、马厩、楼梯、墙壁、仓库、货运码头、工场或塔、海堤、防波堤、突堤式码头、突堤、埠头、经改装或建造以供占用或作任何用途的洞穴或任何地下空间，包括相关的隧道通道及竖井通道、塔架或其他相类的用以承托架空缆车设施的构筑物，以及建筑事务监督藉宪报公告宣布为建筑物的其他构筑物的全部或任何部分。

可见，香港《建筑物条例》的调整范围很广，包括了房屋建筑工程、水利、交通、港口、码头等专业类型。

3. 认可人士及结构工程师的名册

建筑事务监督须备存一份所有按照本条例有资格执行认可人士职责及职能的人的名册（简称为"认可人士名册"）。认可人士名册包含：

（1）建筑师名单；

（2）工程师名单；

（3）测量师名单。

《条例》还对认可人士及结构工程师的申请、注册、登记等予以了详细规定。

4. 认可人士或注册结构工程师的委任及职责

（1）每一名将由他人代为进行建筑工程或街道工程的人须委任一名认可人士，作为有关的建筑工程或街道工程的统筹人；还必须就该建筑工程或街道工程中关于结构的部分，委任一名注册结构工程师。

（2）任何获委任或指定的认可人士及注册结构工程师，须：

① 按照监工计划书监督建筑工程或街道工程（视属何情况而定）的进行；

② 就以下情况向建筑事务监督作出通知：建筑事务监督就该建筑工程或街道工程批准的任何图则所显示的任何工程，如予进行会导致违反规例；

③ 全面遵从本条例的规定。

5. 纪律委员会的委出及权力

为监督认可人士或注册结构工程师的行为，房屋及规划地政局局长可不时委出纪律委员会。

纪律委员会主席须委任一名法律顾问，协助纪律处分程序聆讯的进行，并就聆讯中产生的法律问题向纪律委员会提供意见。纪律委员会可在聆讯完结之后及宣布决定之前，与法律顾问商议，但须事先给予聆讯的标的及其法律代表（如有的话）权利，使其可于法律顾问向纪律委员会提供意见时在场，和就法律顾问向纪律委员会提出的事项表示意见。

纪律处分程序所针对的认可人士或注册结构工程师，有权在纪律处分程序中由法律执业者代表。

6. 就认可人士或注册结构工程师进行的纪律处分

建筑事务监督根据认可人士或注册结构工程师违法的程度，可给与下列处罚：

（1）命令将该人的姓名永久地或在一段委员会认为适合的期间内——从认可人士名册或结构工程师名册（视属何情况而定）中删除；或从该两份名册中删除；

（2）命令谴责该人，并对该认可人士或注册结构工程师处以不超逾 ＄250000 的罚款，款项可作为欠政府的债项而追讨；

（3）命令将委员会的裁断及命令刊登于宪报。

7. 承建商注册事务委员会

建筑事务监督须设立一个有足够成员的委员团，并从该委员团委出委员会，称为承建商注册事务委员会。建筑事务监督可在同一时间委出多于一个注册事务委员会。承建商注册事务委员会的职能是进行以下事宜：

（1）审查申请人的资格；

（2）作出有关的注册事务委员会认为需要的查询，以确定申请人是否具备有关的经验；

（3）与申请人进行面试；

（4）就接受、押后或拒绝要求名列于有关名册的申请，向建筑事务监督提供意见。

8. 注册承建商的委任及职责

（1）注册承建商的委任

任何人须委任注册一般建筑承建商代为进行非专门工程的建筑工程或街道工程。

任何人须委任注册专门承建商代为进行该承建商的注册所属类别的专门工程。

如任何人就非专门工程的建筑工程或街道工程委任的注册一般建筑承建商不愿意或不能行事，则该人须委任另一名注册一般建筑承建商继续代为进行工程。

如任何人就专门工程委任的注册专门承建商不愿意或不能行事，则该人须委任另一名注册专门承建商继续代为进行该承建商的注册所属类别的专门工程。

（2）注册承建商的职责

获委任进行非专门工程的建筑工程或街道工程的注册一般建筑承建商，须：

① 按照其监工计划书不断监督工程的进行；

② 就以下情况向建筑事务监督作出通知：建筑事务监督就工程批准的任何图则所显示的工程，如予进行即会导致违反规例；

③ 全面遵从本条例的条文。

获委任进行专门工程的注册专门承建商，须：

① 按照其监工计划书不断监督工程的进行；

② 如予进行即会导致违反规例；

③ 全面遵从本条例的条文。

9. 承建商的纪律处分程序

如经适当研讯后，纪律委员会信纳该承建商、董事、高级人员或由注册承建商就本条例而委任以代其行事的其他人已就该罪行被定罪，在建筑工程或街道工程方面曾犯有疏忽或行为不当，或曾无合理因由而严重偏离监工计划书，或曾拟定不符合本条例各项重要规定的监工计划书，或屡次拟定不符合本条例各项规定的监工计划书，则委员会可：

（1）命令将该承建商、董事、高级人员或其他人的姓名或名称永久地或在一段委员会认为适合的期间内，从有关名册中删除；

（2）命令对该承建商、董事、高级人员或其他人处以不超逾＄250000的罚款，款项可作为欠政府的债项而追讨；

（3）命令谴责该承建商、董事、高级人员或其他人；

（4）命令将委员会的裁断及命令刊登于宪报。

10. 建筑管制

除非另有规定，否则任何人未事先获得建筑事务监督下述的批准及同意，不得展开或进行任何建筑工程或街道工程：

（1）对按规例向他呈交的文件的书面批准；

（2）经批准的图则所显示的建筑工程或街道工程的展开的书面同意。

凡有申请以指明的表格提出，要求建筑事务监督批准图则或同意建筑工程或街道工程的展开，除非建筑事务监督在规例订明的期限内发出他拒绝给予批准或同意（视属何情况而定）的书面通知，并列出拒绝的理由，否则须当作他已给予批准或同意（视属何情况而定）

《条例》对拒绝给予批准或同意可根据的理由给予了详细的规定。

11. 有关紧急工程的规定

凡因任何意外或紧急情况而需要将任何现有建筑物或任何天然、经平整或人工建筑的土地予以承托、托换基础、拆卸或以其他方式使其安全，或因该情况而需要立即进行任何街道工程，以及该建筑物拥有人或该土地的拥有人，或根据政府租契条款有义务保养该土地的其他人，或该名正由他人或将由他人代为进行该街道工程的人，在他授权进行该项工程之前或该项工程展开后48小时内（两者以较早者为准），以指明的表格将该项工程及导致需要进行该项工程的意外或紧急情况向建筑事务监督发出通知，则该项工程可无须得到建筑事务监督的同意而展开。

建筑事务监督如认为紧急情况已不存在，可藉向该建筑物拥有人或该土地拥有人或第（1）款所提述的其他人或该名现正由他人代为进行该街道工程的人送达的书面命令，规定停止建筑工程，直至获得同意为止。

12. 恢复暂停工程

如得到建筑事务监督同意任何建筑工程或街道工程的展开或进行后3个月内，工程仍未展开，或如工程已展开，而暂停3个月，则须当作该项同意已被撤销。

建筑事务监督可应以指明的表格提出的申请，重新给予该项同意，并藉书面命令施加他认为因延迟展开工程或暂停工程而需要施加的条件。

13. 建筑事务监督的权力

建筑事务监督或获他就此以书面授权的任何公职人员，可在任何时间进入任何处所或土地，如有需要，可在有警务人员在场的情况下，破门进入任何处所，以：

（1）确定任何建筑物、构筑物、街道或天然、经平整或人工建筑的土地是否构成危险或可变得危险；

（2）检查或测试任何地下水排水工程、排水工程或排水系统；由 1959 年第 44 号第 8 条修订；

（3）确定本条例的条文或根据本条例所发出的通知、所作出的命令或所订立的规例的条文是否获得遵从；

（4）进行或安排进行他根据本条例获授权进行的任何工程。

14. 拆卸、移去或改动建筑物、建筑工程或街道工程的命令

凡有任何建筑物在违反本条例任何条文的情况下建成，或有任何建筑工程或街道工程曾经或正在于违反本条例任何条文的情况下进行，建筑事务监督可藉书面命令规定：

（1）拆卸该建筑物、建筑工程或街道工程；或

（2）对该建筑物、建筑工程或街道工程作出所需的改动，使其符合本条例条文，或以其他方式使违反本条例条文的情况得以终止，并就每一个案，指明须展开和完成命令所规定进行的拆卸、改动或工程的期限。

15. 建筑物用途的更改

如建筑物的用途拟有重大更改，则拟作出该项更改或授权作出该项更改的人，须以指明的表格给予建筑事务监督一个月通知。

凡建筑事务监督认为任何建筑物的建造令该建筑物不适合用作现行或拟作的用途，他可：

（1）在接获根据第（1）款发出的通知后 1 个月内，藉向拥有人或占用人送达的书面命令，禁止将该建筑物用作该拟作的用途；或

（2）藉向拥有人或占用人送达的书面命令，规定拥有人或占用人在命令送达后 1 个月内，中止将该建筑物用作现行的用途：但建筑事务监督可藉书面通知，准许进行他认为为使该建筑物适合用作现行或拟作的用途而需要的建筑工程。

16. 危险建筑物

凡建筑事务监督认为任何建筑物因火、风、雨、破旧、使用、缺乏走火通道或任何其他因由而变得危险或可变得危险，建筑事务监督可藉向拥有人送达的书面命令，宣布该建筑物构成危险或可变得危险。（由 1993 年第 68 号第 15 条修订）

该命令可：

（1）规定拆卸整幢建筑物或其中部分；

（2）规定使该建筑物一般而言是安全的；

（3）指明为使该建筑物安全而必须进行的工程；

（4）规定竖设柱，并可指明竖设方式及地点；

（5）规定设置围栏或围板使公众受到保护；

（6）规定将该建筑物封闭；

（7）指明须展开和完成命令所规定的拆卸、竖设柱、竖设围栏或围板、封闭建筑物或其他工程或事项的期限。

17. 欠妥的建筑物

凡建筑事务监督在进行检查时，发现任何建筑物有任何破旧或欠妥之处，他可藉向该

建筑物的拥有人送达的书面命令，规定在命令所指明的期限之内：

（1）进行命令指明的工程；

（2）委任一名认可人士进行如此指明的关于该建筑物的勘测；

（3）将根据勘测结果所提出就破旧或欠妥之处进行补救工程的建议，呈交建筑事务监督批准。

18. 封闭令

当前任何建筑物构成危险或可变得危险；或任何建筑物应予封闭，使它根据本部获赋权进行或安排进行的任何工程得以进行而不对占用人或公众构成危险，建筑事务监督可依据拥有人的申请或自行决定下达封闭令。

19. 安全方面的规定

《条例》十分重视建筑物、建筑工程的安全性，对危险山坡、从水井抽取地下水对建筑物造成的危险、在斜坡等敷设的水管、排水渠或污水渠、地下水排水工程等都予以了规定。例如，对危险山坡的规定为：

凡建筑事务监督认为任何天然、经平整或人工建筑的土地或任何挡土构筑物由于任何因由而变得危险或可变得危险，以致会或相当可能会整体或局部坍塌，因而会导致或相当可能会导致任何人受伤或任何财产损毁的危险，建筑事务监督可藉向该土地或构筑物的拥有人或根据政府租契条款有义务保养该土地或构筑物的人送达的书面命令，宣布该土地或构筑物构成危险或可变得危险。

20. 修复损毁的义务及损毁的补偿

如因有关工程的进行或保养而导致或造成被人进入的土地或其上的任何物业（不论在地面之上或之下）遭损毁，则获授权的人须在切实可行范围内尽快将损毁修复。

任何人如因有关工程的进行或保养，有人进入、穿过或干扰土地或物业而蒙受任何损失或损害，则有权向与有关工程的进行或保养相关的建筑工程所属的人或其任何继承人（视属何情况而定）追讨补偿。

21. 一些特殊建筑物的管理

（1）私家街道及通路的建造及保养

每条私家街道及通路须由临街处所拥有人铺设路面、敷设渠道、污水渠及排水渠，而达致建筑事务监督满意的程度和符合规例，以及须由临街处所拥有人加以照明和妥善保养，而达致建筑事务监督满意的程度。

（2）街道的出入口

任何人不得进行任何街道的任何进出途径或出入口的建造、平整、铺设或改动工程，除非建筑事务监督已根据本条给予同意，或已同意展开的建筑工程或街道工程包括该等工程。

22. 由建筑事务监督追讨工程费用

凡建筑事务监督根据本条例获授权追讨由他进行或安排进行的工程的费用，或追讨由他提供或安排提供的服务的费用，或追讨他前往施工未遂的费用，他可签署证明书，证明到期须付的费用以及有法律责任支付该费用的人的姓名或名称，并可藉该证明书规定各人如何分摊该费用。

该费用可包括建筑事务监督为进行该等工程而供应的物料的费用和监督费。

23. 公职人员的法律责任的限制

（1）政府或任何公职人员均不会因任何建筑工程按照本条例条文进行，或该等建筑工程或其图则或其所需物料须经公职人员检查或批准而负上法律责任；本条例亦不规定建筑事务监督有义务检查任何建筑物、建筑工程或物料或任何拟建建筑物的地盘以确定本条例条文获得遵从或确定任何向他呈交的图则、证明书及通知乃属准确。

（2）建筑事务监督或按其指示行事的公职人员所进行的任何事宜或事情，如属为执行本条例条文而真诚地进行的，则不会令建筑事务监督或该公职人员个人承受任何诉讼、法律责任、申索或要求。

（3）除非有条文明确制定，否则本条例并不豁免任何人于任何履行义务令、强制令、禁止令或其他命令的法律程序之外。

24. 就建筑事务监督的决定提出上诉

除本条例另有规定外，任何人因建筑事务监督行使根据本条例赋予他的酌情决定权所作的任何决定而感到受屈，可按照本部及根据第 38（1B）条订立的规例，就该项决定提出上诉。

思 考 题

1. 美国建设法规体系是什么结构？《统一建筑示范法》是什么性质的法规？
2. 英国建设法律法规分为哪几个层次，分别包括哪些主要法规？
3. 德国建设法律法规分为哪几个层次，分别包括哪些主要法规？
4. 日本建设法律法规分为哪几个层次，分别包括哪些主要法规？
5. 日本《建设业法》是什么性质的法？其调整范围是什么？
6. 韩国关于建设活动有哪些主要的法律法规？其主要内容分别是什么？
7. 台湾地区建设法规体系可分为哪几个主要部分？
8. 香港对政府工程和私人工程的立法有什么不同？

参 考 文 献

[1] 朱宏亮. 建设法规教程[M]. 北京：中国建筑工业出版社，2009.

[2] 朱宏亮. 建设法规(第3版修订)[M]. 武汉：武汉理工大学出版社，2012.

[3] 朱宏亮，成虎. 工程合同管理(第二版)[M]. 北京：中国建筑工业出版社，2018.

[4] 何伯森. 工程项目管理的国际惯例[M]. 北京：中国建筑工业出版社，2007.

[5] 何红锋，李德华. 建设工程法律实务[M]. 北京：中国人民大学出版社，2010.

[6] 全国人大常委会法制工作委员会，卞耀武. 中华人民共和国建筑法释义[M]. 北京：法律出版社，1999.

[7] 全国人大常委会法制工作委员会，卞耀武. 中华人民共和国招标投标法释义[M]. 北京：法律出版社，2001.

[8] 国家发展和改革委员会法规司等. 中华人民共和国招标投标法实施条例释义[M]. 北京：中国计划出版社，2012.

[9] 全国人大常委会法制工作委员会，胡康生. 中华人民共和国合同法释义[M]. 北京：法律出版社，1999.

[10] 全国人大常委会法制工作委员会，阚珂. 中华人民共和国安全生产法释义[M]. 北京：法律出版社，2014.

[11] 全国人大常委会法制工作委员会，安建. 中华人民共和国城乡规划法释义[M]. 北京：法律出版社，2009.

[12] 全国人大常委会法制工作委员会，卞耀武. 中华人民共和国土地管理法释义[M]. 北京：法律出版社，1998.

[13] 法律出版社法规中心. 中华人民共和国房地产管理法(注释本)[M]. 北京：法律出版社，2007.

[14] 国务院法制办. 建设工程质量管理条例释义[M]. 北京：中国城市出版社，2000.

[15] 张穹. 建设工程安全生产管理条例释义[M]. 北京：中国物价出版社，2004.

[16] 中国法制出版社. 土地管理法新解读[M]. 北京：中国法制出版社，2017.

[17] 法律出版社法规中心. 2017中华人民共和国土地法律法规全书[M]. 北京：法律出版社，2017.

[18] 高继明. 土地法学[M]. 北京：高等教育出版社，2016.

[19] 国务院法制办公室. 国有土地上房屋征收与补偿条例注释与配套(第四版)[M]. 北京：中国法制出版社，2017.

[20] 中华人民共和国建设部人事教育司，体改法规司. 建设法规教程[M]. 北京：中国建筑工业出版社，1996.

[21] 中华人民共和国建设部人事教育司，政策法规司. 建设法规教程[M]. 北京：中国建筑工业出版社，2002.

[22] 住房和城乡建设部高等学校土建学科教学指导委员会组织编写. 建设法规教程[M]. 北京：中国建筑工业出版社，2011.

[23] 张春生，李飞. 中华人民共和国行政许可法释义[M]. 北京：法律出版社，2003.

[24] 杨紫烜. 经济法(第五版)[M]. 北京：北京大学出版社、高等教育出版社，2016.

[25] 全国一级建造师执业资格考试用书编写委员会. 建设工程法规及相关知识(第四版)[M]. 北京：

中国建筑工业出版社，2015.

[26] 何伯森. 国际工程合同与合同管理(第二版)[M]. 北京：中国建筑工业出版社，2010.

[27] 何红锋. 工程建设中的合同法与招标投标法(第三版)[M]. 北京：中国计划出版社，2014.

[28] 甘藏春，田世宏. 中华人民共和国标准化法释义[M]. 北京：中国法制出版社，2018.

[29] 全国人大常委会法制工作委员会. 中华人民共和国城乡规划法释义[M]. 北京：法律出版社，2009.